PAPER AND IRON

Hamburg Business and German Politics in the Era of Inflation, 1897-1927

纸与铁

[英] 尼尔·弗格森◎著

贾冬妮 张莹◎译

中信出版集团 | 北京

图书在版编目（CIP）数据

纸与铁/（英）弗格森著；贾冬妮，张莹译. — 北京：中信出版社，2012.6（2024. 5重印）
书名原文：Paper and Iron
ISBN 978-7-5086-3339-8

I. 纸… II. ①弗… ②贾… ③张… III. 通货膨胀－研究－德国－现代 IV. F825.165

中国版本图书馆CIP数据核字（2012）第084437号

Paper and Iron: Hamburg Business and German Politics in the Era of Inflation, 1897-1927 by Niall Ferguson

纸与铁

ZHI YU TIE

著　　者：[英]尼尔·弗格森
译　　者：贾冬妮　张　莹
出版发行：中信出版集团股份有限公司（北京市朝阳区东三环北路27号嘉铭中心　邮编　100020）
承 印 者：北京通州皇家印刷厂
开　　本：787mm × 1092mm　1/16　　印　　张：23.5　　字　　数：355千字
版　　次：2012年6月第1版　　印　　次：2024年5月第7次印刷
京权图字：01–2010–5270
书　　号：ISBN 978–7–5086–3339–8 /F · 2624
定　　价：69.00元

服务热线：400–600–8099

投稿邮箱：author@citicpub.com

目 录

PAPER AND IRON

序

PAPER AND IRON

面对一个全球恶性通货膨胀的危险

2010年中国金融博物馆开业之前，中国投资有限责任公司副董事长兼总经理高西庆先生赠送我们一批珍贵的藏品，其中一套面值高达几亿马克的德国30年代纸币成为最受观众瞩目的文物。每当提到通货膨胀，全球经济学界都会以此作为典型案例，即便在出现了100万亿的津巴布韦元之后，德国的恶性通货膨胀仍然是首当其冲的记忆。按传统的经济史论观之：

> 其一，德国恶性通货膨胀直接导致了魏玛共和国的破产，也就是间接帮助了希特勒法西斯政权的上台。
>
> 其二，德国恶性通货膨胀是第一次世界大战后的《凡尔赛和约》的经济后果，也是第二次世界大战的重要起因之一。
>
> 其三，对德国恶性通货膨胀的反思，直接导致了凯恩斯主义货币理论得势和战后国际金融秩序的重建。

客居美国的英国著名金融史学者和畅销书作家尼尔·弗格森近年来风头

正劲，不仅连续创作了一批商业畅销书，而且也成为风靡全球的纪实电视主持人和制片人。他习惯于超脱传统叙事的立场和思维方式来重新梳理现代金融史，摒弃了成王败寇的英雄史诗记录和学术总结，更以多角度、多立场旁观事件演化，再现历史复杂细节，给读者以穿越时空的自身体验，给读者自我演绎的空间。

弗格森以这样的立场和手法描述了两千年的货币崛起，解剖了罗斯柴尔德家族，分析了大英帝国，也大胆挖掘人类文明历史。在展现宏观历史大视野的同时，不时回眸，流连于史学家常常忽略的蛛丝马迹。《纸与铁》便是这样一本聚焦德国汉堡港，又散漫于百年前的德国货币与经济整体板块的光影斑驳的历史演变纪实。弗格森从金融与战争的角度，投射了一连串或明或暗的思想火花，让读者浮想联翩，让一本很学术的著作表现出栩栩如生的画面。

弗格森曾写了《虚拟的历史》一书，大胆推测了历史的不同歧路与逻辑结局。在《纸与铁》这本书的起始，他信心满满地表示，假如当时有今天的知识和政策手段，德国恶性通货膨胀完全可以避免，经济大萧条也可以避免，自然第二次世界大战也许根本不会发生。不过，这样虚拟下去，弗格森本人也许不会问世，我们也不会有这本书来研读了。

从中东的吕底亚王国和中国的春秋战国时代起，人类社会使用以金、银、铜为主体的金属货币大体上有两千多年历史。从宋代的交子和佛罗伦萨的汇票始，我们使用纸币也有了 1 000 年的经验了。由于自然条件和流通的磨损，在金属货币本位的时代，通货紧缩是一个长期困扰市场发育的问题。基于政府急功近利和金融家的习性，在汇兑本位的时代，通货膨胀则成为颠覆市场周期的祸首。

德国的恶性通货膨胀一直在被不同时期的经济学家和金融专家们研究，却由于不同的经济环境产生了完全不同的结论。抨击者有之，但也有人愿意发现提升德国国力的积极效应。鼓吹者有之，但也有人注意到导致经济崩溃的临界条件。在这之后，恶性通货膨胀也发生在中国的民国时期，也发生在 20 年前的东欧经济区，还发生在几年前的津巴布韦政府。我们真正了解并可以避免恶性通货膨胀吗？

几年前的华尔街次贷危机显现了一个后汇兑本位的货币时代，我们的货币已经不再与贵金属相关，不再与英镑、美元甚至现金和存款等老百姓认可的可见货币相关，而是与信用卡、购物卡、电子账号、房贷凭证甚至各种虚无缥缈的衍生产品符号相关。而且，各国中央银行已经不再是矜持、高贵、审慎和稳重的监管者了，它们不免猥琐地暗地加快印刷货币来注水经济，甚至公开以邻为壑地竞争铸币利益了。从近期希腊和土耳其中央银行行长的口气中，我们都感受到了法国路易十五的幽灵：在我之后，哪怕洪水滔天。

我们面临的是一个全球恶性通货膨胀的时代吗？所有监管者都在否认这样悲观的论断，但是大多数金融家都坚定地保持这样一份警惕。翻阅本书，回顾弗格森笔下的20世纪20年代，从失败中站立起来的德国仍是蒸蒸日上，似乎可以完成《凡尔赛和约》的义务，然而，政治家们手里把玩的金融政策却于无声处呼啸而至。山雨欲来风满楼，回首历史，我们也可以成为当下全球经济的风语者。

王　巍

中国金融博物馆理事长

2012年3月19日

前言

PAPER AND IRON

近年来，有关德国通货膨胀的史学研究也有“膨胀”的趋势。相关文献数量庞大，学术出版社如同20世纪20年代的德意志帝国银行一样，忙得不可开交。然而，虽然文献已泛滥成灾，但我并不认为写这本书是多此一举。绝大多数相关研究都是关于1914~1924年通货膨胀的，本书的研究对象则是更长的“通货膨胀时代”，由1897年持续到1927年，并试图展现1922~1923年的恶性通货膨胀和20世纪40年代第二次严重通货膨胀之间的联系。大多数作者都或多或少地强调是各经济利益集团导致了通货膨胀，侵蚀了共和国的肌体；而在我看来，公司权力不仅是德意志帝国作为一个现代国家衰落的原因，同时也是衰落的产物。绝大多数近来的研究都倾向于得出这样的结论：针对1919~1923年的通货膨胀并没有其他更好的政策。的确，一些历史学家认为当时的通货膨胀政策有很多优势，但我却认为这些优势不仅被夸大了，而且完全可以被替代性的、危害更低的通货膨胀政策所取代，不会让危机导致如此严重的灾难性后果。

在这次通货膨胀中，即便货币变得一文不值，还清债务也是有可能的。许多人都给了我思想上的启发，在此谨向他们表示深深的谢意。我要衷心感谢诺曼·斯通教授和哈特穆特·波格·冯·斯特兰德曼博士，他们是我在牛津读博士时的导师。我还要感谢乔纳森·施泰因贝格博士、安东尼·尼科尔斯博士、哈罗德·詹姆斯教授和西奥·鲍尔德斯顿博士等人，他们在不同阶段通读了本书稿，提出了宝贵建议。很多人都读过本书一些单独的章节，或者在学术会议上对我宣读的书稿节选给予了建议，在此要感谢他们对我的帮助，尤其是克努特·博尔夏特教授、理查德·埃万斯教授、巴里·苏普莱教授、蒂姆·布兰宁教授、迈克尔·约翰博士、克里斯·克拉克博士、布伦丹·西姆斯博士和阿夫纳·奥费博士。此外，安格斯·麦金太尔博士、约翰·普拉姆爵士和莫里斯·考林先生几年如一日地给予支持和建议，我要向他们致以衷心的感谢。

很多档案馆的工作人员也对我给予了大力支持。这些档案馆包括：汉堡国家档案馆，在研究初期，该馆的加布里埃尔松博士始终如一地给予了我亲切的帮助；还有汉堡沃伯格家族银行的档案馆；汉堡–美洲公司[①]档案馆；波茨坦的帝国档案馆；科布伦茨的帝国档案馆；波恩的Auswärtigen Amts政治档案馆；位于柏林的普鲁士国家档案馆；杜伊斯堡市弗朗茨海涅尔集团的海涅尔档案馆；汉堡世界经济档案馆；位于华盛顿特区的美国国家档案馆；位于纽约的联邦储备银行档案馆；位于波士顿的肯尼迪图书馆；普林斯顿大学的西利·G·马德图书馆；耶鲁大学的斯特林图书馆；哈佛大学的贝克图书馆；位于丘园的公共档案馆以及康沃尔的外事图书馆。我还要感谢埃里克·瓦尔堡和他的儿子马克斯·A·瓦尔堡，他们让我参考了马克斯·沃伯格的文集；感谢英国驻汉堡总领事阿利克·戈德史密斯，他帮我引荐了埃里克·瓦尔堡，虽然没能说服汉堡商会向我开放其档案馆。

苏格兰教育部、德意志学术交流中心、The Stifung FVS、英国社会科学院和基督书院为我查询档案提供慷慨的财务支持。彼得学院和牛津大学耶稣学院也在我准备手稿时为我提供了很多实质性帮助。我的代理商乔治娜·卡

① 该公司创建于1847年，全称为汉堡–美洲行包航运股份公司。——译者注

佩尔、出版商威廉·戴维斯和文字编辑安妮·里克斯都非常高效。我还要感谢爱德华·李普曼和安德鲁·维里克帮我校对和整理索引。

最后，我要感谢我的妻子苏珊，是她让我找到努力的方向；也感谢我的父母给予我所有的一切。谨以此书感谢他们。

引言

PAPER AND IRON

1

血与铁、黄金与铁、煤与铁、黑麦与铁——德意志帝国历史一幕幕生动的缩影在我们脑海中闪过。我会想到1862年9月俾斯麦在普鲁士议会“预算委员会”上的演说，想到为“铁血宰相”南征北战提供财源的布雷施劳德，想到凯恩斯所说的德意志崛起的经济基础，想到埃卡特·科尔强调的威廉德国时期农业和工业利益集团的重要作用。然而，这些编写德国史时常见的议题并不属于本书的讨论范畴，本书讲述的是纸与铁的关系——具体说来，是维持德国最大港口经济运行的纸币，以及运输货物、保卫贸易的钢铁舰船；从广义上讲，则是位于柏林奥拉宁街的帝国印钞厂印制的纸钞和债券，以及帝国本身的工业和军事力量。我们探讨的核心问题是：德意志帝国为何逐渐染上了通货膨胀的顽疾？其后果又是什么？

不可否认，在德意志帝国的历史进程中，比起通货膨胀，通货紧缩往往更能引起史学家们的兴趣，这个现象直到近期才有所转变。有两个经济事件被认为对德国现代史有决定性的影响：一是1873~1874年德国的经济危机及随后的滞胀期，罗森贝格等人认为19世纪70年代晚期的自由主义危机就与此相关；二是1929~1932年的经济大萧条，它通常被认为是魏玛共和国覆灭的主要原因。然而，在公众意识中，1923年的恶性通货膨胀同样教训深刻，人们在解释近代德国（联邦德国）货币政策相对从紧的原因时，经常会提到那段“记忆”。当然，如今对70年前亲身经历的往事依然记忆犹新的德国人已寥寥无几。除了口耳相传，这段“记忆”之所以能够保留至今，战后出版的德国现代史教科书功不可没。这些教科书往往会涉及通货膨胀的三大负面论点中的一两条，这三大负面论点分别是：通货膨胀是由不负责任的财政政策和货币政策造成的；它剥夺了中产阶级的存款，却让“贪婪的实业家”大赚一笔；它是希特勒得势的重要原因之一。戈洛·曼曾评论道：“大批人口丧失了财产，百年来的信心轰然坍塌，取而代之的是恐惧和愤世嫉俗。”豪约·霍尔本和埃里希·艾克也表达了相似的观点。许多同一时代的英国作家也进行了类似的阐释。A·J·P·泰勒写道：

> 从前的收租者开始憎恶魏玛共和国……他们迫不及待要追随第一位并非工人阶级出身的蛊惑人心的救世主。通货膨胀是导致魏玛共和国覆灭的最大因素。

戈登·克鲁格曾明确把当时魏玛共和国的通货膨胀归咎于“自私自利、不负责任的德国公司，它们以反共和国著称”，通货膨胀在德语国家那些中产阶级的“集体心灵”中留下了“创伤”，致使后来纳粹主义得以兴风作浪：

> 绝大多数中低阶层都把阿道夫·希特勒视为救世主。与其说这是30年代经济大萧条的结果，不如说是对1923年恶性通货膨胀的回忆使然……那场史无前例的经济事件让数百万德国人陷入迷惘，绝望的人们已经不再信任代议制政府。

许多现代教科书中也有相似的论断。近年来研究通货膨胀的学术文献浩如烟海，上述观点不断得到修正，尽管如此，这些观点并没有根本上的转变。

这些核心论点大多源于《通货膨胀的经济学：战后德国货币贬值研究》（*Le Vicende del Marco Tedesco*）[①]一书，是意大利经济学家科斯坦蒂诺·布雷夏尼-图罗尼在1931年出版的著作。布雷夏尼认为，"通货膨胀及其导致的德国马克贬值的根本原因"，在于"预算赤字"和错误的"银行政策"，二者都源于战争的爆发[②]。德国马克崩溃造成生产效率下降，资源分配不当，"经济结构深度失衡"，"一些社会阶层的财产被没收，数量之大堪称和平时代之最"，公众健康水平和道德水准下降，可谓祸国殃民：

> 它彻底颠覆了节俭的传统……它摧毁了……人们在道德和知识上的价值观……它在德国各阶层中散播投机思想，导致人们不务正业，不但毒化了德国人，还引发了持续的政治骚动和道德沦丧……不仅如此，它还巩固了大实业家和金融家等阶层作为"右翼"党派骨干势力的经济地位，助长了反民主的政治力量。

在为布雷夏尼1937年那部著作的英文版写序时，利昂内尔·罗宾斯用寥寥数语点出了一个在日后看来显而易见的结论："希特勒是靠通货膨胀发迹的。"

布雷夏尼强调，通货膨胀的原因在于财政政策和货币政策，那时持相同观点的人不计其数。尤其是在1921和1922年，许多国外观察家以及德国一些评论家都在痛斥政府过度负债。事实上，即使是倾向于支持政府政策的凯恩斯、弗兰克·格雷厄姆和德意志帝国银行，也认为宽松的财政政策和货币政策至少对德国马克的崩溃产生了一些影响。当然，在近期的货币主义理论（尤其是和恶性通货膨胀末期相关的理论）影响下，这一观点已有了明显的改变。此外，和布雷夏尼对货币的定义相比，一些定义更加细化，从而帮助历史学家发现通货膨胀在动态演进过程中的细微差别。韦伯已经提出了更精

---

① 该书英译本名为"The Economy of Inflation: A Study of Currency Depreciation in Post-War Germany"。20世纪20年代，该书作者布雷夏尼代表意大利加入了赔款委员会，大部分时间都在德国。

② 布雷夏尼等历史学家所说的"通货膨胀"专指1923年发生的危机，忽略了这次危机的后续影响。

细的模型，应用最近关于预期角色的理论或通货膨胀过程中对货币的需求理论，体现出财政政策、货币扩张和价格波动之间的关系。然而，虽然有研究发现了财政和货币扩张背后的深层“结构性”因素，但这些研究仍然未触及布雷夏尼关于通货膨胀的核心定义。

布雷夏尼认为通货膨胀会对经济、社会和政治造成负面影响，同时期持类似观点的人不胜枚举。这种观点至今仍有影响力。一些经济学家首次提出通货膨胀投资也许是基于“虚幻利润”，掩盖了“实质损失”，维利·普里奥尔就是其中之一；林登劳布近期的研究发现，工程公司并没有“向真实价值的飞跃”来应对日趋严重的通货膨胀，进一步证实了布雷夏尼的质疑。同样，费尔德曼和詹姆斯等人也强调了通货膨胀对银行业体系的破坏；而鲍尔德斯顿则发现，通货膨胀与之后德国资本市场的委靡密切相关。对于通货膨胀对工人生活水平的影响，马克思主义历史学家普遍持悲观看法，而罗伯特·肖尔茨又再次强调了这一论点。同样，布雷夏尼从弗里茨·奥伊伦贝格的重要著作中发展出的另一个观点——通货膨胀是资产阶级的物质危机——在学术文献中依然占据重要地位。许多历史学家仍然认为，无论是收租者、商店主、专业人士或工薪族，在物质上，中产阶级集团是通货膨胀最大的受害者。一些历史学家还注意到通货膨胀和犯罪率上升、性观念转变，甚至是表现主义艺术之间的偶然联系。奇尔德斯和约内斯等人都认为，通货膨胀引起了中产阶级的敌对情绪，破坏了共和国的政治稳定，而且他们还提出了有力的论据。博尔夏特则强调，正是对通货膨胀的恐惧，使大萧条时期的政策制定者几乎丧失了回旋余地。

通货膨胀还有更深刻、更国际化的另一面。从1919年开始，有很多外国观察家认为德国是在故意制造通货膨胀以逃避赔款，这一观点近期在马克斯、舒克和肯特等历史学家的影响下再度盛行。他们的见解是，如果德国政府愿意通过抑制国内需求来创造出口盈余，德国实际能够支付的赔款应该会更多。通货膨胀之后，随着大量国际贷款的涌入，形势稍有好转；但德国人却故意继续实行通货膨胀的货币政策，坚信降低马克对美元的汇率就能逃避赔款。这种说法的潜在含义是德国扰乱了战后国际秩序，它想破坏赔款体系，但最终还是失败了。当时法国满怀期待地逐渐进入和平进程，希望在欧洲建立某种经济合作关系，美国愿意以非公开的形式资助欧洲重建，而此时，德国却采取了蓄意破坏的政策，酿成一场全球危机，直至鲁尔地区被占领，法德关系彻底破裂。

当然，也有人认为通货膨胀的影响没那么严重。1922 年 6 月，在和美国大使于柏林召开一次会议上，当时的德国外交部长瓦尔特·拉特瑙和实业家胡戈·斯廷内斯提出了两条理由为德国政策辩护：

> 拉特瑙提出……通货膨胀并不会比房租管制带来更多的经济问题，它相当于劫富济贫，在德国陷入贫困深渊时，这种做法是完全可取的。斯廷内斯……认为摆在德国面前的只有通货膨胀和革命两个选项，而他更倾向于前者。

在斯廷内斯看来，通货膨胀是“让国民能够正常就业的唯一途径，是稳定民生的基础”。几个月后，斯廷内斯又告诉霍顿：“通货膨胀有政治必要性，它能使 300 万被遣返的士兵重新就业。这是……挣钱和生活的问题。”汉堡银行家卡尔·梅尔希奥也持有类似的观点：

> 那时无论是在政治层面还是社会层面，通货膨胀都是必要的……如果它能得到控制，就不会造成永久的伤害。德国并没有蓄意策划。这种情况之所以会出现，是因为战争刚结束时，德国没有资金，财政预算赤字非常庞大。后来通货膨胀创造了新资本，使各产业能够雇用退伍士兵。由于国外对德国资源的需求不断增加，通货膨胀才逐渐失控。

梅尔希奥还在其他地方提出，为“避免让 10 万可雇用的劳动力去领失业救济，从而陷入政治激进主义”，德国不得不修建铁路，这导致了巨额赤字。梅尔希奥的老搭档马克斯·沃伯格曾在 1923 年 11 月的著作中强调：“人们不愿意停止通货膨胀，不愿意引爆革命，这才是关键问题。”

正因为持有这些观点的大多是商人，所以多年来，历史学家往往不以为然。在他们看来，这些悲观论只是商人和公司在为那些能让自己获利的政策提供辩护。共产主义者格奥尔格·格罗斯在《Abrechnung folgt!》等书中用漫画描绘了借通货膨胀大发横财的投机商，生动地诠释了当时的主流观念，即“大资本家”从通货膨胀中获得了丰厚的物质利益，其他的社会集团成了牺牲品。尽管不少学者试图加以修正，但这种观念仍然根深蒂固。布雷夏尼之后的历史学家，至少提出过通货膨胀为公司带来利益的6种不同方式。在他们看来，通货膨胀实际上降低了工资成本，因为付给工人的工资落后于上涨的物价，降低了公司债务、利息和红利的实际价值。而且，和稳定的经济形势相比，通货膨胀条件下企业的税负大大减少，这主要是因为赔款期限的延长侵蚀了利润和所得税的实际价值。事实上，由于战时和战后的政府补贴增加，企业从财政政策中获得了双重收益。有了通货膨胀带来的利润，工业界开始投资建厂，大兴土木，而这些措施又能防止货币贬值。因此，就在德国平民陷入饥饿时，德国工业界却掀起了投资热，再加上德意志帝国银行提供的贷款实际利率很低，甚至是负利率，让这股热潮进一步升温。最后，马克的贬值还使德国产品在国际市场上有了显著的比较优势，使“工商企业夺回许多国外市场”，从而以另一种方式刺激了商业发展。有观点认为，通货膨胀除了给工商业带来纯粹的“经济”利益，还有两个政治优势：一是帮助德国克服了1918~1923年国内资本主义面临的革命威胁；二是帮助企业逃离了沉重的税负，而如果德国政府如数“交付”了伦敦会议上规定的赔款，那这些税负就在所难免。

从上述经济获益来看，我们很容易得出结论，即商人是通货膨胀的罪魁祸首。自由派记者格奥尔格·伯恩哈德在1923年10月驳斥斯廷内斯时，清楚地表达了这一观点：“斯廷内斯策划阴谋，攻击那些他认为可能会让德国国内局势恢复平稳的政府……他的政治策略……一直以维持通货膨胀和混乱的局面为目标。”历史学家一再将批判的矛头指向“大经济集团”，谴责“各实业阶级之间达成共谋，企图阻挠公共财政改革，破坏外汇改革的所有提议”。例如，“工商利益集团最初是通货膨胀的主要受益人，政府正逐渐被这些集团所影响……1923年，在通货膨胀的形势下，当时的政府首脑①大力资助鲁尔地区的实业家，而他本身也是一位大企业家”。这样的解释显然与众

① 指德国政治人物和商界领袖古诺。古诺于1918年出任德国最大的航运企业汉堡–美洲公司的董事长，1922~1923年任德国总理。——译者注

多德国史学研究的主题相吻合。最明显的是，对马列主义历史学家来说，通货膨胀仅仅是德国“垄断资本主义”发展过程中的一段插曲。西方世界的论著则呈现出一种连续性，先是施特格曼、绍尔和其他人的著作，内容针对的是德国威廉时期资本主义组织结构的日渐完善；而后是费尔德曼和科卡关于战争的著述，直至魏斯布罗德等人探讨工商利益集团在魏玛共和国瓦解和第三帝国建立中所起的作用。虽然文献并非千篇一律，但它们有一些共同点：首先，它们都把重工业集团视为最有势力的工商利益集团；其次，重工业集团在结构上越来越集中化，从公司发展成垄断集团，甚至成为操控政府的压力集团；最后，它们还强调了重工业集团在政治上的负面作用。因此，无论是绍尔的《帝国》还是魏斯布罗德的《魏玛共和国》，它们共同的主题就是工业集团对集权统治的认同，以及对议会民主和工会组织的敌视。于是，通货膨胀时代似乎成为了一个过渡期，费尔德曼笔下的实业家开始组建战前联盟——容克（the Junker），企图通过政治手段来驱散经济委靡的阴霾；对于1921年后的稳定政策，迈尔的“企业代言人”行使了“否决权”，在后来的经济大萧条时期，他们也是这么做的。在费尔德曼那部巨著[①]中，作者提出工业集团——代表人物就是斯廷内斯——发迹了，但政府却丧失了威信。

然而，通货膨胀究竟有没有给德国工商业带来那些优势，要看整个经济有没有可能因为通货膨胀而出现格雷厄姆所说的“物质收益”。该观点是斯堪的纳维亚的两位凯恩斯主义者劳尔森和彼德森在20世纪60年代提出的，并且确实有一些例证支持这一观点。瓦根菲尔的数据显示，德国工业产量在1920年、1921年和1922年均有所增加，农业产量也出现上升；实际国民收入和国民生产净值（Net National Production）在这3年间也有大幅增长[②]。不仅如此，有人认为通货膨胀带来的高投资率激发了经济增长的潜力，直到1924年之后，才因为一些限制条件不再发挥作用。和林登劳布的研究相比，其他案例研究对通货膨胀时期的投资持更肯定的态度。毫无疑问，在1920年、1921年和1922这3年间，按国际标准来衡量，德国就业水平堪称奇迹。

① 指《大失序》（*Great Disorder*）一书。

② 这些数据在很大程度上只是猜测，因为当时的数据不可靠，而且不完整。虽然这些数据只是粗略估计，但可以用于从宏观经济的角度对比通货膨胀前后的状况。

1922年中期，德国工会成员的失业率只有大约1.5%，而同期英国和美国的数字分别为14%和11%。相比英、美两国，“德国以更低的成本成功地从战争时期过渡到了战后货币体系的稳定时期”——格雷厄姆的这个结论似乎成立。尽管绝大多数近代经济史教科书没有像格雷厄姆一样得出如此肯定的结论，但不得不承认，至少在事态恶化之前，通货膨胀的确带来了这些好处。

通货膨胀对经济的影响得到了很多人的肯定，接下来，他们开始重新评估对政治的影响。当时的德国不仅失业率低，而且有证据表明，通货膨胀并不像之前预想的那样会大大削弱工资和消费水平。不仅精英阶层攫取了暴利，工人（尤其是非熟练工）也享受到了较高的实际工资；而德国郊区大大小小的地主在清偿抵押贷款债务时也获益不少。通货膨胀无疑会吞噬人们的收入和财富，但即便如此，弗里德里希还是赋予其正面意义；休斯则表示通货膨胀为储户和投资者带来的损失并没有人们想象的那么严重。

通货膨胀的社会影响被肯定后，它的社会根源和社会影响自然也会被重新解读。从前，大工商业集团的形象一直是自私自利的操纵者；然而出于广泛共赢的理念，人们开始从更“宏观”的角度来审视通货膨胀，通货膨胀成了劳资双方“达成的共识”。战争期间，德国国内各党派和平共处，打破了战前工会和雇主之间的敌对局面。随着1918年11月德国爆发大革命和“中央工作委员会”的成立，双方还建立起积极的伙伴关系。工人对通货膨胀的兴趣源于扩张性的货币和财政政策能维持就业水平，同时，名义工资很容易通过集体谈判得到调整，整个社会的实际工资差距缩小了。由此可见，通货膨胀让德国那些有工会组织的劳工过上了好日子：工作时间缩减；时时处处都有集体谈判；出现争议后可提交仲裁，而且仲裁结果具有约束力；劳工委员会也被纳入国家法规。1923年，通货膨胀急剧恶化，“各大集团”短暂的和谐期也宣告结束，最终在鲁尔地区钢铁工业停工到大联合政府倒台这段时间内分道扬镳。

无论是财政政策还是劳资关系，结构性通货膨胀的说法都可以适用。当代学者（尤其是凯恩斯）坚持认为，任何政府都很难承受消除预算赤字所引发的社会压力，于是，通货膨胀就成了民众唯一能接受的“税收”形式。据哈勒尔（Haller）估计，要在没有政府借贷的情况下偿还债务、支付战争赔款和抚恤金，税收收入大约需要占国民收入的35%以上，大大超过德国人习惯的税负水平，在政治上根本行不通。这样看来，通货膨胀似乎“挽救了魏玛共和国时期的议会制政府”，因为要稳定财政和货币，必然会导致社会动乱和政府垮台。总之，当时的德国别无选择。[①]另外，通货膨胀和中产阶级对纳粹主义的支持有关吗？对此已经有人提出质疑。1924年之后，公然声称要重估存款价值的纳粹党的支持率已经在下降；而福尔特对1930年和1932年选举的描述表明，纳粹党在选举中并非完全依靠中产阶级。

然而，要从“宏观”角度为通货膨胀辩护，最有说服力的也许是国际局势了，尤其是赔款问题。从某个方面来说，这种说法是只是延续了上述所有观点的中心思想——维持财政收支平衡是不可能的。战后德国的财政预算体系已经失灵；协约国要求德国每年以现金形式赔偿30亿（1921年5月发行的）金马克，这对德国财政无疑是致命一击。然而，当代学者更常提起的是另外一条论据——即使可以通过税收来筹得资金，但从国际收支数据来看，德国的结构性赤字庞大，不可能如数支付协约国要求的黄金和外币。凯恩斯在《和平的经济后果》一书中提到，德国丧失了所有的殖民地和绝大多数海外投资，商船所剩无几，1/3以上的煤炭和钢铁工业停产，国际收支状况严重恶化，在这种情况下，要求德国用现金来赔偿无异于雪上加霜。凯恩斯本人起初并未把这些现象与通货膨胀直接联系起来；但是，随着马克持续贬值以及现金赔款总额的确定，德国国内的迹象似乎证明通货膨胀和战争赔款确实有关系。这种国际收支理论的本质在于德国无法通过实现经常项目盈余来支付现金赔款，因此不得不用纸马克来购买硬通货，致使汇率下降，进口价格走高，国内物价也随之上涨。经常项目盈余之所以难以实现，有两个原因。首先，有人认为只要解决了预算问题，“移交”问题便迎刃而解，然而，这一观点在理论上虽然奏效，其前提却是德国消费要大幅收缩，这是德国所无法承受的，原因我们已经讨论过了。其次，正如凯恩斯等人早先提出的，这种出口盈余并不符合债权国的利益。因此，很多人都认为德国政府通

① 也可以说，在公共债务高企的形势下，如果德意志帝国银行紧缩银根（即调高再贴现率），其结果往往适得其反。

过放任货币加速贬值来破坏赔款体系的做法是可取的。例如格雷厄姆就强调货币贬值刺激了德国的出口。这样就能给协约国施加经济压力，让它们知道如果要得到赔款，协约国的实业就会受到损害。于是，德国可以名正言顺地把货币贬值归咎于赔款对国际收支的影响，这就是他们的策略。正如格雷厄姆所言："公共财政状况的改善会招致更严苛的要求，这种说法绝非毫无缘由……也许正是因为马克的崩溃，德国的战争赔款……才得以大幅减少。"在弗里德里希看来，货币贬值（以及随之而来的通货膨胀）符合德国的"国家利益"，成了一种最有效的手段，使德国能够"说服世界各国它的赔款负担亟须减轻"。此外，借给德国人的钱大多有去无回，一位历史学家甚至称"这是美国人向德国'赔款'"，可见德国的策略的确是一箭双雕。

2

本书的首要任务是挑战那些为通货膨胀辩护的理论。笔者对通货膨胀刺激增长的观点提出质疑，认为在恶性通货膨胀阶段，1920~1922 年的经济获益让德国付出了沉痛的代价，对德国经济造成了长期的破坏。通货膨胀促进"真实价值"投资的观点也值得商榷，笔者认为，持续恶化的通货膨胀只能抑制投资，并且掩盖了由于缺少对货币贬值的补贴而造成的"实际损失"。即使投资的确存在，后来的稳定阶段也一再证明那些是"投资失误"。最后，通货膨胀还给资本市场和银行体系带来了毁灭性的影响，从而证明通货膨胀不但没有推迟经济危机的到来，反而让德国成了大萧条的最大受害者。

本书提出的第二点质疑是：通货膨胀并不能稳定社会局势。虽然通货膨胀带来了 1921 年和 1922 年史无前例的高就业率，使收入更加均等，但没有任何证据表明，这种更大的平等创造了更和谐的社会。通货膨胀那几年，德国劳资冲突空前激烈，争抢食物的暴乱时有发生，政治暴力频繁，犯罪活动猖獗。不仅如此，通货膨胀使德国社会资源分配发生剧变，给文化层面甚至心理层面都造成了巨大冲击，远远超出了单纯的物质影响。19 世纪"资产阶级无声的革命"向人们灌输了一系列的价值观，如勤劳节俭的美德、私有财产与合约的神圣不可侵犯、教育和文化的重要性等。但随着通货膨胀吞噬了储蓄银行、私营学校和所有的志愿者组织，承载这些价值观的机构被破坏，这些价值观本身也被彻底打乱。

可见，通货膨胀可以稳定政治的论调值得怀疑。小企业主、专业人员、政府公务员和收租者等中产阶层无利可图，商人和机构大肆鼓吹通货膨胀政策是当时资本主义衰退的一个重要原因；而在那些财产被没收的债权人看来，经济危机还损害了法庭的权威，使法治走向堕落。公民的个人存款被用于偿还国债，魏玛共和国已然失信于民。因此，恶性通货膨胀使德国无法像英国一样，在两次世界大战期间发展出议会保守派；在英国，健全货币给资产阶级——从大资本家到小店主——提供了联合起来对抗工会组织的机会。这并不是说通货膨胀必然会导致希特勒的出现，而是说由于通货膨胀，1924年魏玛共和国重建的社会体系基础薄弱，于是当它在1930年濒临崩溃时，它很难提出方案与希特勒相抗衡。

最后，还有人认为通货膨胀政策最有效地展示了德国无力赔款，因而符合德国的国家利益。这是笔者要反驳的一点。通货膨胀策略实际上失败了，因为策划人也高估了货币贬值对刺激出口的作用，忽略了在全球经济衰退的背景下，通货膨胀政策反而有可能刺激进口。德国希望减少赔款无可厚非，但通过经济手段来修改赔款计划只能适得其反，因为它非但不能对英、美两国的经济构成威胁，反而减轻了它们的压力。

总而言之，通货膨胀发生后，有很多支持通货膨胀政策的经济、社会、政治和外交方面的论据，但这些论据基本都不成立。因此，从某种意义上说，这是向布雷夏尼的观点回归。然而，布雷夏尼之所以遭到反驳，一个最主要的理由就是德国当时没有其他选择，既然如此，本书的第二个目标就是要证明其他选择也是可行的。笔者由此踏上了险途，因为很多人鄙弃“反事实”的历史，认为历史学家的主要任务是“理解”决策者当时面临的诸多制约，而不是表现事后英明，推荐其他“更好的”决策。但是，在阐释反对稳定政策的论点时，笔者对当时落后的经济知识和原始的计算方法感到震惊，而它们正是构成那些论点的基础。许多当时举足轻重的人物都相信，在巨额赔款的重压之下，降低政府赤字和放缓货币增速会导致严重的经济危机，甚至危

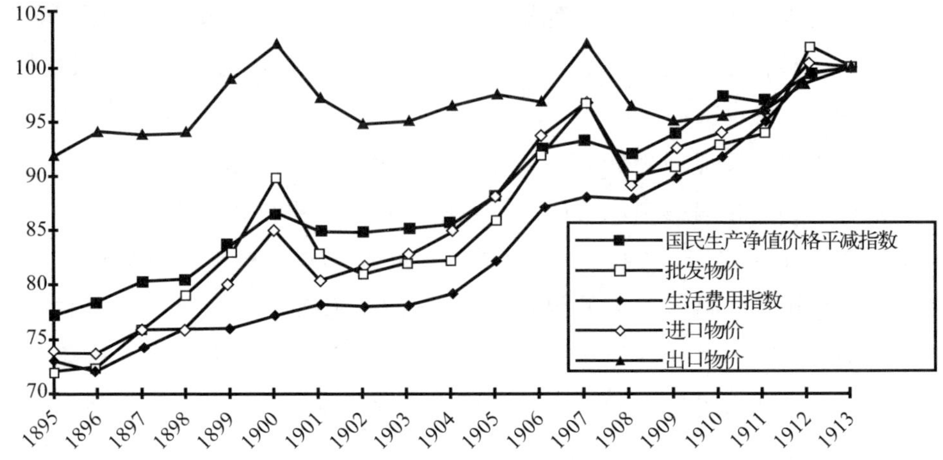

图 0.1　战前通货膨胀（1895~1913，1913 = 100）

及魏玛共和国的稳定。同样，很多人显然也相信，随着马克不断贬值，德国的出口商会比其竞争者更具优势，从而赋予德国政治影响力。但是，历史学家完全有理由提出质疑：这些观点是否夸大了提早实行稳定政策要付出的代价？是否放大了货币持续贬值的益处？笔者在此指出：稳定的货币和财政政策理论上可以在 1920 年实现，避免重蹈英国经济衰退的覆辙；1923~1924 年德国出现的经济大衰退和逃避赔款与害怕国内动荡有很大关联，而事实上它是可以避免的。后来的事件也证明，货币贬值无法促成和约的实质性改变；相反，稳定政策才会对协约国构成压力。当然，这意味着缩减公共开支和缩小借贷规模，可能在政治上还要向“右翼”靠拢。1923 年和 1924 年，魏玛政府最终却不得不使用集权来对抗恶性通货膨胀的社会经济影响。如果魏玛政府用这种方式来遏制 1920 年的通货膨胀，也许会诞生一个保守政权，虽然没有魏玛政府民主，但绝对比 13 年后出现的那个政权安全得多。

3

上述假设告诉我们，如果不对财政、货币和一般经济政策的决策机制进行一些改动，那么，再“可行”的经济替代方案都无法实施。但是，改变对

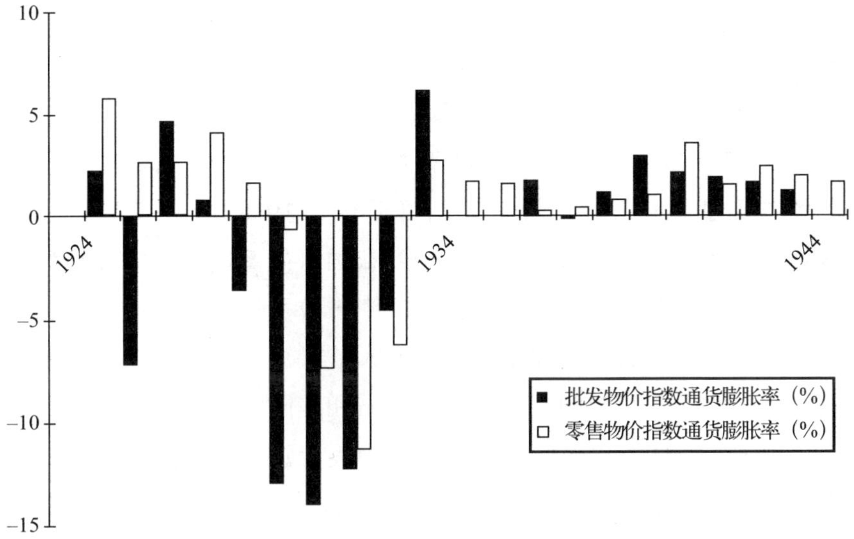

图 0.2 通货膨胀与通货紧缩（1924~1945）

于德意志帝国来说很难，本书的第三个目标，也是最后一个，就是要说明这一点。如果用更长远的历史视角来解读，那么，与其说通货膨胀是战争和革命的产物，不如归因于一些系统性的根本缺陷，这些固有的弊端可追溯至帝国的建立，甚至到 1923 年和 1924 年货币改革之后依然存在。1871~1945 年发生过多次通货膨胀，1914~1923 年的通货膨胀仅是其中之一。德意志帝国建于 1867~1872 年的通货膨胀泡沫期。1897~1913 年，威廉德国经历了一次温和的通货膨胀，虽然在当时看来异常严重（见图 0.1）。1924~1929 年也出现过类似的（零售物价的）膨胀，只不过并非持续性的；而整个第三帝国的历史就是一部 1933 年以后的隐性通货膨胀史（见图 0.2），同时还记载了 20 世纪 40 年代德国马克的第二次崩溃，整个过程持续至 1948 年（联邦德国）货币改革以及德国分裂。

当然，这段通货膨胀的历史并非独一无二。一项对德国过去 200 年的批发物价调查显示，德意志帝国出现前（1799~1809 年）后（1971~1981 年）都有长期的通货膨胀。它们同 1914~1924 年和 1938~1948 年的通货膨胀一样，与战争的冲击有关。[1]此外，1867~1947年，出现通货膨胀的不只是德国，因而无法帮助我们解释德国为何在20世纪30年代（也许更早）开始走上“特殊道路”。比较指数显示，除了两次世界大战末的极端事件，19世纪和20世纪早期，欧洲主要经济体（德国、英国和法国）的价格波动与南北统一后的美国基本一致。这一说法同样适用于1918~1923年的恶性通货膨胀，当时中欧地区在战后新出现了几个共和国（如奥地利、匈牙利和波兰），这些国家和革命时期的苏联都有恶性通货膨胀或类似恶性膨胀的经历，严重程度不亚于德国。事实上，在第一次世界大战余波的冲击下，绝大多数欧洲大陆国家都有通货膨胀的问题，甚至连英国和美国也不例外。在两次世界大战期间，国际货币体系失灵，这也许是因为美元没能承担起在国际货币体系中的霸主地位，也许是因为世界各国的央行没有像1914年前那样采取联合行动。另一方面，德国经历的大萧条也是大同小异，不可能脱离国际背景。在这两种情况下，一个共同的问题就是德国的经历是否有特殊之处。

事实上，1875~1913年，德国的消费者物价指数比法国、英国和美国上升得更快。和匈牙利、波兰、苏联或者是1922年的奥地利相比，1923年德国的恶性通货膨胀要严重得多，持续时间也更长；事实上，如此严重的货币贬值在欧洲历史上只有一次（发生在第二次世界大战后的匈牙利）。同样，在通货紧缩和货币贬值的国际背景下，德国在20世纪30年代出现抑制型通货膨胀实属反常。不仅如此，在所有被严重通货膨胀事件困扰的20世纪的经济体中，德国经济最为发达；和那些以农业为主的经济体相比，其中产阶级社会结构也更依赖纸币的稳定性。那为什么物价的不稳定始终伴随着德意志帝国呢？

当然，德国历史上各经济利益集团势力强大可能是一个原因，也是史学家们推崇的解释。从19世纪90年代中期开始，一股强大的力量推动着德国企业的发展，德国各行业的产量增加，投资更多，集中化程度更高，这种推动力当然也是本书的重要议题。早在1914年前，德国公司对信贷和资本

---

① 事实上，研究德国的通货膨胀还可以回顾17和18世纪的历史：三十年战争前夕的金融危机以及腓特烈大帝的战争融资，当然还有中世纪时的黑死病。

的需求就日渐增加，导致德国在战前就出现了温和的通货膨胀。不仅如此，1897年后，通货膨胀呈上升趋势，一些商人开始不再相信商业周期中必然会有波谷。于是，战争爆发后，当经济需要紧缩时，许多人宁愿躲进通货膨胀营造的虚假繁荣中。当时的美国大使在1922年12月说道：

> 德国银行家和实业家对不断扩张的工业和贸易早就习惯了；例如……美国和英国还经历过几次贸易下滑，可德国直到现在才体会到这种滋味。

德国企业对税收的敌视其实是出于对毛利润下降的恐惧，1924年之后尤其如此。另一个重要因素是工会势力的增加推动了工资上涨。德国经济的这个特点早在19世纪90年代就出现了，只是到了20世纪20年代才引发了争议（并且持续到现在）。

在威廉德国和魏玛共和国的通货膨胀中，经济机构的影响当然不容忽视，而德国特殊的机构体系更凸显了问题的严峻。正如克努特·博尔夏特所言，通货膨胀首先是政治现象，它反映了金融财政机构的失败。如果德国的经济利益集团能够推高物价和工资水平，那是因为货币和财政政策为通货膨胀创造了条件。这对德国的影响尤为重大，理解这一点十分重要。德国自由派在19世纪70年代创造的国家货币不仅是在经济上实现统一的手段——如关税同盟、铁路或统一的度量衡，它也标志着一个国家的统一，之后才有了国歌和国旗等民族情感的象征，更不用说还有统一的税制，相同的时区。因此，货币的顽疾意味着德国的政治实体本身出了问题。

问题体现在三个方面。首先，它反映了德国财政体系的缺陷。德国历史上曾有两次非持续性的公共开支激增，一次是在1891~1917年，之后军事和政治上的崩溃使帝国迅速瓦解；另一次是在1925~1943年，而后德国再次濒临崩溃（如图0.3和图0.4）。一个核心问题是，税收始终跟不上公共开支的增长：从19世纪90年代到20世纪40年代，公共部门的赤字反复出现，在战争年代达到峰值，甚至在财政紧缩最严重的1931年，仍然占国民生产净值的2.7%。这反过来又导致了公共债务的飙升，其占国民生产净值的比例从原来的49%升至1918年的240%；从1930年的33%升至1944年的390%。

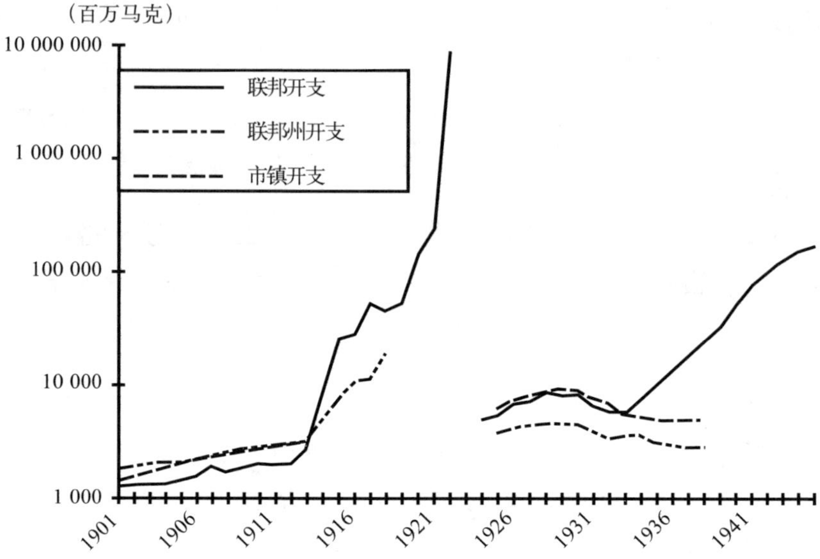

图 0.3　各级政府的公共开支（1901~1945）

德国财政体系的固有缺陷体现在两个方面：其一，联邦、联邦州和市镇的三级财政体系使得财政收支的责任过于分散。直到 20 世纪 30 年代，德国中央政府才对下级政府的支出和贷款政策建立监管机制；其二，出于政治目的，政府需要增加公共开支——尤其是社会福利和防卫开支，但增加税收又会招致政治上的反对意见，这种矛盾导致政府收入始终存在缺口。

其次，通货膨胀还反映了德国货币体系的弊端，尤其是德意志帝国银行一直缺乏有效的公共信贷和个人信贷监管机制。名义货币供给在两个阶段呈指数增长态势——一是在 1890~1923 年，二是在 1933~1947 年，中间经历了 1929~1932 年的通货紧缩时期。在通货急剧膨胀之前，实际货币供给一直在持续上升（见图 0.5）。有三个因素决定了货币供给的增长：一是私营部门对信贷的需求，这点在战前和 1922 年尤为重要；二是公共部门对短期信贷的需求，尤其在 1914~1923 年和 1931~1945 年；三是德国实行金本位制度期间（1890~1914 年，1924~1931 年）的国际资本流动。货币政策制定者们缺乏完善的理论基础，更重要的是没有足够的权限，于是德意志帝国银行始终无法平衡这些因素——无法为商业银行设立最低准备金率；不能通过公开市场操作来控制政府贷款对货币供给的影响；而且事实证明，如果不严格限制，它

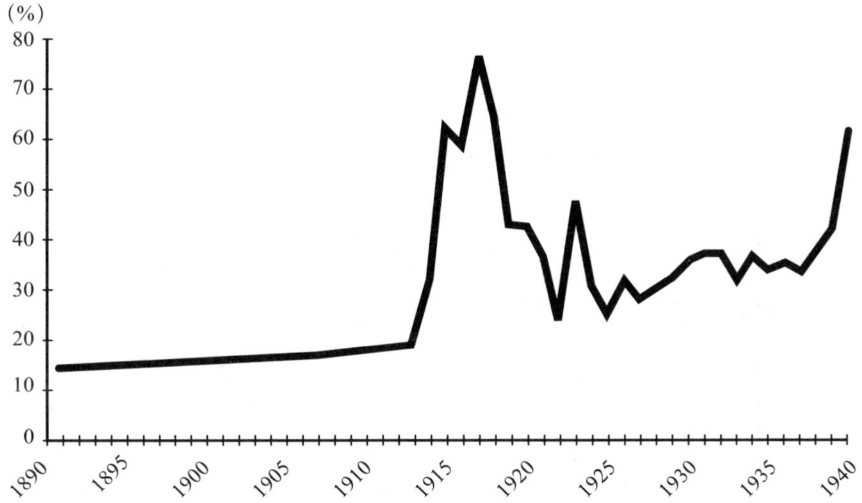

图 0.4　公共开支占国民生产净值的百分比（1890~1940）

根本无法控制资金流向。

最后，通货膨胀反映出财政政策、货币政策和贸易政策之间的矛盾。德国在 1919~1923 年的贸易逆差虽然很大，但这种情况并不罕见；1914 年前的绝大部分时期，德国都有贸易逆差，只是资本输出和“隐性的”劳务输出弥补了这一差额；而 1924 年以后，贸易逆差仍在持续，当然 1926~1932 年的经济衰退期除外（见图 0.6）。德国的政策制定者不断尝试着降低赤字，例如在 1978~1914 年以及 1925 年设立关税壁垒，或通过各种政策刺激战后的出口，尤其是 1919~1923 年马克贬值以及 1930~1932 年的通货紧缩政策。但是德国一直追求的出口盈余——尤其是当它欠下巨额外债的时候——却难以实现。究其原因，除了德国工业对原材料的刚性需求，经济政策中的其他因素也至关重要。首先，德国不是让马克汇率与黄金挂钩，就是像在 1914~1918 年和 1933~1945 年那样实行汇率管制，如此一来，汇率作为最便捷的消除持续逆差的机制就失灵了。其次，宽松的财政政策和货币政策不但无法缩小贸易差额，反而会适得其反。

因此，本书的首要议题是讨论德国财政和货币体系的弊端，以及经济政策的国内目标与国际目标之间的对立。德国政治经济中的这些系统性缺陷决定了货币的持续剧烈波动。

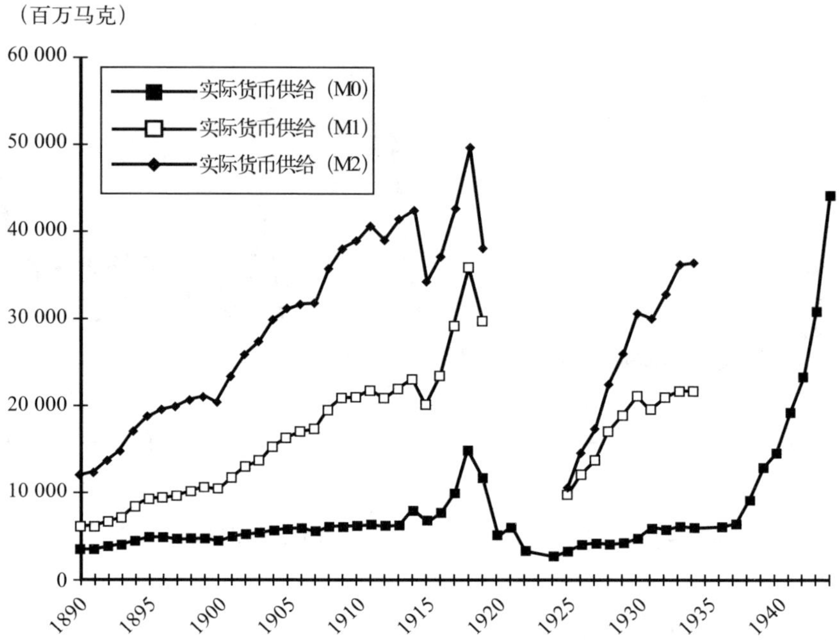

图 0.5　实际货币供给（1890~1944）

接下来，我来解释一下为什么把汉堡作为本书的研究对象。第一，很显然，汉堡作为德国的主要经济中心之一，其经济结构最依赖商业和金融，而不是工业。在经济上汉堡是一个“特殊城市”，它更面向国际，大部分实业——尤其是造船业——都离不开繁荣的贸易。因此，汉堡的例子有助于我们改变传统观念，不再过于强调重工业的作用。第二，汉堡对通货膨胀中某些因素可能会更加关注。作为德国主要贸易中心之一，它势必会受到通货膨胀阶段汇率波动的冲击，同时也会对此高度关注。第三，作为主要的航运中心之一，汉堡必然也参与了德国商船队——即通货膨胀期间最庞大的投资项目的重建。通过刺激出口和投资，通货膨胀究竟能为德国工商业带来多大获益？透过通货膨胀对这些领域的影响，我们就能找到有价值的答案。汉堡的政治地位也值得关注。它是十一月革命的中心城市之一，是德国国防军在 1919 年占领的最后一个大城市，1921 年和 1923 年那两次失败的共产主义运动也发生在汉堡。如果说通货膨胀在某种程度上是为了遏制工人阶级的激进主义而在劳资双方之间营造的共识，那汉堡应该能提供一些例证。在战前时期，汉堡掀起了世界主义和自由主义风潮，这对于研究通货膨胀、社会动乱和纳粹主义抬头之间的关系很有借鉴意义。通货膨胀是否破坏了汉堡这个“特殊城市”，使其走上了德国的“特殊道路”，最终掉入灾难的深渊？

然而，我们之所以聚焦于汉堡，最重要的原因是在魏玛共和国成立之初，汉堡商人在德国政坛异常活跃。1923年恶性通货膨胀期间，担任德国总理的是“大资本家”维尔海姆·古诺——汉堡–美洲公司的董事长。这仅仅是巧合吗？为什么银行家马克斯·沃伯格及其搭档卡尔·梅尔希奥在德国金融外交活动中扮演着重要角色？一直以来，历史学家往往忽略了汉堡商业在德国及国际上的重要地位，只有少数几位除外——之所以没有完全被忽略，是因为汉堡商人一直在“幕后”施加影响力。这本专著综合了个人论文、公司档案，以及一些官方报告，重构了从威廉德国到20世纪30年代汉堡工商界的故事，回顾了他们的崛起和没落。他们在政治上举足轻重，这意味着我们不能局限于“区域性”研究，而是要研究汉堡工商界在整个德国经济政治史上的贡献，及其在两次世界大战期间的国际政治经济领域发挥的作用。

本书第一章设定了研究背景，讲述了汉堡在战前的发展状况、活跃的商业经济的结构、在物质上的分化和文化上的统一、逐渐成形的“集团政体”，以及作为德意志联邦成员的获益。第二章则描述了战争对汉堡经济的致命冲击。它摧毁了城市的经济，加剧了社会分裂，使汉堡在政治上更加两极化，为了恢复商业中心的地位不计代价。本书第三章讨论了危机带来的后果以及十一月革命的影响。在政治上，这场革命既是资产阶级革命，也是无产阶级的革命，但其结果却是由经济因素决定的：协约国的封锁造成了物资匮乏，持续的政府赤字和劳工斗争引发了通货膨胀。第四章集中讨论了一些外在力量，如停战协定后协约国对德国的限制，以及和谈过程中以汉堡工商利益集团为主体的经济外交。他们预测和谈的结果会导致经济危机和政治革命；本章就分析了他们预测失败的原因。第五章讲述了由于错误的财政政策、货币政策、贸易政策和劳工政策，德国错过了1920年的创造持久稳定局面的机会。除此以外，正如第六章提到的，有观点认为持续的货币贬值能够刺激出口，从而破坏赔款体系，因而鼓励德国政府继续实行通货膨胀政策。但这个

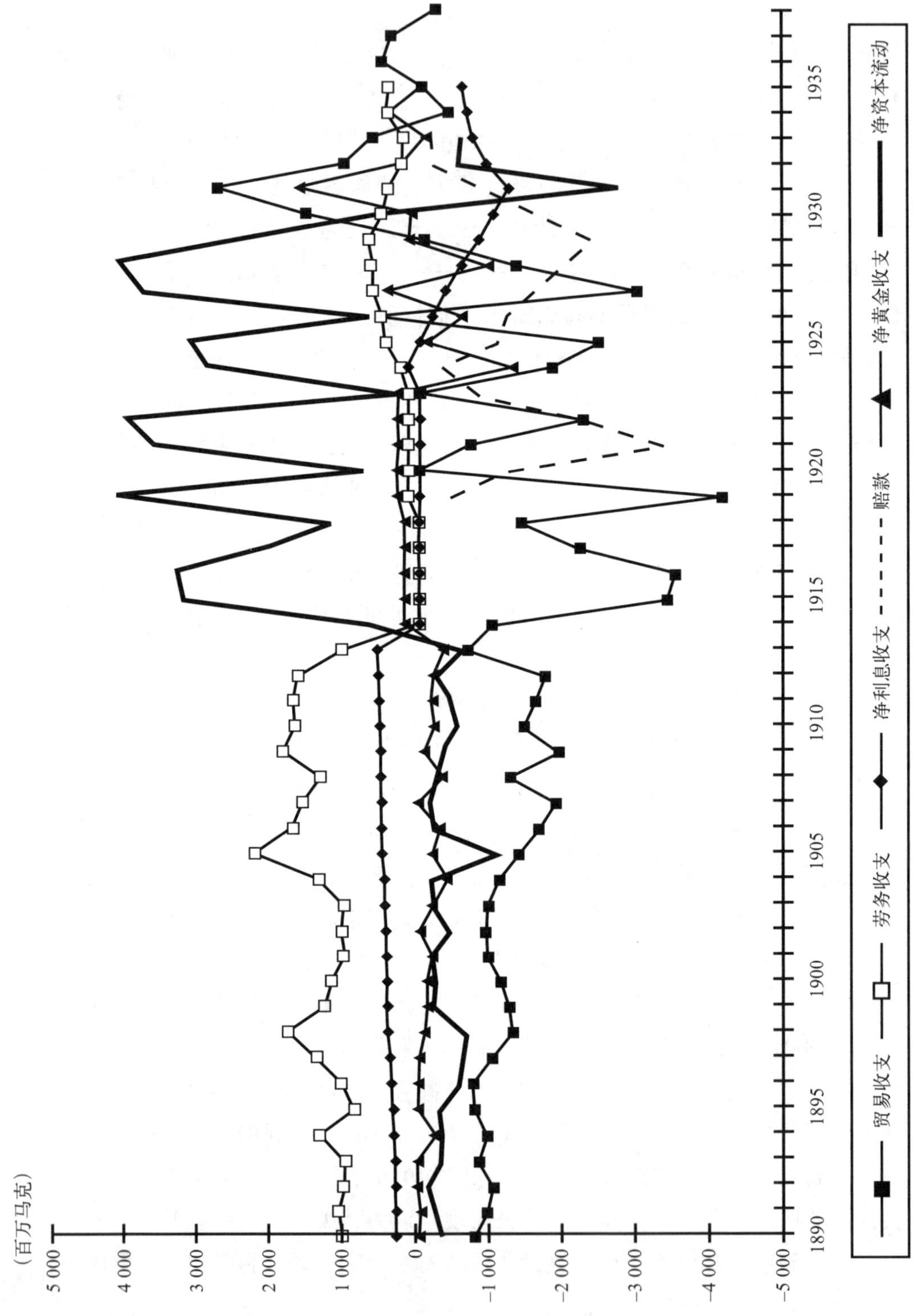

图 0.6 国际收支状况（1890~1938）

策略并不成功，汉堡工商业的表现就是有力的证明。货币贬值不但没能让赔款计划被修改，反而削弱了德国的地位，使鼓吹该策略的人越来越受敌视。在古诺出任德国总理、法国占领鲁尔后，这个问题变得更加突出。第七章以法国占领鲁尔为背景，解释了为什么商业政府的实验最终导致了货币崩溃，使得德国几乎被瓦解。第八章则探讨了通货膨胀的后遗症，并指出1924年的稳定局面注定不会长久。恶性通货膨胀破坏了德国的经济、社会和政治，而1924年的改革也没有终结货币政策、财政体系和国际收支的混乱局面。讽刺的是，出于对通货膨胀的恐惧，布吕宁政府采取了通货紧缩政策，这无异于自掘坟墓。直到1933年之后，德国的政治经济才发生根本转变，在没有引发通货膨胀的情况下开始复苏，但这种状态也不持久。

本书以汉堡为切入点，审视了持续30多年的通货膨胀时代——从19世纪90年代晚期威廉德国的经济泡沫，到1928~1932年魏玛共和国的通货紧缩。从某个层面来说，这是一部经济史，但笔者把经济分析融入了社会、政治和外交的大背景之下。故事还有一位主角，那就是银行家马克斯·沃伯格，而故事本身则是一场不可避免的悲剧。

PAPER
AND IRON

第1章
黄金时代

1913年6月11日，一艘巨型邮轮在汉堡下水，它就是“皇帝”号。这艘5.2万吨级以上的舰船让汉堡–美洲公司成为全世界最大的航运公司，随着“祖国”号和“俾斯麦”号相继诞生，汉堡的造船厂已经足以匹敌任何一家英国船厂。汉堡–美洲公司的公关部门形容“皇帝”号为“巨无霸”，“不仅庞大，而且还有强大的威慑力”，同时用原比例图展示了这艘头重脚轻的邮船沿汉堡市政厅、乌尔姆教堂和瓦尔特堡航行的情景。博隆福斯船厂也用类似的口吻宣传更庞大的“祖国”号，称它“在最大的船台上建造而成，其设备由最大的起重机来运送……而后将会通过世界上最大的浮动船坞下水”。

这种经济上的扩张倾向可以有各种解释。对当时的人来说，这些巨型邮轮无疑体现了19世纪中期以来德国工程技术的飞跃。但就纯经济角度而论，其价值令人怀疑。它们几乎是专为奢华的越洋航程而建造的，耗资巨大，航运公司也没打算靠它们赢利，比如汉堡–美洲公司就计划用其货运业务的利润来为它们提供补贴。这些巨轮的社会意义更加显而易见。大理石的洗手台，电热供暖系统，一切都是为了满足富裕的都市精英，而造船的却是一些半熟练工，汉堡贫民区的陋巷蜗居才是他们的栖身地，住在那里又挤又冷。

“皇帝”号下水那年，汉堡码头的劳资冲突空前激烈，似乎证实了这艘巨轮的确是20世纪早期阶级不平等的标志。邮轮是为社会精英们打造的，但同时也暴露了他们内心的矛盾。邮轮的所有者阿尔伯特·巴林是个白手起家的犹太商人，畅销书作家戈尔希·福克轻蔑地称他为“农村小贩”；“皇帝”号的活动大厅里摆着威廉二世的半身像，而且这位霍亨索伦家族的德意志皇帝还和俾斯麦的孙女共同出席了“俾斯麦”号的下水仪式，可他同时也是反犹主义者；邮轮内部的装饰为仿古风格——仿罗马，仿都铎，一应俱全，好像生怕现代技术破坏了美感。

这些巨轮还有复杂的政治寓意。“皇帝”号、“祖国”号、“俾斯麦”号，乍一看不过是爱国热情的象征，但在巴林看来，威廉二世能亲自主持“俾斯麦”号的下水典礼，说明他已经跟长眠不醒的俾斯麦冰释前嫌。由威廉二世口中那些“失去了祖国的朋友”承担兴建“祖国”号的任务，更是令他振奋。另外，随着三艘巨轮的诞生，英国最引以为豪的造船业被德国赶超，经济实力也受到挑战。虽然德国一再声明“皇帝”号是“和平之船”，但在国际关系日趋紧张的时代，它还是成了英国媒体——尤其是主流媒体的社论撰稿人关注的焦点。可见，“皇帝”号的下水不仅展示了德国强大的经济，高涨的士气，也折射出德国社会的“阴暗面”，而且其政治寓意模棱两可，令国内外社会困惑不解。就在5周前，“皇帝”号要挑战的对手——“泰坦尼克”号——撞上冰山后沉没了。《汉堡日报》曾预言，帝国的狂妄自大必将让它自取灭亡，后来这话果然应验了。本章要讨论的就是这种狂妄自大，“皇帝”号、“祖国”号、“俾斯麦”号，经济上德意志的野心不断膨胀，通货膨胀已然不远。

汉堡的商业

和伦敦、利物浦、鹿特丹、安特卫普及纽约一样，汉堡也是大西洋几大贸易中心之一。从滑铁卢战役到马恩河会战，横跨一个世纪，在那个英国称王称霸的时代，自由贸易、工业化、帝国主义和金本位制度日益勃兴，几大贸易港口一派繁荣。货物、人力、信息和资本自由穿越，融通四海，这番情景在1914年之前从未见过，各大贸易港口也因此受惠，财富滚滚而来。当然，汉堡自中世纪以来就是商业中心，但商业传统未必是持久繁盛的保障，吕贝克就是一例。而汉堡历来能够审时度势，长于变通：16世纪时效法荷兰，17世纪时与战乱频繁的德意志内陆划清界限，而18世纪时又对法国钦羡不已。1815年后，英国开始主宰大西洋地区的经济，此时的汉堡又变身为德英贸易的“前哨基地”；对美洲的贸易骤增时，汉堡还在波士顿和巴西之间设立了自己的“基地”；当德国中西部经济发展加速时，汉堡自由港区又成为“德意志帝国通向世界的门户”。从1816~1820年到1856~1860年，驶入汉堡港的轮船吨位增长了5倍；到1860年，汉堡港的年货物吞吐量近100万吨，价值3.3亿马克。1885~1913年，汉堡的进口每年增长5.5%，出口每年增长（1890年后）5.3%。截至1913年，德国有42%的进口和38%的出口都以汉堡港作为中转。第一次世界大战前夕，汉堡的贸易量占世界贸易总量的4.5%左右。在所有其他的大陆港口中，能与之媲美的只有鹿特丹港。

分析汉堡经济可以从几方面入手。一种分析方法是从货物流通层面入手。1913年，进入汉堡的货物总量有2/3经由海运，1/5为铁路运输，还有一小部分是内河运输；而在出港货物中，这三种方式的比例分别是48%、14%和30%。1913年前，汉堡港31%的进港货物是通过各种运输手段从德国其他地区运抵汉堡的，22%来自其他欧洲大陆国家，来自不列颠群岛的货物较少（占19%），而来自北美和拉丁美洲国家的货物仅占10%左右。非洲、亚洲和澳大拉西亚等地所占份额虽小（共计9.5%左右），但这些地区的增长最快。汉堡的出口主要集中在欧洲，约36%的出港货物被运送至帝国的其他地区，略高于其他欧洲大陆国家，其余多半被送往美洲（13%）或不列颠群岛（8%）。由此可见，汉堡最大的单个“贸易伙伴”是德国其他地区，大批货物经铁路由西部工业城市（鲁尔工业区、莱茵兰和威斯特伐利亚）发往汉堡，同时把大批进口货物沿易北河运往德国中部。汉堡最大的国外单个贸易伙伴则是大英帝国，汉堡总进口量的1/4来自该地，而出口占比则较小（7%）。最后，食品贸易约占海运进口总值的近1/4，出口总值的17%；原材料和半成品进口的占比接近2/3，出口的占比为1/3；成品进口仅为1/10，而出口却达 1/2 以上。因此，汉堡的核心经济是将原材料和半成品进口到德国，再把德国制造的成品输往国外，当然还有一大部分转口贸易。

另一种分析方法则是从其经济组织结构和就业结构入手。作为一个转口贸易城市，汉堡的经济结构与其他德国大城市截然不同。1907 年，柏林、杜塞尔多夫或莱比锡有 50%以上的就业人口分布在“工业和制造”领域，而在汉堡，该比例仅有 36%，但商业领域（贸易和运输）的从业人数占到了 39.9%。当然，这种分类形式较笼统，事实上，从事上述活动的实体形态迥异。例如，“贸易”不仅包括会计所、交易所和银行从事的业务，还包括难以计数的代理商、拍卖商和经纪人的商业活动，何况还有成千上万贩卖生活必需品的零售商（以及 2 000 多的街头小贩）。物流领域也是如此，除几个大型航运公司外，沿海运输、内河运输、铁路运输和有轨电车运输一应俱全，从事公路短途运输的小企业更是多如牛毛。制造业也不例外。尽管大型船坞把持着易北河沿岸的制造业，但仍有数千名手工业者在城市中心的小作坊工作，电子和医药领域的技术日新月异，而家具制作和手工制鞋等传统技艺活力依旧。

然而，汉堡的某些商业活动却无从查证：从事“动产”的零售商有 16 000 之众，“不动产”经纪人约 4 000 名，他们的活动几乎无迹可寻。以交易所为中心而展开的商业活动恰恰相反。商人们建起一座座高楼大厦，发表文章自我吹捧，以博得后世景仰。这些做法并非全然无用。19 世纪和 20 世纪早期，汉堡商业主宰了文化和政治领域，致使其经济影响力也被夸大了。其实，所谓交易所，不过是近千家从事进出口贸易的小家庭商号的会所，这些小商号绝大多数成立于 18 世纪晚期和 19 世纪，随着工业化的欧洲开始与美洲、亚洲和非洲展开贸易，它们也在这些地区逐渐发展壮大。每个主要地区总有一两家商号脱颖而出——或因为其规模和历史；或因为其经营者的性格，例如远东地区的A · O · 迈尔和J · C · 戈德弗罗伊、西非的C · 韦尔曼和G · L · 盖泽、东非的威廉 · 奥斯瓦尔德，以及美洲的约斯 · 舒巴克和泽内（两家公司在阿姆辛克家族的领导下日益壮大）。这些公司的员工一般不超过 100 人（分布在汉堡总部和海外），资本基础薄弱（通常为家族财富），通过向供应商和客户抽取佣金来获利。国际运输不确定因素较多，风险高，收入也不稳定，20 世纪初的上千家商号中幸存下来的屈指可数，这些幸存者往往和韦尔曼公司一样，将业务细分为几个相关领域，如船舶或银行业务。在世界各地的转口贸易中心，诸如此类的小公司已经成为自由贸易和非正式帝国主义的重要力量，也是 19 世纪“国际资产阶级”的中坚。然而到世纪交替之际，它们却首次面临因落后而被淘汰的危险，阿姆辛克、施拉姆和奥斯瓦尔德等家族企业就是如此。当然，它们不像托马斯 · 曼在《布登勃洛克一家》一书中刻画的吕贝克望族那样贪图享乐，但是，因为企业必须由家族掌管，而个人往往会转移企业股份以备退休之用，所以公司的资本规模被削弱，很难抵御危机。但“彻底扭转布登勃洛克”的经营模式未免不切实际。因此，未来真正需要的是形式更多样化的经济实体。

贸易的增长拉动了汉堡其他经济领域，尤其是交通运输。无论是汉堡–美洲公司的巨型邮轮，港口内的拖船，还是易北河上的驳船，水路运输主宰着整个交通运输业。1914 年前，运输量在短短 30 年内增长了 4 倍，同样惊人的是，船舶的归属情况也起了变化。在 19 世纪 70 年代，驶入汉堡港的船舶有一半以上都属于英国，然而到 1913 年，这一比例降至 29%，而插着德意志帝国国旗的船舶占了 60%。德国商船队的规模跃升至世界第二（仅次于英国），占世界船舶总吨位的 13% 左右。1914 年，汉堡的海船数量达到了 1 372 艘，总登记吨位达 190 万吨左右（雇用海员 25 000 多名），占德国商船总吨位的 1/3 以上。

对这支商船队来说，客运和货运一样重要。截至 1913 年，汉堡已有 160 多条独立的定期航线，每月有 620 多班客轮从汉堡发往世界各地。许多短途客运服务由小型轮船来完成，但一些老牌航运公司仍依靠帆船穿越大西洋的北海海域。航运公司最大的业务来自横渡大西洋的移民。整个 19 世纪，尤其是在 40 年代、50 年代和 80 年代，大批德国人移居国外（主要是美国）：1871~1914 年，近 290 万德国人移民国外，还有 580 万非德国人士（绝大多数来自东欧）经过德国的不来梅和汉堡等大港口移民。大规模迁移的最大受益者就是阿尔伯特 · 巴林。巴林的父亲是一位犹太小企业主，在 19 世纪 30 年代从丹麦来到汉堡。巴林是家中次子，在汉堡，他始终是一个外乡人。正如那三艘巨轮是巴林最好的纪念碑一样，他的座右铭——“我的战场是整个世界”——也表达了他雄霸商海的野心。他的抱负和视野与施拉姆家族或阿姆辛克家族截然不同（但正是那些老牌的航运家族企业发现了他的才能，并委以重任）。巴林勇于改革，在担任英格兰卡尔航运公司的代理商期间，他率先削减了已有的统舱比例；之后又出任汉堡-美洲公司董事，在19世纪90年代又成为董事总经理，就越大西洋运费率达成国际协议，同时扩大业务范围，并将其细分为货运和豪华游轮业务。截至1913年，汉堡-美洲公司已有一支175艘远洋轮船（还有19艘在建）组成的船队，雇用员工29 000人，跻身为世界最大的航运公司，令汉堡的其他对手望尘莫及，只有位于不来梅的北德劳埃德公司才能勉强匹敌。尤其值得一提的是财务数字，它们见证了巴林创造的辉煌业绩。在“一战”爆发前的16年内，他使汉堡-美洲公司的总收入增长了7倍，巴林为公司船队的大幅扩张进行融资，相应地增加资本金，并发行了7 000万马克固定利率的信用债券。公司的固定资产达到了2.89亿马克，流动资产为5 400万马克，净利润相当于资本金的17%，资产负债状况良好，这说明把货币与工业等基本经济要素结合起来，公司扩张就有可能实现。

尽管汉堡也在努力通过交易会（甚至特别创作了华尔兹舞曲）扶持其工业，但总体来说，汉堡的工业仍从属于商业贸易。汉堡没有煤矿和大型铸造厂，纺织厂也寥寥无几，而这些企业都是工业化的典型代表。汉堡的制造商们或是满足当地人的需求，把进口的原材料加工后输往汉堡以外的市场，或是为商业提供必需的设备。直到1865年，该城市的行业联合会才对制造业进行整顿，大量小手工作坊①才得以保留下来。相比之下，在“一战”爆发前，该城市工业部门的最大雇主就是建筑业（见图1.1），这得益于1880年后港口设施扩建，以及19世纪90年代社会危机引发的汉堡的住房改革。其他满足城市需求并且从业人数不亚于建筑业的就是清洁、服装、家具、食品和电力部门。由于在北德意志邦实行工业化初期，汉堡并未加入关税同盟，那些目标市场为其他邦（尤其是普鲁士）的制造商倾向于在城邦正式边界的外部选址，例如在西部的阿尔托纳和平讷贝格，或东部的万茨贝克和巴姆贝

① 1907年，有37%的制造业从业者所在公司的雇员不足10人。

克。[①]因此，严格说来，纽约-汉堡橡胶制品股份有限公司或北德精炼公司等工厂并不属于汉堡，只不过随着汉堡城郊居民区的扩张，这些边境线到1913年已经几乎不存在了。汉堡的工程业也是大同小异。虽然它不是该城市的最大产业，但就单个企业而言却是最大的。[②]该行业由少数几家公司垄断，一位观察员甚至形容这些企业是“资本家创造的艺术品”。它们就是造船厂。

和航运公司一样，德国造船厂在“一战”前的几十年内也取得了飞跃。通过快速学习英国的技术，订立更多的国内合同（包括在1895年后来自提尔皮茨的大批海军订单），在1885年后的30年内，造船业的平均年产量增长了约9%。1892~1913年，它在世界总产量中的占比从7.3%升至14%。尽管在罗斯托克有海王星造船厂，在什切青有伏尔铿造船厂，在格但斯克有席肖船厂和J. W. Klawitter船厂，但瓦塞尔坎特地区仍是德国造船业的主要基地。1910~1913年，仅汉堡的船舶产量就占整个德国平均产量的15%，其从业者约占总就业人数的15%。那里虽然也有木帆船时代遗留下来的小公司，但它们已远远落后于一些大型船厂，例如博隆福斯船厂到1914年7月已有10 853名员工，而Reiherstieg等旧船厂仅有3 560名员工。1909年，位于斯德丁的伏尔铿船厂认为应该在汉堡建立分公司，其意图很明确，就是要与博隆福斯船厂展开竞争；截至1913年，该分公司已吸纳员工近7 000人。巴林那两座巨大的“漂浮宫殿”就是委托这两家船厂建造的。

然而，货币和经济资讯让这个世界转动了起来。汉堡工商业在1914年之前的腾飞离不开该城市金融市场[③]的发展，以及商业印刷媒体及其所需的电报系统。证券交易市场是金融活动最集中的地方，汉堡的商品市场、船运交易所、保险交易所和股票交易所都汇聚于此。一些知名的商业银行——如

---

① 这些地区的企业除了生产香烟和咖啡等现代常用消费品，还生产橡胶、玻璃、矿物油和农业化肥等。此外还有一小部分化工产业——包括一个大型诺贝尔爆破炸药厂，以及专门加工锌和铜的金属加工产业。

② 工程业的主要分支包括陆上交通工具制造（雇用2 026人）、机器制造（雇用7 201人）和船舶制造（雇用6 427人）。

③ 1909年，汉堡共有258家银行，柏林有515家，法兰克福有135家。

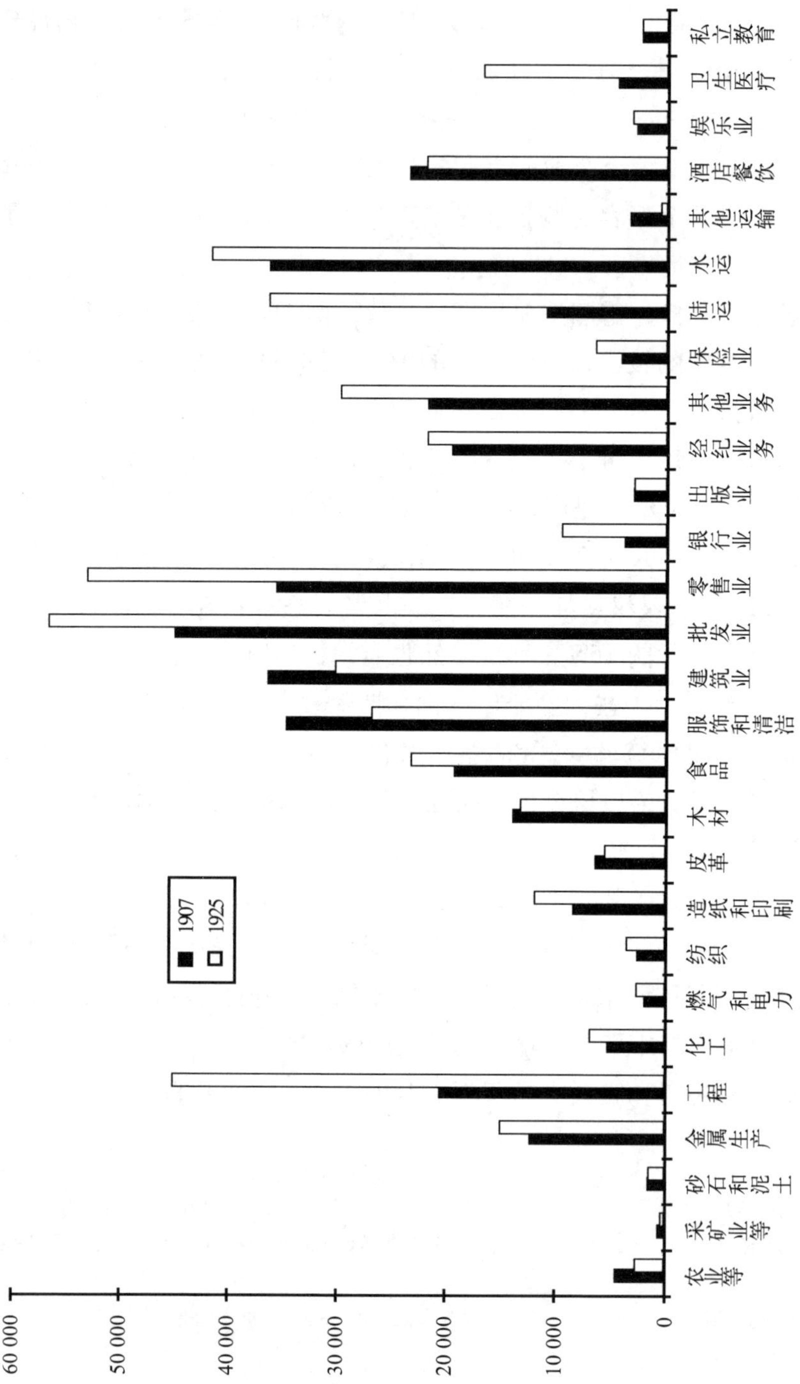

图 1.1　汉堡私营部门的雇用情况（1907 和 1925）

L. Behrens & Sons银行、贝伦贝格银行和Conrad Hinrich Donner银行——主要从事商业汇票以及为延期交易融资而发行的期票提供贴现。19 世纪晚期，金融界的商机与日俱增，而最能把握这些机会的私人银行非沃伯格家族银行莫属。沃伯格家族于 17 世纪晚期在阿尔托纳起家，但整整四代人从事的不过是一些兑换银钱的生意。而在拿破仑战争后，该公司成功地成为罗斯柴尔德家族在汉堡的代理之一，并最终在 1865 年排挤掉其对手萨洛蒙 · 海涅，其资本在 1848~1870 年几乎增加了两倍。其后，沃伯格家族的业务范围延伸至简单的商业汇票交易、套利、证券交易以及公债发行等，但公司规模仍然相对较小，不得不依靠更加声名显赫的布雷施劳德家族。直到 1900 年之后，沃伯格家族银行在马克斯 · 沃伯格（在莫里茨 · 沃伯格的五个儿子中排行老二）卓越的领导下跻身为国际顶尖金融机构。[①]马克斯的另外两个弟弟保罗和费利克斯的婚姻，则把沃伯格家族与纽约大财团库恩雷波公司联结在了一起，随着公债（包括德意志帝国和普鲁士王国的国债）的国际市场不断扩大，沃伯格成为这一业务领域的领头羊。1895~1913 年，公司的资产总额从 3 000 万马克蹿升至 1.18 亿马克。然而，由于马克斯 · 沃伯格拒绝把家族银行改制为股份公司，银行难以进一步扩张。相形之下，成立于 1856 年的北德银行、成立于 1870 年的德国商业银行和联合银行，这三家主要的股份制银行却不断壮大。1880 年以后，汉堡的“创建期”才姗姗来迟，金融机构在这一时期独领风骚，无论是建设自由港、扩建商船队，还是城市商业发展必需的其他大型投资项目，都能通过它们来融资。

截至 1914 年，汉堡的资本和货币市场已经高度发达。股市每年发行股票数量增至 30~40 只，上市股票总额达到 9 亿多马克。抵押贷款的市场更大。此外还有 5 家储蓄银行，存款总额达 4.17 亿。[②]最后，作为货币增长的一项指标，德意志帝国银行汉堡分行的交易量在 1890~1913 年每年增长 3.9%，而直接转账交易量则增长了 2.5 倍。没有这些不同的货币形式提供流

① 沃伯格家族的回忆录目前有三个版本：一是于 1952 年出版的版本，其改动较多，并未公开发行；二是可追溯至 20 世纪 30 年代的三卷本打印稿，其内容有相当一部分来自公司内部年报；三是英文版，与原版有一些细微的出入。

② 两家主要的储蓄银行是创建于 1827 年的汉堡储蓄银行，和创建于 1864 年的诺伊储蓄银行。

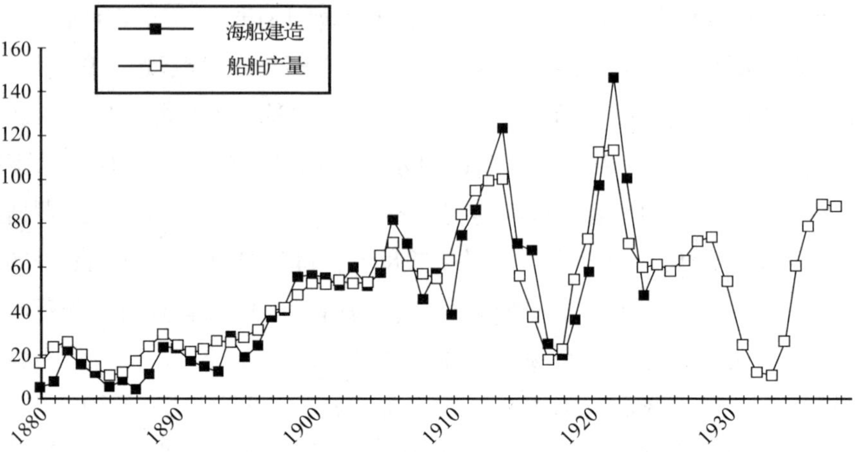

图 1.2　德国造船业（1880~1938，1913 = 100）

动性，工商业的钢铁飞轮就不可能旋转。但我们不能因此认为这些飞轮一直在以匀速飞转。尽管汉堡经济在 19 世纪空前增长，但有时仍然会出现剧烈的波动。在 1790 年后的 20 年内，战争先是引发了泡沫，又在 1799 年后导致泡沫破裂。美国在 1857 年 8 月经历的金融危机暴露了整个汉堡信贷体系的脆弱：在汉堡，145 家公司纷纷倒闭，负债达 3.4 亿结算马克①，原本备受推崇的结算银行汉堡银行，不得不依靠奥地利信贷银行的贷款来渡过难关。和柏林相比，1873 年经济危机及随后的经济滞胀（曾被称为“大萧条”）对汉堡的冲击较小，这在某种程度上得益于汉堡的自由港建设带动的经济扩张。但商业周期的变幻莫测决定了经济必然会有低谷，即便是在 1895 年以后的黄金时期——1907~1910 年，造船业严重萎缩（见图 1.2）。比较汉堡和普鲁士的造船业在 1885 年后的实际总收入，我们会发现，汉堡的增长要明显落后于面积比它大很多的普鲁士。②在这种形势下，破产的威胁始终存在，尤其是对于许多小公司来说。1877~1878 年破产的公司达 843 家，在 1913 年还有 311 家公司陷入绝境。

① 结算马克是汉堡银行结算时用的计量单位，1 结算马克相当于 8.3 克白银，或 1.5 德国马克（1875 年）。

② 汉堡的真实收益的年平均增长率在 1885~1900 年为 2.10%，1900~1913 年为 1.75%；普鲁士则分别是 2.49% 和 3.20%。

要抗衡市场规律，或者是缓解其负面作用，普通公司的资源远远不够，组织结构也不够发达。在这方面，汉堡经济实体的一个重要特征就是大小企业之间差别显著。汉堡的经济体相对两极化，规模不是极小（少于10人）就是极大（1 000人以上）——仅4家公司（汉堡–美洲公司和3家大船厂）就雇用了汉堡近1/10的劳动人口，而这些两极化的公司恰恰吸收的就业人口最多。[①]以资本来计，12家股份公司的总股本相当于汉堡交易所上市股票总额的近一半，而排名前12的家族企业紧随其后。[②]由此可见，汉堡的“商业巨头”包括一系列的精英公司，如舒巴克和泽内、斯洛曼、汉堡–美洲和韦尔曼等船运公司，博隆福斯、伏尔铿和Reiherstieg等船厂，以及汉堡商业银行、联合银行、北德银行和沃伯格家族银行等。这些公司之间有着千丝万缕的联系：汉堡–美洲公司是各船厂最大的单个私人客户，而银行在船运公司的监事会中设有代表。[③]此外，这些公司还有一些显著的共同特征，尤以官僚现象最为突出，这也是世纪交替之际大公司的通病。

然而，除了规模和组织结构，汉堡的商业巨头还有很多共同点。首先，它们显然都希望使汉堡成为更多货物、人员和资本流动的枢纽。银行、船运公司甚至船厂都是自由贸易政策的受益者，也正因如此，汉堡商业才繁荣起来。其次，经过几十年的经济飞跃，德国似乎已经习惯于不断扩张。马克斯·沃伯格、阿尔伯特·巴林、韦尔曼家族和布洛姆家族，就生动地诠释了这种锐意进取、开疆拓土的文化。它们的最高原则就是业务增长、高利润和巨额投资（尤其是在航运业），扩张成瘾，“皇帝”号就是一个生动的例子。正是这两点因素决定了在黄金时期突然终结后汉堡工商业的反应方式。

---

① 1907年，汉堡的私营产业有43%的雇员都在不足11人的公司工作（整个德意志帝国的比例为38%）；9家千人以上的大公司集中了10%的雇员（整个德意志帝国的比例为5%）。

② 1917年，这些家族企业的总资本达到了3.282亿马克。

③ 马克斯·沃伯格和北德银行的马克斯·申克尔都是汉堡–美洲公司的监事会成员，而巴林则劝说博隆福斯船厂采取沃伯格的财务建议。阿道夫·韦尔曼是博隆福斯船厂的董事会成员，汉堡–美洲公司、力文特班轮公司、汉堡–南美航运公司和狄那米特–诺贝尔公司的监事会成员，也是北德银行的董事之一。

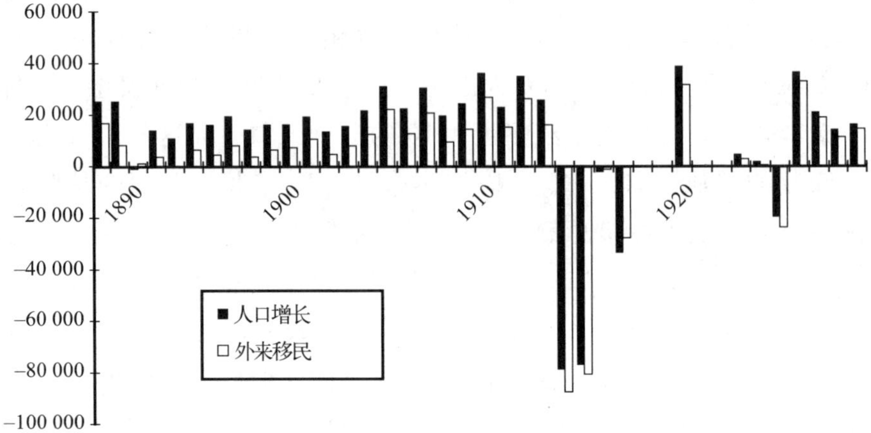

(i) 移民和人口：汉堡（1890~1928）

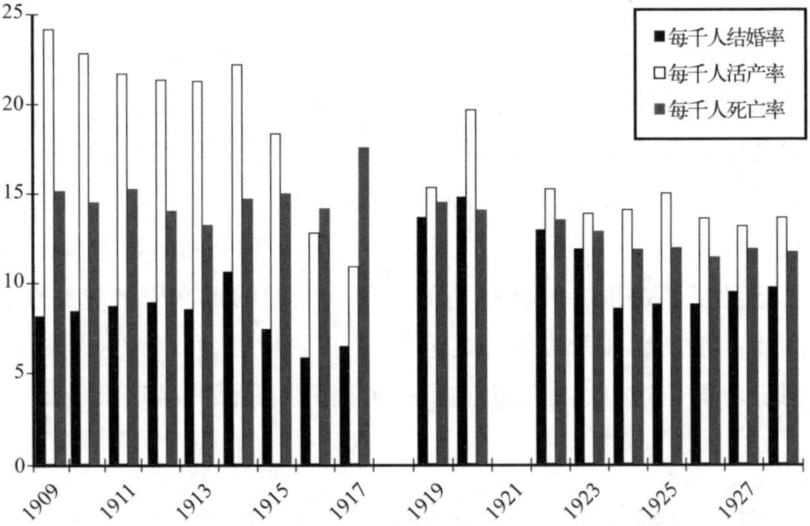

(ii) 汉堡的结婚率、出生率和死亡率（1890~1928）

图 1.3

资产阶级社会及其价值观

与整个德意志帝国一样，19 世纪晚期的汉堡社会史似乎也是一部物质分配不平等和阶级斗争的历史。社会严重不平等的现象的确存在，对比汉堡旧城区贫民窟和沃伯格家族在白沙区如诗如画的避暑庄园的照片，我们很快就能发现码头工人和银行家之间的物质差距。虽然有组织的劳工运动和民族解放斗争缩小了鸿沟，但我们不应过分夸大其历史意义，忽略其他社会力量。事实上，资产阶级社会内部的驱动力同样重要。资本释放的经济能量使传统的城市社会发生转型；而要维持社会稳定，其关键与其说是其他阶级的态度，不如说是资产阶级自身的物质价值观和文化价值观之间的关联。

依赖阶级思想的危险之一在于，人们可能会无视 19 世纪晚期城市社会非同寻常的流动性。1811 年，有 132 000 人居住在汉堡；1913 年，这一数字增长了 7 倍，汉堡成为德意志第二大城市。然而汉堡并不是人类繁衍的天堂：其人口出生率从 19 世纪 70 年代的高峰（39.4‰）跌落到 1913 年的 22.2‰；而死亡率仍在 20‰以上，直到世纪之交才有所变化（见图 1.3）。拥挤不堪的贫民窟、污浊的空气和落后的医疗卫生设备，使汉堡成了一个死亡之城，天花（1871 年）、斑疹伤寒（19 世纪 80 年代）和霍乱（1892 年）等各种传染病肆虐。但汉堡经济的诱惑却让人难以抗拒。在 1871~1910 年新增加人口的总数当中，有 58%是外来移民，而在汉堡出生的人口比例不断下降，占不到一半。1907 年，制造业中只有 35.6%的工人出生在汉堡，另外有 1/3 来自北德，1/4 来自德国其余地区，还有 5%来自国外。《Wanderlust》杂志认为劳动力的流动率一直偏高——只有 1/3 的工人持续 5 年以上从事同一份工作。

人们到汉堡是为了就业。1907 年汉堡人口中有 46%的人就业，16~60 岁的人口的就业率为 73%，70 岁以上男性的就业率为 38%，未婚女性的就业率超过 1/3；对绝大多数人来说，工作就是体力劳动。1907 年，近一半以上的工作人口（52%）被归类为“工人”；然而，这个标签过于宽泛，掩盖了工作本身的多样性。事实上最大的职业群体不是普通的工人阶级，而是家政服务人员，占工作人口的11.4%，且绝大多数为年轻未婚女性。由男性主导的体力工作包括修理工、建筑工人、海员和码头工人，也有相当数量的女性靠缝纫和洗衣度日。不仅如此，越来越多的就业者开始从事脑力劳动，而不是干体力活或手工活，由此也催生了更多的文案工作，以满足现代经济体和现代国家的需求。这些人就像艾本德的手艺人的儿子一样从事文职工作，当时的人这样描述他们："每天早上戴着挺括的帽子，穿着白衬衫去到城里，他们不再是自给自足的小资产阶级——也就是那些有野心但是前途未卜的小资产阶级，这批人教育程度不高，日报是他们的主要知识来源。"最后还有一类能够"独立自主"的就业者：包括不动产所有人（约占工作人口的1/5），私营企业主和专家，还包括高级经理人（虽然有些不合逻辑，但却反映了他们与前者的地位相当）和公务员，其中人数最多的（近50%）是小商店店主或手工工匠——那时人们将这些群体视为传统的"旧"中产阶级的核心，就像他们把文职人员视为"新"中产阶级的主力一样。而"大"资本家则是极少数的职业精英，他们包括汉堡最大的公司所有人、董事和高级经理人，他们甚至比专业精英的地位还要高。

工作——是否有工作、难易程度和舒适程度、工作时长以及报酬——最能决定一个人的生活质量。从雇主的角度来说，劳动力市场的变动是双重的。一方面经济形势会影响到移民人数；另一方面，一些对季节波动敏感的行业，其雇佣情况也变动极大。这一点对于码头区来说尤其重要，相当一部分码头工人和造船工人都面临周期性失业。[①]与此相反，文员（尤其是在政府部门工作的13 000人）的工作稳定程度较高。从工作环境来看，有极其恶劣的（锅炉清洗），有高危险的（铆焊），也有枯燥乏味的（图书管理）；而每周的工作时间从53至82小时不等。人们最关心的还是薪水。汉堡是德意志帝国所有城市中人均收入最高的，1913年比平均水平高72个百分点。然而，汉堡的总增长相对缓慢，同时外来移民的比例较高，其人均实际收入其

① 码头工人通常是按天来雇用的，平均每月雇用人数的波动幅度为±12.5%。

实在下降。[①]不仅如此，其收入分配也与柏林一样差异悬殊，贫富差距毫无缩小的迹象。所得税统计数字显示，1871 年，83%的底层纳税人的收入占可征税收入总额的 32%，而顶端的 1.5%所占额度为 29%。1916 年，前者所占的份额升至 35%，而收入占总额 29%的那部分人却减少至 1%。从绝对数量来看，贫富差距的确扩大了。如果把货币购买力的变化计算在内，那么收入最低的 5 类纳税人所占比例从 49%升至 83%；而顶端纳税人群体则由 0.1%降至 0.02%——虽然只有 44 个人，但其收入都在 500 000 马克以上，并以此为基数缴税，这些人包括斯洛曼和贝伦斯之类的公司的所有人，或像巴林一样杰出的公司董事。普通的自主经营的小商店主和手工匠的收入大约在 5 000 马克左右，其中商界精英的收入则占 1%左右。公共部门的收入差距相对不太悬殊：高级公务员（一级）的年收入为 9 768 马克，二级公务员或普通白领的收入为这一数字的 40%，三级公务员为 25%，而一般的州政府办事员则为 20%。私营部门普通文员的工资则较低，从 721 马克到 2 700 马克不等。工人的收入更难统计。1895 年，码头工人的日薪约为 2~4.2 马克；但由于季节性失业问题，2/3 以上的码头工人年薪不足 500 马克，只有 5%的人超过 1 500 马克。烘焙、木工或管道工等行当中的熟手收入则好很多，并且是按日或按周计酬。[②]由于大多数船厂工人都是计件工作制，根据具体任务的性质领取酬金，所以援引他们的薪酬数据并没有太大的实际意义。船厂工人的工资等级体系非常复杂，再加上加班加点是常事，因此很难将这些数字转换为年收入。体力劳动者的平均年收入在战前约有 1 800 马克；但一个顶尖的熟练工可以赚到近 2 500 马克；而普通新手加上加班奖金也可以拿到 2 170 马克。[③]而在收入等级上端，也就是资产阶级内部，一般商店主、职员或小企业主之间的收入差距相对较小。

然而，我们需要对这些统计数据加以扩充和限定。尽管令人避之唯恐

---

① 1885~1900 年，汉堡平均年收入水平下降了 0.54%；1900~1913 年下降了 0.85%；而普鲁士则分别增长了 1.17%和 1.1%。

② 1913 年，这批人的日薪大约在 5 马克（烘焙工）到 7.38 马克（建筑工）之间。

③ 性别和年龄也会导致收入相差甚远：女性的收入大约在这一数字的 1/2~2/3，初级文员的收入只有 720 马克，年轻体力劳动者为 572 马克。

不及的通货膨胀时代在1914年以后才出现，但物价在战前就已经发生波动。在1874~1887年，生活成本平均每年下降1.5%~1.7%，但在此之后，一直到1913年，物价每年都上涨0.9%~1.5%，而汉堡物价则高于平均物价，在大萧条之前才有所下降。①对大多数人来说，食品开支占生活费的一大部分。普通人大约一半的工资都花在了高脂肪、低蛋白的饮食上，如黑麦面包、土豆、鱼肉和猪肉，配以加糖咖啡和啤酒。房租是第二项主要开支。对于那些收入在1 200马克以下的人群，房租大约要占到1/5。这些都扣除后，他们的工资已所剩无几：在诺伊储蓄银行中，工人的储蓄账户仅占7%，他们通常只有一些最基本的财产。如果有存款、有财产就可称为资产阶级，那么从这个意义上说，与其说社会差距体现在行业及其收入上，不如说体现在“赚取财富和继承财富”上。但即使在那些有产精英内部也有差距。近60万人的总存款为3.9亿马克，人均仅有600多马克。相比之下，人均财产超过10 000马克的仅有4万人；②而这个城市的房地产——价值47.6亿马克③——把持在20 000人手里，仅占总人口的2%。真正处于顶端的财富精英少之又少：1880年，汉堡共有72位百万富翁，其中仅有16人拥有500万马克以上的个人财富。战前汉堡最富裕的人为船主亨利·斯洛曼，其身价据说有6 000万马克。

住房的分布情况也许是财富和收入差距最直观的体现。随着对贝格道夫和库克斯港等周边地区的开发，汉堡的地理面积扩大了，但人口密度仍在上升，战前的每公里人数接近1 500人。在汉堡，有相当一部分家庭住在地下公寓，他们或者和其他家庭合租，或者再将房间分租给房客。但汉堡并非到处都拥挤不堪。1892年年中，旧城区和新城区中心的街边住宿区爆发霍乱，人们不禁感叹“这根本不是欧洲”，到1913年，这些地区的人口减少了一部分；附近圣格奥尔格和圣保利的贫民区依然破败不堪；新兴的工薪阶层则住在汉堡东边简陋的“出租棚房”里，与哈维斯特胡德和罗森巴姆的别墅区仿

---

① 据估计，1895~1913年，普通工薪家庭的生活开支每年大约增长1.29%。乌尔里希提出的通货膨胀率为2.3%。然而，通货膨胀并未损害实际收入，工资与物价基本保持同步，原因我们之后会谈到。

② 财产总值为57.53亿马克。每年通过遗产继承获得的财富约为7 000万马克。

③ 房产又可作为按揭贷款的抵押品，这是战前最普遍的投资渠道之一。

佛两个世界，这些别墅位于阿尔斯特湖西部，阿姆辛克家族、巴林家族、布洛姆家族、贝伦贝格–戈斯勒家族都居住在那里，其居民仅占汉堡总人口的5%，但整个汉堡可征税收入的1/5和所得税税票的1/3都来自这两个别墅区。“西区”和“城市中心”两地居民的死亡率更凸显了“隔离”的重要性。由于贫民区的卫生条件恶劣，缺乏抵御疾病的资源，因此穷人死于结核病、伤寒和霍乱的概率比富人高得多。银行家的儿子阿比 · 沃伯格体质虚弱，极易感染传染病，但他还是小孩的时候就在伤寒中活了下来，这本身就能说明一些问题。他的弟弟马克斯在1892年霍乱肆虐时，每天仍然坚持在市中心工作17个小时，他说自己“有种对霍乱免疫的感觉”。收入在5万马克以上的人群，其死亡率为4.8‰，而那些收入少于1 000马克的人死亡率则高达61.9‰，是前者的近13倍。

这就是处于世纪之交汉堡的资产阶级社会——一个经济迅猛发展，物质分配不公的社会。许多讨论1918~1919年革命的专著提到它必将会被穷苦的无产阶级所推翻，这都传达了这样的观点，但答案不得而知。资产阶级社会有其自身的道德和文化价值观，这些观念即使无法将不平等的分配状况合理化，至少可以起到缓解作用。

家庭是凝聚社会的基础。大多数人都在20~30岁成婚（女性往往结婚年龄更早），尽管离婚率已经开始上升（从1890~1894年的4.7%升至1913年的10.9%），但离婚人口的比例仍然很小（1910年时占总人口的0.6%）。同样，虽然出生率也在下降，但得益于健康状况的改善，家庭的规模并未缩小。1910年，42.5%的德国家庭有5个以上的家庭成员；10.1%的家庭达到了8个以上。以莫里茨 · 沃伯格和夏洛特 · 沃伯格为例，他们的7个孩子中有6个都活到了60岁以上，这并非特例。大约在同一时期，阿尔布雷希特 · 奥斯瓦尔德和妻子养育了6个子女；而他们的上一代约翰内斯和埃米莉 · 舒巴克则有12个孩子，其中只有1个孩子不幸夭折。在某个层面，家庭就是一个小经济单位，各个成员分工明确，丈夫外出工作，妻子照顾家庭，而孩子则为工作和结婚作准备。①在有产业的资产阶级内部，家庭的角

① 只有5.5%的职业妇女是已婚。

色则更加复杂，它往往是公司的基础。资本的代际转移、家族的社会地位都要求对子女的教育和婚姻问题要慎之又慎。珀西·施拉姆曾在1900年回顾他显赫的社会背景："一个人在家族内部的关系、父亲的公司名号、母亲的家世背景，这些是你一定要清楚的。"施拉姆家族与奥斯瓦尔德家族、鲁珀特家族、默克家族和阿姆辛克家族都有联姻关系，而阿姆辛克家族又与贝伦贝格-戈斯勒家族、威林克和韦斯特法尔家族有关联。对一个资产阶级家庭来说，有效地划分兄弟之间的责任对于家族的成功至关重要。例如阿姆辛克家族就采取两分法的策略。每一代中都有一个儿子成为律师，其余全部从商。施拉姆家族和奥斯瓦尔德家族也有类似的区分模式，但布洛姆兄弟则全部投身商界。

沃伯格家族向我们展示了家族生活在19世纪的演变过程。与萨拉和阿比·沃伯格的子女通婚的全部来自商业世家；但在他们的下一代，莫里茨和夏洛特的7个子女中只有3个按家族传统成婚。婚姻作为整个家族的社会经济策略这一传统，受到了以情感为基础的婚姻的挑战。父母对儿子职业选择的控制权也在明显减弱。马克斯经过一番劝说后才放弃当军人的计划，本想投身科学研究的保罗也是如此；但他们的父母还是没能阻止阿比放弃对艺术史研究的热爱，这是他与生俱来的权利，而费利克斯享受生活，热衷慈善，并且执意从事这方面的事业。可以说，联系紧密的资产阶级家庭在19世纪末已经走上了下坡路。阿比·沃伯格批判意大利文艺复兴时期的金融王朝，珀西·施拉姆年迈的伯祖母把自己的家族混同于博基亚家族，这些都透露出一种自我否定的意味。托马斯·曼在他1901年出版的第一部小说《布登勃洛克一家——一个家庭的没落》中对这种情绪的刻画入木三分。布登勃洛克家族虽然主要以托马斯本人在吕贝克的家庭为原型，但它也是汉莎商业王朝的典型，在18世纪时走向繁荣，但因为种种因素日渐式微，例如婚姻不幸、手足间明争暗斗，以及家族的开创精神衰退等，与朔彭豪尔和瓦格纳的往来更是雪上加霜。该书在汉堡读者甚众，甚至还被马克斯·施拉姆那藏书颇富的图书馆所收藏，对施拉姆家族来说，这显然是一种不和谐音。珀西·施拉姆会不自觉地拿自己母亲的家庭与布登勃洛克一家作对比；而沃伯格家族也很难忽视这本书的意义，他们对婚姻危机已经是见怪不怪，更别提还有个献身艺术的儿子差一点就死于伤寒。即使风暴尚未来临，那些大家族也已经意识到了自身的脆弱。

除了家庭关系，宗教也是由来已久的社会纽带。在整个19世纪，汉堡有90%的人都是正式的路德教信徒，而且处处体现出独特的新教教义。然而，19世纪初，汉堡的哥特式天主教堂和5座其他教堂却被拆除了，以新建海堤和排水系统，这象征着宗教仪式的精神性似乎在向世俗工作让步。那些位于社会阶梯上层的人（例如银行家马克斯·冯·申克尔），似乎还保有对正统路德教的虔诚。但在世纪之交，圣职人员内部实行“自由化”改革的压力渐增，而改革是为了应对“大多数人”不再定期参加教会聚会的问题。相比之下，汉堡的犹太社区则接受了19世纪初出现的类似的分化，允许犹太教堂保守派联盟和自由派庙宇联盟在当地教会的支持下分别修行。与信奉路德教的社区相比，犹太社区内部社会的两极化程度较轻，因此也较和谐。19世纪中期对于汉堡的犹太人来说是一段共同繁荣时期，法律逐渐放宽了对他们的限制，他们偏爱的经济活动（以自主经营为最）开始蓬勃发展。1871年，75%的犹太人都住在旧城区、新城区、圣保利和圣格奥尔格等“市中心”地区；到1914年，绝大多数人都定居“西区”，以罗森巴姆区为主，也有一部分在哈维斯特胡德。1897年，27%的犹太人的所得税税率属于前两个等级，而总人口中这一比率仅有11%。但犹太社区在其他方面却走向了衰败。1811年，犹太人占汉堡总人口的4.87%，而到1910年却降至1.87%，可见犹太人的出生率较低，同时汉堡缺少新的犹太移民。[①]不仅如此，社区内谨守教义并参加聚会的人开始减少。沃伯格五兄弟的父母和祖父母严格遵守诫命，守安息日，而他们的下一代（除了最小的儿子弗里茨）已经没那么虔诚了，马克斯去犹太教堂只是例行公事，并非出于虔敬；而阿比在大学时就放弃了合乎教规的饮食，之后还娶了异教徒为妻。阿尔伯特·巴林也是如此。我们事后才知道，异族联姻的增加并不代表犹太人已融入经济精英（而非宗教精英），但在当时，有很多证据都支持这个想法。随着犹太人在形式上的解放，他们不仅成为了商业和专业领域的合作伙伴，而且还在行业协会和公共

① 天主教徒的比例则上升了2%~5%。

管理部门担任行政人员，并参加社交生活，结交朋友。然而，当出现群众暴动时，反犹势力就会抬头，而在社会精英内部也暗流涌动。这股潜在的顽固势力提醒我们，犹太人在19世纪的成就可能会一夜之间不复存在。女儿玛蒂尔德在佛罗伦萨学习时，比格尔迈斯特·约翰·格奥尔格·门克贝格并没有反对她与阿比·沃伯格及其夫人住在一起，沃伯格家族还与参议员马克斯·施拉姆保持着友谊；但施拉姆的母亲则把犹太人归入4类不能接受的丈夫人选中。马克斯·沃伯格深信汉堡有一种“潜藏的反犹情绪”。

有人认为，资产阶级的共同文化能超越19世纪社会在职业、物质资料和宗教上的分化，它比任何事物都更有效。这种观点的核心是教育，是正式教育与个人修养的结合。然而，历史学家往往不把汉堡作为受过教育的资产阶级的聚集地；当然，19世纪的汉堡的确以市井文化和物质主义著称。一位参观者在19世纪40年代曾评论道：通常，“在汉堡，艺术和商业的关系就如同罗马法和汉堡当地法律的关系一样：前者只有在汉堡没有相关法律或不与汉堡法律相违背时才适用”——19世纪时，鹅市歌剧院的管理者也认为，汉堡市民是“我见过的文化层次最低的”。汉堡银行家萨洛蒙的侄子——诗人海涅——在1831年逃离了这个“铜臭弥漫的窠臼”；勃拉姆斯也被比他资历浅的人取代，未能出任汉堡音乐厅总经理一职，并最终离开了这个地方；汉堡市立美术馆馆长阿尔弗雷德·利希特瓦克则认为，汉堡对美术艺术缺乏支持，失望至极。上述这些论断或许有些误导性。19世纪晚期，汉堡正规教育蓬勃发展。随着教会放松了对教育的控制，中等教育几乎被16世纪的约翰纽姆文法学校垄断的状况终于被打破，到1913年又新增了两所文法学校、约翰纽姆文理中学（成立于1837年）、5所九年制的文理中学和7所实科中学。“一战”前，德国共有20所公立中学，拥有630多名教师，招收了11 200多名学生。在初等教育方面，汉堡共有200多所小学，拥有约3 500多名教师和112 000名学生。此外还有两所公立女中，还有约20所为天主教徒、犹太教徒和其他少数族群而设的私立中学。除此之外，虽然参议员维尔纳·冯·梅勒创办大学的提议在1913年被否决了，但汉堡在高等教育方面还是迈出了关键的几步，在1895年恢复了公开课的传统体制，在莫尔韦德修建了第一所大讲堂，并于1908年建立了“殖民学院”。但无论怎样，当地虽然没有大学，但并不缺接受高等教育的机会：像绝大多数德国大学生一样，汉堡学生可以漫步在德国的各大高校。

另一方面，美学价值要让位于物质价值，这毫无疑问是汉堡资产阶级文化的核心。典型的例子就是大多数汉堡商人更愿意资助职业院校而不是大学，此类职业院校约有37所，当然，考虑到他们自己有在海外当“学徒”的传统，所以这种偏好倒也合情合理。换句话说，社会地位不取决于正统教育，而要看经济和职业上的独立性。同样，作为资产阶级最根本的价值观，法治的核心并非法学理论，而是经济利益。汉堡参议院曾于1857年宣布：“债权人……也应当受到法律保护，否则法律作为立邦之本和我们独立自主的基础，会失信于民，甚至会使汉堡这个商业城市不复存在。”一个以履行合约和承兑票据为基础的社会必须维护平等和诚信。这些原则和工作、勤俭、收益等因素结合起来，构成了汉堡资产阶级的基本价值观，而且不只适用于工作领域。在18世纪晚期和19世纪新出现的“公共领域”中，民间组织被历史学家视为资产阶级独有的机构，储金会是汉堡为数最多的社团之一。

当然，汉堡商人也在有意识地营造一种与经济活动截然不同的氛围。他们不再以办公室的楼上为家，而是回归家庭生活，陪他们进餐的是毕恭毕敬的妻子、战战兢兢的孩子，旁边还有比德迈风格的家具。这种尊贵高雅与旧城区、新城区和圣保利区等地被监管的妓院和“(贩卖）成人用品的自由市场”截然不同。私人友谊与商业价值也可以区分开来。我们可以像马克斯·施拉姆一样，在自己那藏书多达5 000册的私人图书馆中寻找文献，而那些加注的图书编目便是洞悉上流社会的绝佳指南。已有的协会通过举办文化活动来进行社交，这一点尤为常见。18世纪晚期的协会往往关注的是社会福利问题（尤其是贫困）；然而，在19世纪，以文化和体育等休闲活动为主的组织盛行起来：爱乐协会、五花八门的合唱团、艺术协会、文学社团，还有汉堡赛马俱乐部以及众多体操、射击和赛艇俱乐部。汉堡一些公共领域的机构已经相当普及，完全可以依靠市场经营下去，例如报业机构和8所剧院。但是汉堡的慈善基金会等组织却要依赖富人资助。1908~1913年，遗嘱捐赠为世俗慈善组织贡献了1 500万马克，占所有货币遗产的9%左右。简言之，文化以物质为基础。珀西·施拉姆的姑婆安娜·亨克尔患有精神病，只能靠她父亲留下的30万马克过日子，终日与海涅的诗歌、撞球游戏和俄罗斯香烟为伴。阿比·沃伯格也埋首故纸堆，研究古典时期和文艺复兴时期的各种细微象征（为他庞大的文化研究图书馆奠定了基础），但提供资助的却是他那些“满身铜臭”的兄弟们。当然，虽然阿比·沃伯格本人把诞生了沃伯格和利希特瓦克的汉堡称为庸俗之地，但该结论确实太过草率。李斯特、约阿希姆和克拉拉·舒曼都曾在汉堡演出，理查德·施特劳斯和汉斯·冯·比洛也曾在那里担任过指挥。霍尔斯腾普拉茨的新音乐厅是由船东卡尔·雷伊茨出资修建的，印象派画作也主要是靠银行世家贝伦斯家族的收藏才敲开了汉堡的大门。总而言之，在汉堡，一切都以金钱价值为基础。

城市政体

汉堡的参议员选举很有特色。新议员的产生要经过参议院和市议会的三轮审议，成功当选后，现任议员会身着华丽的皱领长袍给予正式祝贺，之后是接待该城市主要协会的代表，还有“严谨的普鲁士教授、拥有一连串头衔的法官和政务委员、姑妈姨妈、兄弟姐妹、各市民协会会员、大批的律师、警长和公务人员”，最后则是神职人员代表。接待完这些访客几天后，新当选的参议员才开始宣誓就职，而后在市议会厅享用传统的鸡蛋和巧克力早餐。这就是自由和汉莎同盟的公共部门。历史学家提出的问题是：这种过时的服装和仪式是否反映出“旧政权”在汉堡的顽固势力，或者是否掩盖了一种“现代”的阶级统治形式？汉堡的贵族统治难道仅仅是一个幌子，用来掩饰“商业、金融和工业利益集团”的霸权吗？

汉堡的城市政体是不断斗争的结果，这种斗争可追溯至15世纪时公民暴乱对由富商把持的权力机关（议会或政府）构成的挑战。由于参议院试图强迫神职人员接受路德教，进而接受自己的统治，16世纪20年代以后，宗教问题使斗争更加复杂化了。最终，权力机关获胜，于1580年确立了正统派的地位，并持续了近一个世纪，直到参议院和民众之间的摩擦使得政治危机再度爆发。在帝国的倡议下，德国《宪法》于1712年颁布实施，危机才得以化解。此时的统治权由两个机构来行使，一是行政参议院（其中律师和商人各占一半），二是全部由房地产所有者和基督教执事等组成的立法议会。此后，汉堡政府又开始不断对立法议会进行调整，包括对市民资格、权利以及义务进行修正。在18世纪20年代和60年代，一些爱国社团倡议制定更积极的政策，抑制贫困劳动人口数量的增长，对非路德教徒采取更宽容的政策。然而，随着法国革命势力占领汉堡和拿破仑的逝世，旧势力复辟，汉堡资产阶级民间社团自身难保，自然也就减少了对穷人的关注，启蒙时期的家长主义开始向三月革命前的自由主义让步。在1842年的大火灾、1848年的一系列革命以及1857年经济危机影响下，一些组织的政治影响逐渐扩大，如代表律师、房产所有者和犹太人等不同利益集团的组织，以及代表特定地区的市民协会，于是到1860年，《宪法》再一次被修订，政教正式分离，并限定了重要官员和房产所有者的议席数。

在演变过程中，汉堡政体的一个最显著特征是它的集团性：尽管当时有人声称汉堡“只有一个阶级，那就是市民阶级”，但除了名称之外，汉堡无论从哪方面来看都是一个复合型城市。作为最受尊崇的团体，宗教集团在教育和社会福利机构中的作用举足轻重，而且不可替代；但大多数政治机构都或多或少与一些社会经济利益集团休戚相关。一些贵族（比如阿姆辛克家族、西夫金家族、韦斯特法尔家族和布尔夏德家族）组成的精英集团操控着参议院。1860年后，由于必须自愿缴纳30马克的税金才能成为汉堡市民，有资格参加议会选举的人口从18%下降到1890年的4%，绝大多数议员都是企业家，而议会内部一些松散的组织（“右派”、“左派”和“中间偏左派”）则与资产阶级内部的社会集团或行业集团相对应，其中商业团体尤为突出，它们在汉堡商会中享有特权，而汉堡商会在制定经济金融政策方面影响力相当大。

1840~1860年，资产阶级集团成功地在城市权力机构中拥有一席之地，但随着城市手工业者的代表结构不断壮大，他们的地位受到了挑战。传统的劳工组织把行会会员、学徒和非行会会员的下层民众区分开来；在行会已经失势的情况下，劳工仍然被分成熟练工和非熟练工，与之前的分类相似。例如，1840 年以后出现的组织就继承了行会的传统，其政治主张主要借鉴了“资产阶级”自由思想，这些组织包括汉堡工人教育协会、拉萨尔创立的全德工人联合会以及（烟草业和纺织业的）第一批工会等。然而，从大约 1880 年开始，随着汉堡港和汉堡市内的就业激增，汉堡无疑跨入了劳资关系的新时代。工会组织在 19 世纪 60 年代和 70 年代播下的种子如今已枝繁叶茂，而各种综合因素又为工会的发展创造了理想条件，如用工需求激增、长时间高强度的工作、物价上涨以及住房按揭贷款。1880 年，汉堡共有 8 个“自由”（即社会主义）工会，会员 1 544 名；10 年后此类工会达到了 80 多个，会员多达 40 000 名。

研究 19 世纪末的汉堡时，近代历史学家往往会认为资产阶级在参议院、议会和商会中的势力难以撼动，他们团结一致应对挑战，堪称坚如磐石。在一些文献中，参议院甚至被描绘成汉堡工商界的行政部门，由“工商业社会的元老”把持；而议会是“调和不同资本集团利益冲突”的平台，商会则代表着“德国最联系紧密、井然有序的资本组织”。但是，如果认为资产阶级是一个共同对抗社会主义的联合阵营，那我们就错了。事实上，工人阶级组织的兴起反而暴露了“市民阶层”内部经济利益和意识形态的分化，催生了新“集团主义”或“集体主义”组织，他们不属于传统“社团主义”政体的范畴。

在这个过程中，造船商赫尔曼 · 布洛姆发挥了决定性作用。布洛姆坚信，只有“限制社会民主党人的数量，解雇活跃分子，才能有效地对抗”社会民主（即工人运动）。他组织汉堡雇主成立了反劳工联合会。1888 年，布洛姆成立了钢铁工业协会，以镇压各金属工人组织发起的罢工运动，通过闭厂停工、破坏罢工、黑名单和官方职业介绍机构来动摇劳工组织的地位，成了反罢工的典范。布洛姆取得了惊人的成绩，他在 1890 年 3 月成立了德国金属实业家联合会和汉堡–阿尔托纳雇主协会，充分利用之前的胜利，通过大面积闭厂停工与社会民主党人的国际劳动节大罢工相抗衡，这种行动尚属首次。资方取得了压倒性胜利；数月之内，一些主要工会就失去了一半以上的成员；到 1895 年，受霍乱传染病的影响，工会成员总数锐减至 11 000 出头。资方利用活动余波扩大行动，组织建立“黄色工会”（“Yellow

Unions”），强制执行更严苛的工作制度，并且扩张协会阵营。1890年，汉堡－阿尔托纳雇主协会所辖雇员约有50 000名；到1913年，该协会已有8 300多家会员公司，雇员达129 000名。

“汉堡模式”的劳资关系有其特别之处：雇主努力统一步调，并经常采取对峙行动来遏制工会发展。正如一位公司发言人所称，汉堡的劳资双方就如同“两个交战国政府”，布洛姆及其同盟全面动员雇主加入战斗。然而，在德国其他地区推广汉堡模式却收效甚微。一方面，对抗策略对于重工业更集中的地区似乎并不妥当，因为那里的资方可以从内部有效地限制工会，也可以提供家长式企业的福利。另一方面，汉堡模式在落实过程中也暴露了自身缺陷。阻挠工会化进程的目标并未实现。1891年，汉堡约有21 500名工会成员；1900年，这个数字为37 500；而在1913年增长到了142 800——占汉堡就业人口的42%，而对于布洛姆所在的造船业和码头工作中，该比例升至70%以上。除此之外，汉堡当地还设立了全国性的中央委员会，同时有大规模的行业工会，如金属工人联盟、运输工人联盟等，这些都标志着工会组织的壮大。除了钢铁工业以外，其他行业的雇主很难顶住工会要求联合创办职业介绍所的压力；而“黄色工会”尚且势单力薄，不足为道。

汉堡模式的另一个弊端是造成了当权者内部的对抗。在汉堡－阿尔托纳雇主协会于国际劳动节首次发起闭厂停工运动时，参议院愿意提供警力支持，但它很快就开始担心对峙会威胁公共秩序，于是驳回了雇主正式取消劳动节并设置罢工纠察队的请求。1896年11月，码头工人大罢工成了重大转折点。起初，参议院同意支持航运公司、镇压罢工，但16 500名工人的加入导致局势全面升级，整个汉堡工商业陷入瘫痪，最终汉堡市内爆发了连续两天的动乱，雇主协会和当局产生严重分歧，前者希望“给予社会民主致命打击”，而后者试图调解双方矛盾。这意味着汉堡的劳资对抗将会有所缓和。在这场长达3个月的罢工中，资方最终得胜，近500名罢工者惨遭迫害，然而，参议院对码头的工作环境进行了调查，资方也向工人作出了一定让步，为日后码头区进行有控制的集体谈判开辟了道路。此外，1900年的船厂罢工和1906年的船坞停工都无疾而终，在此之后，劳资双方也由对抗开始转向集体主义。1907年，金属工人联盟和金属实业家联合会首次举行集体谈判，谈判结果是一周的劳动时间由60小时缩减为56小时；在1910年的大罢工中，布洛姆企图再次以闭厂停工为谈判筹码，但最终还是资方妥协。然而，这些现象并不能说明在早期的魏玛共和国和近代劳工运动史上，汉堡彻底转向了"集团主义"。工会组织日渐集中化，很难对这些流动性强、稳定性差的劳动大军进行管理，基层对于中央委员会的协商政策也大失所望，于是形势在1913年7月急转直下，14 000名船厂工人举行了反对金属工人联盟领导的抗议活动。在1910~1913年有记载的799次薪资纠纷中，至少有212次都引发了罢工，罢工人数超过50 000人。战前汉堡劳工的主要成就是工作时间缩短，名义工资增加，其推动力则是劳资双方的斗争，而不是集团主义。

参议院在劳资纠纷中试图保持中立，在一定程度上，这反映了汉堡资产阶级内部的利益冲突。即使在工商界内部，很多企业并不像大实业家布洛姆那样热衷于劳资对抗，而商会的组织结构进一步放大了这种差异，因为和工业企业相比，商会对商业机构的影响更大。1914年，商会的24名成员中有18名从事商业贸易，还有4位银行家、1名船主和1名工厂主。1900年，布洛姆试图在商会内部创立工业委员会，但他和巴林显然更倾向于通过19世纪80年代新兴的行业和雇主协会采取行动。从现有的代表组织中分离出去的不只是造船业。1903年，约200家贸易公司创建了独立的汉堡出口商协会，在战前的10年内，类似的协会激增，东亚联合会就是其中之一，和贸易政策相比，该组织对劳资关系更为关注。同样，虽然布洛姆试图把33个行会纳入他的雇主组织之下，但以"手工业商会"为例，它倡议的劳工政策在很多方面都不符合造船者的利益，更不用说面包店主和啤酒商了——他们要同时应对消费者的抵制和工人罢工。同样，代表不动产所有者利益的协会不一定符合"流动资本"所有者的利益，例如艾米斯巴特勒大街的居民就反对雇主把职业介绍所搬到那里，因为失业者排起的长队会影响那里的房价。令工业家忧心忡忡的是工会的发展壮大，而其他资产阶级团体却有不同的担心，例如合作社的出现，以及汉堡劳工"三大支柱"中的第二大组织——消费者运动组织。合作社的前身是成立于1899年的 "生产合作社"，其内容涉及消费、建筑和储蓄，以合作互助的方式提供便宜的住房和食物。合作社吸引了约70 000名会员和73家店铺，其交易额至1913年已累积到2 100万马克，但它却受到了汉堡很多店主的敌视。另一方面，代表店主利益的商会于1904年成立，但它对大资本家的百货公司采取同样的敌对态度。正如很多白领雇员自发形成了类似工会（但反社会主义）的协会，如商业职员协会和德国国家商业雇员协会一样，小商店主也把自己视为中产阶级的一部分，既不同于资本家，也不是劳工。

社会民主党是第三大劳工组织，也是最政治化的，它的兴起所引发的不同反应凸显了资产阶级内部的分裂。用倍倍尔的话来说，他的出生地是“德国社会主义的首都”：早期工人教育运动和拉萨尔社会主义的中心，在《反社会党人法》实施期间，那里是社会民主党的大本营，3个国会议席重归社会民主党。既然选举成功，汉堡社会民主党的首要目标自然是对其在市议会选举中有限的权力进行改革。1896年，为使议会席位减半，原本基于自愿行使公民权的选举现在被设了道门槛，要求年收入最低为1 200马克。然而，随着名义工资自19世纪90年代中期以来不断上涨，这道门槛渐渐失去了作用。1894年，21%有资格参与国会选举投票的人也能够在市议会选举中投票；到1904年，这一比例升至29%，而在1905年，38%的人参与了“大选”投票，选出了12名社会民主党代表。这个逐渐民主化的过程可能会在汉堡市民阶层中引发一致的反应，也标志着通货膨胀可以让工人获益。然而，限制选举权只能暴露更多分歧。首先，尽管汉堡社会民主党的68 000名成员绝大多数都是男性工人，但其中有相当一部分来自以公司雇员或手工业者为主的中产阶级以及小资产阶级中的知识分子。其次，参议院在选举权问题上也有意见分歧，一些议员希望逐渐消除房地产所有者的特权，他们在152个总席位中占了40个，并且反对1906年作出的把选举权进一步划分为两三个等级的决定（与普鲁士王国的三级选举权制相似）。1906年的确发生了“剥夺选举权”事件，与年收入1 200~2 500马克的人（约49 000选民）相比，那些年收入在2 500马克以上的人（约28 000选民）选出的议员要多两倍，但这并不能阻止社会民主党前进的步伐。到1913年，社会民主党共有议员20名，个体企业主议员的数量锐减。

资产阶级在选举权问题上的分歧，与社会民主党崛起对汉堡传统政体构成的挑战密不可分。社会民主党不仅代表了更民主的政治代议体制，它还提出了扩展市政府职能的议案，尤其是在公共健康、教育和福利保障领域。这种“改革主义”势头在汉堡尤为强劲。奥托·斯托尔滕向市议会保证，他的政党并不希望“把汉堡变成社会主义的阵地”（为消除敌意，他还说“我们社会民主党人不是疯子”）；但是他们的确希望为汉堡这个守夜人政体正名，说明汉堡并非霍乱传染病源头。为表诚意，在传染病肆虐期间，社会民主党主动帮助当局政府分发小册子，并暂停公众会议。在资产阶级利益集团（尤其是产权所有者和航运公司）不太配合的时期，社会民主党的这些举动的确给当局留下了一些印象。正如威廉·李卜克内西所言：“在参议院看来，社会民主党人不再是一帮完全没有合作余地的共谋者和革命派，而是可以拉拢的合作对象。”这种合作并不固定，一个极重要的原因是资产阶级观察员注意到，尽管社会民主党“尊敬的”领导层作出了种种承诺，但其成员的“粗鲁”行为却与这些承诺不符。除此之外，在19世纪90年代的危机过后，参议院采取了种种政策使汉堡更加现代化，但这不一定与社会民主党的理想相吻合。为清除贫民窟，20 000居民从市中心的“陋巷区”被“转移”到为工人阶级新开辟的郊区，码头区雇主们对这种“社会管制”（还包括把警察队伍普鲁士化）颇为满意。另一方面，这些措施针对的是工人阶级，恰巧是社会民主党急于与之脱离关系的群体；参议院的其他政策——拓展教育和健康事业、使劳动仲裁更加公平，以及改善城市公共交通——在该党派看来仅仅是一种进步。更令人惊讶的是，要落实这些政策就必须增加预算，而其融资方式却非常激进。财政预算到1913年增至约2.3亿马克（其中有22%用于“社会”补助），为了给新增庞大开支融资，汉堡政府开始增加直接税收和政府贷款：1913年，汉堡的总财政收入中有60%来源于直接税收，而其负债由1903年的4.81亿马克增至“一战”前夕的8.42亿马克。这种趋势意味着社会民主派和资产阶级改良派逐渐趋于一致，市政府内部就存在这样的看法——这个官僚机构日益臃肿，到1914年已有14 000人。

在经济领域，对于社会民主党的发展，资产阶级内部的政治反应迥异，选举权“掠夺”事件发生后，反对这一举措的左翼自由人士成立了联合自由党，该组织在劳工问题、教育改革和提高福利保障方面创建的公平项目反映了弗里德里克·瑙曼的观点，即通过“正面”同化，工人是可以从社会民主阵营中被拉拢过来的。联合自由党绝不属于激进派，例如它反对妇女参加选举，支持逐渐向全男性选举过渡。然而，很多工商界人士对该组织在社会民主问题上的安抚态度非常不满，1907 年成立的汉堡反社会民主联盟证实了资本主义阵营之间的对抗的确存在。此外，19 世纪 90 年代兴起了类似“反犹太人参与选举协会”和“德国社会改革党”等组织，但唯独没有反无产阶级的资产阶级阵线。反犹太组织谴责“外来犹太人造成了资产阶级的分裂”，但他们把犹太人对资产阶级社会的影响排在首位，认为他们在参议院、市议会甚至宫廷里都有重要影响力。这场运动的领导人包括汉堡–阿尔托纳雇主协会以及德国国家商业雇员协会的官员，在一些社会民主党人看来，这些组织会与他们竞争工人阶级和小资产阶级的选票。可以说，用阶级论来分析汉堡的城市政体有一定局限性，这一点透过反犹太组织在世纪之交取得的短暂政治胜利就可见一斑。

1890 年后，汉堡传统的集团政体面临的压力不断增加，首要原因是该城市新工作场所和居民区内工人组织的发展。汉堡资产阶级的不同派别非但没有联合对抗这些组织，而且内部还出现了矛盾和冲突。雇主协会、小资产阶级“保护”组织、进步的左派自由党、反社会党人的保守主义以及反犹太运动等开始兴起，不仅证明了汉堡资产阶级的政治分裂，而且暗示着传统的城市政体已经落后于时代。由马丁 · 哈勒于 1886~1897 年建成的市政大楼毗邻汉堡商会和证券交易所，这座雄伟的建筑是参议院和市议会所在地，旨在向世界宣告旧制度的完善和生命力。然而，正如很多这一时期的公共建筑一样，这种自我陶醉式的历史建筑恰恰反映了一种不安全感。截至 1914 年，其他类似的“汉堡建筑”也拔地而起。财政、邮政和司法部门的办公大楼坐落在霍尔斯滕门和达姆门之间的“环形地带”，象征着市行政机构的重要性在不断增加。汉堡–美洲公司的新古典建筑巍然耸立在内阿尔斯特湖两岸，在它的后面，则是 M · M · 沃伯格位于费迪南德大街上佛罗伦萨风格的办公楼，这些建筑体现了汉堡强大的商业和金融实力；而无论是博隆福斯船厂在 Steinwerder 码头的巨型起重机，还是奥藤森的门克和汉布洛克公司（Menck and Hambrock）的大烟囱，都体现了汉堡工业的发达。最后，位于 Besenbinderhof 的工会大厦和旁边的消费者协会办公楼看上去似乎证明劳工组织也取得了相当的地位。与其说这些建筑体现了阶级差异，不如说它们见证了一个新官僚阶层的出现，即公务员、经理和工会官员，他们宣称代表政府、资产所有者和劳工的利益，但实际上却是在满足自己的权力欲望。

国际资产阶级和民族国家

一位近代历史学家认为，上述官僚化的过程标志着汉萨同盟的政治生活在世纪交替后被彻底“普鲁士化”了。这个说法透露出这样一种观点：在1867年前，汉堡作为汉萨同盟的“自由市”勉强加入了北德意志同盟，那时的汉堡更像一个英国城市：在文化上国际化，在经济和政治上自由化，行政效率低下。加入德意志联邦的前10年，汉堡一直未能摆脱这些传统，正是这种自主独立原则使汉堡人被称为“我们见过的最糟糕的德国人”。然而有人认为，19世纪80年代社会民主的盛行使汉堡统治阶级内部发生了“思想转型”；到世纪之交，“征收保护关税、殖民政策以及船队所激发的热情，种种因素使得整个社会对旧资产阶级传统怨声载道，这种传统与反对自由贸易有关”。因此，虽然汉堡有历史特殊性，但“普鲁士化”思想使汉堡受到了某个历史学派的庇护，这个影响深远的历史学派把德国没有“建立起……民主秩序”，归因于德国资产阶级在政治上屈服于专制的普鲁士王国，而在这个穷兵黩武的王国，农民是主要的统治精英。由于仇视社会主义，再加上被帝国主义所蒙蔽，曾经属于自由派的汉堡资产阶级走上了“特殊道路”，最终导致了纳粹主义的“灾难”。但近年来，随着历史学家深入研究德国资产阶级文化和社会史，以及1914年前德意志帝国的政治史，这一理论受到了广泛质疑。我们需要重新审视汉堡这个特殊城市。从1840年到1900年，对于德国统一和普鲁士王国在德国发挥的政治领导力，汉堡资产阶级的态度无疑发生了重大转变。19世纪40年代，民族主义者威廉·霍克和海因里希·沙赫特属于激进的少数派；19世纪60年代，卡尔·舒尔策剧院上演了讽刺“威廉·柯尼希和弗里茨·菲施马克特”的反普鲁士剧，为此普鲁士还派使者前去抗议；而1870年，对于“领略过阿尔斯特湖到易北河之间这个世界”的上一代人的一致排外，尤利乌斯·冯·埃卡特感到惊诧不已。另一方面，1859 年举行的席勒节大获成功（尽管参议院和教会提出了诸多限制条件），从而证明汉堡的国家意识在增加，而普鲁士 1870 年 1 月取得军事胜利后举行的庆典，则标志着向德意志民族情感的转移。然而，我们不应把德国的民族主义和独立主义对立起来：与德国其他地方一样，汉堡也在努力凝聚地方与国家的政治文化，比如先唱《德意志之歌》，而后是《汉堡欢乐颂》；在 19 世纪 80 年代和 90 年代，退伍兵协会、体操运动员协会和其他协会还策划了一场游行，精心设计了“汉堡女神”和“日耳曼女神”等童话人物。由于德皇威廉二世热衷于战争，很多汉堡的重要人物都曾受到他的接见，尤其是阿尔伯特·巴林，一些汉堡家族于是成为贵族，或与贵族成为姻亲；俾斯麦被革职后，德国骤然掀起了一股对他的“狂热崇拜”，尤以汉堡为盛。但是，我们不能据此认为汉堡被“封建化”或“普鲁士化”了：对皇帝和帝国的忠诚与汉堡资产阶级的国际主义传统并不矛盾。马克斯·沃伯格曾在巴黎和伦敦的银行当学徒，他的兄弟定居纽约，整个家族在美国、英格兰、瑞典和俄国都有姻亲，但马克斯（五兄弟中的老二）并没有觉得这会影响他强烈的爱国热情。珀西·施拉姆从孩提时起就穿英式服装，读《胖胖蛋先生》，但看到学校为色当会战纪念日和德皇生日举行统一制服游行时，他并不会无动于衷。珀西的叔叔埃内斯特在巴西居住了 30 年，但他在 1871 年还特意去参观了位于阿尔萨斯-洛林的战场。次年，他在旧金山看到德国海军舰艇时（或在纽约看到歌剧《唐豪塞》时）还兴奋不已。

通过分析德意志帝国的统治结构，我们就不难明白为什么 1914 年之前，独立主义、国家主义和国际主义能够并存了。汉堡在 1867 年同意加入北德意志同盟，并于 1871 年加入德意志联邦，这从政治角度来看无疑利大于弊。在拿破仑战争期间，汉堡数次被占领，而后在 1849 年又被普鲁士占领，两年后又被奥地利占领，更不用说 1866 年法兰克福的悲惨命运，这些都清楚地表明，在一个越来越以民族国家为主的大陆中，自由市很难生存。汉堡面积仅占整个帝国的 0.8%，人口仅占 1.2%，它不必承担极为庞大的帝国军费开支，就得到了有效的安全防御。虽然在 1867~1871 年的立法会议上，参议院代表极力反对普鲁士王国的“帝国主义”，但德意志帝国的 25 个邦最初仅贡献了有限的非军事力量，并且主要是在外交政策领域。当然，汉堡在联邦议院仅有一名代表，对政治集权几乎束手无策；而普鲁士王国历届内阁和南德较大的邦对集权十分厌恶，这些邦的特权在1914年之前暂时不会受到太大威胁。帝国的行政体系尚未发展壮大；统一德意志法律依然任重道远；各联邦州仍控制着治安、通信、教育和其他“社会”职能——汉堡的例子告诉我们，在1890年左右，这些职能变得至关重要。当然，中央有时会设法对“自由汉萨市”加以控制，如对1878年的反社会主义立法加以监管，1900年后帝国议会中的“左派”批判了汉堡红灯区的合法化。但在其他方面，帝国和各联邦州非但没有凝聚在一起，反而渐行渐远。其中一个重要原因就是帝国议会选举权和各联邦州有限的选举权之间的差距，这使（俾斯麦的用意就在于此）“资产阶级”政党的代表急剧减少，尤其是在城市选区的代表。作为由专家和工商界精英构成的党派，国家自由党在19世纪70年代大行其道，但在八九十年代，普选权和选举参与程度增加使得权贵阶层“受挫”，因为他们无法适应大众政治体系，没有作出相应的调试。他们逐渐被社会民主党逐出了帝国议会，而汉堡商人则成了众矢之的：反犹人士给汉堡贴上了“现代的所多玛与蛾摩拉[①]”的标签；农民政党则站在“国家”的立场上猛烈抨击汉堡反对征收关税的主张，甚至连女权主义者也在批判“经济利益集团”对政治的操控。因此，我们可以认为，汉堡商人在1900年之后退出党派政治活动，是在表达资产阶级的“非政治主义”，即通过质疑民主机构的合法性来为选举失败辩解。马克斯·冯·申克尔提出党派政治必然会“牺牲受害者”，令人无法接受——这在威廉德国时期已经是老生常谈；出生于吕贝克的公务员阿诺尔德·布雷希特则更直言不讳：

> 那些住在北德的上流家族极少触及政治，除了偶然迸发出爱国热情和英雄崇拜主义（腓特烈大帝和俾斯麦），他们批驳其他团体的主张，认为它们“政治化”，但自己却并没有提出“客观中立”的观点……国家自由主义者热衷于自由贸易、繁荣的工业、强大的海军和殖民地。社会民主人士是“全民公敌”，而天主教徒的“教皇至上论”则让人难以

① 所多玛和蛾摩拉是《圣经》里的罪恶之城。——编者注

苟同。这是一种与生俱来的思维方式。任何人只要倾向于“左派”或“右派”，他们就都是政客。

阿尔伯特·巴林坚称他全心投入自己的事业，谨慎地行使帝国议会的授权，这番话并不意味着巴林要完全放弃政治活动，他只是在寻找一个不太敌对的环境来发挥自己的政治热情，例如外交和新闻领域，这样他就可以“在幕后”和首相比洛及德皇本人建立联系。汉萨同盟的资产阶级认为与“自由贸易、繁荣的工业、强大的海军和殖民地”相关的经济问题是重中之重，超越了政治问题。如果加入德意志帝国牺牲的政治利益微不足道，那么必然能获得实实在在的经济利益；汉堡资产阶级之所以转变态度，支持国家目标，这一点也许是最重要的原因。在1907年德国工程师协会举行的庆祝活动中，人们在舞台上演出了易北河道的一幕幕场景，生动地演绎了当时的观念：在“德国奋发向上”的过程中，从易北河源头的芜菁甘蓝到迈森的陶瓷，再到汉堡的航运公司与工业企业，帝国所有的经济力量都联合了起来。事实上，在汉堡最初融入帝国经济之时，准确地说是在加入关税同盟初期，各种矛盾错综复杂。俾斯麦在1878~1879年回归关税保护主义后，普鲁士政府着手进行统一行动，威胁汉堡如果不加入关税同盟，就要将阿尔托纳和圣保利区列为关税区。然而，约翰内斯·沃尔斯曼在联邦参议院坚持不懈地协商，希望创建自由港的商业精英集团也采取有效行动，汉堡与联邦终于互相妥协，取得了对汉堡有利的谈判结果——尤其是联邦同意为修建自由港提供补贴。汉堡工商界仍然强烈反对19世纪80年代和20世纪初的保护主义政策，这些政策阻碍了谷物和其他货物经由汉堡进入德国，但自由港确保了德国关税不会扰乱汉堡的转口贸易。不仅如此，汉萨同盟的商业联盟之所以能够接受联邦的经济政策，也和俾斯麦在19世纪80年代勉强同意德国进行殖民扩张密切相关。阿道夫·韦尔曼在关税同盟谈判中曾对俾斯麦深表怀疑，但他和这位宰相在西非殖民问题上看法一致，因此变身为“皇家商人”；汉堡商人（以威廉·奥斯瓦尔德和尤斯图斯·施特兰德斯为代表）在19世纪90年代的殖民社会中扮演着重要角色，在这个时期，汉堡大力拓展了与西非和远东的贸易渠道。

德国修建大型战舰队被认为是强化汉堡和柏林之间的经济政治纽带的首要因素。在谈到提尔皮茨的海军舰队计划时，历史学家向来更关注它在德国内政中的作用，而不是它为造船业带来的经济利益。虽然有观点强调巴林及其同事的海军计划主要是为了对抗农业利益集团对贸易政策的影响力，但克尔认为，巴林和韦尔曼等人“转投”海军事业标志着他们在政治上向右翼转变。可以肯定的是，1898~1913 年的海军计划使帝国政府和德国各大船厂建立了独一无二的紧密合作关系。这一时期共建造海军舰艇 86 艘，其中 63 艘是由少数私人船厂修建的，例如：席肖船厂、伏尔铿船厂、日耳曼尼亚船厂、霍瓦尔特船厂和博隆福斯船厂（它还垄断了大型巡洋舰的建造）。当然，我们不应夸大海军对整个德国经济的重要性，它只吸收了德国钢铁总产量的 1%~2% 左右。但对于造船业来说，在私人市场低迷的年份，如 1907 年，海军的采购量占到了总产量的 25%；1892~1914 年，博隆福斯船厂总产量的 20% 以上都是由提尔皮茨订购的。于是，造船厂和联邦自然越走越近。虽然船厂形成的卡塔尔垄断远不及钢铁产业，但在与海军事务部的谈判中，五大船厂无论是单独出面，还是形成“德国海船造船厂联盟”，影响力都非同小可。1884 年，《邮政服务补贴法》颁布实施；1901 年，帝国针对逆经济周期的海军订单进行磋商；在 1910 年的港口劳资纠纷中，官方首次出面干预；这些都表明帝国和造船工业的关系可以更密切。

那些在 1914 年之前涉及资本输出业务的汉堡银行与帝国的关系也愈加紧密。当时的德国意识到，资本输出是在国际外交领域中发挥影响力的有效手段。正如阿尔伯特 · 巴林在 1914 年所言，英国和法国“用金钱征服了外邦，（从而）在政治上拓展了势力范围”；比洛在 1908 年也表达了相似的观点。但是，谈到基于资本输出的国际政治，最积极的倡导者也许莫过于马克斯 · 沃伯格了。1904 年，在日本政府为资助与俄国的战争而筹款时，他提供了大笔贷款，自此以后，他越来越专注于国际融资策略：“我做的事是任何一个正常的银行家在这种情况下都会做的，那就是直接走进柏林的外交部。”由于沃伯格为德国政府控制当时的中国、摩洛哥以及葡属安哥拉的各种行动提供资助，因此，他当然有权利声称“我们比任何一个银行都更坚定不移地支持德国在殖民地的各种活动”，然而，连他自己也说，这种努力“没什么回报”。1911 年，基德伦安图挑战法国在摩洛哥的主控地位，马克斯也卷入了这一系列事件，然而事实最终证明，德国资本市场与英法相比仍处于弱势，法国从柏林收回短期存款，导致股市骤然下挫。

德国金融市场在资本外流时表现出的脆弱性暴露了德国经济统一的一大矛盾。货币统一是 19 世纪 70 年代自由派取得的最为持久的成就之一，汉堡在其中发挥了重要作用。德国马克的前身之一就是汉堡银行成立于 1619 年的国际贸易结算中心推出的结算马克。1870~1875 年，几经周折后终于出台了统一铸币体系以及成立帝国中央银行的相关法律，而汉堡的专家在此过程中起了主导作用，例如商会的法律顾问阿尔弗雷德 · 泽特比尔和马克斯 · 冯 · 申克尔；在帝国银行的董事会中有直接代表的仅有 5 个邦，汉堡便是其中之一，这也标志着汉堡在货币体系中的重要性。19 世纪 70 年代的德国货币体系体现了对立双方的相互妥协，如中央集权派和独立派、自由贸易集团和农耕集团、金（或银）本位制倡导者和复本位制倡导者，以及银行学派和货币学派。因此，1875 年 3 月的《德意志帝国银行法》规定，帝国央行的作用是“调节帝国境内货币供应、为平衡国际收支提供便利，并且保证已有资本的充分利用”。但在实际操作上，中央银行却抛弃了实现这一统治性角色所必需的手段。就其在国际上的作用而言，中央银行本质上只是被动地为实行黄金/金币本位制提供平台。德国贸易赤字不断增长，经济上依赖短期外债，再加上伦敦和巴黎把持着金融中心的地位，帝国央行对资本流动的控制极为有限，1907 年和 1911 年末的危机就是佐证。同时，尽管帝国对纸币流通进行了双重限制（固定限额为 2.5 亿马克，超出这一限额须缴纳货币发行税，同时规定了黄金或黄金替代品的储备比率应为 1/3），但帝国银行对国内货币供应的调控能力极差，究其原因，一是帝国央行没有规定最低存款准备金率，也没有为政府短期贷款设限，因此，随着“大型”股份制银行的增长——如德意志银行、国家贴现公司、德累斯顿银行、达姆施塔特银行以及柏林商业公司等，帝国央行已经无法监管如此庞大的信贷储备了；二是随着直接借记或“直接转账”系统的发展，德国的货币量事实上增加了，并且不受债券发行规定的限制。也就是说，虽然 1890~1904 年德国流通中货币的年增长率为 3.2%左右，但银行中介业务的增加导致货币总量的增速更快。

对汉堡来说，德国货币体系的这些独特性有三大意义。首先，在短期国际资本账户上，汉堡是净债权人，1907年和1911年使柏林货币市场受挫的那些危机并没波及到汉堡。其次，柏林渐渐控制了德国的货币和资本市场：和帝国央行位于柏林的总部相比，汉堡分行的业务量持续下降；汉堡的很多股份制银行将公司总部迁至柏林。最后，虽然1890年之后的通货膨胀率只有1%左右，但货币扩张（以及食品进口关税的提高）无疑激发了通货膨胀。民众也感受到了这些变化。当时的研究者坚信生活成本增加与社会民主党在1912年选举中的支持率上升有关。一位评论家在1911年9月这样说道："一些人在谈论摩洛哥，而所有人都在谈论生活成本的上升。"尽管在1907年之后，帝国首次采取措施提供用于普通交易的低面额纸币，但毫无疑问，人们用一天半的辛勤劳动换来半泰勒银币的时代已经远去，在德意志帝国银行诞生的20年后，货币稳定的时代即将终结。

帝国的金融体系也陷入了类似混乱状态。对于汉堡这样有强烈独立倾向的城邦来说，俾斯麦的方案极有优势，即"让它更依赖各联邦州组成的联盟，而实际上将它（北德联盟）视为一个联邦"。联邦划分了财政义务，国家的财政收入仅限于对盐、啤酒、烟草、咖啡和酒精征税，不干涉25个邦的财政预算；联邦《宪法》第70条明确规定：如果联邦需要资金，它必须请求各联邦州"缴纳加入联邦的费用"（数额视各联邦州人口而定），或向联邦议会请求增设税种。俾斯麦想让帝国摆脱"挨个向各州讨钱"的窘境，于是进行了种种尝试，毫无疑问，汉堡政府统统反对。大约在1897年之后，随着各级政府公共开支激增，联邦金融体系的缺陷逐渐暴露出来。1890~1913年，德国公共开支总额的年增长率约为5.4%，占国民生产净值的比例由14%升至近19%。虽然海军的国防开支有所增长，但事实上，联邦和地方的社会福利与基础设施支出增加是主要原因，此外，帝国政府的"纠集政策"主要通过财政激励措施来团结各政党支持中央政府，如为农民制定关税和退税政策，为商人送上海军订单和殖民地，为工人提供社会保险等。起初，所有三级政府的新增开支都要依靠借债：1905年，帝国总收入的5%以上都是出售政府债券所得，1901~1903年，公共部门发行的债券占所有资本市场证券的45%。公共债务在1890~1913年由116亿马克蹿升至267亿马

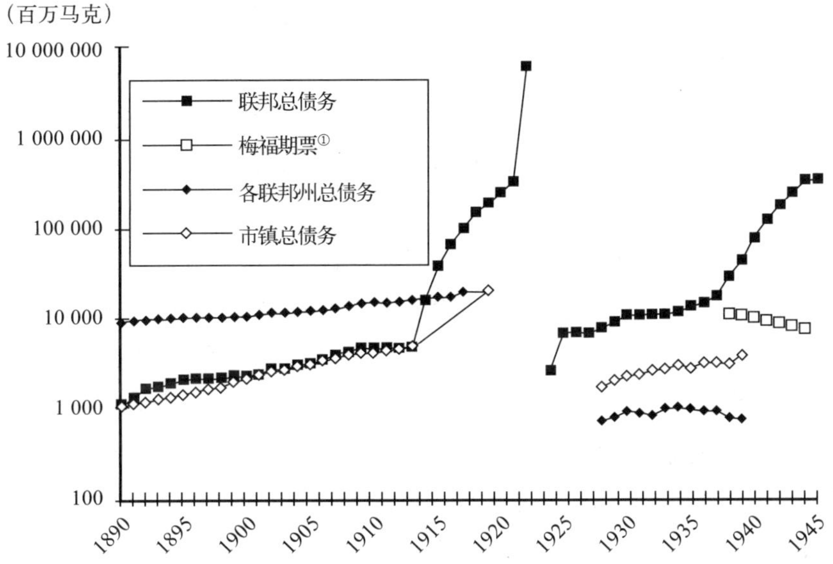

图 1.4　公共债务（1890~1945）

克，其中各联邦州的债务占一半以上（见图 1.4）。偿债负担加重（占 1913 年总支出的 11%），同时资本市场压力过大，利率升高，而债券价格走低。但是，两股政治阻力导致财政体系改革无法推进：一是因为各州不愿放弃对直接税收的垄断；二是要获得联邦议会对税收改革的支持，就要作出政治让步。虽然经过 1908~1913 年漫长的政治斗争，联邦开始征收遗产税、少量增值税以及一次性的房产税和所得税，但财政收支状况仍对联邦不利，其直接收入仅占总收入的 35%，绝大多数（近 60%）仍然来自间接税收。

财政困境在很大程度上是威廉时期最严重的政治问题，而汉堡政府和工商界在该问题上的责任不亚于一些大联邦州和利益集团。汉堡参议院以独立主义为由反对 1913 年的国防税议案；而汉堡商会虽然乐于见到军费开支增加，但却极力反对征收金融交易税和营业税。以马克斯·沃伯格为代表的一些人试图提出建设性的解决方案，于是沃伯格小心翼翼地向德皇提出财政

① 1934 年，时任德国财政部长沙赫特为重整军备而策划成立了影子公司 Metallurgische Forschungsgesellschaft，简称 Mefo，并通过该公司发行梅福期票（Mefo-bills），起到拖欠债务的目的。——译者注

改革问题，不料德皇勃然大怒，回复道：快“破产”的是俄国不是德国。沃伯格成功说服商会支持汉萨同盟，在国会就财政问题进行辩论时——也正是这场辩论把比洛赶下了台——他起草了一份谴责当时财政僵局的备忘录，并在文中预言“如果不改变目前的财政政策，我们就犯下了抢劫罪；终有一天我们会发现，偿还这些损失要付出最昂贵的代价，如果我们还有能力偿还的话”。但沃伯格坚决维护各联邦州在直接征税方面的特权；由于他拥护立宪制，马克斯·冯·申克尔等更加保守的人士将他视为异己——无论进行财政改革是出于哪种经济原因，几乎没有商业团体愿意接受立宪制，因为它意味着集权化和国会权力的增加。

有人提出威廉时期的德国领导人企图通过对外扩张政策来转移人们对内政僵局的关注。当然，汉堡的资产阶级毫不迟疑地加入了“泛日耳曼同盟”、“海军联盟”和“陆军联盟”等组织，似乎表明国际政治促进了“民族”精神在19世纪六七十年代的复兴，至少在初期是这样。阿道夫·韦尔曼、阿尔伯特·巴林和威廉·奥斯瓦尔德等工商业巨头在汉堡成立了“海军联盟”，该联盟包括来自参议院、市议会、各商会以及主要资产阶级团体的代表，由退伍士兵、自由派人士约翰内斯·费斯曼市长担任主席。1892年汉堡带头成立的“泛日耳曼同盟”也有类似的“权力结构”，成立于1913年的“陆军联盟”也不例外。它们仇视反战运动和犹太复国运动，视其为“反民族”运动。但是，汉堡的经济繁荣离不开和英国的友好关系，而1914年之前，激进的民族主义者的“对抗”情绪越来越高涨，令很多城市精英难以忍受；从1911年起，参议院与“海军联盟”和“泛日耳曼同盟”公开划清界限。早在1909年，巴林就在担心海军计划对内政外交的影响：

> 我们现在扩建海军会给两年后的德意志带来什么？一场金融灾难？还是一场战争……如果我们不（与英国）达成谅解，就必须马上进行财政改革，通过改革，国内局势才能发生重大转变。

大约在同一时期，英国海军部也制定了一项战略，并宣称“必然能够轻而易举地摧毁德国的海上力量”：“过程也许会漫长，但我们庞大的海军会‘彻底’剿灭德国人——汉堡会变成一片荒芜之地，街道上杂草丛生。”德意志帝国的财政出现危机，更严重的是，军备政策又导致国际关系的急剧恶化，而这些都是汉堡面临的重大威胁。

在 1914 年之前，加入联邦无疑让汉堡获得了经济利益。自 1890 年之后，帝国经济的年均增长率为 2.8%，出口增长率则更高，为 4.9%，对大型转口贸易港口来说，这是一块理想的腹地。在这个意义上，汉堡资产阶级的“普鲁士化”实属必然，当然，更恰当的说法是“日耳曼化”。教育和政治手段已经使民族主义深入人心，汉堡的政治文化也随之呈现出新特点，而传统的独立主义和国际主义仍然固守其阵营。“汉堡女神”和“日耳曼女神”的表面和谐掩盖了联邦政体深层的结构问题，尤其是货币和财政体系上的缺陷。德国马克是国家主权的象征，但它却沦为了国际资本流动和国内信贷的牺牲品。联邦财政结构犹如一栋重心过低的大厦，那些不民主的州和市镇通过直接征税大肆敛财，使资本市场“过度膨胀”，而联邦则更易受到来自民主议会的指控——用百姓的粮食来为军国主义埋单。吸引汉堡加入联邦的主要原因之一是更有安全保障。然而，由于财政体系的缺陷，德国国防开支占国民生产总值的比例要小于法国和俄国。第二章讨论的就是这种结构性缺陷。

PAPER
AND IRON

第2章
战争的命脉

1914年6月21日，汉堡为德皇威廉二世举行了欢迎宴会，会后，德皇在他和马克斯·沃伯格那段著名的对话中分析了德国的“局势”：

> 他担心俄国的军备计划和修建铁路的计划，并因此预感到俄国准备在1916年对我们开战。他埋怨我们在西线没有足够的铁路网牵制法国；并暗示我们是否应该现在就主动出击，而不是坐以待毙。

沃伯格则对此“直言进谏，表示反对”：

> 我向他描述了英国国内的政局（地方自治[1]），同时说明了法国的三年制兵役难以维持，而且法国已深陷经济危机之中，此外，俄国军队也未必靠得住。我强烈建议他耐心等待几年，静候时机。“我们的力量逐年递增，而敌人却因内耗日渐式微。”

针对这两段话有各种解释。有人说德皇对一位银行家如此信任，似乎证实了商业利益集团在威廉德国高层政治中的重要性。也有人提出，德皇早

---

① 爱尔兰于1870~1914年主张地方自治。——译者注

在萨拉热窝暗杀事件之前就在谋划一场“防御”战，或者说是先发制人的战争，这似乎充分说明德国政府在预谋发动1914年的战争。还有人提出，对德皇的“现在就主动出击”这句话，沃伯格立刻理解为是进攻英国、法国和俄国，而德国政府却意在维持奥地利和俄国在巴尔干问题上的“局部化”，二者似乎又互相矛盾。还有人指出，沃伯格认为敌人的内耗比德国更严重，这似乎与德国政府为缓解内部政治矛盾而挑起战争的论调相抵触。但是，有一点毋庸置疑的，那就是沃伯格意识到了德皇先发制人的动议，并提出反对意见。然而，尽管他和巴林了解“七月危机”的来龙去脉，但他们并没有能力影响柏林做决策。和其他德国大城市相比，1914年8月爆发的那场战争对汉堡经济的影响尤为严重，同时暴露出汉堡的独立主义和国际主义与柏林所谓的帝国利益不可能协调一致。因此，这可以说是那艘“皇帝号”所体现的傲慢狂妄的必然结果，其姊妹“祖国号”的下水与德皇和沃伯格的会谈刚好在同一周。

1908年后，巴林和沃伯格逐渐确信德国无法“与经济更强大的英国就建造无畏级战列舰展开竞赛”，同时也担心与英国发生冲突会影响经济，于是，他们逐渐疏远提尔皮茨，开始支持缓和德英关系的政策。作为主要策划人之一，巴林和恩斯特·卡塞尔爵士共同安排英国战争部长霍尔丹勋爵在1912年2月访问柏林，希望为德英建立睦邻友好关系奠定基础。然而，就在霍尔丹抵达德国的前夕，提尔皮茨和德皇仍然决定继续扩充海军，有人将此举视为炸毁协议的一颗鱼雷，但事实上，德国的提议——英国承诺在所有大陆战争中保持中立，作为交换，德国将同意限制其海军扩充计划——是建立在对英国政策的误解之上。巴林和沃伯格仍然寄希望于英国会保持中立——只要德国表明自己摧毁法国的唯一目的就是维护它在非洲的殖民地。沃伯格在1914年2月、4月和6月曾三度访问伦敦，讨论德国在摩洛哥、尼亚萨兰和巴西的投资事宜，促使他相信“德英两国”也许已经开始“高唱友谊赞歌”。但是，这并没有使英国改变其欧陆政策，即使双方已经在葡属安哥拉和柏林-巴格达铁路问题上达成协议。英国在1912年12月和1914年明确表示，如果“法兰西作为一个帝国的地位”受到威胁，英国不会袖手旁观。

贝特曼显然也希望英国保持中立，这是他精心设计的赌局的一部分（但他失算了）——奥匈对塞尔维亚采取迅捷的军事行动，从而巩固三国同盟[①]，分化三国协约[②]。七月危机期间，柏林收到英俄海军举行会谈的消息，雅戈立即派巴林前往伦敦就此事向霍尔丹和丘吉尔施加压力。巴林在7月25日向丘吉尔表示：如果战胜法国，德国不会抢走“它在欧洲的任何东西，不会占领任何一寸土地，只会争取一些殖民地作为赔偿”。实际上，在7月29日晚上，贝特曼对戈申所说的也是同样的话。可这段话丝毫没有影响英国的态度，只是贝特曼明白得太晚了。令汉堡难以理解的是，如果这次外交策略没有奏效，德国可以执行德皇在6月份向沃伯格描绘的军事计划，从而使军事动员合理化。然而，最终签发动员令、最后通牒以及宣布开战的都是德国陆军总参谋部；这就不仅仅是针对俄国的总动员令了，俄国沙皇在7月30日就证明了这一点。参谋总长小毛奇自1914年3月以来就一直主张先发制人，主动出击，其理由是法国和俄国一直实行新的军备计划，如果几年后和法俄开战，德国可能无法赢得战争。

沃伯格对德皇先发制人发动战争的主张置之不理，很多历史学家认为这种做法只是为了掩人耳目。毫无疑问，这位银行家认为时间的推移对德国更加有利，这种观点有一些经济上的考虑。和德国相比，俄国的人口、国民生产总值和钢铁厂量的增速更快，英国的资本输出率也使它在海外颇具影响力。但另一方面，德国出口的增速高于其欧洲的对手：其国内资本形成总额为欧洲第一；而其人口、国民生产总值和铁产量的增速都远远超出其西方的对手。但德国的军事地位并没有体现出它在经济上的优势上。据德国陆军总参谋部统计，德国在战时的全部兵力为215万人，而只要稍加计算就知道，在战争前夕，俄国、塞尔维亚、法国、英国和比利时能够参战的士兵比德国和奥匈的总和多64%。这反映了和平时期双方征兵率[③]的巨大差距。据德国陆军总参谋部统计，在法国，所有应服兵役的人当中，有83%的人履行了义务，而德国只有53%，奥匈仅有29%。此外，战前那10年的国防开支在国

① 三国同盟中的三国指德、奥、意。——编者注

② 三国协约中的三国指英、法、俄。——编者注

③ 在“一战”前夕，俄国和法国的军队把和平时期的总兵力增至2 272 000人，德国和奥地利的总兵力不过1 239 000人；而在1904年，德奥两国的总兵力超出法俄371 180人。

民生产总值中所占的比例也能说明问题。从绝对数字来看（且不考虑布尔战争和日俄战争的影响），德国、法国、俄国和英国的军事预算相差无几，德国在1905年之后超过了法国，而到1913年，俄国又超越了德国。但如果以在国民生产总值中的占比来看，德国一直落后于其他各国。1913年，德意志的国防预算占比仅为3.5%，[①]比英国（3.1%）和它自己的盟友奥匈帝国（2.8%）略高，但低于法国（3.9%）和俄国（4.6%）。显然，这样的差距并非因为德国缺少“军国主义”思想，而是因为国内的政治阻力限制了军费开支的增加，这种阻力一方面来自普鲁士军事机构内部的保守势力，另一方面源于前一章讨论过的联邦和议会的财政制度。相比之下，俄国、法国和英国的财政体系相对更加集权化，而德国的盟友奥匈帝国也受到财政问题的掣肘（而且更加严重）。“一战”源于德国的内政问题这种说法仅在这一点上成立：内政让小毛奇确信德国无法赢得军备竞赛，因此挥戈出征宜早不宜晚。

战争爆发后，汉堡舆论的反应模棱两可，这说明德国“统治精英”借挑起战争转移内政危机的论调有其局限性。的确，和很多欧洲大城市一样，战争爆发的同时，某些团体的爱国热情高涨：从7月25日开始，骚动的人群聚集在少女堤（Jungfernstieg）的阿尔斯特亭台，无论是慕尼黑和柏林，还是巴黎和伦敦，都有类似的场景。1914年1月，在为德皇庆祝生日时，船主里夏德·克罗格曼的致辞透露出大战前夕资产阶级知识分子的好战情绪：

> 我深信，当德意志的荣耀受到威胁时，陛下定将跃马挥戈，下令出征，那时号角声会直冲云霄，回荡在德意志的每一片橡树林中……在云霄的另一端，先祖威廉一世定会伸出双臂，为德意志祈祷。

听罢，15岁的珀西·施拉姆和诗人里夏德·德默尔等男子汉们已经涨红了脸，神色激动；女眷们则沉浸在虔诚的宗教祈祷中：施拉姆的姐姐露特欢欣雀跃，激动地说“上帝在保佑我们”，他的姑妈埃米的反应充分表达了千禧年信徒的观点：

---

① 由于计算方法不同，勒斯勒尔和维特对1913~1914年德国国防开支的统计数字不尽相同，分别是16.64亿马克（占国民生产总值的3.0%）和24.06亿马克（占国民生产总值的4.4%）。

一切终将来临；《圣经》已经作出预言，如果说魔鬼撒旦的统治即将崩溃，我们只能感谢上帝。那时，一个真正的和平帝国才会诞生，我们的主耶稣基督才是王！

开战后的前几个月，这种情绪一直蔓延。驶向前线的火车上装点着鲜花；涌动的人潮聚集在证券交易所外的坦宁堡，为胜利而欢呼。但是，这种群情激昂的背后是一种隐约的担忧，而且不无道理。近期的一本著作试图告诉我们：就在资产阶级欢欣鼓舞之时，无产阶级却忧心忡忡；然而，这种忧虑不分阶级，例如在第二次摩洛哥危机和巴尔干战争期间，感受到战争威胁的人们马上购入金融市场的流动资产。萨拉热窝事件之后，沃伯格立刻"意识到我们可以把什么东西卖掉，同时开始裁员"；到 7 月 20 日，汉堡各大银行不得不采取措施，抑制人们对股市的恐慌。汉堡提前发生危机，很可能是因为官方的一系列信号表明，一场大战已迫在眉睫。7 月 18 日，德皇下令告知巴林可能要进行军事动员；3 天后，德国总理府致信汉堡参议院，指出一旦战幕拉开，地方的职业介绍所需要负责分配劳动力；7 月 23 日（也就是下发命令的当天），外交部派朗韦特 · 冯 · 西默恩携奥匈帝国给塞尔维亚的最后通牒的副本赶赴汉堡。德国政府拒绝格雷在伦敦召开外交部长会议，7 月 28 日晚消息抵达汉堡后，汉堡股市陷入一片恐慌，沃伯格不得不联络威廉大街[①]。在齐默尔曼的授权下，沃伯格向公众声明德国政府认为召开外交部长会议"不可行"，但是"已经成功启动的内阁之间的协商仍将继续"。虽然这份虚假的声明受到群众的欢迎，但交易所在当晚并没有重新开市。英国随后的参战把阿尔伯特 · 巴林彻底推向绝望的深渊，这让沃伯格也深感震惊。被战争乌云所笼罩的不仅是商业界。艺术史学家奥比 · 沃伯格被这场战争折磨得心乱如麻：他年事已高，无法亲自上阵，再加上对战败的恐惧，他只好疯狂地从报纸上搜集证据，以便在协约国指控德军暴行时予以反驳。对大多数人来说——例如年轻的珀西 · 施拉姆，战争只是提供了一个机会去实践民族主义者的幻想。只有少数人意识到，战争意味着"资产阶级世界的守护神已经远去"——倍倍尔的这个预言实现了。

---

① 威廉大街，代指德国外交部。——译者注

战争经济学

随着马恩河会战宣告施利芬计划的破产，以及奥地利人在俄军的炮火下节节败退，德国陆军总参谋部所承担的巨大风险也趋于明朗：一旦在欧陆军事失败，德国就要面对大英帝国强大的经济和军事力量。即使只把不列颠群岛算在内，协约三国的国民生产总值也比德同盟国高出60%。英国可以支配的资源非常多，除了人力、粮食供给，还有雄厚的海外资本来资助战争，这极大地拉开了双方的经济差距。因此，德国能否有效地调动那些相对匮乏的资源成了决定性因素。和英国相比，德国的商人和政客也许在意识形态上更容易接受国家对经济生活的大规模干预：一边是阿斯奎斯政府偏爱的“半官方”的口号——“照常营业”；一边是提倡彻底放弃资本主义体制，推行瓦尔特·拉特瑙和维夏德·冯·默伦多夫构想的“战时社会主义”，这形成了有趣的对比。然而，尽管围绕德国战争期间的经济统筹问题有很多理论，但在实践上，德国的战时经济要落后于走务实道路的英国。究其原因，其中之一是因为英国对德国发动的经济战比德国对英国的经济打击更有威力。以汉堡为例，敌人的行动造成了多方面的打击，首当其冲的就是英国海军的行动严重破坏了德国的海上贸易。8月1日的汉堡航运期刊《汉萨》指出，如果英国参战，德国的“经济生活会受到史无前例的重创”。之前提到，汉堡和大英帝国的贸易占该城市1913年海运进口总值的近1/3，出口总值的1/4，比整个德国的平均比例高得多。但由于英国的海上霸权，以及英国成功地向“中间派”施加了压力，汉堡贸易受到的影响比最悲观的预测还要严重得多。德国海军的实力还无法抗衡英国在北海的霸权，这意味着战争爆发时，除了斯堪的纳维亚，港口内的德国商船无法到达任何其他的国外市场。如此一来，德国的进口到1915年降至战前水平的55%，而汉堡则暴跌至2.4%，直到1918年才稍有回升（为4.3%，见图2.1）。汉堡码头陷入停滞状态，绝大多数海外的商业机构也被停闭。约翰内斯·阿姆辛克把这个局面和拿破仑战争时期的形势进行了一番比较：“我们的商业完全停滞了。”巴林则怒斥英国使出“商贩的那些肮脏邪恶的伎俩”，“唯一目的就是把我们排挤出世界市场”。而且，随着长时间大规模的冲突造成了世界经济结构彻底转变，事态

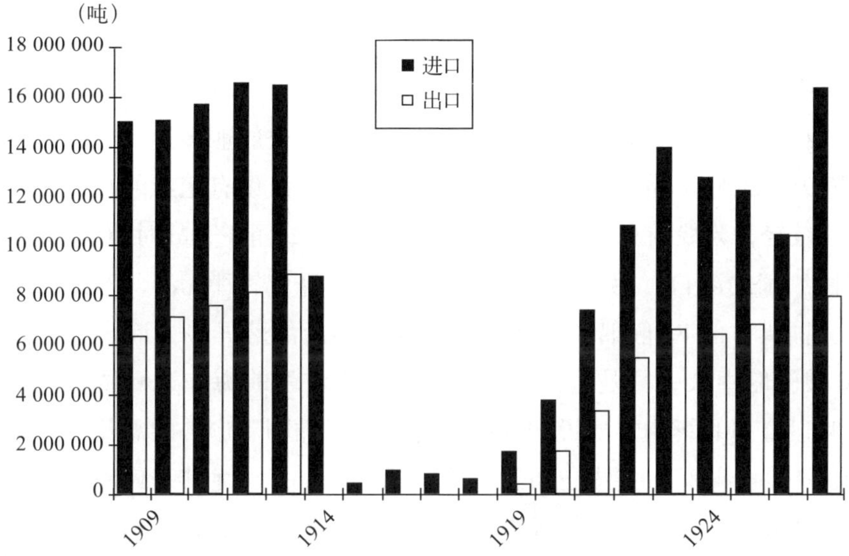

图 2.1　汉堡外贸交易量（1909~1927）

逐渐明朗，也就是说，这种排挤并非仅限于双方敌对的时期。由于欧洲工业生产向战时工业转移，欧洲以外的工业产量在世界市场上的比重显著上升，其中尤以美国为最，日本、印度和南美洲也有小幅上升。这对汉堡的出口商来说是个打击，但最为严重的是它对其他经济领域的影响，尤其是造船业。这里我们有必要为猎敌行为和政府行为划清界限；最主要的是德国无限制的潜艇战战略促使美国“一战”期间新船产量占总产量的比例飙升，由 8% 升至 56%。在德国造船商看来，美国新的造船能力使美国成了他们在战后经济萧条时期最头疼的竞争者。

英国大打经济战，一方面封锁敌人，一方面利用政策武器没收德国的海外资产，于 1914 年 10 月颁布了第一部《敌产（没收）条例》。1914 年，德国持有海外资产 200 亿~280 亿马克。英国、法国、俄国和美国先后通过立法没收了其中的 161 亿马克，其中大多数被大英帝国所控制。德国的短期投资和短期贷款则往往可以得到清偿：从战争爆发到 1915 年 3 月，沃伯格把近 2.41 亿马克的资金转移回本国；1917 年，国外欠汉堡债权人的资金缩减为 7 070 万马克。然而，许多汉堡境外资产的清理却并不容易。在英国领地开设分公司的商业机构即刻被没收：由于德国在新加坡和槟榔屿的资产被没收，贝恩迈尔公司的损失达数百万马克；威廉·奥斯瓦尔德公司在东非损失近 4 000 万马克，而G·L·盖泽在西非的损失达 1 000 万马克。德国航运公司的损失尤为惨重。轮船或沉没或被没收，损失船舶多达 639 艘，总吨位达 230 万载重吨，为战前商船队总吨位的 44%。汉堡有记载的战时船舶损失则相对较轻，为战前总吨位的 28%。汉堡–美洲公司在开战时有 12 艘船被扣留在协约国的港口，另外还有 15 艘在交战的前 9 个月沉没，不仅如此，位于中立国港口的 83 艘船因不敢冒险起航回国而流落异乡，而由于德国国内的 80 艘轮船中大多数是远洋轮，不适宜用于波罗的海和近海贸易。敌国行动对航运公司的影响再次说明德国政府的政策加剧了形势的恶化。如果德国至少把一部分船只出售或包租给中立国的船运公司，尤其是停靠在美国港口的那 109 艘船，航运公司的损失就不会如此惨重，但是，德国政府担心这样一来成了为协约国供应物资，于是最终只有 45 艘总吨位为 170 000 吨的小轮船被售出。汉堡–美洲公司那些被困在国外海港的船只有 9 艘船被巴林卖了出去，而最终美国一国就控制了其价值近 1 亿美元的资产，包括 37 艘船舶。难怪许多在战前属于亲英派的汉堡商人在他们的公司被英国人夺走后，希望德国一旦获胜就能使英国的殖民地转让给德国。但随着战事的推进，汉萨同盟的矛头却逐渐从伦敦转向了柏林。巴林在写给内务部长的一封信中愤怒地表示："我们公司的船舶……已经所剩无几。而造成这些损失的主要原因不是敌军的炮火，而是政府采取的措施。"

德国政府的战略部署在很多方面激起了汉堡商界的敌对态度。在某种程度上，它反映了期望落空后的失望。当时绝大多数商人都认为德国军事机构是高效的典范。在 1914 年 8 月，巴林"为总参谋部严明的纪律和辉煌的成就而感到欣喜"，总参谋部是巴林认为"无可挑剔"的两个机构之一（既然汉堡–美洲公司已经被毁，另一个则是天主教会）。可事实上，军事机构和民政机构都没有作好打持久战的准备。在柏林，实业家们在战前曾向内政部施压，要求成立"经济总参谋部"来调配资源，但内政部对此无动于衷。在汉堡，巴林在 1912 年曾被军事机构要求制订战时食品供给计划，但得到执行的计划却少之又少。战争爆发了，德国的粮食供应几乎处于失控状态。8 月

6日，巴林和沃伯格被迫赶赴柏林与内政部、财政部、外交部和德意志帝国银行的官员探讨食品进口问题。途中状况频出（屡次被武装的市民以搜查间谍为由拦下），混乱的局面堪比这次会议，而会议最终也宣告破产，因为外交部代表误以为德国能够利用美国的商船。

当时的人们和后来的历史学家试图把德国的战时经济描绘成一种全新的经济："计划经济"、"国家社会主义"、"公有制经济"、"国家垄断资本主义"和"工会资本主义"。但这些说法夸大了概念上的一致性，而且它们在现实层面也并不统一。通过与私营公司签订合同来满足武装部队急剧膨胀的需求，并且以获得利润为目标（而非旨在扩充军事部门的力量）——这一基本宗旨在战争期间没有丝毫改变。因此，战争经济对汉堡最根本的影响在于国家工业部门获得的军事合同的数量。例如，纺织和食品加工企业可以为前线提供制服和军队给养：截至1915年12月，汉堡向军队供应了600万马克的纺织品，满足了近1/3的需求，在随后的3个月中又继续供应了1 100万马克的纺织品。但军火合同的数量则少得多。在1916年末，共有34家企业生产导火线，58家生产榴弹；但雇员超过100人的只有15家，此外还有48家适合制造军火的企业，但它们却没有订单。到1918年，汉堡的军火合同月均达460万马克；汉堡不断抱怨自己受到了"集权化的"柏林当局的歧视。正是战争时期这些困扰帝国联邦的问题使得这些抱怨带有一些排他主义的色彩；事实上，也正是为了平衡各联邦州的利益，德国战争部采用了一种极其荒谬的做法——根据各联邦州人口比例来分配合同。

这些抱怨似乎忽视了汉堡造船和工程企业在军舰尤其是潜艇制造上的重要角色。如图2.2所示，军舰订单的增加显然并不能弥补因商船需求下降而减少的产量：在战争爆发后的一年半里，造船业产量下降了44%，到1917则降至战前产量的1/5左右。然而从财务上看，战争似乎又让造船厂收益颇丰。在战争期间，博隆福斯船厂潜艇订购量有97艘，期间该船厂的净利润从1914~1915年的137万马克（11.4%），一路上升至1917~1918年的270万马克（13.5%），甚至高于钢铁工业的平均利润。它收购了一家较小的船厂——新增了一个船坞和机器厂，生产能力扩大至每年近60万吨，净资本从1 200万马克升至2 000万马克，而其劳动力由10 250人升至12 555人。

博隆福斯船厂绝非特例：1914~1920 年，德国 13 家大造船厂的生产能力都增长了 120%。整个工程业在战争期间的就业率增长了 6.6%，但造船厂的就业率却上升了 52%。德国政府确信“造船业在战争期间的业绩超过了战前的和平年代”，并谴责造船厂“通过折旧减税或各种转让”隐藏真实的利润水平。这种说法夸大了战时合同带来的益处，实际上，造船厂之所以扩充劳动力，主要是因为盲目征兵导致现有工人素质的降低。如果考虑到通货膨胀因素，博隆福斯船厂的利润只不过从 1914 年的波谷中稍有回升；而船厂的扩张在很多方面都像是一场赌博——相信战后对船舶的需求会激增。另一方面，政府在支付战争合同的时候也的确过于慷慨：1913~1916 年，伏尔铿造船厂的人均生产率上升了 69%，而每个工资单位所消耗的生产资料却下降了 20%，这可能也是船厂对于海军部的监管十分敌视的原因。

战争经济在供给方面的主要创新就是打破了集中管制，把原材料配给权委托给由使用原材料的工业企业组成的托拉斯，即所谓的“战争企业”，并由另一个官方机构——战争物资部进行监管。另一个创新就是委托各工业垄断集团完成工业生产目标。战争物资部和战争企业在其成立之初就受到汉堡商界的大力抨击：马克斯 · 沃伯格反对创建金属公司，主张在 1914 年建立一套“官僚色彩”较轻的体系；商会则谴责这一体系会“排斥企业的独特性”。这从某个角度折射出汉堡商业界坚持“自由行动”的意识形态。然而，汉萨同盟反对的主要是工业界对集中配给的控制，而不是集中配给制本身。它担心战争公司会进一步加剧目前德国经济纵向统一的趋势，使进出口越来越受到工业的控制，危害到独立的商业利益。这些担心并非杞人忧天。事实证明，巴林和沃伯格于 1914 年 8 月在汉堡成立的旨在协调进口的皇家（之后更名为中央）采购公司无法摆脱被搬到柏林的命运。尽管汉堡的银行（尤其是沃伯格银行）在资助从瑞典、罗马尼亚和荷兰等地的进口方面能作出重要贡献，但由于政府意欲对不满于钢铁卡特尔的种种价格限制的生产商施加出口限制，出口贸易变得处境艰难。1917 年 1 月实施的出口审查制，使工业联合会能够对所有的出口交易进行有效的直接管控——这似乎极大地威胁到汉堡出口商未来的独立自主性。柏林的德国工业战时委员会及其附属机构掌握了经济大权，让汉堡商界为此提心吊胆：巴林在 1917 年 12 月称柏林是

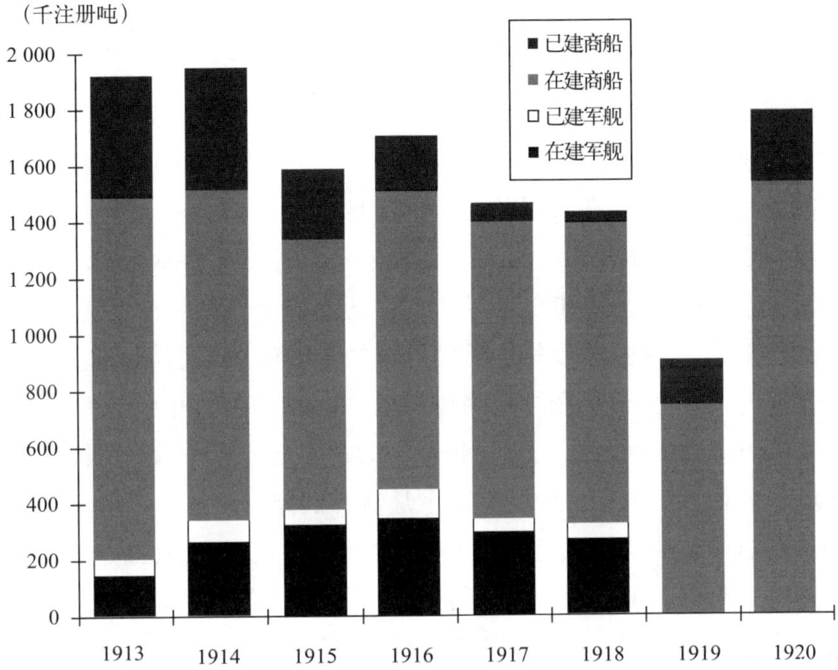

图 2.2　德国造船业（1913~1920）

"吸走一切的大海绵"。

钢铁工业一直被称为"受战争或和平影响最大的产业"。除了船坞，汉堡经济每况愈下。毫无疑问，在战争期间，大型船运公司和小商业银行遭受的直接资本损失比其他任何机构都更为严重：战后汉堡–美洲公司总资产的实际价值下降了25%，其中实物资产下降了53%。不仅如此，公司收入也大幅下滑：以战后汉堡–美洲公司的账目来计算，该公司在战争期间的收入仅为4 390万金马克，年收入减少了84%。对于银行界，沃伯格银行在为战时进口提供资助方面发挥了重要作用，其在战争末期的资产负债表（根据通货膨胀作出相应调整）显示公司资产在1913年增长了50%（由1.18亿马克升至1.76亿马克）。小商业银行的状况则不容乐观：只有贝伦贝格银行能够保持较为理想的业绩水平。由于法律对股市的制约，从事工业融资的银行也面临困境：联合银行和北德银行在战争期间签订的合同都按实值计算，而德国商业银行的业务增长则只能依赖向德国其他地区继续拓展业务。战时汉堡经济的相对不景气体现在其合资总资本的收缩上。帝国的实际总股本在战争期间仅下跌了14%，而汉堡却下跌了1/3以上。

汉堡经济衰退一个最明显的征兆就是“外来”资本对其经济的渗透不断加重；汉堡经济落后于鲁尔地区和柏林，那些外来者的身份就是最好的证明。胡戈·斯廷内斯在汉堡的几个大型船运公司都持有大量股权，其中包括汉堡-美洲公司和合并后的韦尔曼航运公司，其意图很明显，就是要收购被战争削弱的公司，将其合并后纳入自己位于汉堡的企业——胡戈·斯廷内斯远洋航运贸易股份公司。同样，阿尔弗雷德·胡根贝格也企图控制越洋公司——一家位于汉堡的越洋电报公司。德国通用电气公司（AEG）和Gutehoffnungshütte炼铁厂受汉堡带来的影响则更为持久。在拉特瑙为战时的通用电气公司规划的项目中，有几个是他特别倾心的，其中就包括投资航空运输和造船业，他认为在运输业务上巴林是一个颇有胆识的合作伙伴。他们的合作为日后汉莎航空公司的诞生打下了基础。但这种投资属于长期投资，同时二人也达成共识，只有新的造船项目能够在战后立即创造赢利机会。两种单独的想法融合在了一起：一是以柴油机为动力装置的轻型船舶，二是利用标准零部件和流水线进行美式大规模生产的造船厂。保罗·罗伊施希望在和平时期为Gutehoffnungshütte炼铁厂生产的钢铁找到稳定的销路，正是这一点有效地推动了德意志造船厂在落后的芬肯沃德半岛的成立。罗伊施在新公司中有控股权，新公司的建设取得显著进展，到1918年6月已经可以签订建造25艘潜艇的合同。因此，截至1918年，号称在战争中损失最惨重的龙头企业之一确立了其在汉堡核心工业中的地位，这恰好显示出汉堡商业在战争经济环境下的相对低迷。

于是，德国战争经济的供给日渐由工业企业及其保护组织所垄断：它们不仅控制着基本物资的生产，而且在很大程度上控制着物资的价格、分配和出口。这个体制至少在效率方面值得商榷。显然，由于贸易中断，以及生产要素被转换为战争工具，绝大多数参战国的工业产量都出现下滑；正如战争年代收成欠佳也导致了实际范围内农业产量的下跌。然而，产量萎缩的问题在德国尤为严重。有数据表明，“一战”期间德国的国民生产净值每年约减少4%（见图2.3）。在农业领域，1915年和1916年的收成低于平均水平，1917~1918 年则仅有 1910~1914 年平均农产量的近 60%。该数据还揭示出工业产量也出现了同类型的下跌：每年约减少 11%（见图 2.4）。这种情况不能完全归咎于封锁导致的进口物资短缺，因为德国与斯堪的纳维亚和欧陆邻国的贸易赤字高达 110 亿~150 亿金马克，同时德国在替代进口方面也取得了显著成效。同样，我们也不应把责任完全归咎于人力物力向前线的转移，因为这是不可避免的。一个较为可行的假设是，战时德国经济的特点是原材料及生产要素分配的严重失衡。战争年代电子产品的产量平均比 1913 年高出 1/3；但除有色金属外，所有主要工业指标均出现下降——钢产量下降 13.5%，煤产量下降 16.5%，金属产品下降 20.1%，生铁产量下降 33.6%，而纺织品产量下降 56.4%。与此同时，消费品生产的几项指标并未出现更严重的收缩；在战争期间，糖产量的下降幅度小于生铁产量，而烟草产量不降反升（见图 2.5、图 2.6 和图 2.7）。虽然铁路当局对机车的投资比战前多了 23%，但到 1917 年，铁路运输的货物总量却只有战前的 59%。

德国战时经济的情况之所以不佳，其中一个原因就在于需求面。由于没有预料到战争升级，所有参战国政府都不得不挪用空前比例的物资。在战争初期，政府采购机关和消费者之间突然展开了资源争夺战，预计未来会出现资源短缺，人们试图支取存款，买进股票，从而引发了流动性危机。为防止银行崩盘和倒闭，一些国家诉诸延期偿还债务（如法国），另一些则以正式或非正式形式中止了与纸币和黄金兑换相关的法律。长期来看，政府试图把增加税收和增加借贷结合起来为战争融资，并且更强调后者。就向公众发行战争债券的借贷形式而言，其作用仅仅是用消费代替了储蓄。然而，要弥补战争债券认购留下的缺口，政府就要从中央银行借款，或通过发行新的政府票据来融资——这两种措施都会扩大货币量。正是货币扩张和实物短缺的程度决定了战争时期各参战国的通货膨胀水平。在这个意义上，德国虽然没有上演俄国的灾难，但其财政和货币状况比英国、法国和意大利的更为严峻，着实令人惊讶。

导致物品配给失败的一部分原因是战备不充足。1907 年，马克斯 · 沃伯格向德国银行和银行家协会提交了一篇题为“战争融资准备”的论文，他在文中估计战争的年耗资为 220 亿马克。这个数字高于其他评论员的预期，但

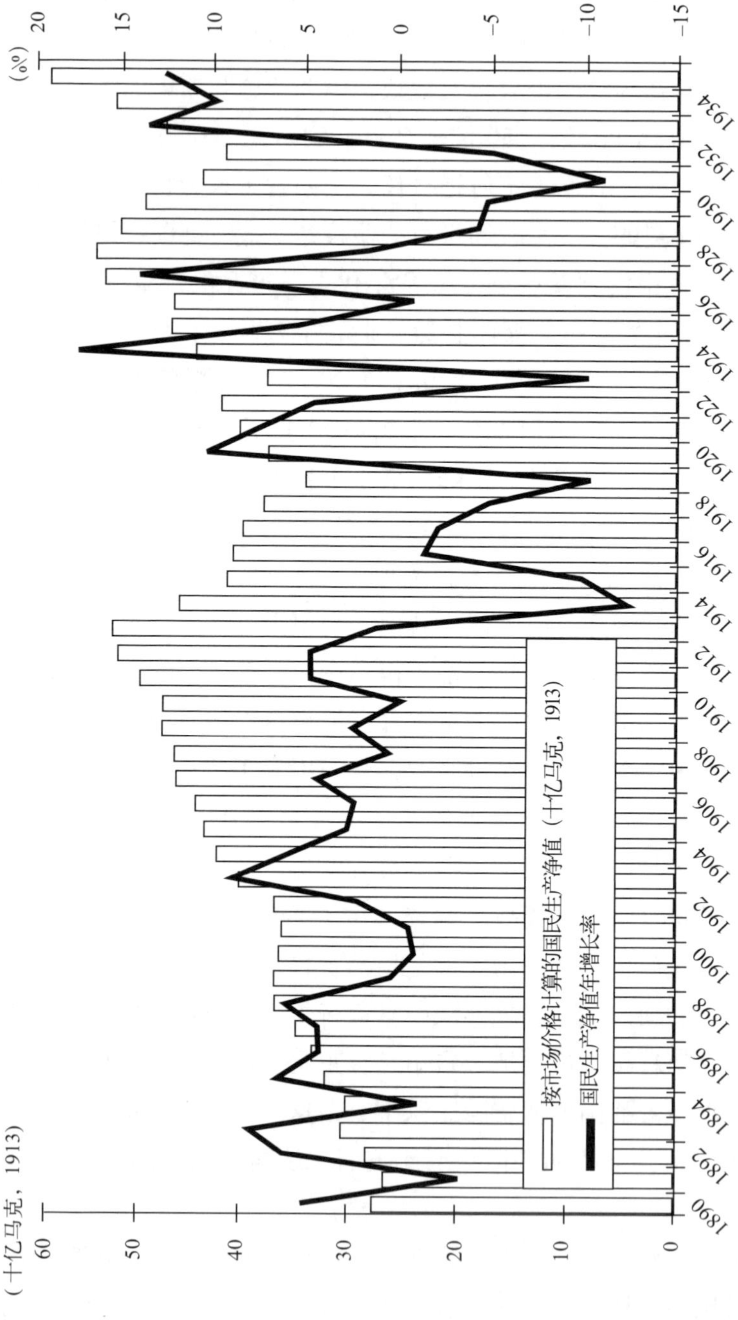

图 2.3　德国国民生产净值（1890~1935）

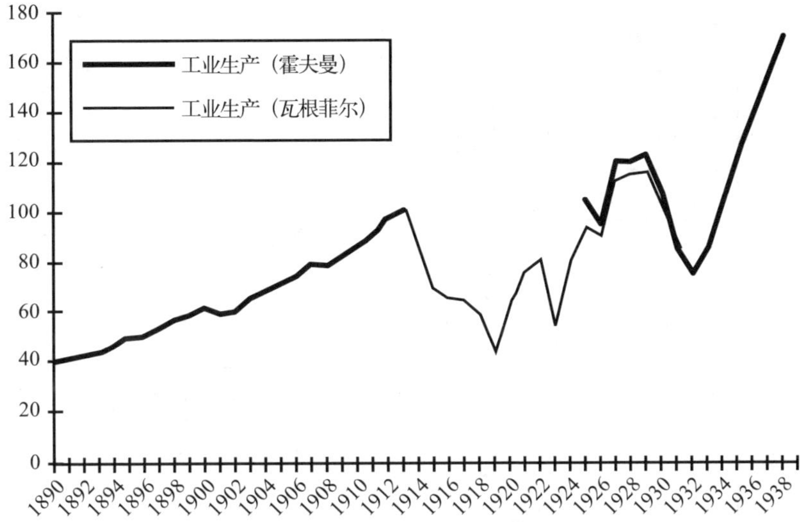

图 2.4　德国工业产量（1890~1939，1913 = 100）

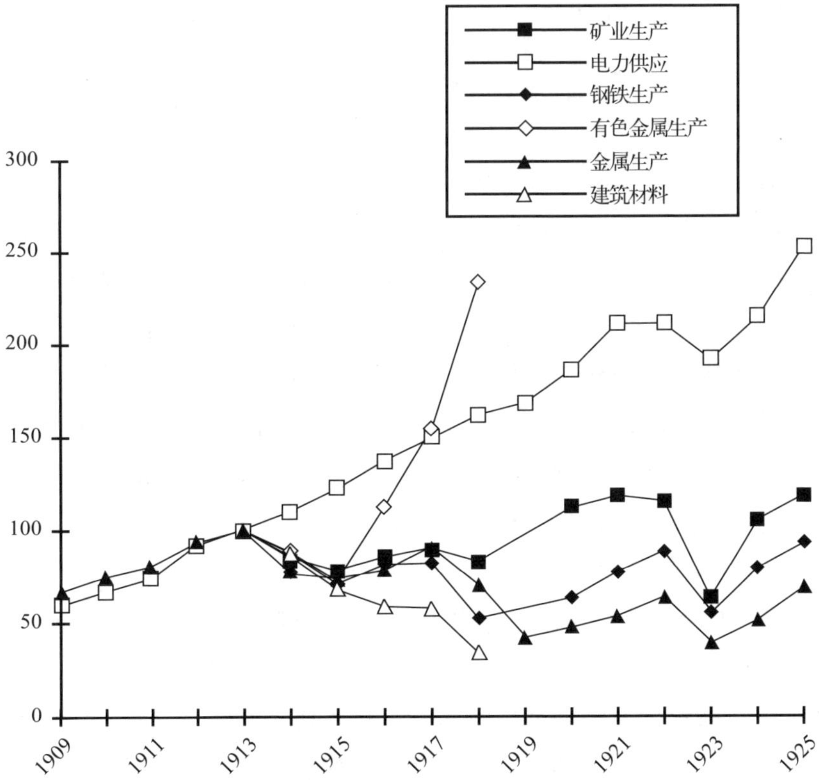

图 2.5　重工业生产（1909~1925，1913 = 100）

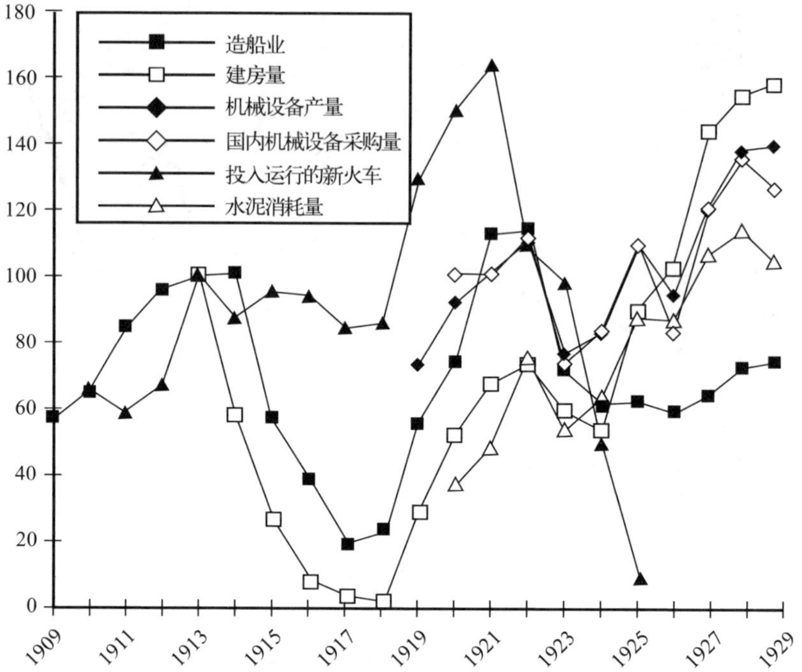

图 2.6 投资指标（1909~1929，1913 = 100）

仍然低于实际数字。实际上，帝国每年的战争开支平均为 300 亿马克，每天约为 8 400 万马克。1914~1918 年，德意志帝国的总支出增加了 5 倍，各联邦州的支出增加了 4 倍。如果把社区和社会保险体系包括在内的话，总公共支出在战前为国民生产净值的 18.5%，这一数字到 1917 年达到了峰值，蹿升至 76%。和其他地区一样，这些开支中仅有一部分是靠税收来支付的。尽管从 1916 年起开始征收新的消费税（如煤炭消费税和饮料消费税）、营业税，对资本增值征收“战争税款”，并征收超额利润税，但帝国的一般收入（税收收入）仅能负担总支出的 13.7%。各联邦州的收入也只能负担开支的 1/3（35%）。根据盛行的战争融资理论，要靠借贷来为这笔庞大的支出筹集经费，各参战国都采取了这种方式，但不同于英国、法国和俄国，德国从国外借来的资金数额有限。德国的外债（主要是进口供应商的信贷）总额可能达到近 80 亿金马克，而英国从美国那里借来的资金多达 170 亿金马克。因此，德国资本市场承担着更大的债务压力。从 1914 年 9 月开始，帝国每 6 个月发行

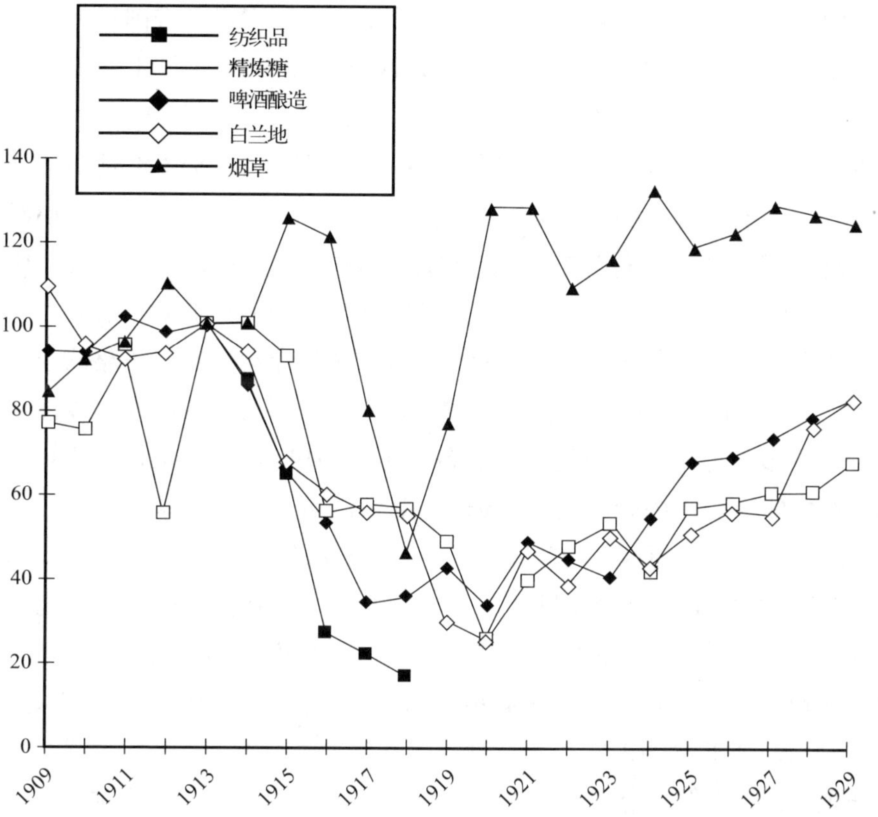

图 2.7　消费品生产（1909~1929，1913 = 100）

一次战争债券，到战争结束时其债务已累积到了 993 亿马克，增长了 20 倍。然而，随着公共支出不断地螺旋上升（到 1917 年达到有史以来最高值，占帝国和各联邦州国民生产竞争的 71%），其借债规模使公众不愿再向政府提供长期贷款。自 1916 年 9 月，战争债券的数量就一直小于流通的浮动利率债务。截至 1918 年 11 月，帝国的浮动利率债务达到了 512 亿马克，占其总债务的 34%。汉堡的债务也从 8 420 万马克跃升至 17.5 亿马克，其中有近 57% 都是浮动利率债务。

德国战争融资的独特之处不在于公共债务的规模，而在于其引发的货币扩张的程度。1914 年以前，德国货币当局已经投入大量精力解决战争引发流动性危机（如 1870 年 1 月的危机）的问题。考虑到 1907 年和 1911 年发生的金融危机，德意志帝国银行总裁哈芬施泰因采取了增加帝国银行黄金储备的政策，鼓励使用其他形式的货币，如钞票（仅在1909年才被正式宣布为法定货币）、支票和直接转账付款。到7月23日，黄金储备已达到13.6亿马克；此外还有尤利乌斯塔的战争储备，这些储备在1913年时增加到了近2 000万马克。与此同时，为应对战争，各联邦州已经在筹划成立小额贷款处，这些贷款处（银行）有权发行与证券相对的特殊债券；早在1912年，由于预计到必有一战，德国已经印发了价值5.5亿马克的此类债券。换言之，哈芬施泰因已经完全意识到一旦发生战争，选择流动性避险策略的公众将会空前庞大。然而，这些准备仍然不够，这主要是因为哈芬施泰因没能成功说服股份制银行也采取类似的谨慎储备政策。1914年7月31日，德意志帝国银行在短短一周之内就损失了1 030万马克的黄金，于是该银行非法中止了黄金的自由兑换，而这一行为在4天后就被合法化了。

8月4日的立法对帝国银行的储备规则作了4处简单的改动，为货币无限增长创造了空间。向帝国银行债券发行进行征税的门槛被暂时取消，而联邦贷款银行的债券则与黄金一同被视为帝国银行的一级储备（1/3），帝国国库券则与商业汇票的级别相同，被视为二级储备（2/3）。最后，联邦贷款银行票据可以作为战争债券来发行。这意味着不仅短期借贷会增加货币量；从理论上来说，帝国为筹集资金向公众发行的长期债券，也可以作为从联邦贷款银行贷款的担保，而联邦贷款银行的票据又可以为帝国银行的票据贷款提供担保：这个用货币打造的旋转木马可以无止境地旋转下去，永不停息。在实际操作上，金融机构和公众并没有充分利用这些投资机会。由于主要银行和工业企业逐渐倾向于持有流动性更高的无附息国库券，所以从1917年中期起，德意志一半以上的短期国债并非由德意志帝国银行持有。截至1918年，大型银行约有近一半的资产是国库券，其准备金率也相应上升。不仅如此，1915年以后，极少数战争债券持有人将其作为联邦贷款的担保。然而德意志的货币年增长率依然远高于英国（流通中现金的增长率约为14%）；这其中的重要一环显然就是联邦贷款票据。战争临近尾声时，已发行的联邦贷款票据高达156亿马克（绝大多数都是向地区行政机关发行的），其中有2/3作为现金在流通，其余则最终成为德意志帝国银行的储备资产，占总资产的

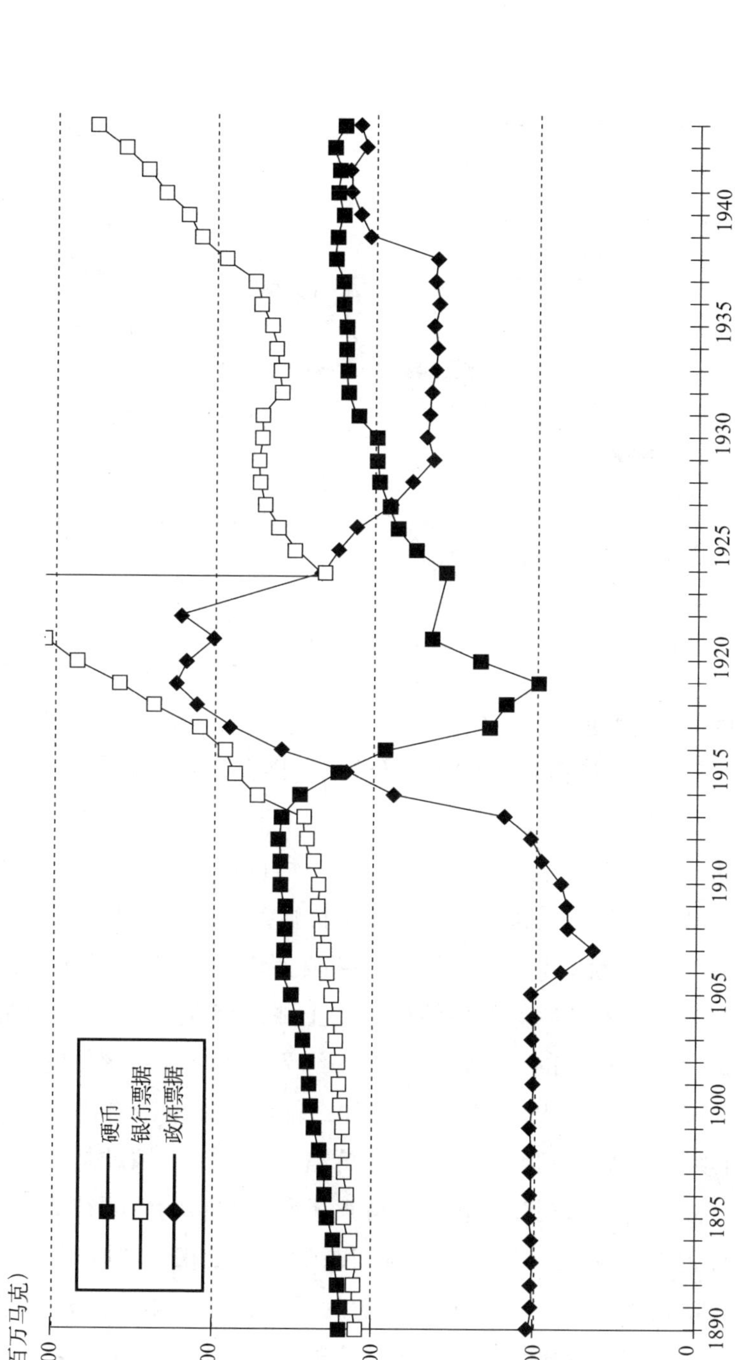

图 2.8　流通中的名义货币（1890~1944）

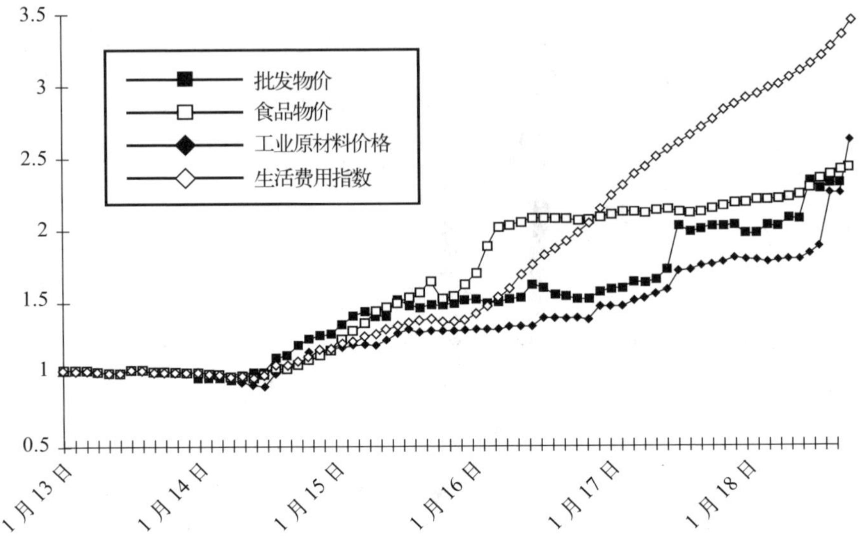

图 2.9　战时通货膨胀（1914~1918，1913 = 1）

15%，一级储备的 2/3。因此，这部分票据从两方面导致了流通现钞 38% 的年增长率——远远高于 M2 货币和 M3 货币（包括定期存款和储蓄存款），见图 2.8。

既然德国的货币政策如此宽松，人们也许会预计其物价涨幅问题比其他地方更为严重，但实际情况并非如此。恐慌性抢购和供给瓶颈造成开战后的前 11 个月内物价首次上涨，但此后，官方的批发物价直到 1917 年中期都保持相对稳定（见图 2.9）。虽然德国生活成本的上涨速度（32%）是英国的（16%）两倍，但战争期间德国的平均通货膨胀率约为 20%（同样按批发物价计算），低于法国（36%）和英国（23%）。为什么德国的物价没有进一步上升呢？除了德国的财团和配给制度操纵着产业价格，另一个原因就是德国通过了一系列条例，打击牟取暴利和囤积倒卖等严重影响零售物价的行为。这些措施反映出一种古老的观念，即通货膨胀问题是一种变相的“匮乏”（物价上涨），其试图抑制批发商和零售商抬高物价的行为。1914 年 8 月和 10 月德国初步引入了一些措施，授权邦政府打击过高的物价，但收效甚微；直到 1915~1916 年，通过对基本食品实行定量配给、为食品和原材料价格设置上限、成立地区物价监管委员会、出台法律禁止倒买倒卖，并规定可依法宣告没收“非正常利润”，对物价的控制才初见成效。除此之外，鉴于暂停黄金自由兑换和递增的贸易赤字对汇率造成了破坏性影响，为使货币免受影响，德国采取了一些新措施：强制规定进口商只能协商以外币信用进行结算，出口商（鼓励其以国内补贴价格出口）则要保证对方以外币付款，之后又实行总汇率和进口管制。然而这些措施不仅抑制了官方物价指数的上行趋势，价格管制还人为地制造了差价，扭曲了市场，滋生了出售紧俏商品的黑市，造成官方市场上的商品更为紧缺，促使生产商靠降低产品质量来维持官方市场上的售价。换句话说，通货膨胀只是被压抑了。受抑制的购买力逐渐“过剩”，并且要付出经济效率上的高昂代价。

汉堡的匮乏

在许多观察家看来，所有的社会分支都被 1914 年 8 月时那“燃烧的激情”所感染。社会民主党在帝国议会中首次投票赞成军事开支，公开接受德国是在为反抗专制主义而战的论点。在一次各教派于帝国议会前联合举行的礼拜仪式当中，众教徒一起颂唱新教和天主教的赞美诗；犹太教徒、女权主义者和同性恋者也没有感到受排斥。在汉堡，市议会通过决议，申明“商人和工人要携手并肩；团结一致，让每个人都能借助这种力量开始工作”；在整个战争期间，汉堡参议院盛赞当地社会民主党领导层“光辉”和“爱国”的举动。但是观察家们不可否认，早在 1916 年甚至更早，参战国之间的休战协议就已经破产了。近来历史学家将其视为物质两极化带来的不可避免的后果：战争导致阶级分化加剧，成了 1918~1919 年革命的导火索。但迈内克的洞见似乎更有启发性，战争经济造成了个体自由和“以组织为核心的国家”权力之间的矛盾，后者追求“以技术主义、理性主义和社会主义的理念分配定量配给卡”，这难免会导致强迫性。国家干预的加深——这是战争时期所必需的——带来了社会的进步，英国历史学家变得对这一观点深信不疑。简而言之，战争减少了英国社会的不平等。相比之下，德国在“一战”期间的干预措施却加剧了社会不平等，一些社会团体受到偏袒，另一些则遭到惩罚。战争期间，特定利益集团和国家之间的关系比阶级关系更加重要。物质上的表现既反映了联邦官僚机构的日渐强大，也反映了经济集团的相对政治权力。

人力部署情况就完全展示了德国联邦的专制作风。显然，战争是很难让一个国家维持公平的，和那些留守在家里的人相比，那些被迫冒着生命危险在凄风苦雨的战场上厮杀的人牺牲了更多。一个国家的目标是在与敌军兵力相抗衡的同时，最大限度地提高国内食品和物资产量。以德国为例，战争头一个月的武装人员为290万，而到了1915年初，该数字升至440万，到1918年早期时更是达到了顶峰，增至700多万。在1 300万曾经在某个时间内“服过役”的人中，有240万人丧生（占18%），430万人受伤（其中有270万人终生残疾）；还有100万人被俘。这批人的退出导致劳动大军出现缺口，虽然妇女（新增520万）、战俘（90万）和外来劳动人口（36万）也加入了劳动力市场，但他们只能填补一部分空缺。当然，我们不用为每个阵亡的士兵贴个价格标签来说明战争带来的经济灾难。对比1910年和1919年汉堡人口的年龄和性别结构，我们会发现人口损失空前惨重：战争不同于霍乱，死于战争的主要是男性。当然战争中一定程度的人员伤亡是不可避免的，但汉堡的人力损失高于平均水平：12万被号召加入战斗的人中有34 519人（28%）阵亡，13 482人在战争结束7年后作为战争伤员被登记在册。尽管女性雇员的数量增长了13%，汉堡的总就业人数在战争期间仍降低了28%。不仅如此，由于战争初期的军队动员相对缺少针对性，使得那些伤亡人员中包括不少熟练工人。

战争爆发伊始，德国的问题不是劳动力短缺，而是企业关闭造成的暂时性失业（见图2.10）。随着失业人口在8月份逼近28 000人（其中有9%的人来自“商业界”），汉堡参议院对这一问题表示忧虑，并进行了多次探讨——其诱因也许是帝国成立的中央职业介绍所，而不是群众的“起义、暴动、革命和一桩接一桩的入室盗窃案”带来的威胁。然而，较柏林受扰乱的程度（更不用说巴黎了）和随后的失业高峰而言，1914年8月的危机便微不足道了。码头是受影响最严重的区域，就业率在8月期间下降了73%；但在9月份，征兵的进行即刻解决了失业问题。汉堡–美洲公司近一半的员工和

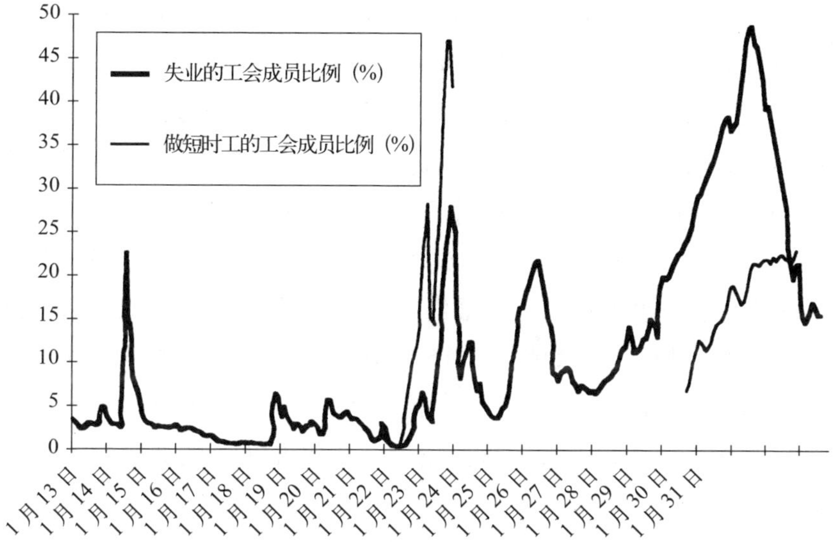

图 2.10　德国的失业和短时工情况（1913~1934）

40%的码头合同工应征服役。到 1915 年 1 月，博隆福斯等拥有大量军事订单的公司请求自 8 月份被征召入伍的熟练工重回岗位；到 1915 年 12 月，该公司被迫首次雇用女性和战俘。

一方面，征兵的直接后果就是削弱了汉堡工会的力量，1915 年，工会总人数从 142 799 人降至 67 151 人，到 1918 年则降至 44 342 人，减少了 70%。截至 1916 年 10 月，只有 22%的船厂工人仍属于工会组织。工会支持者的缩减——1913 年那次未经工会同意的罢工以来，这个过程实际上就已经开始了——使得在国家层面出现的三方劳资关系体系在汉堡的有效性大大减弱了，德国最终于 1916 年 12 月颁布了《预备服务法案》。阿尔托纳的军方和参议院似乎都希望邦一级的调解和工会代表制能够减少码头区工人和雇主的争端，而且金属工人联盟代表科赫的妥协态度更让他们备受鼓舞。然而，码头区的对抗策略依然如故。就资方而言，博隆福斯企图通过延长工作时间和增加工作强度来弥补劳工的短缺，利用工会在这方面的弱势。初级管理者和工长有时会把这种对抗策略发挥到极致，以至于不得不在 1916 年 3 月出台相关规则反对对不顺从的员工使用某些言语，例如“你该被送到战壕里”等；一年后又规定一天 24 小时的轮班工作强度过大。工人的反应则不尽相同，但大多是个体自发的行动，而不是诉诸集体罢工。博隆福斯船厂反复出现的一个问题就是工人缺乏纪律：延长午餐时间，工作三心二意，旷工现象普遍，此外还经常盗窃工具和适于做燃料的木材。最重要的是，由于工人从事的服务有很高的需求量，他们便借此频繁跳槽，劳工传统的高流动率创历史新高，以至于在1916年10月以后的一年之内博隆福斯不得不重新招聘10 000名员工——《预备服务法案》认可了工人为获取更高薪酬而换工作的权利，使得这个问题更加严重。最终1914年8月达成的无罢工协议终于逐渐作废，很多工业区都是如此。1916年10月，博隆福斯船厂拒绝了工人涨工资的要求，引发了战争期间的第一次大罢工，4个月后伏尔铿船厂也发生了大罢工，1917年5月，罢工事件重演；1918年1月的全国罢工潮在汉萨同盟城市也得到响应。

另一方面，战争对劳动力市场的影响似乎能让社会更加公平。一些战略部门的劳动力短缺使一些原来的低收入群体（例如船厂的非熟练工）有了谈判筹码。无论是通过罢工还是换工作，金属工人的名义工资都能够显著增加；他们的报酬比许多受薪雇员还要多，那些认为战争造成了工人阶级贫困化的历史学家忽略了这一事实。1914年7月到1918年10月，博隆福斯船厂一般男性员工的时薪提高了113%（从64芬尼增加到了136芬尼）；同样是这家船厂，其未成年工的收入比和平时期增加了85%，纺织厂工人则多收入74%。相比之下，初级文员的收入只涨了62%，图书管理员的收入涨了37%，而出纳的收入仅涨了30%。由此可见，所有群体的实际收入都有所下降，但体力工作者的情况略好于白领雇员（见图2.11和图2.12）。在用工需求高涨，并且工人阶级的疏离引发了政治焦虑的情况下，这种成功证明了那些自发或“民间”的有组织行动的有效性。

然而，我们需要对这种社会“调平”的征象加以限定。战争经济的一个特点就是名义收入水平被严重扭曲，其差别取决于联邦对特定集团的态度。金属工人的工资要求之所以得到满足，主要是因为军方不希望潜艇等船舶的建造中止。政府愿意补偿某些集团因战争而导致的物质损失，这也导致了一些偏袒的现象。例如，那些海外资产受损的公司希望能即刻从公共资金中得到补偿，但成功与否取决于其是否能够成功游说柏林当局。这些是商行所没

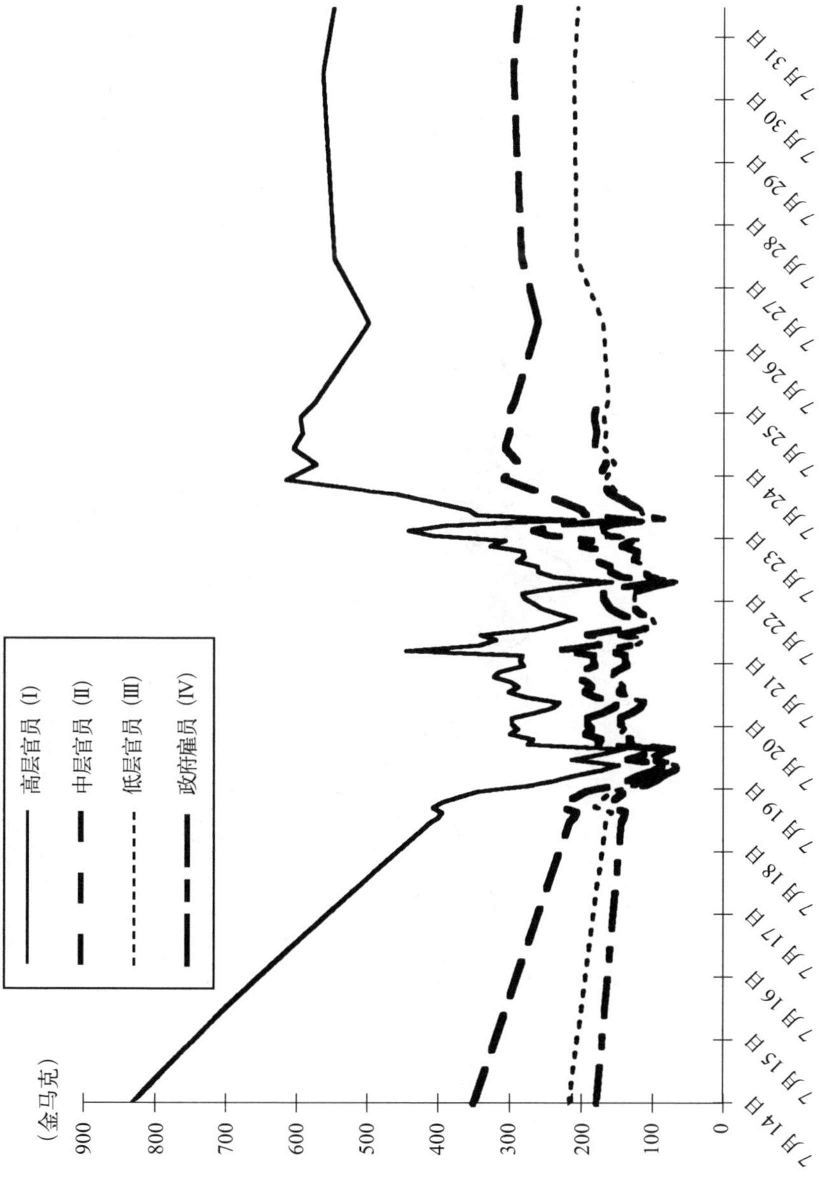

图 2.11　公务员的实际月收入（1914~1931）

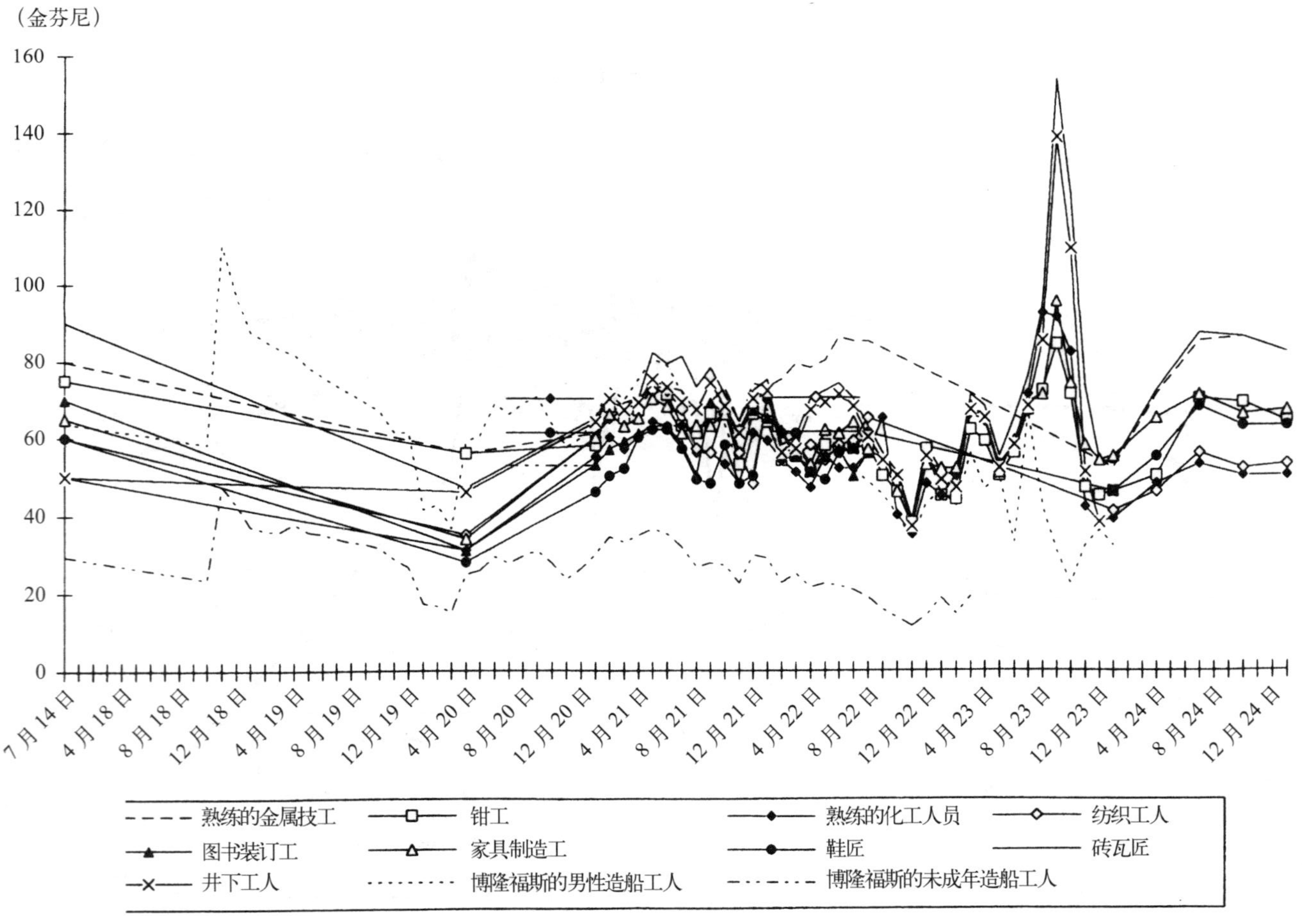

图 2.12　工人的实际时薪水平（1914，1918~1924）

有的机构资源[①]。而阿尔伯特·巴林则发起了为船东申请赔偿的运动，其策略展现出战时公司游说能力的进步。在阿恩特·冯·霍尔岑多夫（海军上将冯·霍尔岑多夫的兄弟）的指导下，巴林把汉堡–美洲公司的柏林分公司改造成了游说部门。身为普鲁士人，阿恩特去游说和宴请官员及政客最合适不过了；在维多利亚街（与拉特瑙的宅邸相邻）定期举行的“绅士之夜”，成为战时柏林沙龙活动的一部分，各大部长（包括黑尔费利里希、德尔布吕克、齐默尔曼和勒德恩）和政客们对此趋之若鹜，并且毫无顾忌[②]。与此同时，巴林委托德国船主协会秘书和帝国议会议员彼得·斯图布曼动员议会支持赔偿船主的法案，并且拉拢德意志官员，尤其是财政部官员维尔海姆·古诺，并最终导致古诺离开政府机构，任职于汉堡–美洲公司。柏林勉强接受了巴林提出的赔偿理由——船运公司是德国经济必不可少的一部分，它们在战争中的损失尤为惨重，政府对此负有一部分责任，而由于造船成本上升，仅靠保险金是不足够的。在漫长的争论过程中，船运公司的赔偿要求从5 000万马克升至15亿马克，之后政府最终同意按照战前价值对失去或被毁坏的所有船舶进行赔偿，对那些1914年以来就被困在船坞里的船舶支付维修费，同时对于在战争结束后4年内重建完成的船舶，政府要承担50%~70%增加的费用；如果完成期限再延后5年，政府承担的比例则为20%~50%，充分反映出官方对通货膨胀的预期[③]。这笔资金会从1918年开始预付给船公司（以新成立的帝国委员会发放贷款的形式进行）。[④]

帝国如此慷慨的援助实属罕见。然而，各联邦州显然也对小公司提供了

---

① 帝国财政部一直反对进行任何赔偿，担心此举会引发大批海外公司提出赔偿请求。

② 巴林的评论一针见血：“他们只是满足私人兴趣，不谈国事，这种假象会让你觉得浪费了整个晚上。”

③ 这种方式受到汉堡各银行的质疑，因为由银行控制船运公司融资的传统受到了挑战。相关法案通过后，德国商业银行、联合银行和沃伯格家族银行立即成立了德国船舶抵押银行，其实收资本为250万马克，在其运营的头一年便向船运公司放贷350万马克，船运公司则以现有的17艘船舶作为担保。

④ 截至1918年6月，汉堡–美洲公司已收到7 990万马克（6月还会收到2 020万马克，8月则会有1 990万马克进账）；德国–澳大利亚航运公司收到2 030万马克；韦尔曼公司497万马克；斯洛曼公司258万马克；德国–东非航运公司723万马克。

类似的贷款和补贴。在开战后头几个月内，汉堡州联同汉堡几大银行共同成立了若干机构，旨在向小企业提供便捷贷款，以防止它们破产。1914 年 8 月，汉堡用 2 亿马克州立基金成立了按揭贷款银行，发行抵押债券（一种颇受汉堡小投资商欢迎的资产）担保贷款；但在战争年代该银行仅放贷 3 000 万马克。为拯救处境艰难的贸易公司，1914 年成立了注册资本金为 1 585 万马克（其中汉堡州政府提供了 500 万马克）的汉堡银行，并在战争期间放贷近 1 375 万马克。为援助那些业务“被战争破坏”的小制造商，汉堡用 300 万马克的州立基金成立了手工匠援助银行；1914~1918 年，该银行共放贷 259 万马克，其中有 42%的贷款在战争结束后仍未偿还。

这些贷款和补贴仅仅是战争期间的各种优待形式之一。同样，政府没能征收更高的直接税，这表明了经济活动具有极高的政治地位；经济活动——尤其是工业活动——对战时收入和财富的增加贡献最大。即使是在战时经济相对委靡的汉堡，各利益集团也成功抵制了税负的增加。汉堡的商业利益集团最极力反对的战时税收手段就是征收营业税，也就是从 1916 年 6 月起对所有商业活动进行无息征税。由于商业贸易缺乏纵向整合，同时进口商品往往在市场上经过了多次交易，商业利益集团受到严重威胁。为了推卸战时的责任，马克斯 · 沃伯格提出了一种替代方式，即向零售商和消费者征收成品销售税；在汉堡参议员的支持下，汉萨同盟商会最终对“中间贸易”作出重要让步，其中就包括豁免出口关税。最终营业税主要落在了从事小本生意的零售商、手工匠和制造商身上，而他们在商会中并没有代表。①

然而，州政府对“匮乏”问题的反应恰恰表明了这些缺乏组织的小型经济利益体的相对弱点。物资短缺，尤其是食物的短缺，最能威胁到战争期间的社会稳定；而当局对民众在这一问题上的不满反应迅速。1915 年 3 月，Hammerbrook 因争抢食物而发生暴动，促使汉堡实施定量配给制度；1916 年 8 月的 Barmbek 骚乱催生了战争储备部；在 1917 年 2 月“靠芜菁甘蓝过冬”的悲惨境况迫使官方不得不增加土豆的定量供给。1918 年 7 月，“尽管不缺

① 然而，那些强烈反对这项税收的人对双方的让步也不满意；并且为了不通过商会，直接游说柏林，他们成立了德国批发商中央协会的汉堡分支机构。

工资”，伏尔铿船厂的工人还是因为“几乎吃不到土豆，（也）见不到水果蔬菜”而举行罢工。直到提供了额外供给，罢工事件才尘埃落定。增加供给显然是避免“那些被遗忘和剥夺了权利的人”——鉴于1905~1906年爆发的事件，如此措辞意义重大——发生严重暴乱的最佳途径。然而，如果没有额外的供应，当局还有两种选择。正如社会民主党和消费者协会所要求的，可通过州政府统一采购和分配来补贴食品价格：在3.48亿马克的战时总支出中，有8 000万马克是战争储备部及相关前身机构的开支。另外，可以对批发商和零售商索要的价格进行管制。1914年8月，军方首次采取这一措施，限定某些商品的价格上限。但是，直到1915年9月联邦参议院颁布了成立物价监管委员会的法令，统一的价格管制政策才得以出台。1916年10月成立的物价监管委员会是由汉堡参议院为保护商业集团利益而精心筹划的。[①]但柏林对该委员会施加了巨大的压力，要求其严格执行价格监管政策；尽管遭到连珠炮似的批判，但该机构并没有玩忽职守：仅在1917年就成功起诉了1 538起案件，导致5 551家公司关闭，判处监禁共12 208天，罚款共923亿马克。很多小企业主对此深感不满，纷纷在市议会上提出抗议；参议院发言人试图谴责缺乏经验的律师“对商业贸易的政治迫害”，但此举骗不了任何人。这个问题难以解决：柏林当局谴责商会对物价委员会施加压力；但实际上，委员会一直处于柏林的压力之下，商会的抗议信“由一个撒克逊裔的行政专员读完后就扔进垃圾桶了”。

为了取悦于广大消费者，通过实行价格管制，把商店主变成了替罪羊，以及物资短缺和货币扩张问题的罪魁祸首，但责任却根本不应由他们承担。战前曾是汉堡最有政治势力的集团——地产主——也被迫作出类似的牺牲。尽管大批人被赶上前线，但住房存量仍然供不应求，其原因则是战争导致的房产建筑业骤然下跌：1915~1918年，汉堡的新建住房仅有1 923套，而战前那两年的新增住房为17 780套。由于战争时期要对房租进行一系列的管制，战争成了业主们的夙敌。地产所有者协会估计战争为其会员带来的损失

① 该城市委员会的30名非官员成员主要都来自商界，其中包括出口商联盟主席格奥尔格·西蒙，以及商人卡尔·邦策尔和鲁道夫·克拉泽曼。

可达 8 000 万马克，其主要原因是强制要求战争期间汉堡一半以上的房屋租赁要降低租金。

总之，战争的重负要靠所有的德国人来承担。生活成本增长了 240%，人均真实收入降低了 24%，一般人均肉类消耗量减少了 52%（见图 2.13），这在某种程度上影响到了每一个人。“一战”期间，德国的肺部疾病发病率增加，人口死亡率上升，生活日渐贫困。但名义工资差距缩小了，这也意味着船厂工人真实收入的缩减幅度（9%）远远不及高级公务员（52%）。换句话说，在 1914 年，公务员的月薪大约是工人的 5 倍；而到 1918 年，这一差距最多不到 3 倍。通过纳税申报单就可以证明这一“找平”的过程：1913~1916 年，前 0.5%的纳税人收入的占比下降了。不仅如此，那些低收入人群也从基本食物和租金限价中的获益极少，而价格管制不够严格，未能抑制庞大黑市的发展，那些现金宽裕、在乡下又有熟人的城里人可以轻而易举地在黑市上进行买卖。最重要的是，战时管制对财富造成的影响千差万别。1913~1918 年，汉堡储蓄账户的数量上升了 34%，而存款的平均实际价值却下降了 69%。战争债券的发行也进一步扩大了债权人的范围。与此同时，政府管制也让某些现存的财富遭受损失。股票价值停滞不前，房地产市场也是如此。只有那些作为企业家直接为战争提供物资的资产阶级群体才似乎积累了一些财富：当然，沃伯格家族 1917 年时在银行中的私人资产依然有 2 280 万马克，没有变贫困的迹象。

这些信息似乎都在指向一个结论，即战争使社会经济力量的平衡点发生了转移，从中产阶级转移到了工人阶级和大商业集团。借助物价和租赁管制就可以牺牲零售商和房产主的利益来为工人阶级提供生活补贴；或者限制公务员的工资，同时允许战略领域工人的名义工资增加。这使汉堡意识到其精英组织和工人组织之间的利益能够达成一致，早在 1914 年之前就有迹象表明了这种可能性。军方显然看法相同：

> 上层社会的那一万人和待遇普遍提高的工人都能买到水果和新鲜蔬菜，他们没有必要担心高物价。形势对中产阶级和行政服务人员更加不利，他们承担的战争负担最重。

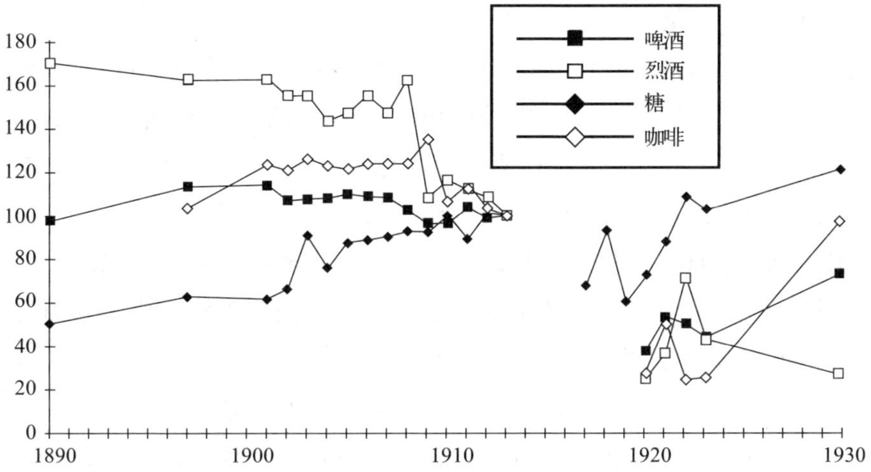

图 2.13　人均消费（1890~1930，1913 = 100）

但我们不能错误地描绘战争的社会影响，即让那些处于资本家和劳工之间的小资产阶级受到挤压。战争经济的核心价值就在于它对阶级内部各群体的影响各异。以施拉姆家族为例，这一位于汉堡金领阶层顶端的参议院家庭向世人证明，不只是中产阶级体会到了被剥夺的创伤。对露丝 · 施拉姆来说，匮乏不仅仅是在物质上被剥夺，而且在精神和文化上是一种耻辱。“故作悲伤的冷漠的大众”、发战争财的投机商、1917 年的腐败和暴动——所有这些都是一种荒诞的嘲弄，嘲弄 3 年前休战协议的理念。阿尔斯特湖上的天鹅成了餐盘里的肉饼，标志着汉堡的堕落；到黑市上买食物全然破坏了“我在 1914 年以前为自己定下的原则”。当露丝的哥哥 1918 年 12 月从前线战场回到家中，他发现父母在二楼收了房客，并且关闭了一楼，以节省取暖费。虽然他们仍用银汤匙吃饭，但他立刻意识到“大资产阶级的生活方式结束了”。

战争政治与和平政治

物质上的匮乏和物资短缺也许有助于解释为什么德国最终在西线战役上失利的原因。但是，也有国家在比 1918 年的德国艰难得多的环境下继续战斗，比如苏联在经历了致命军事打击和 1941~1942 年的经济崩溃后，仍然能继续战斗。此外，物资供给因素也无法解释德意志帝国为什么负隅顽抗，直到在军事和政治上都全面溃败。1917 年，处境好于德国的国家都在试图进行和平谈判，不愿承担最终战败的风险。德国却既没有发起全面战争所需的内部凝聚力，也缺乏站在相对有力的立场上进行协商的外交智慧。因此，德国的溃败既有政治因素，也有物质因素。它反映的不是供给危机，而是缺少合理性。

德国总参谋部认为发动战争的必要性在于，要抢在德国的战略地位恶化之前采取行动，并计划发动闪电战，主要目标是阻止俄国完成军备项目。然而，由于英国加以干预，小毛奇的施利芬计划失败以及奥匈帝国在东线受到压制，导致战事陷入胶着状态，直到 1916 年的凡尔登战役和索姆河会战把战争推向高潮。由于三国协约具有明显的经济优势，德国政府的合理做法应该是协商和解，或者至少在力量平衡上作一些外交调整，从而增加战胜的机会。然而，战争拖延的时间越长，损失也就越大，对最终的回报就有更高的期待。制定战争目标起初是通过协商来进行，但很快就升级为涉及经济利益、意识形态、国内政治和大战略的公共辩论。德国人不仅对他们的战争目标各持己见，而且在获胜的概率上也有分歧，甚至在通过什么政治途径达到战争或和平这种关键问题上也是如此。

贝特曼 · 霍尔韦格在 9 月份提出了一个计划，即把法国和比利时的富矿区连接起来，形成中欧关税同盟（Central European Customs Union），从此经济利益成了有关战争目标的争辩焦点之一。1915 年 5 月，6 个主要的经济协会就战争目标递交了请愿书，但汉萨同盟的退出暴露了这个联合阵营内部的分歧。的确，比起商业集团和工人的和解协议，商业利益集团内部更容易瓦解。汉堡有一些人士赞成合并整个或部分比利时的领土，例如鲁道夫 · 克拉泽曼和理查德 · 克罗格曼；但绝大多数汉堡商人都和巴林的观点一样，认为“不合并”才是正道，因为“英国不可能把比利时让给我们”。收获最多是“经济和军事上的互相依赖……尤其是对于港口”，这里的港口主要就是指安特卫普，其市政府由几位汉堡参议员代为管理。同样，由巴林和沃伯格掌舵的商会大声反对汉堡在中欧问题上的立场，强调与中欧的贸易对德国来说并没有那么重要。对汉堡来说，更有吸引力的前景则是争取殖民地，并且商会内部花费了大量精力讨论，列出了一旦获胜后可能从法国或英国那里得到的殖民地清单。然而，即使是这方面的意见也不统一，一些大商行对德国在非洲和亚洲殖民地的相对优势也存在纷争。

在某种程度上，商业界对战争目标的激烈分歧反映出经济利益相关方的冲突。巴林和沃伯格对于合并反应冷淡，他们倾向于支持议和，显然，他们关注的是越洋贸易持续中断对其业务造成的影响。相比之下，赫尔曼·布洛姆到1917年开始坚定支持兴登堡和鲁登道夫的最高统治，并坚决战斗到底，他也许关注的是统帅关于打造大型德国潜艇舰队的承诺。然而从整体来看，在决定辩论立场的问题上，意识形态和政治因素也许比经济利益发挥着更重要的作用。泛日耳曼同盟谴责商会反对与比利时的合并时，它谴责汉堡在反对关税同盟问题上一再犯独立主义的错误："这不是汉堡第一次在大日耳曼前进路上充当绊脚石了。"马克斯·沃伯格也在1916年表示支持德国在巴尔干地区的拉脱维亚和库尔兰建立"殖民地"：

> 拉脱维亚人很容易就能被迁走。在俄国，重新定居本身并不残酷。人们已经习以为常……那些正在遭受不公正待遇的德国裔外邦人（即非俄国人）可以获准进入这一区域并寻找殖民地。这些地区不需要被划入德国版图，但至少必须从属于德国——尽管要使用某种联结手段，使它们不会回归俄国。

这与理查德·克罗格曼的观点非常接近。如果德俄边境地区能够永远被改写，将会赢得汉堡工商界的广泛支持。

沃伯格对1916年的预测最终在布列斯特–利托夫斯克得以实现，他和克罗格曼之间已经产生了很深的裂隙。克罗格曼支持鲁登道夫在巴尔干、波兰和乌克兰建立傀儡国，并且"为这些人处在顶端而感到欣喜"，而沃伯格谴责1918年的条约是"半遮半掩的合并"，民族自决权揭开了它的真面目。二人的分歧首先反映出他们对德国的谈判地位有不同判断。沃伯格和巴林一样，对德国战胜三国协约的前景持悲观态度，要打败美国更是希望渺茫。正因如此，他们认为需要进行一些外交调整来提高获胜的概率，于是他们在1915年积极为德国争取同盟（意大利、罗马尼亚、保加利亚、瑞典），并提倡分别与俄国（巴林赞成的策略）或英国（沃伯格赞成的策略）维持和平关系。尤其是在汉堡，沃伯格最反对解除对潜艇战的限制，因为无论会对英国的食品供给产生多大影响，此举可能会引发美国的敌对态度，产生严重后果。“如果切断德国与美国的联系，”沃伯格在1916年2月说道，“这意味着德国战争的资金来源将减少50%，而英国和法国的资金来源则会增加100%……我们应该竭尽全力避免与美国发生冲突。”“如果（不加制约的潜艇战争）持续下去，我们就会输掉战争，财务上的原因是我们无法借到贷款，经济上则是因为我们现在从国外拿到的大量原材料将会被切断供应，让我们难以为继。”在沃伯格看来，对于威尔逊在1917年1月22日提出的“没有胜利者的和平”，德国的反应非常激烈：

> 对于主导舆论的种种危险观点，我们不能信以为真。Basser- and Stressmänner远没有我们和美国的关系重要。如果最终和美国交战，那将来等待我们的只会是一个在道义、资金和经济上都十分强大的对手，我对此深信不疑。

沃伯格的意见没有得到重视：对潜艇的限制再次被取消，之后仅仅两个多月内，美国就对德国宣战。然而1917年发生的一系列事件不仅无法证明沃伯格的观点，反而让仍在与马丁·霍博姆和瓦尔特·许金等和平主义作家交往的沃伯格显得威信受损。俄国的溃败和东线的军事胜利让那些反对谈判的人有了新的动力。沃伯格（在首相赫特林的指示下）计划与美国大使就比利时问题在荷兰展开非正式谈话，可1918年3月出台的《布列斯特-利托夫斯克条约》使该计划彻底破产。[①]

很显然，有关战争目标的争论与德国立宪筹备中的论战密不可分。早在战前，贝特曼就承认战争会加强社会民主党的影响力，也可能“颠覆许多王权统治”；为维持经济上的休战状态，作出一些妥协是必要的，如正式承认工会权力，正式筹备成立工人苏维埃，这些举措都有明显的政治寓意。对战争目标的争论更凸显了政治权力分配状况问题的紧迫性。有人认为外交机会

---

① 沃伯格并不是盲目乐观，因为德国政府当时仍然坚持要求比利时对其领土作出“些许让步”，“以确保……比利时不会被英国人和法国人当成落脚处”。他应该也完全清楚要对俄国施加哪些限制，因为梅尔希奥当时是布列斯特-利托夫斯克的财政顾问。

被浪费了，他们不但质疑外交部的能力，而且对德意志帝国首相受军方牵制的程度也表示疑虑。相反，还有一些人认为贝特曼是“叛徒”和“祖国的罪人”，希望扩张军队将领的势力。无论是领土合并和中欧问题，还是维持原状，或是基于自主权和工人阶级的同心协力进行和平革命，这些战争目标都与国内目标休戚相关，例如独裁、一定程度的议会化或者是革命。1917年2月到9月之间发生的事件让其他选项逐渐浮出水面。在俄国爆发二月革命后，独立社会民主党在哥达[①]成立，为“以民主缔和平”提供了机构上的支持，也推动了多数社会民主党转向相同的方向。在帝国议会上，社会民主党与中心党和改革派联合通过了一项决议，号召没有“强迫割让”的和平。虽然贝特曼已经说服德皇接受普鲁士选举权的民主化，但他却被兴登堡和鲁登道夫革职，由一无所长的米夏埃利斯取而代之，这一变更也得到了沃尔夫冈·卡普的新祖国党的公开支持。

在汉堡，高喊各种政治、经济口号的和平主义游行诞生于1916年8月，在1917年末达到高峰。当局最初逮捕了一些极端分子，但与此同时，受全国运动的启发，参议院和市议会中的自由派也不得不考虑对汉堡的选举权进行改革，从而“安抚收入较低的那部分人口，支持他们温和的领导人发挥影响力”。值得一提的是，联合自由党和右翼人士（实际上是汉堡市议会中的国家自由党人士）都拒绝彻底的民主化，其理由则是在像汉堡这样高度城市化的联邦州，保持社团主义在文化和资产上的某种特权是必要的：两者都希望维持贵族阶层的特殊代表权，在必要时可以牺牲地产所有者的特权。但即使这样，仍然有人不能接受。克罗格曼和马克斯·冯·申克尔对于是否支持卡普于1917年夏向他们提出的祖国党事宜一直犹豫不决；然而，随着选举权问题的开放迫使保守党不得不采取行动了。7月汉堡保守联盟成立；10月，祖国党的汉堡分支成立，到1918年已吸纳10 000名党员。

由于马克斯·沃伯格支持议和，也赞成一定程度的宪法改革，这让他不可避免地成了右翼的攻击目标，这种敌对的表现形式就是反犹主义。1917年12月，沃伯格在参议院选举中胜出；但令他备感惊讶和失望的是，在市

① 哥达（Gotha），德国图根林州的中部城市。——译者注

议会选举中他落败了，媒体将其解读为反犹主义。这种屈辱无疑是在嘲弄满腔爱国情怀的沃伯格。由于沃伯格在经济上功勋卓著，1916 年 8 月，他被授予铁十字勋章。在军队服役的 2 900 名汉堡犹太人中，就有他的儿子埃里克和搭档卡尔 · 梅尔希奥。1917 年 4 月之后，他被迫中断和他在美国的所有兄弟的联系。但一些观点坚持认为，他重视自己的国际关系网——经济、家庭和种族上的联系，胜过对国家的忠诚。沃伯格家族的经历清楚地展示了战争给那些都会精英们带来的压力，这些人会发现，在 1914 年之前，要寻找国家利益和国际利益之间的平衡点会相对容易些。保罗 · 沃伯格也因为他的“国外关系”在美国遭遇过类似的对抗情绪。尽管保罗在 1910 年成为了美国公民，为美国的货币改革作出了巨大贡献，并协助成立了“自由贷款”组织 (Liberty Loan)，但公众抗议，理由不外乎他是在德国出生的美籍公民，有一些在德国公众事务中发挥重要作用的近亲，所以不应该在美国事务上被给予极大的信任，担任要职。虽然保罗认为威尔逊总统背叛了自己；但不可否认，他无法全心全意忠诚于某个对象。保罗反对美国参战，为德国的潜艇战辩护，坚称德国在 1917 年 8 月已经“摆脱封建制度”，“实现了民主化”，还尝试着阻挠儿子加入美国海军航空队。同样，战争也迫使沃伯格家族重新审视他们对犹太教的态度。“一战”期间，犹太人被大规模地从东欧驱逐到德国，这促使马克斯 · 沃伯格和费利克斯 · 沃伯格去调查并改善犹太人在波兰的境遇；正如《贝尔福宣言》中的巴勒斯坦问题使马克斯 · 沃伯格调整了他对锡安主义的反对态度。

虽然沃伯格意识到“重工业和泛日耳曼人”是导致战火不断的“主要煽动者”，但他也知道，这些人的驱动力并非“可以立即实现的物质动机”，相反，他们“用渴望征服的理由说服自己”。沃伯格在商会的同事——商人弗朗茨 · 维特赫夫特还指责了帝国议会中的国家自由党：“他们沉醉于自己在议会上发表的那些浮夸言论，迫不及待地投身民族主义运动浪潮，却不奉行现实政治的原则。”然而，明确阐明在政治上采取正当的中间立场绝非易事，沃伯格等人于 1916 年 9 月拟定的“汉堡市民权利”草案就证明了这一点。与之前的版本相比，新版本抛弃了“与社会民主斗争”的字眼，因为“这在当前形势下是不可能的”；也抛开了少数派对于“推行一边倒的立场，保护某个阶级的利益”惯有的谴责。新草案的提法是把“促进汉堡的贸易和航运业”作为“特殊目标”：

> 有人强调，我们少数派应该立足于健全的汉堡保守主义。但是，为了防止人们误以为少数派与两个德意志保守党持相同观点，草案中没有出现“保守”一词。经过激烈论战，委员会决定在起草时完全不提及“自由”或“保守”等词。然而，这份提案丝毫不会让人怀疑少数派的一贯立场，那就是对于这两派合理的核心观点都给予支持。

这种没有政治色彩的措辞一直是战前资产阶级政治的一个特点；但战争却导致汉堡市民阶层中出现了裂隙，需要重新进行修补。现实是沃伯格想通过和谈结束战争，但他也必须承认，要实现这个目标首先要改革德国内部的某些方面，至少加强德意志帝国首相对军事力量的控制，削弱重工业游说集团的势力。这些观点使他在1917年7月加入了支持麦克斯亲王成为首相的阵营；但是，当多数社会民主党领导人弗雷德里希·艾伯特于1918年6月访问汉堡时，持上述观点的沃伯格很快就与其达成共识。于是，中间派不可避免地开始向左派倾斜。

通货膨胀预期

如果说战争目标和政治改革让商业界内部出现分裂的话，那么汉堡商业利益集团可借战后经济发展的契机再度团结起来。战争爆发初期，由于战争经济的集权化和官僚化，汉堡已经开始出现骚动。然而，直到政府明确示意，在和平时期也要维持强制性的企业联盟、战争公司和贸易管制体系，担忧才终于演变成统一行动。德国中央采购公司几乎垄断了食品的进口，而1916年商会调查发现，政府在考虑战后仍然维持这一状态。虽然商会在努力为回归自由贸易提供论据，但其计划在兴登堡-鲁登道夫的最高统治下才逐渐成形。德国政府宣布，不仅要继续维持之前的政策，而且还针对转型期经济设立了军需处，并由这一新机构管控船运和外汇资源的调拨。随着米夏埃利斯代替贝特曼成为德意志帝国首相，实施细则出台；新军需处长（事实上就是汉堡参议员萨默）宣布，直接给军工企业分配货运吨数限额以及外汇账户限额。汉堡舆论顿时一片哗然，因为这不仅意味着现有的商贸公司在战后仍然无法从事进口业务，也说明外汇管制不会终止。不仅如此，船运公司还要从属于军需处。总而言之，商业贸易要让位于战争。

事态很快明朗起来，汉堡的商业利益集团无法有力地应对威胁：商会在抗议会上提出的要求被柏林当局完全忽略了，银行家和船主的抗议也犹如石沉大海。这场危机揭示战争在一定程度上激起了汉堡商业利益集团之间的矛盾。财产被协约国扣押，再加上国内政府的监管，一些特殊利益集团在重压之下选择避开传统的利益集团代表制（即通过商会和参议院），而将个案直接提交给柏林相关部门。船主们之所以能获得政府赔偿，主要得益于巴林和船主自己的战争委员会对柏林当局的游说；当商会作出妥协，同意国家征收营业税时，批发商们则加入了ZVDG。到1917年，各行业协会独立在柏林进行游说的风气日盛，阿尔弗雷德·奥斯瓦尔德还代表汉堡进口贸易联盟和汉堡出口商协会独立行事，在柏林成立了一个永久性的战争局。参议员萨默曾抱怨各利益集团向柏林提出一些“对当局来说无法接受的”申请：

> 整个战争期间，行业协会都绕过商会，径直通过德意志当局来处理事务，而商会因为要设法平衡各个协会的利益，结果常常不尽如人意。例如，汉堡船主协会就完全脱离了商会。

但是，正如一些商业协会指出的，因为“无论从哪方面来看，工业在政府部门决策过程中的地位都优先于商业，消息也更加灵通”，所以那些利益集团必须这样做。而应该如何扭转这种局面成了舆论纷争的焦点，马克斯·沃伯格建议发行汉萨同盟版的《经济学家》（*The Economist*）①来抗衡工业界对媒体的影响力。然而，对于增加汉堡政治影响力，获得最多支持的措施是邀请帝国议会代表访问汉堡。在“汉堡和平时期经济重建委员会”的指导下，这个目标可以通过两种方式实现，而该机构的成立也证明：汉堡工

① 即期刊《经济工作》（*Wirtschaftsdienst*）的前身。

商界内部的主和派在这场反对管制的战役中成功占据了优势。2 月，面对德意志帝国议会中的国家自由党，商会主席海耶大力抨击了政府的经济政策，强烈谴责“所有的商业交易都……被几个战争公司所包揽……军方合同几乎完全分配给了柏林工业……而且德意志联邦参议院还颁布了无数限制贸易的法令”。之后，商会邀请整个帝国议会来到汉堡，进一步对其进行恫吓，也就是巴林所说的“向舆论发起攻势”。弗朗茨 · 维特赫夫特对这种新氛围作出了最佳诠释：

> 我们汉萨同盟的商人非常不愿意出席公开对抗的会议。但如果汉堡的贸易会被法律所扰乱，而且在目前的形势下这种法律是不必要的，那就会达到我们容忍的极限……政令考虑欠周，政府官员自认为受过法学家的理论教育就能够管理世界经济，这些因素使商业被破坏，商人们已忍无可忍。

巴林也用类似的口吻谈到“这种在阅兵场上管理国家经济和国际贸易的危险念头”，要求“摆脱柏林当局的计划经济”。汉堡–美洲公司的助理官员伯恩哈德 · 许尔德曼甚至宣称，正是因为汉堡怀疑政府实行自由经济政策的承诺，所以“我们加入了反对派”。

上述说法公开抨击极权国家制度，倡导不干预的自由主义，它唤起了 19 世纪六七十年代关税同盟辩论时独立主义者心中的反普鲁士情绪，同时也弥合了商界内部因对战争目标和政治改革各持己见而造成的裂缝。它也代表了欧洲商人对战时经济管制的普遍态度。到 1918 年夏天，即使是重工业领域也出现了要求解除管制的声音；但不同于英国，德国的自由化运动没有获得成功。然而，支持快速解散战时“指令经济”，其影响不仅限于经济自由主义和国家管制两种意识形态上的冲突。反对战后由中央统一管制汉堡进口业务是基于对未来的乐观判断，认为只要战争结束，德国就可能继续战前的海外贸易：有观点认为，取消政府管制就能够使生活必需品迅速涌入德国。然而，这种观点似乎忽视了解除管制后可能带来通货膨胀的因素。我们已经看到，德国的国际收支长期逆差，“无形贸易”的利润大幅缩水；而在德国，战时财政政策导致国内购买力严重过剩。德国抑制物价暴涨的措施只有外汇管制（马克兑美元的汇率也因此才没有降至战前水平的58%以下）和价格管制。也有观点认为，战后通货膨胀的一个重要因素是德国缺少货币理论，其主要原因是G·F·克纳普创立的“国定货币理论”的影响，他反对英国的金银本位主义，称货币价值是国家法制的产物。汉堡商界有没有意识到解除管制后的通货膨胀风险呢？

1918年7月，马克斯·沃伯格曾揶揄道：“如今，一些商讨货币问题的人直到最近还在以为Valuta①是个姑娘的名字。”这似乎更加证实了德国货币理论的落后。然而，表面看来，汉堡商界在1918年的争论与英国在拿破仑战争时期的辩论如出一辙，后者的焦点就是支持或反对金银本位主义。马克斯·冯·申克尔表示自己是“一个坚定的黄金货币论者”，并且（和弗朗茨·维特赫夫特）敦促德国尽快重拾“黄金自由兑换”，使黄金储备比率恢复战前水平；而沃伯格坚持认为，货币发行应取决于“创造价值的”经济活动的需求，如“可承兑的”商业汇票的数量就体现了这种需求。但货币和银行学派之间的对应关系则不尽相同。克纳普最坚定的支持者中也有一些反对金银本位主义的汉堡人，克纳普的门徒弗雷德里希·本迪克森、阿尔弗雷德·施密特–埃森和库尔特·辛格都是沃伯格创办的期刊《经济服务》中的骨干；而比起皮尔的理论，申克尔的金银币本位主义和赫弗里希的更为接近。理论的区分绝非如此简单。既然克纳普作为普鲁士极权国家经济理论家的声名在外，而且货币金属主义和英国自由主义相互结合，那么，自由派的沃伯格与克纳普学派观点一致，而保守派的申克尔却是货币金属论者，这似乎有些矛盾。只有阐明相关各方客观存在的先入之见，我们才能理解那些矛盾的理论立场，以及最终为何一致赞成通货膨胀政策。

战争期间，汉堡那些举足轻重的人物几乎一致认为，政府融资是德国经济面临通货膨胀压力的根源。1916年，沃伯格明确提出货币扩张和政府借贷有关；1918年6月，他呼吁政府通过“最大限度地降低开支和严苛的税收”来缩减政府负债，并将其视为“保护德国人民免于通货膨胀之灾”。沃伯格从未否认抑制货币量增长的必要性，他只是主张货币供应应由商业活动（无

① Valuta意为“币值”，同时也是女子名（瓦卢塔）。——译者注

论是真实的汇票数量还是贸易赤字都可以体现这种活动）来决定，而不是一个固定的货币与黄金的比价。同样，如果财政瘫痪，沃伯格也得不到任何实际利益。他在战争期间用典型的黑色幽默评论道：“德国一旦输掉战争，德意志银行就会无法承兑我们的债券，那时我们也只好大笔一挥，宣布‘暂停承兑支付业务。M · M · 沃伯格公司’。”然而，1917~1918 年，德国财政政策几乎没有回旋余地。即使沃伯格已接受赫弗里希的主张——战争债务最终会由战败的协约国赔款来偿付：1914 年 11 月，他提出德国应索赔 500 亿马克，并且认为战争最多持续 4 个月。虽然他从一开始就承认“战争拖得越久……我们能够提出的合理赔偿要求就越多，敌人也就更难……达到这些要求”，他还预计如果战争持续到 1918 年 5 月，赔款数目将高达 1 000 亿马克。没有了赔款，政府停止借贷的唯一方式就是缩减开支和增加税收。但汉堡经济的核心——航运业和造船业——开始依赖持续发放大量的政府补贴，并且已经与政府达成协议，该协议还认为在战争结束后，通货膨胀至少仍将持续 9 年。不仅如此，通过高税收来消灭财政赤字也让商人们惊恐不安：“不仅是我们自己，连我们的孩子也要承受高税负。”最后，在大批军人被遣散这个关键时刻，如果实行通货紧缩政策，必然会引发一波失业潮。就在“一战”停火前 10 天，巴林观察到“住房、照明、就业尤其是食品等问题”，很可能会引发社会动荡。“退伍军人没有住房，食品没有保障……生活在恶劣的照明条件下……在冬季，下午 4 点以后他们就不得不到大街上去，这些无疑都是极其危险的因素”。在为 1918 年遣散军队作准备时，新成立的德意志经济事务部也在重点关注这一问题。换言之，各种有力的证据表明：结束通货膨胀会威胁到德国的经济、社会和政治。

在汇率问题上也有类似的观点。“一战”期间，沃伯格等人支持利用外汇管制以及限制进口来预防马克贬值。1916 年 1 月，弗朗茨 · 维特赫夫特曾发出警告，即使赢得战争，德国仍然需要依靠外债来避免出现国际收支危机；“但如果在原材料进口方面允许投机买卖或者市场自主，那即使借外债也难以让我们的货币回到原有水平并维持下去。”由于战前的贸易和战争期间的进口信用证都尚未付款——例如沃伯格在瑞典洽谈的那些业务，德国企业欠下巨额外币债务，这促使德国想方设法维持原来的汇率，因为马克贬值会造成偿还债务的货币成本不断上升。然而沃伯格却坚持认为，战争结束后不能继续实行外汇管制，“这些措施（即和平时期的外汇管制）会严重破坏我国货币在国外的信用，其危害程度远大于短期内的逆贴水，甚至是食品和原材料市场暂时的超高物价”。他提出，应由市场来确定货币的汇率水平：“汇率必须由经济状况决定；在战争结束后，无论我们是否欢迎，都必须经历自由价格机制的痛苦考验，从而达到新的稳定状态。”

既然马克贬值可能会使德国的外币债务翻倍，甚至翻两番，为什么沃伯格准备让马克汇率自由浮动呢？答案就在于自由浮动汇率对出口的作用。沃伯格指出，货币贬值对国外购买者来说意味着德国出口商品价格下降，从而刺激了出口；同时对于德国公司来说，进口商品价格高昂，令人却步。经过一段时期的货币贬值和通货膨胀，国际收支会相应地进行自我调整。巴林在1917年9月的一份重要备忘录中描绘了这一重要观点：

> 我认为我们的货币形势日益严峻，如果巧妙地利用这一点，我们就可以有效改变别国对我们的厌恶情绪，敌人可能不愿与我们有贸易往来这样的障碍也能被克服。美国人用1美元能从我们这里买到价值6.2马克而不是4.21马克的货物，这会让他们重新对德国抱有好感。

1918年的情况似乎的确如此。德国利用马克的贬值扩大出口，使货币走势重新趋于平稳，并再次融入世界经济； 因为马克的浮动汇率不仅能促进出口繁荣，使马克汇率最终回归战前的平价状态（解决外币债务问题），它还可以作为一种外交筹码，用来迫使协约国接受德国重返国际社会。正是这种策略让包括沃伯格在内的汉堡自由派愿意与支持克纳普理论的经济学家联合起来，反对维持外汇管制并希望立即回归战前的外汇平价。

于是，到1918年，一个颇有影响力的汉堡商人组织——其中包括沃伯格、巴林和维特赫夫特等人——制定了一套“三管齐下”的策略：通过和谈结束战争；以议会化、与多数社会民主党合作为立宪方向；同时通过解除管制和马克贬值来振兴德国商业贸易，哪怕面临着通货膨胀加剧的风险。当然，这些想法并不是汉堡商界的专利：战争临近尾声时，一些实业家（以胡戈 · 斯廷内斯为代表）也倾向于和多数社会民主党和解，强烈反对计划经济，期望解除管制和通过货币贬值刺激出口。这一策略对汉堡有特殊的意义，究其原因，一方面是战争使该城市的经济损失尤为惨重，另一方面是其劳工运动在战前就带有改良主义色彩，此外，商业利益集团对战时经济管制的反感也是原因之一。由此可见，在战争结束之前，这种“通货膨胀共识”在汉堡工商界就已存在，有关各方重蹈覆辙，低估了战后通货膨胀的持续时间，就像之前低估了战争的持续时间一样。而究竟是哪些因素切断了战争的命脉，我们尚不完全知晓。

第3章

革命时期的政治经济

资产阶级革命？

1914年，贝特曼·霍尔韦格曾预言战争可能会“颠覆许多国家的王权统治”。从1917年2月的彼得格勒开始，他的预言成了现实。由于军事失利和经济衰败，城市秩序骤然陷入危机之中，并且从俄国首都开始一路向东，横扫维也纳、布达佩斯和柏林。动荡的局势足以终结那些战败的东方帝国——沙皇俄国、奥匈帝国的哈布斯堡王朝、德国的霍亨索伦王朝和奥斯曼土耳其帝国。诚然，即使是获胜的西方国家也经历了多次政治变动，其中包括民主化和爱尔兰脱离英联邦。从这个意义上说，1917~1919年欧洲革命影响深远，在这场革命中，经济、和平主义、民主、社会主义和国家主义等因素都发挥了作用。“资产阶级的欧洲”被“改头换面”的机缘有很多，包括集团主义者的妥协（改变了德国、奥地利和波兰）、保守党的遏制（改变了英国和法国）、“白色”反动（改变了匈牙利），以及法西斯主义者的反革命（改变了意大利）。考虑到它们与俄国发生的事件形成鲜明对比，德国历史学家一直在争论社会民主党是否应当为了避免出现“布尔什维克的混乱”而向军事、工业和管理精英让步；或者德国是否错失了1918~1919年进行社会和政治改革的良机——通过发挥“议会运动”的潜在民主力量来削弱那些“反民主”精英的势力（有人认为持续存在的“反民主”势力对魏玛共和国构成了致命威胁）。如果说近年来达成了某种共识的话，那就是在经济高度发达的德国不可能发动布尔什维克政变；无论如何，当时很少有人认为1918~1919年的委员会能够替代魏玛共和国的议会体制，而且多数人都相信，在遣散军队后经济陷入困境的情况下，向军队、工业界和官僚机构作出一定妥协是必要的。

当然，一旦军方统帅承认战败，或者协约国对德国实行经济制裁——直到由它们认可的德国政府签署和约，德国几乎丧失了回旋余地。在这种形势下，进行社会主义改革或成立议会政府都有些不切实际。汉堡市公务人员莱奥·李普曼总结说“这不是什么新观念的……革命”，但这种说法具有误导性。除了社会主义，旧秩序的消亡还创造了其他重要契机，尤其是对于自由派。对君主制和军方的幻想破灭了——它们在德国资产阶级眼中曾经无比神圣，而美国总统威尔逊的“十四点原则”点燃了新的希望，这样一来，德意志帝国机构被彻底重新评估，这在威廉德国时期的禁锢之下是根本不可能出现的。直到1848年才开始出现一些影响深远的辩论，包括议会权力与行政权力、民主政体与集团代表制、中央集权与联邦政府的权力下放，以及经济管制与市场自主调节。阿瑟·罗森伯格称“十一月革命”为“一场依靠劳工才取得胜利的资产阶级革命”，但这种说法低估了一部分资产阶级本身的贡献——通常意在抵制或阻挠“工人运动”。德国政治主权岌岌可危，而就在这个危急存亡之秋，意识形态又摇摆不定，使得历史学家的任务变得更加艰巨。对国内政治采取何种意识形态往往取决于对德国国际地位的分析。一些公开的自由派从一开始就更注重安抚西方大国，不太相信议会和民主共和国的优势。一些社会主义者在站在民族主义的立场上，在俄国的支持下对抗西方世界。

马克斯·沃伯格的事例很好地诠释了这一点。正是德国在战时的政策失误让沃伯格早在 1917 年 10 月就认识到政治“演进”的必要性，但直到次年鲁登道夫的夏季攻势失败后，沃伯格和巴登亲王身边的其他自由派人士才得到机会。巴林仍然希望能让德皇意识到和谈与改革的必要性；然而到 9 月 23 日，沃伯格开始坚持认为巴登亲王应“劝说德皇退位”。他的政治目标显而易见——德意志议会化、普鲁士民主化以及保留联邦体制。事实上，巴登亲王政府在 1918 年 10 月就完成了这些国内改革：新政府包括两个社会民主党，到 10 月底，它已经完成了普鲁士选举改革，修改了德意志宪法，使政府对议会负责。沃伯格认为巴登亲王的权力来得“太晚”，事实上，早在巴登被任命为首相的 4 天前，鲁登道夫已经要求“立即停战，避免灾难发生”。但沃伯格却反对这种“恐慌”，其理由极其充分：如果在“国外开始意识到德国已经发生变化”之前“请求美国的威尔逊总统停战”，这意味着“欧洲向美国投降”。没有稳固的前线作保障，沃伯格、库尔特 · 哈恩和康拉德 · 豪斯曼等人主张的有条件接受“十四点原则”便毫无意义，威尔逊就可以毫无顾忌地要求德国进一步改革政治制度，包括结束君主制，并将其作为和谈的前提。德国海军下令向英国发动决战，结果却引爆了基尔水兵起义，底层群众揭竿而起。

巴林和沃伯格早在 1918 年初就意识到可能会发生某种群众革命。1918 年 1 月发生的事件也是一个预兆。伏尔铿船厂和博隆福斯船厂举行罢工，随后罢工潮蔓延至汉堡的整个工程制造业，在反战游行中达到高潮，成立了“工人苏维埃”。直到强制执行军事管制后，形势才得到遏制。到 1918 年 10 月，这种方式显然已不再奏效：11 月 5 日和 6 日晚，在水兵们回基尔港的路上，革命浪潮涌向汉堡。当地领导层一直瞻前顾后：1918 年 1 月，汉堡多数社会民主党在接到基尔港罢工动员后便召开会议，与军方商议对策；而独立社会民主党在提出成立社会主义共和国的要求后便各自回家了。11 月 6 日早晨，水兵们叫醒了睡梦中的独立社会民主党领导人卡尔维特，告诉他阿尔托纳的军队指挥官已经逃走，并和他一路赶到工会进行讨论，“汉堡工人士兵苏维埃”随后成立。1 月份曾经因军方干预而被迫中止的运动此时再次上演，且势不可当：博隆福斯船厂工人举行罢工，并在圣灵野举行大规模集会。

资产阶级对这些事件的反应各不相同。那些坚决不承认战败或反对革命的人无疑深感震惊。就在两周前，马克斯·冯·申克尔和理查德·克罗格曼在商会多数人的支持下通过决议，谴责巴登亲王政府的宪法改革。革命的推进严重威胁到资产阶级的秩序观念，资产阶级立刻全线溃败。11月6日晚，汉堡街头发生枪击事件，士兵和水兵们摘去军衔肩章，坐在红旗飘扬的汽车上在城市里巡逻。另一些人则在哈维斯特胡德的豪宅中搜寻食物和武器——一位参议员和他的妻子惊慌失措地从后门逃走了。工人士兵苏维埃代表甚至冲进了汉堡剧院，打断了正在上演的歌剧《唐怀瑟》，当时正在演第三幕中伊丽莎白向圣母马利亚祷告。一些人无法承受这种冲击。阿尔伯特·巴林被工人士兵苏维埃逐出了办公室，被众人辱骂，最终服安眠药自杀。另一些人则连忙把可移动的财产通过走私转移到境外安全的地方。然而，有些人却临危不乱。刚当选参议员的左翼自由主义者卡尔·彼得森相信自己“能和多数社会民主党这个老朋友达成协议”。在商会中，弗朗茨·维特赫夫特则确信只要德皇和皇储退位，国家就能“在较短时间内”恢复“平静和秩序”。这种观点起初让人感到错愕，因为多数社会民主党选举失利，没能控制工人苏维埃政权，从而使“极左派”海因里希·劳芬贝格得以宣布废弃汉堡参议院和市议会。然而，很早就有迹象表明，工人士兵苏维埃的威胁并没有表面上那么严重。汉堡资产阶级很快就能重新在政治上占据主动。

研究汉堡十一月革命的历史学家往往关注的是1919年3月议会选举后多数社会民主党和汉堡参议员（传统意义上的统治者）之间最终达成的政治妥协。有人批判这种妥协与艾伯特和谢德曼在柏林的行动方针如出一辙，只不过是发生在汉堡地区，最终结果是德国国防军在1919年7月占领汉堡，粉碎了激进的革命理想，而且这样的结局在所难免。近来，肯定这种政治妥协的声音多了起来：现代社会主义者和进步自由党人的联盟在汉堡诞生了，并且持续到1933年，展示了在国家层面可以取得的成就。两种论调都说明了资产阶级本质上的被动性。然而，传统史学研究中提到的政治“转折点”其实远没有1918~1919年的经济妥协意义重大；在整个德国，政治妥协的动因往往来自商业层面。

马克斯·沃伯格朝这个方向迈出了第一步。11月13日，也就是汉堡市政厅前升起红旗后的第二天，沃伯格率领商会代表团与劳芬贝格讨论汉堡的财政问题。双方剑拔弩张：

> 他问我对继续发行国库券有什么想法。我的回答是，我们会继续，但前提是财政代表团继续存在，并且能一如既往地决定国家的财政预算。劳芬贝格博士用冰冷的口吻答道："你似乎对这里的主事者不太满意。"

相比之下，沃伯格的优势更大。为偿还债务，德国已经在印发非法的"应急货币"；劳芬贝格设想的所有方案——创造就业、供养退伍士兵、提供失业救济、公务员加薪和食品补贴——都是在强化国家对银行的依赖；在与沃伯格和5位参议院代表会面之后（几人在市政厅尴尬地共进午餐），劳芬贝格作出让步，苏维埃同意撤销11月12日的公告。随后弗里茨·沃伯格和沃伯格银行的法律顾问埃内斯特·施皮格尔贝格协助起草了新公告，区分了工人士兵苏维埃的政治权力和参议院与市议会的行政权力，规定由财政代表团管理公共财政事务。在宣布取消参议院和市议会仅10天之后，劳芬贝格又不得不承认"经济运行离不开资产阶级的合作……无产阶级……自身还无法为国家机器的运转提供资源"。全德苏维埃代表大会在柏林召开时，劳芬贝格在会上的发言更加直接：

> 德国在境外的信用已经所剩无几。我们唯一可以使用的筹码就是资本家在国外享有的个人信用。为了生存，我们目前还不能抛弃一直持续至今的经济体系（完全正确）。因此，即使资产阶级无法再行使政治权力，他们仍在以另一种形式影响政治权力，这一点无可否认。

在国家层面也有类似的事件，如决定保留哈芬施泰因作为德意志帝国银行总裁的职位；匆忙指定欧根·席费尔负责新德意志国库券的发行，而没有进行正式授权。

当然，财政杠杆也有其弊端。革命推动了工人工资的大幅上涨，对此，沃伯格及其同事除了抗议外也束手无策。但是，即便已经丧失了谈判筹码，工商界还是很快就重建了自身的地位。它不得不暂时向劳工妥协；但是，鲁尔地区的工业雇主试图以“中央工作组”的形式与最温和的工会进行集中谈判，以便对劳工加以控制，在汉堡也是如此，资方采取类似行动来落实并巩固新的经济权力结构。俾斯麦时期提出的“经济顾问委员会”本是为了平衡民主议会的权力，但为了迎合革命风潮，这种制度被草草修改后递交给劳芬贝格。同时这也是双方达成的金融“交易”，一种“维持经济生活”的先进方式。劳芬贝格被这一构想所打动，甚至号召全国实行这一理念，这点我们之前已经有所提及。事实上，和“中央工作联合会”一样，“经济顾问委员会”的唯一职能就是确保支持革命的经济机构的地位——就汉堡而言，就是通过把各种公司商会和工人士兵苏维埃置于同等地位，使“整个经济”如维特赫夫特所说的那样，“至少能稍有起色”。沃伯格坚持认为汉堡经济顾问委员会应“远离政治问题”，但他显然希望能够在“中央工作联合会”和经济顾问委员会的基础上成立德国经济“议会”，其职能则是吸收工人委员会，减少民主议会对经济事务的控制。

这并不是说工商界反对民主化。当然，在战争期间，赫尔曼·布洛姆、理查德·克罗格曼和马克斯·冯·申克尔等人就公开宣称自己是保守派商人，很早就支持那些公开攻击民主共和主义的政治组织，如1919年的国民俱乐部。然而，在1918年的形势下，沃伯格、维特赫夫特等人对民主的态度发生了明显转变。他们支持在经济顾问委员会的基础上成立某种团体大会，这是维特赫夫特作为德国人民党候选人参与国会竞选时的中心纲领，也是一种有限制的民主化。当然，他们的态度有些功利，主张在联邦州和国家层面进行民主大会选举，认为有了多数社会民主党对国会选举的鼎力支持，劳芬贝格等极端分子就会处于孤立状态。也许劳芬贝格会坚持工人士兵苏维埃的最高政治权力，一如他在11月27日汉堡市议会上舌战群雄的景象；然而，如果柏林召开人民代表委员会，通过国家选举日期，而苏维埃代表大会不仅予以批准，还将该日期提前至1月19日，那么，汉堡市议会的民主之路就畅通无阻了。[①]维特赫夫特在竞选活动中明显表现出前所未有、独一无二的政治信念。维特赫夫特视自己为“工薪阶层”的代表，试图把资产阶级和中产阶级联合起来，组成统一的“民主党”。他在当年年初举行的反经济管制活动中首次提出这些理念，并表示自己曾是典型的“无政治倾向的德国人”，而战争的洗礼让他警醒，于是转为活跃分子：

> 这场战争就像一场决斗。在为荣誉而战的军队面前，商人的妥协态度变得黯然失色……战争失败有我们的责任，因为我们……只……考虑拓展业务，把政治问题留给政治家，外交问题留给外交官，军事问题留给军事家……因为很少考虑政治问题，在爆发革命之前，我们从未加入过哪个政党……和许多汉堡同胞一样，我对“政治腐蚀人性”的原则深信不疑。一切都在有条不紊地进行着。谈话让职业……政治家们焦躁不安，而我们通常只是拿他们来打趣。我们安于政治上的放任主义，这种被动根植于德国人的个性当中，后来的狂风暴雨才把我们唤醒。我认为自己犯了大错……但大多数汉堡同胞们也和我有相同的经历。现在，我们已经克服了政治上的惰怠，我们有责任积极参政……帝制的梦想已经结束。

这是关于重振自由主义的权威言论，显然，它在刻意与帝国时期的机构和文化划清界限。

于是，在1919年3月汉堡市议会选举之后，很多事情就不再仅仅靠多数社会民主党的恩典了。在某种程度上，这种政治妥协恰恰反映出汉堡在政治和经济上没有两极分化：至少有1/4的社会民主党选民不是体力劳动者；3月23日，革命时期的工人士兵苏维埃被“全体工人委员会”所代替，而近1/5的年收入少于10 000马克的雇员在全体工人委员会选举中投票给自由党候选人。汉堡多数社会民主党选出的9名参议员候选人都是劳工运动中典型的准资产阶级的官员。与此同时，这种妥协也反映出大都市在行政管理上因循守旧，1918~1919年，汉堡的行政管理越

① 劳芬贝格于1月20日辞去汉堡工人士兵苏维埃主席一职后，多数社会民主党在国会选举中大获全胜，苏维埃通过决议，把汉堡市议会的选举日期定在3月16日。

来越复杂，除了那些最理想化的革命派，没人会想去彻底重组汉堡的行政机构。劳芬贝格在2月曾表示过不满，指责多数社会民主党启用革命前的公务人员，让他们协助管理工人士兵苏维埃，以暗中恢复资产阶级的政治权力；但在革命风暴来临后的最初几周，连劳芬贝格也不得不承认财政代表团和战争储备部是必不可少的。尽管多数社会民主党赢得了大多数选票，但它仍然同意组成参议院联盟，其中现有的参议员占到了一半，并且公开承认政治和经济生活都离不开“资产阶级的聪明才智”。他们甚至坚决主张第一任汉堡市长应该是“与旧汉堡大家族关系紧密的人”。当然，有些资产阶级集团不可避免地成了民主化的牺牲品，其中包括9 500名地产所有者，在民主选举制下，他们在市议会中仅剩下4个代表席位，小企业组成的经济联盟仅赢得了9个席位。但和中产阶级相比，在市议会中代表席位的多寡对工商界的影响并不大。在革命爆发后的几个星期内，工商界就确信劳芬贝格在财政上对自己的依赖，他们挫败了商会“民主化”革命，并且确立了商会作为工商界喉舌的地位，这些都是关键的系统性胜利。劳芬贝格勉强同意财政代表团中需要有工商界代表，而社会民主党参议员保罗·霍夫曼则欢迎3位商会成员给商业、航运业和制造业代表团提出“专业意见”。这标志着工商界在革命时期成功站稳脚跟，在3月份的选举来临之前，没有人要求建立与民主的市议会相对应的新经济议会。

在政治上，资产阶级关注的不仅是汉堡未来的政治权力结构。要从根本上重建德意志帝国，举行国会选举仅仅是第一步。立宪会议上关于革命的辩论也受到了协约国的掣肘。毫无疑问，在签订《凡尔赛和约》的几个月前，一些自由党人为迎合美国总统和舆论的偏好调整了自己的立宪方案。但是，和关于政治代表的辩论一样，透过有关德意志帝国宪法和政治结构的辩论，我们可以看出革命是怎样激发资产阶级的政治想象力的。弗朗茨·维特赫夫特认为，民族自决权意味着要争取德奥共和国或卢森堡，就要牺牲德意志的周边地区；他还主张总统应由间接选举产生；和胡戈·普罗伊斯一样，维特赫夫特建议为创造更和谐的联邦而拆分普鲁士。虽然马克斯·沃伯格也希望看到“更强烈的德意志民族意识”和“统一的宪法”，但他仍然主张保留“联邦国家”，这一方面是出于“经济利益”，一方面是因为联邦体制为“那些希望加入德国的地区——如德意志奥地利——提供了便利”。同样，沃伯格也认为普鲁士王国将来会被拆分为“若干个成员国”。由此我们可以看出汉萨同盟的机会主义心态。二人都把重绘德意志内部版图视为扩大汉堡州范围的良机，通过与其他汉萨同盟港口结盟（维特赫夫特的主张），或遵从更普遍的观点，来吸收普鲁士王国那些与汉堡经济联系密切的地区，如阿尔托纳和万茨贝克。建立“大汉堡地区”或“下萨克森共和国”的愿景在十一月革命之前就已经提出了，但 1918 年 11 月之后的动荡局势才让我们看到了实现愿景的可能，尤其是还有胡戈·普罗伊斯的支持。然而最突出的一点是，各方很快就能重新思考联邦的基本政治结构。

换句话说，汉堡在 1918 年 9 月~1919 年 3 月就出现了某种资产阶级革命。在威廉德国的鼎盛时期，自由主义者的理想被压抑多年，而随着威廉德国江河日下，这些理想又复苏了。对此，汉堡市民的反应不尽相同，但在某种程度上，马克斯·沃伯格和弗朗茨·维特赫夫特等活跃自由人士都采取了防御策略（带着某种愤世嫉俗的情绪），以抑制群众暴乱产生的难以预测的破坏力。而在支持重建联邦制度、集团代表制和议会民主政体的背后，是真正的自由主义信念。维特赫夫特号召那些没有政治倾向的汉堡市民停止沉默，参与德意志的重建，这代表着一种深刻的转变，马克斯·韦伯和托马斯·曼等杰出的资产阶级代言人也经历了类似的转变。

匮乏和混乱

上述资产阶级革命中的政治辩论带有一种虚幻色彩。极左派的组织基础较为薄弱，只有一小部分人被其理念所吸引，而且很可能会分崩离析。但 1918 年 11 月之后的政治变化也不具备普遍的合理性。和 1917 年的俄国一样，德国民众的理想与经济上的匮乏密切相关。政治化的根源在于物资短缺、失业问题和通货膨胀。民众起初只是要求和平与民主，但如果和平与民主也无法提供面包、工作和足够的工资，政治上就会愈加激进。这样的模式彼得格勒在1917年2月后经历过，而两年后又在汉堡重现。

汉堡意识到了增加食品供应的重要性。物资匮乏会引发社会动乱，而食品问题还进一步证明了汉堡工商界对于新政权的不可或缺性。马克斯·沃伯格曾断言工人士兵苏维埃会依赖汉堡银行的商誉，果然，汉堡的工商利益集团很快开始服务人民代表委员会。1918年11月11日，汉堡-美洲公司在柏林的代表阿恩特·冯·霍尔岑多夫和马克斯·沃伯格与人民代表委员会主席弗里德里希·艾伯特联络，商讨“缔结和平后如何用我们的船舶尽快运来食物和原材料”。政府立即授意汉堡和不来梅的工人士兵苏维埃与船运公司合作，为进口食品和原材料作准备。这是一个良好的开端。霍尔岑多夫成功获得艾伯特的信任，1919年2月，艾伯特邀请霍尔岑多夫担任自己的新闻秘书。[①]然而，正如沃伯格所说，艾伯特在这一问题上不一定有最终决定权。“我希望，”他犀利地评论道，“我们不要总是在新政府中选错人，像在旧政府中一样。”但他的担忧很快就成了现实，参议员萨默代表汉堡委员会与中央采购公司接洽时，后者让他去找帝国食品部，起初食品部同意“在自由贸易的基础上”组织进口，但后来又改了主意。萨默提到了自由贸易，这也反映出汉堡在试图利用革命契机来打破之前“过渡”时期的进口管制。他的失败也证明了经济事务部反对贸易自由化。虽然汉堡-美洲公司等机构在尝试重建与美国肉类出口商的贸易关系，但1918年，码头的商业活动并没有显著增加。维特赫夫特悲观地预计新政府会“更加独裁”。

1919年1月的选举过后，鲁道夫·维塞尔被任命为经济部长，接替了奥古斯特·米勒，维特赫夫特的预言实现了。维塞尔铭记着战时国务秘书维夏德·冯·默伦多夫提出的“公共经济”理念——用“自我管理”的各级集团制订的计划来取代市场在整个经济中发挥的作用。工业界对冯·默伦多夫表示质疑，但另一方面，他们认为斯廷内斯提出的政策也有一定危险，正如德国钢铁工业家联合会的雅各布·赖歇特所言，完全取消战时管制可能

① 霍尔岑多夫拒绝了艾伯特的邀请，但他与艾伯特的关系对汉堡-美洲公司仍然有巨大的价值。他在柏林停留的那几晚意义重大，使汉堡商界与政府要人建立了联系，尤其是艾伯特和诺斯克。到1919年6月，这种聚会有了一个别称，即“秘密俱乐部”。

会产生后坐力，影响物价，从而威胁到大钢铁企业的利益。1918 年 11 月取消外汇管制后，截至 1919 年 7 月，马克对美元的汇率已经从 7.43 ∶ 1 降至 15.08 ∶ 1，这必然会导致工业产品大量外流，尤其是钢铁，造成国内物资匮乏。事实表明，默伦多夫并没有全面提出他的计划（在钢铁企业垄断逐步瓦解的时期，该计划会催生更保守的工业垄断集团），只是让外贸业实行“自我管理”，此时工业界的舆论攻势才稍有缓和。维塞尔和默伦多夫的计划主要针对大规模进口，这种局面至少在汉堡还没有出现。他们的观点是，如果没有管制，大批“多余”的货物就会涌入德国，严重破坏“对国内劳工的保护”，使国际收支恶化，通货膨胀加剧。因此，他们提议扩大战时的中央委员会体系，该体系通过出口许可证制度控制战时贸易。要满足和平时期多样化的贸易需求，就要增加中央委员会的数量，它们可以成为独立的“自我监管机构”。除了操控着战时委员会的工业联盟，工会也具有相同的代表权。这种构想低估了正常贸易的复杂性，却又高估了工业联盟的利他主义精神，并且赋予工会的权力过大。因此，该计划自然成为了众矢之的，抨击它的不仅有汉堡商会（见沃伯格起草的备忘录），还包括来自德国民主党的部长德恩堡和哥塞音，来自社会民主党的食品部长施密特，杜塞尔多夫的金属工业界，南德各州，以及新成立的德国工业帝国联盟（虽然它的批判模棱两可）。到 6 月末，随着新总理上任，经济部开始退缩，并承认这个计划是“铤而走险”。7 月 12 日，维塞尔和默伦多夫辞职。

对于贸易自由化的支持者来说，这似乎是一次重大胜利。但我们不能忽视维塞尔计划带来的实际影响。事实上，1918 年 10 月后，经过汉堡港的自由进口贸易的主要障碍不是经济部，而是协约国决定延长对德国的战时封锁，直到德国签署和约。英国、法国和美国的军舰停泊在汉堡港；直到 1919 年 2 月，英国委员会才前来调查该城市的食品供应状况，又过了一个月，停战协议中承诺的粮食供给才到位。汉堡的这一弱点非常容易被利用。1919 年 3 月，英国特务机构提出，只要新兴的“大汉堡地区”或“下萨克森共和国”能够脱离普鲁士，它就向汉堡公司（包括沃伯格的公司）提供价值 4 亿马克的食物和煤炭。虽然汉堡工人士兵苏维埃代表和参议院对送上门的食品颇有兴趣，但他们并不愿付出如此高昂的政治代价，即使是最狂热的“大汉堡地区”鼓吹者也是如此。

这样一来，革命时期汉堡的食物供应严重不足，该状况一直持续到1919年8月左右。交通运输中断和部队撤离前线让形势迅速恶化，比战争时期更加严峻。当然，战争期间和之后的食物短缺对德国民众的影响尚无定论，有时营养不良的严重程度也被夸大了；但是，在战时定额配给制度下，城市人口的确缺衣少食，绝不像有些人描述的那样——战争只是“漫长的治疗期”，人们用更有益健康的鱼和蔬菜取代了肉类。英国、美国和德国的观察员对营养不良造成的心理影响非常震惊，当时人们的“神经高度兴奋”，并且“为了分散注意力不惜一切代价”。这种反应可能是瞬间的，但也很有可能激起更猛烈的革命浪潮。12月下旬，柏林发生流血事件后，激进派领导人劳芬贝格试图动员群众反对艾伯特—谢德曼政府；在1919年1月柏林爆发斯巴达克团起义时，他又再度进行动员。这些行动虽然毫无结果，但却说明当时的局势一触即发，同时汉堡没有足够的武装力量来维持城市的秩序。劳芬贝格曾经慷慨激昂地宣布：“法律规范已经失效……普通法院的地位也被推翻……只有武力能够决定一切。工人们已经准备动用他们现有的武装力量。”多数社会民主党能够组织大规模游行，抗议这种“无政府主义恐慌”。但资产阶级似乎无法动员相应的武装力量来维护法治。

革命浪潮过后，维持秩序的责任主要应由工人士兵苏维埃来承担。革命爆发后的几天，该机构还表现得相对保守，其官员试图维持秩序，镇压抢劫掠夺的行为。然而，自从针对工人士兵苏维埃的一次政变失败之后，苏维埃内部就因为其前官员的身份而对“军国主义”抬头表示忧虑——这些官员中有3位原是工人士兵苏维埃的成员。为了避免苏维埃内部的大清洗运动或组成“赤卫队”（劳芬贝格曾提出这一要求），工人士兵苏维埃内部的社会民主党官员瓦尔特·兰普尔起草了著名的关于军事组织的“汉堡原则”，并且在12月于柏林召开的国会上被采纳。兰普尔起草“汉堡原则”的主要动机就是确立工人士兵苏维埃在治安问题上的最高权力，赋予前官员继续统领军队的权力（第3点和第6点）。一些提议则更加激进（第2、5、7点），主张军官选举制，弃用代表军衔的肩章，建立人民军队，这在某种程度上透露出“左倾”的色彩。最终兰普尔取得了政治上的胜利，工人士兵苏维埃主席海泽被赶下台，由治安警长接任。然而，在治安方面，人们对这种新制度信心不足；而汉堡工商界开始拉拢国防部长诺斯克，因为他曾承诺兰普尔的“汉堡原则”仅仅是“试行”，并且还镇压了柏林的斯巴达克团起义，给汉堡工商界留下了深刻的印象。诺斯克派遣格斯滕贝格地区一支4 000人的军队到汉萨同盟的不来梅港，以推翻当地的苏维埃共和国，维尔海姆·古诺还敦促他向汉堡派遣部队。

对于诺斯克在不来梅的行动，汉堡的态度体现出了自身治安力量的脆弱，以及政治风向的瞬息万变。工人士兵苏维埃中的多数社会民主党人十分愤慨，认为诺斯克“在军国主义者的巧言令色下抛弃了无产阶级理念”，于是他们加入了独立社会民主党和激进派，谴责“利用旧军事体制”来颠覆不来梅的苏维埃共和国。军国主义再次成为政治问题——这点一直是左派团结其他力量的重要因素，为劳芬贝格创造了绝佳的时机。在三个左翼党派举行的抗议游行中，劳芬贝格号召“动用一切军事手段支持不来梅”；该动议被工人士兵苏维埃拒绝后；劳芬贝格的支持者们占领了若干军事据点，缴获了大量来复枪。此举激发了铁路和邮局工人举行大罢工，以支持柏林政府，汉堡通信系统一度瘫痪。在一片混战的局势下，多数社会民主党促使工人士兵苏维埃通过决议让其参与市立宪议会选举。该决议出台的时机和执行速度都表明，多数社会民主党的主要目标是尽快组成一个柏林当局认可的政府，从而代替苏维埃政权。与此同时，工人士兵苏维埃“七人委员会”中兰普尔的支持者向诺斯克承诺，工人士兵苏维埃会“用我们自己的人员维持和平与秩序”，并且下令实行戒严状态。

但是，新旧政权尚未达成政治妥协，汉堡的公共秩序就又再度遭遇危机。1919年初，在特里尔举行的谈判中，协约国以运输食品的名义敦促德国交出剩余商船。由于新成立的“德国船员联盟”提出交换条件，要求大幅加薪才肯配合移交船舶，汉堡遇到了难题。船运公司警告，协约国可能会乘机在船舶上部署自己的船员，从而导致“汉堡的布尔什维克化”，船运公司还向诺斯克求助；而水兵联盟则有汉堡工人士兵苏维埃的支持。虽然“政府在不来梅的积极干预”暂时镇压了船员起义，但继1919年3月在布鲁塞尔签订协议后，第一批船舶驶往英国，再次引发了激烈的抗议。3月19日，船员们不愿交出船舶，公开拒绝合作，一场大罢工似乎已经迫在眉睫，而劳芬贝格也在积蓄力量，伺机发动布尔什维克革命。在市议会选举投票前夜，普鲁士驻汉堡大使开始联络外地军队，认为劳芬贝格正在策动一场“以柏林革命为原型的政变”。

1919年3月至4月，汉堡的骚乱愈加频繁，其导火索无疑和经济有关。铁路工人举行罢工，要求增加食物供应，并且反对劳芬贝格用武力攻击诺斯克。船员们要求提高工资。4月初，有人发现为军队提供的食物被扔在自由港，任其腐烂发霉，一场暴动再次被点燃；4月23日，成群的青年和妇女在市中心、圣保利和哈默布鲁克地区争抢物资，兰普尔不得不再次发布戒严令。维特赫夫特反复强调，除非取消对商业贸易的限制，否则汉堡会“被彻底摧毁，因为这里有75 000多人”。这种说法毫不夸张：由于食物匮乏，1919年中，汉堡局势已经到了“一触即发的时刻”：

> 汉堡的前景一片黯淡……如果那里突然发生一场前所未见的大暴动，我丝毫不会意外。我们的当局松懈惰怠，缺乏管理能力。

1919年夏，汉堡已是民怨沸腾，但其表现形式却不只是饥饿暴动，也不同于普鲁士大使担心的苏俄式的布尔什维克主义。确切地说，这种民怨带有一种民族主义和民粹主义的色彩，甚至是法西斯主义的原型。例如，海员们仇视的不仅是协约国，还包括国内的船主：德国商船队被征用后，食品供给非但没有大幅增加，反而造成德国海员大批失业。海因里希·劳芬贝格本人很早就提倡“国家布尔什维克”，1918年11月，他号召“立即通过革命和与苏俄结盟组织国防建设，保卫革命，抵御实行帝国主义的协约国”。最重要的是，愤怒的民众逐渐将矛头指向了旷日持久的凡尔赛和谈。但难题在于，除了几个英美官员的代表，战胜国没有在汉堡留下任何痕迹。[①]正因如此，群众开始仇视工商界，因为这个社会集团似乎是战胜国的傀儡，他们交出商船队，和英国特工进行秘密会谈，并且实际上在代表德国参加和谈。他们不仅要因为食物短缺和高物价而承担罪责；由于沃伯格、梅尔希奥、古诺和维

① 普鲁士驻汉堡大使认为，如果美国军队能够驻扎在汉堡，控制分发食品，汉堡出现骚乱的概率将会降低。

特赫夫特都参与了和约外交，商人还被指控为卖国贼。不仅如此，由于沃伯格和梅尔希奥的外交活动广为人知，这种民族情绪渐渐升级为反犹主义。

有了战时的经历，沃伯格很清楚一个犹太商人在革命时期参政的危险。马克斯·冯·巴登曾在1919年9月邀请他出任财政部长，但沃伯格拒绝了，理由是他“了解德国人，知道他们绝不会接受一个犹太人当财政部长。另外，社会民主党人也会把我看成是资本主义的代表”。同样，他在和平谈判中也小心谨慎，极力保持低调。正如他所说的：“我们必须时刻保持谨慎……目前，民主派和社会主义派相结合的民主体制大获全胜，代表资本主义的犹太人很难有容身之地。”也是出于同样的原因，他拒绝成为汉堡市议会选举的候选人。但沃伯格的刻意低调完全是徒劳。到1919年初，新成立的反犹组织或种族主义组织——如“德国民族党”、铁锤联盟和“保卫防御联盟”——在汉堡已经有了足够的影响力，带动“泛日耳曼同盟”、新成立的保守组织Sammlungspartei以及德国民族人民党等已有的组织转向反犹主义。5月底，一位“保卫防御联盟”成员开始在交易所散发反犹主义宣传单，抗议沃伯格在凡尔赛会议发挥作用，于是引发了一场混战。然而，受攻击的不只是犹太商人。就在同一时期，社会民主党党刊《汉堡回声报》也展开媒体攻势，严词谴责弗朗茨·维特赫夫特，宣称他从事政治和外交活动的唯一动机就是金钱。当参与和谈的德国财政顾问考虑是否要发表报告谴责协约国提出的条件时，沃伯格从凡尔赛致信维特赫夫特，请求在正式发布报告时删去他的名字。维特赫夫特回信道：

> 你希望我不要提到你的名字，以免被谋杀……看看我的处境你就大可以放心了，我在汉堡被谋杀比你在凡尔赛被害的概率要大得多。社会民主党的媒体几乎每天都在用最恶毒的字眼攻击我……告诉你，他们已经在卡尔街的窗户外朝我开过枪了，你可以想象我是什么感觉。

沃伯格从凡尔赛回到汉堡后，发现汉堡又处于“戒严状态”，并且得知自己已经在斯巴达克团的暗杀名单上了，于是他动身前往瑞士。在1919年3月到6月那段饥荒时期，所有的仇恨都宣泄了出来——仇恨协约国，仇恨多数社会民主党执掌的新政府，仇恨商人，仇恨犹太人。

维特赫夫特对汉堡当局“松开缰绳”表示担忧，其用意是暗指瓦尔特·兰普尔没有从革命时期的“治安部队”中培养一支可靠的警察队伍。基于兰普尔的“汉堡原则”组建的约13 000人的“治安防卫军”，更像是一个为失业士兵创造就业的项目，根本不像一支警察队伍；在某些情况下，它对公共秩序的危害甚至大于保护作用。尽管汉堡多次请求国防军调遣部队，但诺斯克忙于镇压慕尼黑和不来梅起义，只向汉堡派出了一个指挥官——洛特·丹纳将军，监督组建地方志愿军。内政部长原本设想地方志愿军是由“来自各行各业的可信赖的群众”组建而成，但实际上，成型于1919年春的志愿军由年轻的退伍军官和学生组成，是资产阶级的势力。这400名年轻人在巴伦菲尔德这个以中产阶级为主的市郊接受了动员，在3月5日凌晨突然抵达圣保利地区，镇压那里爆发的抢劫事件。这些口袋里揣着波德莱尔文集的年轻人也被资产阶级革命的精神打动了：

> 志愿者中几乎没人如此近距离地见到大城市的贫穷和堕落……这次经历唤醒了我们，增强了我们的社会意识和原本在志愿者中就普遍存在的责任感，我们的任务是实现人民的意愿，和对党派的忠诚相比，这个责任更加重大，也显得更加悲壮。

然而，在圣保利地区的公民看来，巴伦菲尔德志愿军更像是一支“阶级队伍”，旧资产阶级的观察员担心他们的行动只是在“煽风点火”。面对社会暴乱的威胁，包括公务员和商人（其中就有弗朗茨·维特赫夫特）在内的约250人，于4月底组成了“汉堡人同盟”，该同盟还吸收了一些反激进派的组织，如“反布尔什维克同盟”、“德意志文化保护联盟”和“个人信息局”，这些组织都诞生于十一月革命之后。和巴伦菲尔德志愿军一样，汉堡人同盟也抛出了一套无政治倾向的言辞：

> 汉堡人同盟不希望与工人苏维埃发生冲突……
>
> 1.汉堡人同盟不参与党派政治。2.它支持法律、道德和秩序。3.“汉堡人”的理念意在保护所有市民的平等权利，并向其灌输民主思想，无论其职业为何。4.它反对那些实行独裁和恐怖主义的少数派。

但是，汉堡人同盟拒绝采取武力行动，一旦工人发起全面罢工，企图推翻“目前的政治秩序”，资产阶级将会拿起最后的武器——采取“防御式进攻”。

人们往往认为，巴伦菲尔德志愿军和汉堡人同盟等“非政治”的志愿者协会源于根深蒂固的资产阶级政治传统，但它们并不能提供有效的安全保障。然而，5 月 27 日，当诺斯克亲自去汉堡视察那里的警力部署时，他对巴伦菲尔德志愿军的“训练有素、优良作风和战友情谊”给予了高度评价；而“治安防卫军”由于无力镇压独立社会民主党发动的战争伤员游行，最终被诺斯克下令解散。因此，在经济危机白热化的时刻，兰普尔接到命令，要求治安防卫军裁军 7 000 人，减少剩余人员的薪俸，准备并入国防军。这些人必然会搬出兰普尔自己提出的“原则”来表示反对，一场公开叛乱似乎已经在酝酿之中。尽管普鲁士外交代表曾多次请求向汉堡派遣国防军，但汉堡当局最终还是没有任何防卫力量。

到 1919 年 6 月，马克斯 · 沃伯格和弗朗茨 · 维特赫夫特屡次遭受攻击，真切地体会到汉堡已处于险境。然而，最终被民怨所淹没的却是另一个商人——雅各布 · 海尔。1919 年 6 月底，有人称海尔的腌肉厂把猫、狗和老鼠的尸体掺在腌肉当中，一时流言四起。海尔被迫接受例行惩罚。了解 18 世纪城市“道德经济学”的人对这种惩罚应该略知一二。他被众人押在推车里，在城镇中心游街示众，而后被关在阿尔斯特湖。翌日清晨，一群人聚集在汉堡市政厅广场，要求战争储备部的负责人作出解释，还零星地袭击了几家食品店。街灯上悬挂着狗的尸体，依照惯例，“罪人”被羞辱一番（被脱光衣服、举行模拟审判等），从这些行为来看，这场游行起初只是“非政治性的”。然而，6 月 24 日下午，独立社会民主党领导人贝格曼鼓动群众占领市议会厅，形势愈加严峻。兰普尔决定率领巴伦菲尔德志愿军采取行动，组成摩托车队发起进攻，为市议会厅解围；但是，志愿军的弱点很快就显露无遗。被包围的志愿军开火后，群众马上发起反攻，杀害了 10 名志愿军，其余人员被劫持。到了晚上，众人纵火焚烧了交易所，监狱大门洞开，市议会厅被占领，火车站也被封锁。

霍尔岑多夫和沃伯格很早就赞成普鲁士代表请求从什切青派遣国防军到汉堡，但左翼党派再次草率地决定放弃军事干预。多数社会民主党、独立社会民主党和德国共产党各派出 4 名委员组成“12 人委员会”，慌忙决定妥协，并“不惜一切代价防止汉堡发生流血事件”。委员会号召由民兵组织（原“治安防卫军”）来维持治安，敦促暴乱分子释放巴伦菲尔德志愿军人质。有了这些举措，国防军似乎就不需要出动了。但是这次，诺斯克决定采取行动。他下令让保罗 · 冯 · 莱托-福尔贝克——曾在西南非洲镇压赫雷罗起义的退伍将领——率军 10 000 人占领汉堡，并提供大炮和鱼雷艇等装备支持。尽管有谣言称起义军手中有数千只来复枪，但起义军最终还是放弃了抵抗。

一些研究社会主义运动的史学家倾向于把莱托部队的到来视为一个转折点，标志着左翼势力开始衰退，从此进入了右翼的反击时期。但这种看法忽略了群众起义本身的两面性。当然，一些投机的极左派企图利用最初的“非政治”动乱，发表极端的共产主义宣言，号召“结束货币经济，废除所有现实的责任和义务”，率领众人反抗汉堡的新政权。但是，反犹主义的“保卫防御联盟”也同样活跃，它散发宣传册，称海尔是犹太人，这次事件标志着“犹太人的统治”。此外，国防军的到来并没有解决引起动乱的根本问题。观察员指出，在国防军占领汉堡的这几天，只有食品供应充足时局势才会稳定，“当那些在煽动民愤的人有充足的食物时，他们制造骚乱的狂热情绪就会有所缓和”。不仅如此，“汉堡的重要人物——尤其是工业界巨头——曾与莱托部队的军官会晤，探讨造船厂是否应该为士兵提供补贴”。动乱接近尾声时，铁路工人又提出了加薪要求。莱托的部队终究没有多加逗留；到 7 月中，除 3 个营外，所有人员都撤出了汉堡；汉堡的当务之急成了招兵买马，组建精干的治安队伍——“治安警察”。

工资和物价不断攀升

1919 年 7 月的军事镇压只能暂时缓解汉堡的问题，只有彻底改善经济状况才能杜绝动乱再次发生。至少在腌肉事件之后，经济开始好转，随着封锁的解除，汉堡的商业苏醒了，尽管气息还十分微弱。虽然有关战后初期的贸易数据非常少，而且可信度低；但仍然有两个可供参考的事件表明，在 1919 年，汉堡自由港的进口已经恢复到战前水平的11%，出口为5%。[①]工商界信守承诺，于1919年下半年开始输送更多的食品，但食品短缺仅仅是战后经济动荡的一方面因素。革命时期的经济问题在群众中引发了各种反应，“面包暴动”只不过是其中之一。抢劫商店、处死商人等都属于对匮乏的过激反应，更为常见的是向雇主寻求补偿，要求提高工资（以应对高物价）或缩短工作时间（这样，在1918~1919年的困难时期，人们就有更多的时间排队领取或搜寻食物）。

十一月革命也影响到了劳动力市场。劳工的要求空前增加，由于缺乏军事力量的支持，雇主们别无选择，只好同意这些要求。船厂工人的要求主要是大幅提高工资、缩小工资差距、引入8小时工作制、取消按件计酬、发放罢工津贴，以及扩大战时工委会的权力。值得一提的是，提出这些要求的是工委会（在革命时期转变为了工人士兵苏维埃），而不是工会的官方发言人。“迫于目前的压力”，博隆福斯船厂不得不同意工人提出的种种要求，包括8小时工作制、取消按件计酬，以及确立“高得离谱的最低工资”——时薪160~240芬尼。十一月革命让普通男性职工的名义时薪几乎翻了一番，从213芬尼涨到了405芬尼，只是在1919年1月时较低，降至361芬尼。汉堡船厂木工的名义周薪增长了57%。德意志造船厂试图拒绝这些工资标准，其理由是公司尚处在萌芽阶段，无力承担高工资，但这一提议被工人士兵苏维埃驳回。参议员冯·梅勒曾警告苏维埃不要“得寸进尺”，但工人士兵苏维埃完全不予理睬；就在冯·梅勒发出警告的当天，汉堡港的几个雇主就因为反对新工资制度而被捕。工人代表坚持“过渡时期的工资不应由生产效率来决定，而是根据工人的需求。无论是对熟练工、培训生还是非熟练工，温饱问题都同样重要”。

和鲁尔地区一样，汉堡的雇主起初想把工会这个传统上的劳工代表作为平等的谈判伙伴，以此来遏制劳工的激进主义。汉堡成立了经济委员会，建立了工人士兵苏维埃和汉堡商业、手工业和零售业商会（Chambers of Commerce, Crafts and Retailing）之间的正式关系，这意味着工人士兵苏维埃的权力受到

---

① 参见图2.1。1919年，德国重工业利用国内价格和世界市场价格的价差，向需求激增的欧洲市场“倾销”钢铁，这次臭名昭著的出口倾销主要是鲁尔区莱茵河沿岸的重工业企业所为。

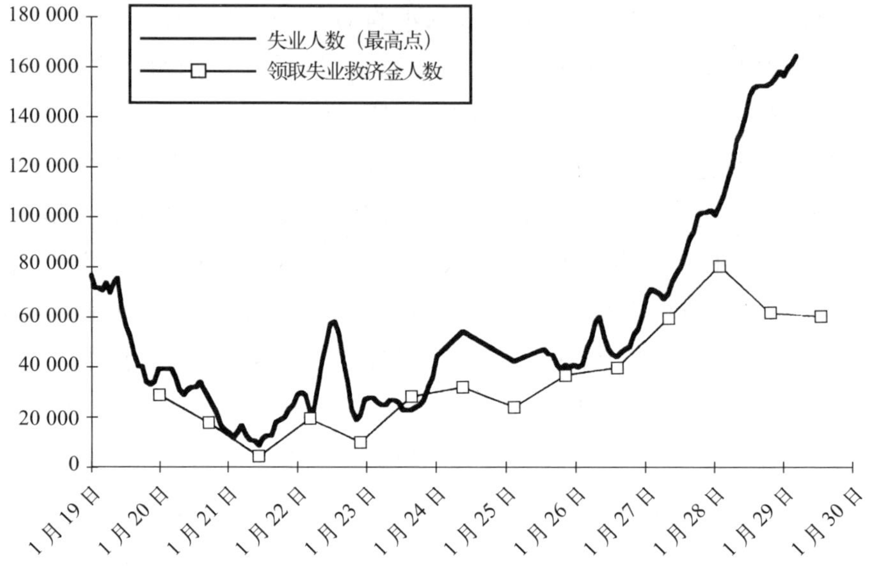

图 3.1　汉堡的失业人口（1919~1933）

了限制。商业组织和工会之间的谈判也成了“中央工作组”的惯例，新成立的“遣散事务部”也加入了谈判，旨在削弱带头起义的工委会。早在 1918 年 12 月 7 日，德国船厂就呼吁“遣散事务部”，重新调查取消按件计酬和革命时期的新工资标准等事宜。他们的努力取得了一些成效，工资标准被区域化，这样，劳动力历来相对低廉的波罗的海沿岸地区就不再适用汉堡的工资标准。但由于工会越过了工委会，在按件计酬问题上作出了让步，由此引发了未经工会批准的“野猫式罢工”浪潮，码头工人开始诉诸暴力。1 月初，汉堡工会召开会议，探讨降低薪酬事宜，25 000 名工人聚集在圣灵广场示威，表示“对工会领导人极大的不信任”。工会在战时与政府和商人合作，背弃了普通工人的利益，这一点从“打倒工会联合会”的口号中就可见一斑。一位工会领导人坦言道：“工人和水兵联盟取消了与工会签订的协议……沿海城市的状况十分危急，在苏俄模式的影响下，那些已经开始退出工会的工人们彻底与工会决裂了。”到了 3 月份，涨薪已经是不可逆转的大趋势。

但是，资方有一个关键优势：由于前线士兵被遣返，武器装备已经没有了需求，失业率于是开始攀升。截至 1919 年 1 月，整个德国已有 660 万工人登记为失业。1918 年 9 月，汉堡的失业人口还只是一个不起眼的数字，到 12 月

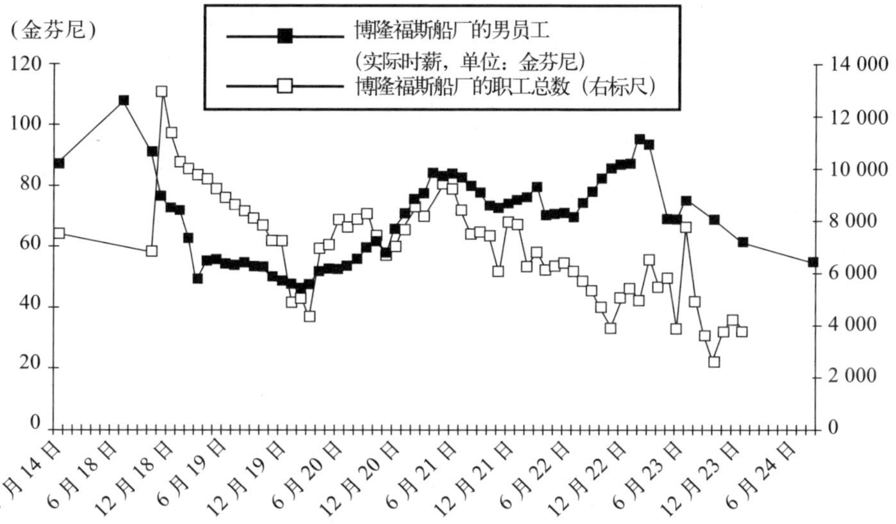

图 3.2　博隆福斯船厂的工资和雇员情况（1918~1924）

初就已经达到 38 710 人，到 1919 年 2 月初更是高达 75 000 人（见图 2.10 和图 3.1）。早在 11 月 22 日，商会就曾警告那些依赖军工合同的企业可能会出现人员过剩，规模大约为 60 000 人。到 1919 年 3 月，从战场上被遣返的码头工人约有 1 500 人，其中只有 700 人能找到工作。博隆福斯船厂的雇员由 1918 年 7 月的 12 555 人减少到 1919 年 3 月的 5 713 人（见图 3.2）。如果政局相对稳定，资方也许可以趁就业市场下滑扭转 11 月以来的涨薪趋势。但由于担心高失业率的政治影响，所以资方没有这样做。事实上，德意志政府内部的多数社会民主党成员几乎一致把“安置工人和退伍士兵”视为他们的“第一要务”。这正是成立“经济复兴部”的宗旨，也是汉堡资方手中的杠杆。

有人提出，在魏玛共和国成立初期，鲁尔地区的重工业拥有极大的政治权力，这种观点屡见不鲜。为避免失业应该保留军事合同的观点也适用于汉堡，整个 11 月期间，国家仍在付钱给汉堡造船厂制造潜艇。“过于草率的裁员可能会导致严峻的形势”，工人士兵苏维埃和汉堡工商界可以在这点上达成了一致。但另一方面，军事合同不可能永远存在。正是出于这种担心，大钢铁生产商在停战时急忙把过剩的钢铁出口到了国外（同时清偿它们的外币债务），而置企业联盟协议和国内客户于不顾。汉堡的军工厂也请求柏林的采购部门提高出价，来平衡因革命造成的工资成本提高，但结果却一无所获。相比之下，汉堡的船舶业略胜一筹，能够继续拿到政府补贴，因为德意志帝国在战时曾许诺资助德国商船队的重建。除此之外，战后商船严重短缺，这让斯廷内斯和罗伊施深信，船舶业将会成为战后经济的增长点。事实上，斯廷内斯力劝经济复兴部停止“纯粹为保证工人就业而继续砸钱，制造更多的战舰……更理智的做法是，把这笔钱用于重建商船队”。

汉堡提出的主张非常简单，正如博隆福斯船厂的管理层所言：

> 社会主义政府已经向人民保证：面包会有的。只有依靠农业和工业才能实现这个目标，但以目前工业的状况，这个任务很难完成，因为飞涨的工资使得工业企业目前拿不到任何合同……造船厂倒闭不是没有可能。

古诺则更积极地维护航运公司的利益：“如果德意志帝国不予以干预，德国的整个经济领域都有可能一蹶不振……终有一天被彻底击垮。”联邦政府已经承诺重建商船队，但现在又要保证就业，再加上船厂的工资成本激增，留给航运公司的资金已经所剩无几。如果政府不能说服工人接受低工资，那它就必须承担额外的代价，否则就会出现大规模失业、“金融危机”和“社会动乱”。经济复兴部对于这些警告则表示理解：

> 造船厂必须马上着手建造商船队。但另一方面，船运公司自然不想订购那些工资成本极高的船舶。既然工人也需要工资来生活，那么联邦政府除了相应地增加贷款，别无他法，在这个紧要关头，花1亿马克又算得了什么呢？

的确，约瑟夫 · 克特[①]治下的官员很快就呼吁在 “1到1.5年或2年的时间内”，政府应该落实补贴项目，保证造船业的充分就业。国防部长也坚持认为，“不管财政等方面的状况如何，创造就业是重中之重，同时还要保证充足的食物供应，这样才是让国家恢复和平有序的最佳途径”。经过几周的角力之后，船运公司、造船厂和联邦财政部终于就额外拨款的期限和性质

① 约瑟夫 · 克特，由劳资利益集团共同提名，被魏玛政府任命为经济复兴部部长。——译者注

达成协议。直到1919年4月，财政部才同意资助约350艘的在建船舶，另外还有66艘船舶的合同存在争议，尤其是“俾斯麦号”——汉堡–美洲公司建造的三艘巨型邮轮之一，这艘尚未完工的巨无霸仍然躺在博隆福斯的船坞里。截至4月底，42家德国船厂共接到了391艘船舶的订单（总吨位为45.5公吨），其中约有45%的订单已经在建，汉堡航运公司的订单量占总量的84%，而订购的船舶有110艘是在汉堡船厂建造的。

政府和工商界在革命时期针对工资问题的谈判有几点重要启示，让我们看到了魏玛共和国成立后的几个月内国家和工业界之间的关系。在一次激烈的辩论中，一位船运公司的发言人宣称：“我们是商人，和管理他人资产的经理人一样，拒绝履行那些会毁掉公司的义务。你不能指望我们来保障船厂员工的充分就业。” 经济复兴部部长克特原本就质疑船运公司对国家的“忠诚度”，这番话更是给他敲响了“警钟”。一位官员的发言更加直接：

> 政府当然重视协调劳资关系，但船厂和船运公司对此更感兴趣，因为一旦沿海城市进入无政府状态，它们是首当其冲的受害者。我承认确保国家秩序的责任主要由政府来承担。但是，要政府严格地全面控制经济生活，平息每一次罢工，这是很难实现的。即使通过武装力量也很难做到……航运公司的态度有些唯利是图，对国家和社会的考虑不足。

然而，这番言论掩盖了一个很简单的事实：航运公司相当于已经拿到了联邦政府开的空白支票。财政部执意主张政府偿付赔款和履行“赔偿”协议，而且基本上没有考虑持续通货膨胀的因素；正如汉堡–美洲公司董事胡尔德曼所言：“通货膨胀今年不会结束。”

为航运业提供的补贴仅仅是外在表现，深层的问题在于：革命已经耗尽了和平时期的财政积蓄。对于船运公司提出的额外援助请求，经济复兴部的第一反应就是，“花1亿马克又算得了什么呢”。对于默伦多夫的那些宏伟计划，经济部的态度也是一样。“联邦政府不得不大开国库之门。”一位官员在谈判时如是说。就连竭力遏制克特的经济部长席费尔也承认，“我们不得不花几百万马克，甚至都不确定这笔钱能不能收回来”。结果不难预料。11月，财政部为商船队拨款3亿马克，截至1920年3月共支付了6 080万马克。在

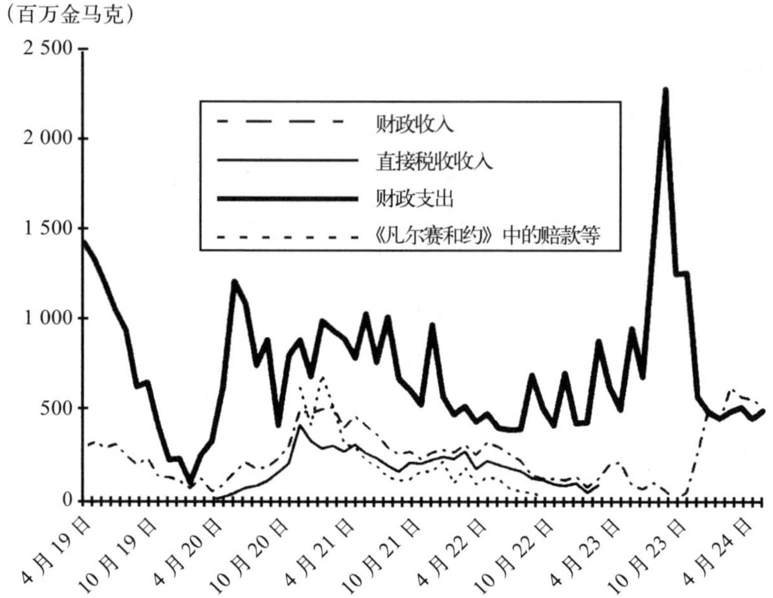

图 3.3　德国每月的财政状况（1919~1924）

总价值约 103 亿马克的战争合同中，只有价值 24 亿马克的合同被取消后不需要经济赔偿。此外，由于鲍尔内阁采取食品价格补贴政策，当年下半年的财政支出至少增长了 50 亿马克。联邦政府极其慷慨，1919 年，它的总支出在名义上比 1918 年增长了 20%。然而，总公共支出的实际价值减少了 40% 左右，占国民产值的比例从 64% 降到了 43%，而主要原因就是财政政策导致的通货膨胀。另外，革命也使得政府收入锐减，因为预算、估价和征税体系全部被打乱。1919 年联邦的财政收入比头一年下降了 50%，政府赤字增加了 240 亿马克左右（增长了 137%，见图 3.3）。在战争期间，流通中货币增加了 50%，而短期债务也增加了 44%。席费尔坦言："自从 11 月爆发革命浪潮以来，我们唯一能做的就是不断印钞票。"其继任者德恩贝格公开提及了"指券[①]经济"："国会通过了一项决议。基于这项决议开始发行纸钞。这就是我们的货币……全部都是纸币。"就连哈芬施泰因也承认，"短期债务增加是货币供应量增长的主要原因"，呼吁"联邦政府即刻开源节流"。

① 指券（Assignat），指法国大革命时期发行的可作为货币流通的有价证券。——译者注

不只是联邦政府通过大笔支出来实现君主制到共和制的平稳过渡，各市政府也是如此，按照国家规定，失业救济金应由地方政府来承担，于是在1918~1919年，市政府的公共开支一路蹿升。汉堡尤其如此，那里的自由派官僚和改良派社会民主党人士很快达成协议，一致认为平抑社会和政治危机靠的是福利，而不是镇压。就在十一月革命的序幕拉开之时，德国匆忙成立了劳工部，每月有800万马克的财政预算用于解决失业问题。德国还成立了国家职业介绍机构和公共就业项目，并且每周（为每个普通家庭）发放高达93马克的失业救济。事实上，就连汉堡市长冯·梅勒那一再被推迟的筹建汉堡大学的计划，最终也是以缓解青年失业率的名义才得以实现。这些举措不仅仅是权宜之计。"社会政策"成了1919年3月后新社会民主党参议员的政务主题，他们最先提出了福利、卫生保健、青年事务以及职业培训等一系列问题。汉堡政府不仅要建设住房、学校和医院，同时还要支付数百名新增政府雇员的薪水。和联邦政府一样，这些投资的资金来源不仅是短期贷款。1919年1月，汉堡发行了年利率为4.5%的无限期汉堡债券，由于1919~1920年国际社会看好马克资产的未来走势，这些债券的表现十分亮眼：1919年的首次发行就募集了4 865万马克。然而，和联邦一样，汉堡政府也是入不敷出：1919年的财政赤字为3.7亿马克，债务被拉高到23亿马克。

这些财政政策无疑会导致通货膨胀。放松战时物价管制和公共债务飙升同时出现，这说明十一月革命导致了物价的失控。战时批发物价的年平均通货膨胀率为20%。1918年11月之后的一年内，这一数字跃升为190%（见图3.4）。随着进口限制和外汇管制被取消，战时的流动性在世界市场上得到释放，通货膨胀进一步加剧。鲍尔内阁于1919年9月取消外汇管制后，马克兑美元的汇率在1920年2月时骤跌至99.11 : 1。进口商品的价格在1919年增长了300%。在某种程度上，对食品价格和房租的继续管制缓解了通货膨胀压力，正因如此，在1918年11月之后的一年内，生活成本只上升了50%左右（见图3.5）。然而，通货膨胀却严重影响到了实际收入。十一月革命的前几周内，手工业者增加的工资完全被抵消。博隆福斯船厂的名义工资率在1919年1~9月维持不变，而实际收入在不断下降，并在1920年3月达

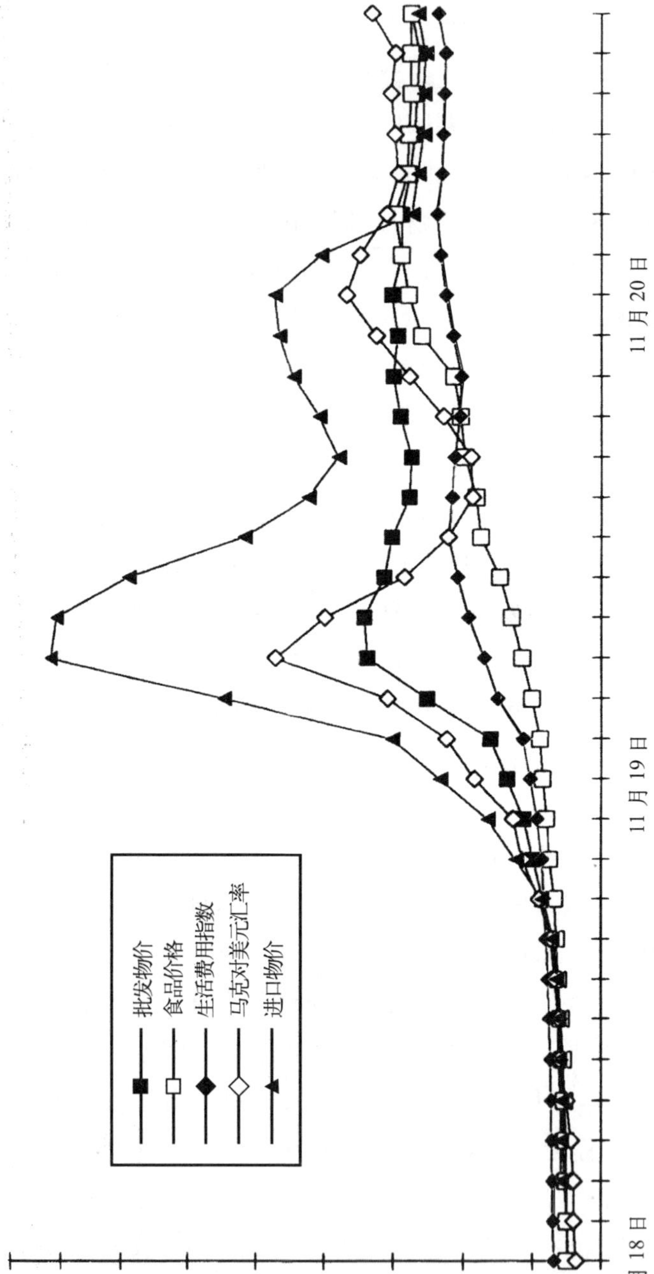

图 3.4　革命时期到相对稳定时期的通货膨胀（1918~1921，1913 = 1）

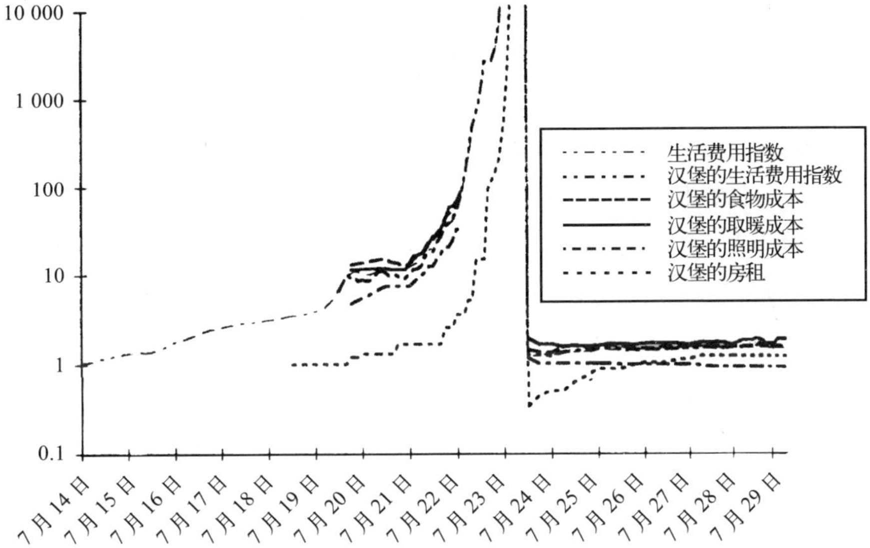

图 3.5　汉堡生活成本（1914~1929，1914 = 1）

到谷底，只有战前的一半。公职人员的境遇也同样悲惨，薪水只在 1919 年时涨过一次，到 1920 年 3 月，其实际收入降到了战前水平的 15%~40%。

这对汉堡劳资关系会有什么影响？ 1919 年 12 月，鲁道夫 · 布洛姆在其船厂工人的实际工资几乎跌入谷底时曾发表演讲，从中我们能得到些信息。布洛姆首先提出问题——“怎样才能重新挽回我们的员工”，而后批判了劳资利益团体达成共识的观点：

> 实现永恒的经济和平，让工人和雇主永远相安无事，这就像和平主义者梦想天下大同一样，只是个乌托邦式的幻想。劳资关系的本质就是矛盾和对立。

1918 年 11 月，资产阶级遭受到“精神打击”，奉行“妥协政策”的他们忘了自己真正的任务：

> 努力让工人的处境恢复战前水平：创造稳定、收入可观的工作机会……并驱散失业的阴霾。虽然资方一直强调高工资本身并不能带来幸福，只能导致通货膨胀，但这种言论于事无补。

布洛姆还指出，俾斯麦在进行社会保险立法那段时期，政府要承担稳定劳动力市场的职责，例如制定综合住房政策。这番话只是在粉饰1919年博隆福斯船厂的行为，即以失业和通货膨胀为由，把1918年11月工人运动取得的成就归零，让州政府来收拾残局。就在实际工资缩水的同时，博隆福斯船厂的职工总数也在继续缩减，在1918年10月~1920年2月降低了50%。煤炭紧缺只是一部分原因，主要原因在于公司管理层认为，除非能降低工资、削弱劳工的谈判能力，否则公司之间的竞争毫无意义。反劳工革命运动成了资方的第一要务，生产任务次之。与胡戈·斯廷内斯（他把通货膨胀引起的工资—物价攀升视为企业扩张的途径之一）在鲁尔地区倡导的策略截然相反，布洛姆的观点体现出1919年汉堡船舶业中劳资双方的对抗。十一月革命的主要成果就是8小时工作制和取消按件付酬，但资方却成功恢复了按件计酬，严重破坏了革命成果。为实现其目标，所有北德的造船厂曾就该问题集体投票，但未能成功，之后汉堡各大船厂开始单独行事。自1918年11月资产阶级受到“精神打击”以来，工人革命似乎刚取得成就，却又在一年之内几乎回到了原点。

但雇主却未必像表面上那样能够稳操胜券，这体现在两个方面。第一个与“社会化”有关——1918年11月以后，这个模糊的词可以用于代指各种各样的政策，如国家化、共同决策制或员工持股政策。在革命爆发后的混乱岁月，劳芬贝格等激进派威胁要实现“全盘社会化”，而汉堡工商界却不以为然。正是概念的模糊不清导致了工商界内部的分歧，例如弗朗茨·维特赫夫特私下里讽刺劳芬贝格是“大理论家”，而弗里茨·沃伯格却对“社会化”十分热衷：

> 我们只能希望事情朝那个方向发展，因为届时，德国不会成为一个布尔什维克国家，而是世界上最自由的民主国家，社会化已经结出累累硕果，而且丝毫不会压制个体的自由。

弗里茨的这番话说来容易，因为社会化对重工业构成了威胁，而商业或金融业安然无恙。煤炭业被收归国有，虽然有传言称政府可能会以资助商船队为由，趁机将船舶业国有化，但这种威胁并没有成为现实。最终，“社会化”被重新定义为赋予工作委员会一定的管理决策权，这时，汉堡的态度明显强硬起来。1919 年 4 月，工作委员会草拟了几条法规供讨论，在资方看来，这是劳工领导人索取公司未公开账目的招数，以便在要求涨薪时有充分的理由。显然，汉堡工商界的代言人鲁道夫 · 布洛姆和马克斯 · 沃伯格对将来的劳资共决忧心忡忡：

> 为了让那些工人和办事员不要再提出不合理要求，我们也许有必要让他们的代表看一眼私营公司的账目……当然，前提是不能影响公司的开拓精神。①
>
> 在这个时刻，一个有担当的经济领导人应该与被提名的工人代表共同磋商，振兴经济，这点要求合情合理……工人们必须意识到，德国工业目前要克服无数前所未见的艰难险阻。但是与工人合作……必须仅限于……那些工人能够通过专业技术为公司创收的领域。

最终，资方向工作委员会作出的最大让步就是让他们 “看一眼账目”，也就是公开账目。然而，形式上“社会化”的成果虽然有限，但我们不能据此认为，革命没有给劳资关系带来永久性的改变。此外，随着实际工资逼近谷底和失业率的下降，一些集体组织再度兴起，雇主的优势似乎被一步步瓦解。由于社会化和劳资共决计划的停滞，许多行业的雇员开始向工会求援，而资方试图通过工人投票表决来恢复按件计酬的计划虽然破产了，但更强化了这种趋势。劳资冲突的本质没有变化，只是程度加强了。

截至 1919 年底，全德工会联盟汉堡分支机构拥有 240 000 名成员，不但扭转了战时的下降趋势，人数还有所增加。尤其突出的是，其他雇员团体也出现了集体组织。到 1919 年末，文职人员联盟和以前的德国国家商业雇员协会分别吸收了 25 800 人和 6 000 人。1919 年 9 月，汉堡公职人员成立了自己的组织公职人员工会。同时，消费者也在积极发展其集体组织，建立了消费者协会，和汉堡的 3 个主要商会拥有平等地位。导致集体主义盛行的原因非常简单：由于就业市场前景看好，且物价持续上涨，工会和其他形式的

---

① 沃伯格后来在提到沃伯格银行“职工委员会”时，态度则是“同舟共济，共创佳绩”。

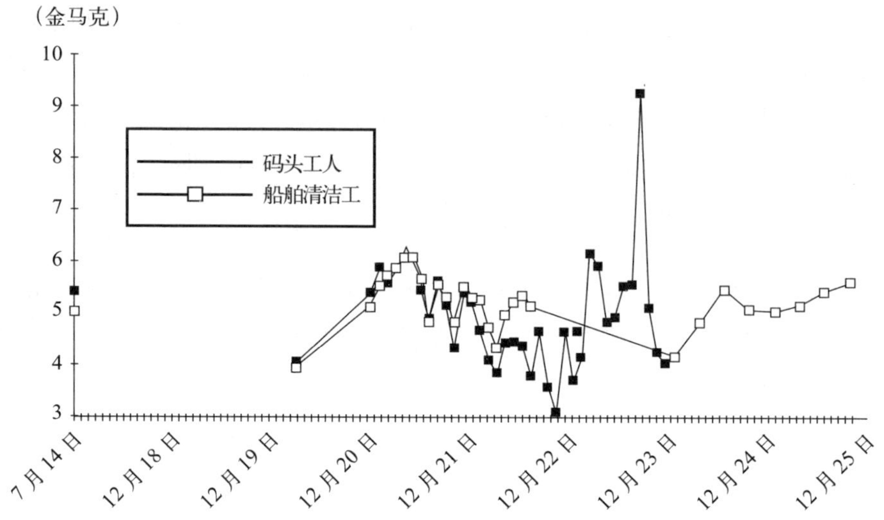

图 3.6　码头工人的实际日薪（1914~1923）

集体组织似乎成了保障个人生活水平的最佳途径。有迹象表明，劳资双方逐渐达成了共识：1919 年，签署协议加入集体组织的工人跃升至 600 万人，而 1913 年只有 140 万人。但 1919 年通货膨胀的加剧似乎破坏了这种长期协议。此外，一些革命措施鼓励雇员把罢工作为一种战术，如遣返令规定一些争端应通过经济复兴部进行仲裁。1919 年 2 月，汉堡成立仲裁委员会，但结果却并不让人满意，几乎无法促进劳资双方的和谐：在其受理的 5 332 件案件中，只有 972 件的最终裁决是双方当事人都能够接受的。

劳资斗争仍在继续，工资—物价螺旋上涨，这些都反映出集体主义的社会基础已经扩大。一个标志就是渔民在 6 月成功举行了为期两周的罢工。8 月，由于汉堡的 5 家银行拒绝执行仲裁决议，银行职员也举行了罢工。汉堡电力公司和高架铁路等公司的文职人员也通过类似行动使工资大幅提高。工业界也必然会面临涨薪的压力。1919 年的平安夜，中央工作组裁定工人有权获得 30~70 芬尼的通货膨胀补贴，积蓄已久的矛盾终于爆发了。两个月后，德国金属实业家联合会放弃了抵抗。公务员、雇佣工，甚至面临房租上涨的房客，也在新年过后提出了相似要求。1920 年，要求加薪的浪潮席卷而来，工人的实际工资和名义工资都显著增加，终结了 1919 年工资停滞的局

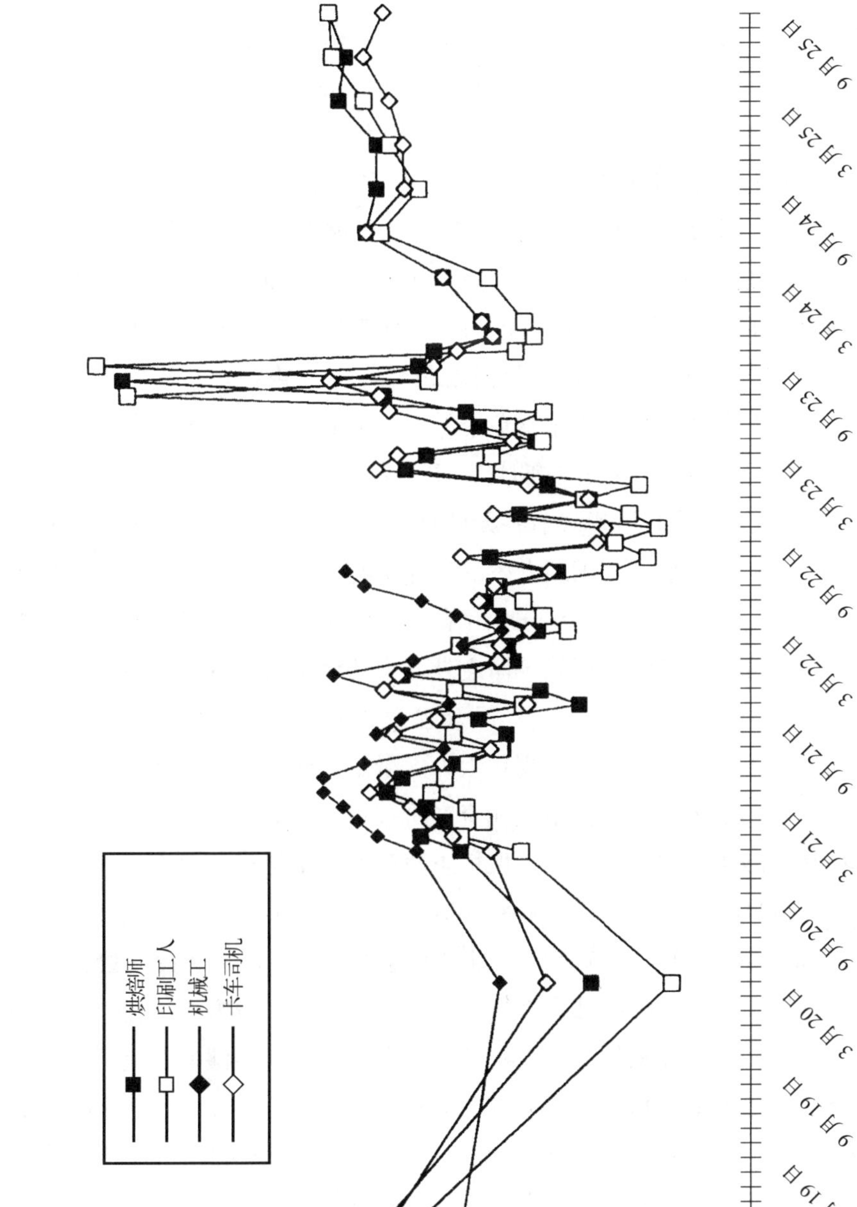

图3.7　实际周工资（1914~1925）

面（见图 2.11、图 2.12、图 3.6 和图 3.7）。

1918~1919 年的革命在意识形态上源于资产阶级自由主义的复兴。对于一些人来说，普鲁士王国和俾斯麦缔造的德意志帝国的瓦解令人扼腕，而受到震惊的马克斯 · 沃伯格、弗朗茨 · 维特赫夫特和卡尔 · 彼德森等人则采取了政治行动。在某种程度上（比如保留财政代表团），他们采取的防御行为是为了遏制公众的极端主义。《汉堡回声报》后来称沃伯格为“一个最聪明的党派发言人，该党派以退为进，接受政治民主化，预防经济上的民主化”。但也有人发自内心地认为应当改革德意志帝国，以增加自由资产阶级影响力。成立联合自由党，筹建与民主议会并行的经济委员会，拆分普鲁士，成立大汉堡地区——这些提议并非为了使资本主义免受社会主义威胁而提出的一些犬儒主义言论。马克斯的兄弟保罗曾在纽约向怀疑主义者莫蒂默 · 席夫作出解释：“德国如今的统治者在本质上和革命前并无两样，政权形式只是一种迷惑人的表象。”这种说法并不正确，“德国新发生的每件事都清楚地表明，军国主义思想已经日渐式微”。然而，资产阶级的政治革命从一开始就有其脆弱性，究其根源，除了相当一部分资产阶级拒绝革命之外，无法满足群众的愿望也是原因之一。1919 年上半年，物资持续匮乏，民众怨声载道，他们仇视协约国，仇视资本主义，仇视工会领导人，也仇视犹太人。于是，暴力事件频发，可见没有旧军事精英的协助，多数社会民主党和资产阶级根本无力维持公共秩序。增加食物供给虽然能减少一些街头抗议，但标志着革命时期结束的决定性转折点还是出现在工作领域。起初，由于失业率和通货膨胀率飙升，工人士兵苏维埃在 11 月取得的成就被吞噬，反革命势力似乎占据上风。然而，为振兴经济，公共部门赤字激增，这种做法必然会产生后坐力。事实上，资方拒绝让工人参与决策，并公开支持回归原来的劳资对抗关系。在新劳资关系法的影响下，随着就业增加和通货膨胀的加速，集体组织的行动再度活跃起来，甚至比以往更频繁。1919 年下半年，工资又有所上涨。在这个意义上，群众革命并没有在 1919 年被“抑制”，而是从街头转移到了工作场所。政治权力的角逐暂时尘埃落定，但其代价却是马克的贬值，引发了更激烈的货币之战。

PAPER
AND IRON

第4章

凡尔赛体系与汉堡

提到20世纪20年代的德国，马克斯·沃伯格最喜欢的一句话是“只能被决定，无法作决定”；也就是说，德国的命运更多地受制于外部因素，决策者们无法掌控。具体来说，战胜的西方盟国迫使新成立的共和国签订停战协议与和约，德国的内政受到制约。在凡尔赛会议上，传统的强权政治和沙文主义取代了威尔逊的理想和经济的合理性，导致民主制度在德国的失败以及第二次世界大战。多年来，历史学家在评论《凡尔赛和约》时都会重复这一观点。然而，自20世纪70年代以来，这种观点就已经过时了。在重新研究了法国、英国和美国的文献后，我们需要以全新的视角来看待这些国家的政策。一些作者现在认为，法国的一系列政策相对理性，其目的是对东部邻国施加影响力，这些政策既包括协商经济合作，也包括为争取莱茵兰和鲁尔地区而进行对抗。美国则是致力于通过私人组织大规模输出资本，促进欧洲经济复苏（也有人认为是为了抑制布尔什维克主义的蔓延）。英国的一些措施则不切实际，如恢复战前经济水平，为重建帝国而背弃“大陆承诺”等。政策的失败说明“和平只是一种假象”，为了诠释这一点，我们可以强调不同国家的目标往往相互对立，也可以对比1919年和1945年时德国的处境——当时德国在东西线节节退败，而后又遭到孤立。但最受谴责的仍然是魏玛共和国的决策者，因为他们拒绝接受战败的后果。战后的英国认为德国会连续发动侵略战争，愚蠢地采取了绥靖政策，从而使一些历史学家开始怀疑对魏玛共和国的修约主义者的指控是否属实。近来，一些经济历史学家尝试着证明赔款造成的负担并没有德国人宣称的那么沉重；并且坚持认为，民主派政客提出修约主义恰恰是中了极右翼势力设下的圈套。

毫无疑问，魏玛共和国的外交政策制定者寄希望于利用德国全面的经济力量逐步摆脱《凡尔赛和约》带来的负担，恢复德国的大国地位。施特雷泽曼认为，他作为外交部长的职责就是“利用世界经济形势，实行经济外交，因为现在我们只有在经济上还算是一个大国”。布吕宁则回忆起“利用世界危机……向其他大国施加压力，在经济上以退为进”的做法。这些观点起源于通货膨胀时期，而且大多是汉堡工商界精英的主张。然而，究竟该谴责协约国让德国有机可乘，还是谴责德国人玩弄伎俩，目前还没有定论。用希尔格鲁贝尔的话来说，《凡尔赛和约》“还不足以被称为‘迦太基式和约’①”；事实上也没有完全使德国沦为“被决定的对象”，这一点大多数历史学家都没有异议。但不可否认，即使总负担比想象中要小，但在一些关键时刻，支付赔款的确让德国公共财政陷入动荡，提出修正也并非荒谬之举。至于德国执意修约是否有利于反民主的右翼势力，我们尚不清楚。无论是社会民主党人、民主党人、共产党人，还是保守主义者、民族主义者、极端的种族主义者，都对《凡尔赛和约》心怀敌意，甚至可以说，是和约“把德国各政治派别团结在了一起”。

上述观点让我们更容易理解为什么魏玛共和国的政治家们坚持修约，但并没有阐明修约主义缘何失败。要通过经济手段修改和约，首先要准确估算和约可能带来的经济影响；直到 1932 年，对经济影响的估算虽然稍有变化，但它仍然影响着德国的外交。这个估算过程中有一个不变的常数，那就是德国可以通过贸易施加政治影响。德国认为增加出口会对其旧敌构成压力，而把出口增加归咎于和约影响又催生了修约主义。但是，无论这种策略在多大

① 迦太基式和约，指对战败一方条件苛刻的和平条约。

程度上打乱了赔款计划，其目标并没有实现。它虽然取得了胜利——即道威斯计划，但却付出了惨痛的代价；最终赔款之所以被取消，更多的是因为外部因素。不仅如此，比起认真执行和约内容，上述政策给德国带来的副作用对其经济的威胁很可能更加严重。下面我们就来探讨其失败的原因。

修约主义的经济根源

历史学家很早就意识到，在20世纪20年代，工商利益集团的影响力空前提高。魏玛共和国成立初期，连续几个阶段的外交政策都体现了该集团的影响力，甚至是主导作用，例如在凡尔赛会议上商讨用等价的实物来代替现金赔款，或是《拉帕洛条约》所体现的“预防性外交”，或是在鲁尔危机中发挥的作用。这种现象背后的两个因素之一，正如之前谈到的，无论是艾伯特还是施特雷泽曼，政治家们往往一致认为随着威廉王朝的灭亡，经济是德国手中“唯一的王牌”了，《斯廷内斯–列金协议》就是一个佐证。有观点认为，德国只有利用经济力量才能修复其国际地位。一个典型的事例是在鲁尔地区被占领时，艾伯特曾向阿恩特·冯·霍尔岑多夫说过一番鲜为人知的话：“如果法国继续控制鲁尔地区——无论以哪种形式，德国在很长一段时间内都将无法重整旗鼓，无法为复仇而战。”与此同时，协约国要求德国进行赔偿，这意味着经济资产不仅仅是外交的对象，而且是外交的工具。早在11月7日，胡戈·斯廷内斯就注意到，“尽管洛林与德意志帝国被分隔开来……但德国拥有在那里开设精炼厂所需的焦炭，可以将其作为一种施压的手段”。有人认为德国商人“对国家经济政策行使了否决权，削弱了柏林对外谈判的能力”。而通货膨胀不仅让工商界获得了经济利益，同时又“破坏了赔款计划”，商人们着实是一箭双雕。

然而，在这一形势下，经济并不是由工业、商业和银行业等各利益集团组成的和谐整体。很多针对重工业的研究发现，事实上，重工业集团在某些方面有其特殊性。巴黎和谈开始后，重工业代表一直相对低调，直到1920年才备受瞩目，当时的法国越来越希望德国以提供廉价煤炭和焦炭的形式进行赔款。1918~1919 年，魏玛共和国的外交方针取决于德国工商业的其他因素。参加和谈的德国代表团于 1919 年 3 月末抵达巴黎，一同出席的除了 3 位部长、1 位政客和 1 位学者，还有汉堡银行家卡尔·梅尔希奥；由梅尔希奥带领的“专家”代表团包括其搭档马克斯·沃伯格、爱德华·罗森鲍姆、弗朗茨·维特赫夫特（后两位分别是汉堡商会的秘书长和会长），以及汉堡-美洲公司总裁维尔海姆·古诺和董事长理查德·佩尔策，此外还有不来梅的北德劳埃德公司负责人菲利普·海内肯。在如此重要的国家团体中出现如此众多的汉萨同盟的代表，这在德国尚属首次。相比之下，重工业仅有 3 名代表，非汉堡银行的代表也只有 3 名。除此之外，该时期两个最重要的大使职位（驻伦敦大使和驻罗马大使）也由两位汉堡人担任：参议员弗雷德里希·萨默和约翰·贝伦贝格-戈斯勒；如果古诺愿意的话，他完全可以担任德国驻华盛顿大使。

沃伯格和梅尔希奥曾批评德国政府的战时政策，这成了他们主导和谈筹备与凡尔赛会议的原因之一。艾伯特-谢德曼政府希望让“那些没有政治偏见，并且政治观点以温和著称的人”“代表新德国”，以“促进国际关系的重建”。于是，那些在战争期间曾表示支持扩张领土的商人（如斯廷内斯或银行家萨洛蒙松）就被排除在外了。沃伯格则相反，他反对无限制潜艇战，且与美国维持着良好关系，因此成为一位较突出的人选。除此之外，他在战时还支持成立国际联盟，1918 年，他开始偏向左派，这些都让他成为符合美国政府要求的人选。透过他在 1919 年 4 月从凡尔赛寄给儿子的一封信，我们也能看出他对威尔逊主义的支持并非出自伪装：

> 下一个 50 年的重要议题是：我们如何达成国际经济协议，最终跨越民族与国家的樊篱，并且通过成立国际联盟使国家议会向“超级议会”派遣代表，在“超级议会”上用一种更和谐的方式解决全球的基本问题……这个任务远比那些重大的政治谋略更加重要……希望我们能借此机会成功清除秘密外交、军事主义、海军主义和形式主义，至少改变一部分观念。

与此同时，对于那些受到邀请的人来说，代表德国参加和谈是一个把战争中学到的经验付诸实践的机会，因为对德国外交政策缺乏影响力，工商利益集团曾饱受战乱之苦。为响应积极参政的号召，1918 年，相关人士开始积极探讨经济和外交的相互依存：

> 我们最终必须抛弃为外交而外交这种不合时宜的想法；将来的外交政策必须首先是经济政策的基础，并给予其支持……未来如果离开了经济，政治将无从谈起。

这种新思潮的表现之一就是汉萨同盟商会起草的提案，目的是增加商业对外交的影响力——十一月革命后，许勒尔对外交事务部进行改革时，这些提案起到了一定的作用。

然而，这并不能完全解释德国代表们为何明知任务艰巨却仍然担起了重任。虽然沃伯格后来承认他“对于那些即将加诸我们身上的条款有严重误解”，但他所在的圈子几乎没人奢望德国能被从轻处置。沃伯格本人一开始也拒绝了代表德国参加谈判的邀请，理由是“协约国提出的条件肯定极其苛刻”。停战协议签署一周后，古诺、海内肯和霍尔岑多夫一致认为，“在接下来的和谈中，我们能够实现目标的希望极其渺茫”。格拉夫 · 伯恩斯托夫也同意德国代表团将会“一无所获……什么也得不到”。席费尔和贝格曼曾谈到赔款可能会有 200 亿~300 亿马克，但沃伯格提醒他们作好心理准备，因为赔款数额可能会“高得离谱”。正如沃伯格在 4 月初向布罗克多夫 · 兰曹所说的：“我们必须作好准备，对方的条件可能会极为苛刻。”沃伯格曾预测协约国会提出高达 1 000 亿马克的赔款要求，在他看来，赔款的负担可能会持续 25~40 年。[①]维特赫夫特估计，要支付赔款，就要“最大限度”地增加税负，“在各个社会集团中都实行社会化”。除此之外，沃伯格清醒地认识到，那些承担和谈任务的人在国内很可能不得民心，正因如此，当巴登亲王邀请他率领德国代表团参加 1918 年 10 月的和谈时，他并不愿接受。

汉萨同盟的工商界之所以参与了和平进程，一个最突出的现实原因就是他们在战争中损失惨重，贸易被中断，海外资产被扣押，商船也被没收。之

① 沃伯格在 12 月 30 日给格拉夫 · 伯恩斯托夫的一封信中明显表现出一些不切实际的想法：“对德国来说，战争赔款根本无从谈起……德国需要 50~100 年的时间才能重建家园……”

前谈到，在200亿~280亿马克的海外总投资中，有161亿马克被没收，向国外贸易伙伴提供的19亿马克的短期贷款也被冻结，134万吨位的船舶被扣押。尽管我们不清楚这些海外总资产中有多少属于汉堡利益集团，但从他们的强硬程度来看，一定不是笔小数目——他们坚称不能“为满足敌人对德意志帝国提出的经济赔偿要求”，而让“我们的海外资产受到一丝一毫的侵犯”。这也是为什么代表团中来自汉堡的成员急切盼望恢复德国的殖民地的原因，很多汉堡公司在战前都在那里有大笔投资。在德国所有的联邦州和主要城市中，汉堡是最大的海外债权人：战前德国欠国外债权人的债务总额为18亿马克，其中汉萨同盟仅占7 070万金马克；但在国外欠德国债权人那19亿马克的总外债中，属于汉萨同盟的外债却高达4.7亿金马克左右。①因此汉堡公司对于和谈人员如何处置战前债务格外关注。战争期间，德国被夺走或被没收的商船吨位达130万吨，其中有1/5属于汉堡的航运公司，而战争结束后，仍由德国控制的290万吨位的商船中也有1/5属于汉堡。停战谈判开始后，协约国就在设法把尽可能多的资产作为赔款据为己有；停战协议中一些条款规定对德国继续实行封锁，德国的食品进口仍受协约国的控制，汉堡很快就觉察到，协约国是在创造机会支配德国的整个海上商船力量。②因此，汉堡工商集团的核心战略目标就是尽可能收回这笔资产，避免进一步损失。

总而言之，汉堡利益集团参与和平进程有强烈的经济动机。“《凡尔赛和约》是有史以来最大的一笔商业交易。”马克斯·沃伯格说道。汉堡-美洲公司的一位高管称，把不同国家“凝聚”在一起的并非和约，而是“信用和借贷”。当然，参加和谈也有政治上的考量，其目的不仅是提高商业利益集团的外交意识；代表们还察觉到，外交政策上的影响力能够决定国内政治上的影响力。我们在之前谈到，协约国的决议直接影响到1918~1919年汉堡的食物供给，并由此引发了政局动荡。沃伯格和梅尔希奥宣称他们能就商业信用与美国进行谈判，并以美国人只接受自由贸易为由，试图打乱经济部的

① 柏林的这两个数字分别是8.043亿马克和8.8亿马克，可见首都柏林作为净债权人的地位并不突出。

② 汉堡-美洲公司的经营者们对于在德国提社会化心存顾虑，因为协约国可能会借这个机会把公司的船舶据为己有，于是急忙争取让政府承诺如果船舶被扣押，公司能够获得政府的赔偿。

贸易管制计划。二人成功说服食品部在1918年12月成立银行家委员会，该委员会成了和谈办事处的前身。同样，他们还能以安抚协约国为由，反对超越议会化的极端政治变革。霍尔岑多夫希望“威尔逊不与德国任何独裁势力进行谈判，这样就能确保国会在既定日期之前成立，从而尽快推动宪政改革走上正轨”。沃伯格也希望“目前的德国宪法能够引起美国的共鸣……期待两国由此取得高度的理解”。事实上，当席费尔邀请沃伯格代表财政部出席巴黎和会时，沃伯格的要求更加具体——要让梅尔希奥加入代表团，必须“保证在最广泛的民主基础上建设德意志联邦和各联邦州，这样通过成立法治议会，财政预算的法律程序就有可能获得批准”。参议员卡尔·彼德森也以相似的口吻向德国民主党的豪普特斯坦德提出，只要工人士兵苏维埃“完全不构成危害，最好是被彻底铲除”，协约国对德国的“待遇就会大不相同”。

当然，汉堡利益集团的外交策略绝非完全以经济和国内政治为重心。沃伯格从战争中学到的经验极大地影响了他对国际事务的看法，这一点我们已经探讨过。但是对于他的政策究竟在多大程度上能“代替”“传统”的强权政治，我们应该给予客观的评价。诚然，沃伯格并非泛日耳曼同盟成员，但这位曾在1911年支持德国出兵摩洛哥、在1918年又支持将波罗的海诸国殖民化的人，定然不会完全放弃追求德国的国家利益。例如，对于德国犯下“战争罪”的说法，沃伯格表示强烈反对，他在1919年3月曾向爱德华·伯恩斯坦指出，“如果强行给我们扣上战争罪的帽子，那我们在经济上也会遭到不公正待遇”，这也是他表示反对的关键因素之一。1918~1919年，沃伯格认为德国恢复大国地位的最佳方式就是迎合美国，也就是说，必须用威尔逊式的语言去追求“传统的”国家目标。他对民族自决的观点就是一个鲜明的例子：

> 如果威尔逊……一直坚持国际联盟的理念，那么也许会出现一些能够引起我们共鸣的声音。就个人而言，我不会过于乐观，主要原因是威尔逊对德国的了解并不深，而且一个人不可能对所有细枝末节都了然于

胸，由一人主宰天下格局，必定会破绽百出。①

沃伯格深信在战后的世界格局中，连接德国和美国的纽带不是相近的意识形态，而是经济利益。1918 年 12 月底，他回忆起自己早在革命爆发前就预测到了“德美双方的通力合作”：

> 美国人和德国人的合作不能局限在南美洲，在那里，德国人的行动不得不受制于美国对当地财政金融的操控；更重要的是，双方还要在苏俄问题上展开合作，因为离开了德国，美国在那里得不到任何好处。在未来的 50 年内，无论在南美洲还是在苏联，德国自然都将成为美国的左膀右臂……不只是因为德苏合作能够在美日对抗中为美国提供强有力的支持，而且因为这样会让美国在贸易和金融上依赖德国。

碍于军事失利和十一月革命动摇了德国的谈判地位，沃伯格倾向于把这些计划暂且搁置下来。但是，在经济上，美国在战后仍然有可能成为关键因素。“其他敌人发现自己的境遇跟我们一样惨，尤其是法国和意大利。”沃伯格如是说。他对美国资本在未来的作用以及德国在东西方之间的重要地位同样作出了权衡，在他对德国战后应采取的策略发表任何意见之前，精打细算自然必不可少。

沃伯格早先在赔款问题上的态度最能说明这一点。在几番重要的论战之中，沃伯格说服席费尔和贝格曼，让他们相信支付赔款的最佳方式是各国（主要是美国）购买德国发行的债券，这样在未来的 25~40 年，德国每年都会支付一笔固定金额的赔款。据沃伯格估计，赔偿的上限即德国有能力偿还的国外贷款、外国在德国工业和公共企业中持有的股份以及转让殖民地。到 1919 年 4 月，他预估国外贷款可能会达到 1 000 亿金马克，其中 250 亿将用于法国北部和比利时的重建。值得一提的是，沃伯格拒绝了实物赔偿，理由是对实业给予补贴可能会带来通货膨胀。后来的事态发展更加凸显了该观点的重要性：就在坚持恢复议会预算程序之时，沃伯格同时也在说服“德意志

① 沃伯格在同一时期也曾对未来的德意志宪法发表评论，由此可以看出沃伯格希望最终能够在民族自决的基础上完成德奥合并。

银行尽快重新垄断货币发行，以挽回其他国家对德国货币的信心”；换言之，沃伯格的设想是抑制贷款银行体系引发的货币扩张。由此可见，沃伯格最初的想法是：如果能获得大规模的国际贷款，实行自由贸易政策，并且恢复战前的预算措施，那么支付赔款和维持货币稳定完全可以并行不悖。这在很大程度上延续了1918年汉堡提出的“过渡经济”自由化。巴林在战争期间就意识到，“正是濒临崩溃的货币间接帮我们渡过了难关”，维特赫夫特也向柏林的决策者们强调了这一点。只要商业贸易畅通无阻，命悬一线的德国马克很快就能帮助德国赢回失去的出口市场；经历过最初的暴跌之后，马克将随着经济复苏而走强。但这些观点显然与经济部默伦多夫的主张截然相反；实际上，沃伯格极力催促中止所有的外汇管制，并强调“这一方案根本没有可操作性，也会妨碍我们获得国际贷款”。他向维塞尔直言道：

> 基于目前的财政状况，至少在下一个10年内，我们绝对不能让马克恢复到战前的汇率水平。我们只需要维持稳定（维持现有汇率）。只有取消外汇管制才能实现这一目标。

我们已经知道，沃伯格没有把握说服协约国“宽大处理”。但是，纵使没法说服美国，德国代表团仍然有其他牌可打。苏联发生的一系列事件引起了普遍担忧，可以说，如果和约阻碍了德国的经济复苏，那么“布尔什维克主义浪潮”就会向西推进，席卷整个德国。在同意加入德国和谈代表团之后，维特赫夫特说道：

> 面包与和平是保持秩序与获得工作的前提，否则我们就会向布尔什维克主义迈进，德国最终将成为一个布尔什维克国家。但我发现，这种危险之下其实隐藏着一个安全阀，使我们不至于被协约国逼得走投无路。如果这种趋势由匈牙利蔓延至整个德国，那法国、英国，乃至整个欧洲都不能幸免。

就在由3名英国官员组成的代表团访问柏林的前一个月，卡尔·梅尔希奥发表了同样的观点，社会民主党也很快表示赞同。这种观点并非只是危言耸听。4月底，柏林举行了部长级会议，会上梅尔希奥呼吁必须把“向苏联倾斜”作为未来的外交政策，艾伯特对此也表示赞成。在美国的支持下进行苏德合作——沃伯格的这个计划有了另一种替代方案，即苏德结盟，共同对抗协约国。

由此可见，在会议召开之前，汉堡集团就逐步形成了对策，他们考虑的因素包括自身经济利益、对国内政治的操控以及对权力政治的权衡。基于这些因素，德国支付赔款有几个前提条件：一是必须归还德国的海外资产、商船队并偿还战前欠德国的债务；二是德国能够获得贷款；三是可以回到战前的自由贸易状态，利用脆弱的货币，化被动为主动。如果这些要求被置之不理，也许就会出现一个与苏俄结盟的“红色德国”。这些策略并非只是盲目乐观；正如之前所见，德国的有关各方并没有指望战胜国会对他们手下留情。相反，他们在汉堡利益集团的启发下提出了“指导方针”，目的是为德国的申辩提供依据，而商业利益在其中起到了关键作用。他们旨在向德国人、美国人、英国人和法国人灌输一种观念，即商业贸易是战后经济复苏的关键。要复兴德国经济，就不能以“共同经济体”和“保护国内劳工”为名设立新的关税壁垒，而要积极实行自由经济政策。

和约构筑的虚幻世界

汉堡利益集团之所以对即将出台的和约并不看好，原因之一就是 1919 年 1 月在特里尔达成的停战协定。虽然梅尔希奥从协约国那里争取到少量的粮食和肉类，但其代价却是副总理艾茨贝格尔要在“停战期间”把所有 1 600 吨以上的德国商船移交协约国“处置”。汉堡的船运公司除了抗议别无他法，他们指责艾茨贝格尔的无能，谴责协约国把“土耳其协定”强加于德国。另一方面，英法双方的代表随后在资助德国的食品进口问题上产生分歧，德国于是看到了一丝希望。1919 年 1 月召开的巴黎和会是一场极其艰难的谈判；即使 3 月份的“四人会议”已经作出相关决定，但严重的意见分歧仍然存在，不仅美、法、英、意等国领导人相持不下，就连四国的代表团和国内选民也是各执一词。早在 1918 年 10 月，英国财政部代表凯恩斯就提出，比较切合实际的总赔款额是200亿金马克，和凡尔赛会议之前的柏林会议的讨论结果相近。当然，英国财政部的“交战国应付赔款与其他赔偿备忘”指定的赔款额是前者的两倍，但它的观点却道出了德国人的心声。英国财政部从一开始就承认，“即使把德国的每座房子、每个工厂、每寸耕地、每条公路、每条铁路和隧道、每座煤矿和每片森林都据为己有，再用高价卖给现成的买家，得到的钱都不及战争的一半费用，也无法偿还所有的赔款”。更重要的是，通过区分收取战争赔款时可能出现的“两种情形”，财政部预先提出的主张后来成了德国修约运动的主要依据：

> 第一种情况是赔款没有扰乱正常的贸易，这笔赔款的数额大致相当于债务国在无须支付战争赔偿的情况下，累积获得的境外收益和境外投资的总金额；另一种情况是赔款数额过高，债务国不广泛刺激出口就无力支付赔款，这种情况势必会干扰到其他国家的出口贸易。当该国收到赔款时，它就要为弥补这种损害付出沉重的代价。但是，如果这笔赔款落在他人手里，它就不需要去弥补。

此外，该备忘录还指出，由于爆发了财政危机，德国可能会公然拒偿债务，帝国也有可能分裂。凯恩斯之所以在巴黎第一次见到梅尔希奥时表示极大的同情，这也是一部分原因。虽然凯恩斯后来在特里尔的那场漫长谈判中曾宣称自己“会喜欢”梅尔希奥，被人们视为一种间接示爱；但更有可能的情况是，凯恩斯只是为另一个人道出了自己的悲观而感到欣慰。凯恩斯后来回忆，梅尔希奥“预计德国将会崩溃，文明会倒退……最困扰他的是那些可能由东而来的‘黑暗’势力”。梅尔希奥的这番话起到了预期的作用。劳合·乔治反对法国干预德国食品进口的资助问题，在此之后，外交部官员库尔特·冯·莱什纳指出：多亏梅尔希奥的解释，凯恩斯先生才意识到协约国可能会耽搁（事情），于是开始寻求双方的共同利益。巴黎和会一结束，凯恩斯就提出也许“德苏立即重建友好关系”才是“中欧实现自给自足的唯一机会”。

美国代表团对于赔款引发的问题也表示理解，虽然少了一些同情。尽管伯纳德·巴鲁克和诺曼·戴维斯等金融顾问估算的赔款要高于英国专家的预计——约为840亿金马克，但他们充分认识到，“问题不在于德国能赔多少，而是协约国为了获得赔款能付出多少代价”，他们反对要求“德国支付一定数额的赔款，然后定一个对方根本赔不起的数字”。除此之外，和沃伯格一样，他们试图把德国的债务分成硬通货债务和纸马克债务。德国的金融顾问——他们于3月28日抵达法国并下榻维莱特庄园——虽然也在利用美国的疑虑积极行动，但并没有梅尔希奥对凯恩斯那样成功。这时，布尔什维克主义再次被召唤。在4月3日财政委员会首次召开的会议上，梅尔希奥曾提醒美国人：“我跟我的同僚都是因循守旧的德国人，但我们现在已经信誉扫地，作出的承诺常常无法兑现，对于民众也不再有说服力，他们现在相信的是苏联那些煽风点火的人。”两周后，沃伯格秘密约见了J·P·摩根的合伙人兼美国财政部顾问托马斯·拉蒙特，再次提到“布尔什维克的问题……他不得不重申目前德国的形势在急剧恶化，公众对于报纸上刊登的和约条款惊恐万分，没有一个德国代表敢签署这样的和约”。沃伯格在随后递给拉蒙特的备忘录上详细说明了德国的现状。由于持续的封锁，德国已经有100 000人丧生，虽然有些人“从德国的这些变化中受益”，但是从他们身上“抽税根本不可行”，而没有税收就无法支付赔款。协约国必须按照原来的设想成立国际联盟，并委托独立法庭来调查战争的起因；它们必须对民族自决原则加以限定，把“经济利益”也包括在内（例如，要求全民公决中必须有75%的赞成票，阿尔萨斯-洛林才能脱离德意志联邦）；协约国还必须“以国际公约的形式……保障劳工阶层在经济问题上拥有民主的共同决策权”。如果这些“新的……基本原则”被采纳，那么整个世界将跨入新时代，届时，种族和国界在“国际经济协议”面前已不再重要。否则，后果将不堪设想：不是“军国主义抬头”，进而导致“复仇之战”，就是德国“被迫加入布尔什维克主义的阵营”：

> 对于那些不可预见的后果，战胜国要承担责任，而战败国要承受的是战争赔偿和悲痛的心情——终有一天要洗刷这些不公的罪名。那时，

新的恐慌和灾难将再次降临。①

两天后，梅尔希奥向美国代表团的另一名成员埃利斯·洛林·德雷泽尔发出了类似的警告：

> 他坦率地承认，拒绝签署和约会把整个国家推向布尔什维克的深渊，但这显然胜过接受耻辱的和约。他谈到，如果与西方强国达成谅解毫无希望，那么德国唯一的选择就是转向东方。

事后的很多事情——尤其是1939年发生的一系列事件——都被言中了。但是，德国代表团对当时凡尔赛宫内的事态进展却判断失误，可见德国政府高估了沃伯格洞察美国态度的能力。的确，威尔逊相信梅尔希奥是德国代表团内的温和派，不同于布罗克多夫·兰曹所代表的“傲慢的”贵族群体。拉蒙特曾说过德国将“得到‘被操纵的’和约”，也许正是这句模棱两可的话不经意间误导了沃伯格。然而，美国人私下里并不相信德国人的论调。拉蒙特认为沃伯格的备忘录是“一份怪异的文件”，他向巴鲁克提到：“这些德国佬真是愚蠢透了。他们对真实情况没有任何洞察力，估计你也同意我的说法……这东西根本起不到任何作用。”不出所料，德国请求与威尔逊总统及其顾问科洛内尔·豪斯Colonel House举行非正式会面的要求被拒绝了。由于美国的极力反对，凯恩斯的“欧洲复兴方案”化为泡影，而该方案中就包括向德国人提供贷款的建议。

和约条款终于在5月7日出台了，内容十分严苛，比德国代表团内部悲观人士的预测还要苛刻得多。我们可以从不同的视角来看待协约国制订的条款。对很多德国的政客和宣传人士来说，他们反对最激烈的和约内容是：“战争罪”的罪名、有关裁军的规定以及交出殖民地——包括12个边缘区，相当于德意志本土面积的13%，人口的10%，此外还有8个殖民地，那里的德国居民约有2 800万。从情感上，德国可以借用“解放战争”的论调，从民族主义的角度谴责这些条款。其他人，如德国代表团的布罗克多夫·兰

① 沃伯格的悲观不完全是一种愤世嫉俗。在给保罗·沃伯格的一份电报中（大约是在同一时期由他或他的儿子发出的），沃伯格提醒道：如果不“坦诚遵守”十四点原则，“欧洲也将彻底瓦解”。

曹则秉持尊重法律的立场，指出“十四点原则”、《兰辛–石井协定》和《凡尔赛和约》的不一致，并强调原来的停战协定具有契约性质，而且有限定条件。在经济专家们看来，和约中最关键的问题就是协约国规定的赔款，因为英国自治领要求德国负担战争引发的一系列费用，如养老金、赡养费和民用设施的重建费等。反对这些赔款条件的一个原因是：由于协约国成员在这一问题上分歧不断，因而赔款总额没有确定，只是要求德国头一年缴付20亿金马克，并付给占领当局管理费，最终赔款数字留待1921年再确定，这就为进一步削弱德国埋下了伏笔。但德国最根本的反对是以赔款为由立即剥夺德国的资产：不仅在特里尔移交的船舶被永久占用，还包括大量小型轮船和机车，以及所有在战争期间被没收的境外资产（只有美国境内那部分资产的归属尚无定论）；通过“清偿”制度，战前德国在国外的债权可以抵消一部分德国的欠债（以战前汇率为准）；并且在一年内要交付多达4 000万吨的煤炭。这种剥夺会造成长期的国际收支逆差，由于领土变更，再加上有规定授权其他各国提高对德国出口产品的关税，而德国在进口时要给予其他国家最惠国待遇，限制了德国享有独立贸易政策的权利，将使国际收支进一步恶化。

这些不同的视角在德国和谈代表和政府中激起了对和约的不同反应。沃伯格注意到布罗克多夫·兰曹出现了“病态的紧张情绪”和越来越“怪异的被害妄想症”；德恩堡据说变得“情绪失控”，哀痛不已。甚至连沃伯格最初的反应也是愤慨难抑，激愤不已：

> 向全世界宣告新时代的来临，宣扬爱和正义，然后又在世界范围内大肆掠夺，为将来埋下了冲突的祸端，扼杀了所有好转的希望，这本身就是罪大恶极。这种亲身经历让人毛骨悚然。可以肯定的是，我们绝对不可能签署这份和约。

在首次正式回应时，沃伯格“勃然大怒，下指令时声音都拉长了”，他强调了和约“公然违背法律的无耻行径”。然而，几天后，激愤的情绪渐渐平息，经济问题再次成了主要的考虑因素。沃伯格表示：“作好准备，敌人可能会拒绝任何口头谈判，并且进一步扩大占领区……我们必须保持冷静，并以这种方式最终达成谅解。”而船舶业界原以为和约的条件会更加苛刻。[①]然而，汉堡–美洲公司的大多数董事都不同意许尔德曼的意见（忍气吞声，把损失的船舶一笔勾销，用国家承诺的赔偿金打造一支新的船队），相反，他们一致认为必须说服协约国归还船舶，这才是主要目标。古诺一语道出了其中的经济利害：国际运输的收入（古诺估计战前的年收入约为5亿马克）对于战前德国的国际收支平衡至关重要，一旦失去海上商船队，德国就不得不每年向国外的船运公司支付122.4亿纸马克。言下之意很明显：没有船只，就没有国际收支盈余，赔款就无从谈起。他们讨论了几种可行的方案来替代收缴船舶，例如主动为协约国建造新船舶。但支持人数最多的方案还是向协约国提供航运公司和其他工业集团的股份，从而避免资产被没收。艾茨贝格尔更是热切期待着“一个更强大、更优秀的摩根”：

> （美国人）不仅能因此得到船舶的股份，还包括所有德国航线的码头设施及通信设施的股份；而我们就有可能一举赢回一部分庞大的世界运输市场。

事实上，在德国工商界人士和经济部官员举行的一次会议上，他们曾经慎重考虑过这个方案对整个工业的影响。

前面说过，沃伯格在动身前往凡尔赛宫之前就认真思考过让协约国直接参与德国商业的赔偿形式。但既然事已至此，他和梅尔希奥得出结论，他们该提出一些更为激进的反提案了。他们提出向协约国赔款1 000亿金马克，条件是对和约条款作出大幅改动：保留一部分德国的商船队，恢复殖民地并收回海外资产，取消割让上西里西亚和萨尔区。一位历史学家用“令人震惊”来形容这份提案，并用它来证明德方“赔款的诚意”（梅尔希奥之言）。事实上，1 000亿金马克并不是沃伯格和梅尔希奥提出的赔款的“现值”（凯

① 尽管根据和约规定，德国可能会丧失几乎所有剩余的商船队，但至少协约国不会对沿海地区的海关和航道进行直接管制。根据该和约，作为赔偿，德国要移交所有1 600吨以上的船舶，50%的1 000吨以上船舶和其余船舶的25%。在1919年，德国已交出总吨位为130万吨的船舶。继德国舰队在斯卡帕湾沉船后，协约国强制要求德国再交出若干舰船，截至1922年末，德国损失的船舶吨位共计达260万吨。战争与和约造成德国一共损失了战前商船队的96%。

恩斯估计现值约为300亿马克），因为这笔赔款是在一段时期内缴付完成，从1926年开始缴付，每年只有不到1/5的赔款需要支付利息。对于重建比利时和法国北部被战火损毁的地区所需的费用，沃伯格则尽量轻描淡写，这样，这笔钱就显得足以同时满足英国的要求；而作为交换，德国就可以"挽救东部的大片领土，还有殖民地（尽管只是一部分）"，"使经济和财政免受协约三国的操控"，同时"保护私人财产"。这份反提案是经过深思熟虑后提出的，同时也透出一种末世预言般的悲怆。沃伯格认为，主动提出具体的方案会让"我们的敌人很难向本国民众解释为什么不和我们谈判"：

> 我们能保证在军事、海军技术和金融问题上让步，但在其他问题上，只要有一线希望，我们就必须坚持立场，因为一旦在领土、政治、殖民地和经济问题上妥协，就无法再挽回。如果我们不提出这种令人难以拒绝的方案，迫使敌方和我们进行谈判——如果他们听到的全是批判、拒绝和悲观的语言——那他们必然会中止和谈，占领德国大片领土，如果可能的话还会和各州单独谈判，然后在两个月内，德国人民的抵抗就会瓦解。然后会怎么样呢？那些当时没有签署和约的人（他们本来可以签）就会被赶出办公室，然后随手在一份和约上签字，不管内容是什么——如果有人认为德国能够很快重振雄风，团结一致，东山再起，恐怕只是自欺欺人。一切都结束了，不是几十年，而是永远结束了，对此我深信不疑。经过5年的战争，人们已经耗尽了所有气力，再也承受不起任何动乱了。之后的10年、15年或20年，我们都要收拾残局。一半人和东方结盟，其余人则留在西方，德意志的命运就此终结：再见，德意志。

这一时期沃伯格的许多文章都提到了德国的分裂，虽然事后看来他的远见令人信服，但当时却没有什么说服力。尽管法国某党派已经不把莱茵兰视为德国领土，但其他战胜国从未真正地考虑过分裂德国。此外，柏林当局——尤其是财政部长德恩堡——对1 000亿这个数字惊慌失措。德恩堡原以为沃伯格的方案只是权宜之计，他设想的是这个方案会维持3~4年，然后"整个欧洲史出现重大转折，德国不必再履行义务"，其预言虽然宽泛，但却比沃伯格的要乐观一些。德国代表团和内阁在斯卡举行了一系列会议，双方屡次唇枪舌剑，财政部长极力劝阻代表团提出这样的天文数字。最终还是沃伯格占据了上风。为了安抚布罗克多夫·兰曹，德国最后提交的反提案增加了对非经济的和约条款的反对意见——比沃伯格和梅尔希奥预想的要多。

德国的反提案首先抨击了协约国和约条款的法律基础，并提出了一系列非经济要求，尤其是承认德国为国际联盟的成员，以及保留（主要依据是这些地方体现了德意志的民族特征）上西里西亚、萨尔区、但泽和梅梅尔等地。但是，其基调仍然是和约条款会“彻底摧毁德国的经济”，让德国在政治上重复“苏联的命运”。核心论点出现在关于经济问题的补充内容中——这可能出自沃伯格和梅尔希奥的手笔。由于和约实行的种种经济制裁——尤其是德国丧失了工业生产能力、殖民地、海外资产和商船队，金融顾问们提出德国无法按协约国的要求进行战争赔偿。如果让赔款委员会成为“德国的主宰者”，迫使德国赔款，会带来可怕的后果：

> 只有一种办法可以把人们拖出灾难的深渊，那就是大规模的移民，如果这条路也被堵上的话，那等待他们的就是死亡……就在德国人民……建立民主制度之际，德国的民主却被破坏殆尽。

这种言辞不过是老调重弹，但让人耳目一新的是，专家们在补充内容中明确强调赔款给财政、货币和商业贸易带来的问题。他们指出，如果用现有的政府收入支付赔款，就要取消或削减一系列开支，包括“战争贷款的利息、德国伤残士兵的养家费以及阵亡家属的抚恤金等，此外还有文化、基础教育、高等教育等方面的开支”。这无疑会“毁掉”德国的民主制度：“人们将没有能力和意愿纳税，德国在未来的几十年内将不断上演最残酷的社会阶级斗争。”然而，通过贷款来支付赔款也有诸多问题：

> 不用多久，德国就无法再获得大量贷款，无论从国内还是国外。于是，它只能靠大量发行钞票来补偿那些财产被没收并用于支付赔款的人。通货膨胀已经极其严重，如果执行和会商议的结果，形势将持续恶化。除此以外，要向协约国交付大量原材料，德国就得为原材料生产商

提供相应的补贴，这就需要发行更多的钞票。只要这个过程持续下去，德国马克就连维持现有水平都是个问题，更不用说保持稳定了。

接下来他们提出了一个关键论点：

马克将继续贬值。货币的波动不仅会影响德国，所有参与德国出口贸易的国家都无法幸免，由于货币持续贬值，德国将不得不以极低的价格向全球市场倾销商品，成为扰乱市场的祸端。

之后德国开始陈述其种种“假设”，他们的反提案就建立在这些“假设”的基础上：

应允许德国保持领土完整，这也是停战协定所作出的承诺；德国可以保留殖民地和商船……所有战争期间对德国的私人财产等经济权利的侵犯应依据互惠原则来处理。

根据这些规定，1919~1926 年，德国每年可以通过发行 200 亿金马克的债券来缴付每年的赔款和利息，纯粹债券形式的分期赔款总额不得超过 800 亿金马克——每年的赔款额“不得超过联邦和联邦州各项收入总和的特定比例，这些收入包括直接和间接税收、超额利润和海关关税等”——制定这一限额的依据是“迄今为止整个德意志帝国在和平时期的净预算”（包括特殊开支在内不超过 26.7 亿），以及“那些税负最重的联邦州的税收负担，这些联邦州在赔款委员会中都有代表”。

这些反提案的意义一直是争议的焦点。极右势力一度利用 1 000 亿金马克这个数字大做文章，批评魏玛政府的和谈代表优柔寡断，以至于在 20 世纪 20 年代，沃伯格不得不一再说明他的这份提案有哪些附加条件。一些近代的作者认为，反提案中作出的妥协构成了德国自由派“另类”外交政策的基础，他们还指责协约国立刻拒绝该提案。当然，在一些问题上，沃伯格起初没能成功赢得美国代表团的支持，但这次金融顾问却成功了。威尔逊本人也同意梅尔希奥提出的“随时调整”赔款“计划”。拉蒙特等美国金融顾问认为德国的一些提议“合情合理”——例如要有确定的金额，要限制赔款委员会的权力，以及为德国保留充足的“生产资本”，尤其是商船等；并且表示他们会“尽快创造平台与德国人会谈”。但不出沃伯格所料，法国和英国拒绝了德国的提议。在最初起草反提案时，他已经料到可能会“一无所获”，他还写了一首名为“维莱特（悲剧的开始）”①的诗来讽刺巴黎和会，以独特的反讽表达着日益强烈的宿命论。在沃伯格看来，协约国拒绝谈判已成定局，只好听天由命，他唯一的愿望就是公开声明自己的观点，用有力的论据说明修约的必要性。和随后出现的修约主义相比，德国的反提案并不算一个失败的“替代方案”，而是明确坚持了自己的立场——和约的经济后果促使协约国必须对其作出修改。此举开辟了用经济手段进行修约的先河，事实上，魏玛共和国在随后的13年中一直在重复使用这一策略，该策略的核心就是通过人为刺激德国出口诱导协约国修改和约。

在这方面，金融专家支持调解，他们显然不希望德国签署最终和约。金融专家和德国代表团共同敦促德国政府“必须拒绝签约”，因为：

> 和约给德国带来的威胁将会是铭心刻骨的伤害，德国从此会一蹶不振；相比之下，拒绝签字无非是导致领土被占领和国内动乱，无论有多严重，和前者比起来也微不足道。

事实上，古诺和梅尔希奥力劝政府向协约国声明：“这些条件我们不可能接受，因为根本无法实现；因此，我们建议他们直接接管德意志帝国……并承担行政的职责，就像国际联盟掌管（曾经属于德国的）殖民地一样。”当然，这只是反讽，并非真正的提议。沃伯格当然不需要格勒纳告诉他协约国的占领很可能会导致德意志分裂，他本人就在一个月前对德恩堡提到过这点。公开提议拒绝签约的目的不过是为了再次强调那些被反复提及的末世预言：

> 德国的……工业将陷入停滞……经济将彻底崩溃……数百万德国人将死于内乱，或被迫迁移……于是，欧洲的中心地带变成了“经济上的巴尔干”，它不断地制造动乱，而且随时都有可能让危险蔓延到全世界。

① 该诗名取自德国代表团入住的地点——维莱特庄园。

当然，建议拒签还有另外一个原因。在从凡尔赛宫返回魏玛的途中，德国代表团乘坐的火车不断被飞来的石块袭击——梅尔希奥还受了轻伤；汉堡当地的反应也异常激烈，其景象我们之前已有描述。诚然，除了签约，别无其他切实可行的办法；但是看到民众的怒火，不愿为签约而承担个人责任的确情有可原。正是因为这个问题，德国政府产生了意见分歧：谢德曼于6月20日辞职；其继任者鲍尔于6月22提出有条件接受和约，但这个尝试也失败了。沃伯格的态度则流露出一种宗教上的虔诚："主啊，如果我不是犹太人，现在担当重任的人就是我了。但这没什么不好，犹太人的身份已经无数次让我避免犯下愚蠢的行为。"总而言之，顾问团的报告并不是在宣告德国被占领或分崩离析，而是意在掀起舆论浪潮，向协约国民众宣传修改和约的意义；另一方面，这也是一种维持国内政局的策略。拒签的姿态并不是全然无用，至少凯恩斯注意到了梅尔希奥的控诉——"被逼迫接受不可能实现的条件"。但真正的精髓是德国顾问在提案中使用的经济逻辑，其条理非常清晰：德国愿意支付赔款，但由于和约影响到德国的收支平衡，国家根本无力支付。正如古诺所言，当前的目标是"突出德国支付赔款的诚意，但要强调必须让我们能够恢复生产"；简而言之，要指出"和约带来的经济负担和赔款要求是互相矛盾的"。第一阶段的"履约"已经开始，其正式的目的是避免毫无防卫力量的帝国被分裂；而非正式的目标则是用行动证明顾问团的预测，即经济上不可能满足赔偿要求。

数月后，前金融代表们和他们的亲属开始修饰并宣传他们的观点。霍尔岑多夫游说自己的侄子艾尔·克罗爵士——他是赔款委员会中的英国代表，也是英国驻柏林的武官。沃伯格则向"战胜饥荒委员会"的帕穆尔勋爵写了一封广为流传的公开信。德国出现的两种趋势似乎也在支持汉堡代表们在6月的黑色预言。先是马克兑美元的汇率在1919年6月~1920年2月由14：1暴跌至99：1，主要原因是新经济部长施密特决定取消外汇管制，从而使德国工业能够充分利用因马克贬值速度超过国内物价上涨速度而形成的出口溢价。施密特也没有忘记凡尔赛和谈代表们的主张。他直言不讳道：

> 德国需要不断地出口，这意味着德国要尽可能向国外市场输出德国产品。它的重要性甚至超过了收回成本，保证收入……以亏本价格向海外市场抛售德国产品会迫使协约国允许我们稳定马克汇率。

马克大幅贬值似乎证明了这个说法：和约酿成了国际收支危机，引起德国商品在国外被“贱卖”，正如沃伯格所言，只有修改和约和提供大量的国际贷款才能解决问题：

> 德国人民……只要有能力履行和约，他们必然会下定决心，竭尽全力。如果要求过高，那随之而来的将是一场灾难，受难的不只是德国，其他国家也会受到冲击。在外汇市场上已经初见征兆的金融风波将不断扩散。

证明沃伯格6月预言的第二个因素是波兰红军取得的非凡胜利。这又在激起了新的预言，即和约的经济影响——“贫穷、苦难、失业”——将导致“群众起义”，“布尔什维克的浪潮将越过波兰，向德国席卷而来”。梅尔希奥也特意发出警告：

> 既然德国已经失去了它的殖民地和舰队，海外资产也被没收……经济被彻底摧毁，它必须比以往更密切地关注东方……也许在那里，可以在没有任何侵略行为的情况下建立一个由苏俄与德国组成的……某种战败国联盟。

在德国为修正《凡尔赛和约》所发起的各种活动中，马克斯·沃伯格的兄弟保罗·沃伯格的努力至关重要，虽然没有大获全胜。保罗策划邀请银行家和金融顾问小组参加1919年10月在阿姆斯特丹举行的一次会议。起初，保罗最关心的似乎是向德国提供大规模的商业信贷，帮助德国进口原材料。但在凯恩斯的影响下，会谈内容拓宽了，开始探讨赔款、战争债务和德国顾问在凡尔赛提出的国际贷款等问题；凯恩斯还和保罗联合起草了一份写给国际联盟的倡议书，呼吁减少赔款，取消战争债务，以及向德国提供贷款。随着斯堪的纳维亚和瑞士银行家的加入，该小组不断壮大，并于11月初再次召开会议，会议通过了该倡议书，众多来自欧洲各国的举足轻重的人物在上面联合签名。然而，赔款委员会中那位牢记使命的代表弗雷德·肯特却惹了麻烦，他向美国财政部征求意见，得到的回答是：会议备忘录必须提交给各国政府，而不是国际联盟，并且要求在提交给美国政府的版本中删去四行字，因为其中提到了“整个世界的资产都将缩水”。即使作了删改，华盛顿仍然认为这份国际金融会议的提议“令人反感”，因为它有可能点燃一些危险的希望——“通过美国政府来号召美国人民同意政府贷款，从而让美国人承担欧洲的债务”。

由此可见，美国人已经“决意袖手旁观”，这激怒了本来就对修改阿姆斯特丹会议备忘录心怀不满的凯恩斯。但是，到 1920 年 1 月这份备忘录发表时，几乎所有的视线都转移到凯恩斯的一本专著上了。整本《和平的经济后果》就是一部精彩的檄文，然而和书中的观点相比，更让人难忘的也许是它鞭挞协约国领导人的犀利言辞。虽说书中的观点和沃伯格、梅尔希奥、古诺和维特赫夫特等人在巴黎和会上的主张并非完全相同，但的确非常相似；当然，凯恩斯和保罗·沃伯格与梅尔希奥首次在阿姆斯特丹会议上见面时，曾经向他们宣读过该书的草稿，这一点也至关重要。凯恩斯并不否认德国顾问对他的影响。和他们一样，凯恩斯指责法国在和约中提出“迦太基式的”经济制裁，怒斥赔款委员会是“压迫和掠夺的工具”。和他们一样，凯恩斯坚称德国“并不是无条件投降，而是基于在和平的性质等问题上达成的共识”（“十四点原则”及随后美国提出的解释）。和他们一样，凯恩斯强调，由于德国丧失了海上商船队、海外资产、产煤区和贸易政策的自主权，其赔款能力被大大削弱。协约国要求德国赔偿战火造成的各项损失，支付士兵的养老金等，总金额高达 1 600 亿金马克，而被瓜分殆尽的德国只能寄希望于从出口盈余中筹集这笔赔款。但是，向来都入不敷出的德国要获得贸易顺差，必然会给协约国的经济贸易带来压力，而德国也必须最大限度地减少消费。即使德国可以保留其基本资产（如西里西亚煤田），它所能够支付的赔款最多也不过 410 亿金马克，其中 3/4 还是以无息的形式分 30 年付清。凯恩斯在凡尔赛宫听到的梅尔希奥的末世预言也被囊括其中，他预见德国将出现马尔萨斯危机，而东欧的资本主义则会因为通货膨胀走向灭亡：

> 这个政策会让德国在整整一个世纪内受尽屈辱，民不聊生，整个民族都被剥夺了幸福的权利，这是整个欧洲人类文明的倒退…… “在和约上签字无异于在数百万男女老少的死刑判决书上签字。”我无言以对。……如果我们蓄意让中欧陷入贫困，那我斗胆预测，复仇的火焰日后会熊熊燃烧。不用多久，德国的反抗势力和绝望的革命分子就会挑起最后一场内战，与它相比，之前德国那场战争带来的恐惧完全不值一提，最终，无论谁获胜，这个时代的文明和进步都将毁于一旦。

只有燃起“篝火”，让那些国际债务化为灰烬，同时在东欧开展由德国领导的经济重建项目，才能预防上述灾难的发生。①

在汉堡，凯恩斯著作的出版——还有它取得的巨大成功——被视为重大突破，人们欢呼雀跃，期待着英国舆论发生大逆转。梅尔希奥认为这本著作“极具感染力”，是“战后历史……进入新阶段的标志”。但一切终究是海市蜃楼。原因很简单，凯恩斯从凡尔赛宫的德国金融顾问那里听来的灾难预言，无论是政治上还是经济上的，统统都错了——至少在短期内的确如此。马克币值并没有螺旋式地不断下跌，而是突然反弹，令那些一直在积极思考对策的悲观论者（包括凯恩斯）感到沮丧。德国经济也没有崩溃，而是逐渐开始好转。布尔什维克的浪潮也没有席卷德国，反而是保守派试图发动起义。接下来，我们就来探讨为什么和约对经济的真实影响与之前的预言大相径庭。

和约对经济的真实影响

事实上，《凡尔赛和约》在当时对德国经济的影响并没有批判者所说的那么严重。除了美国，所有走出战争阴霾的交战国都元气大伤，财产损失惨重。英国丧失了近 240 亿金马克的投资，还有价值 1 600 万马克的资产被抛售；

① 凯恩斯这一观点令人惊讶，他提出只有德国企业和组织才能帮助苏俄重建：德国“在欧洲的位置”可以为“东部和南部的邻邦创造财富、管理财富”。

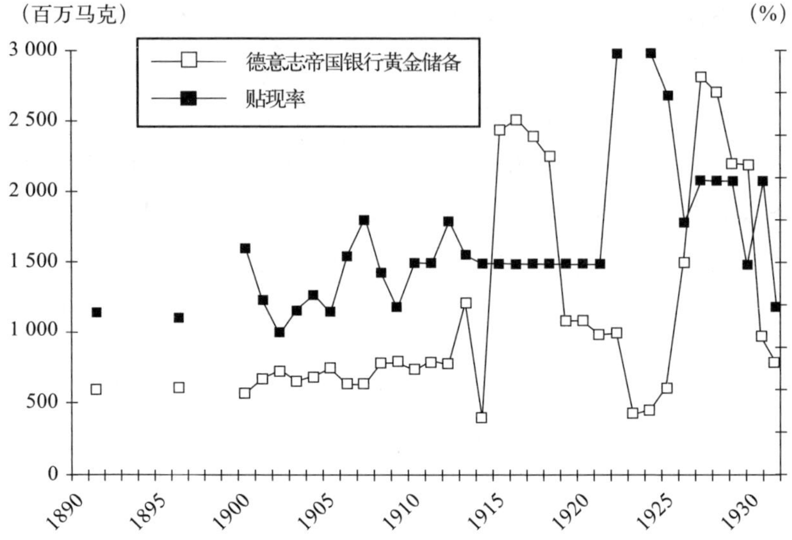

图 4.1　德意志帝国银行：黄金储备和贴现率（1890~1932）

由于俄国的革命，法国投资者损失了 168 亿金马克；接近于它通过战争与和约夺走的德国海外资产的总价值。同样，虽然德国失去了最精良的商船队，但战争期间全球航运业损失的船舶吨位总计也达到了 1 500 万吨。无论是哪种情况，我们都不应夸大这些财产损失带来的影响：航运业的恢复速度尤其惊人，1919 年 1 月，全球航运业的总运力低于战前水平的 9.5%，但截至当年 8 月就已经突破了这一水平。德国的总赔款尚未确定，但赔款受益国欠美国的债务已经达到了近 400 亿金马克。无论是赔款还是协约国间的债务都可以暂不考虑，等候下一步的外交方案；《凡尔赛和约》签订后的一年内，这些问题对经济生活的影响几乎可以忽略不计。当时，随着商人们更新存货，因战争而停产的工厂恢复生产，那些被战火、军舰和潜水艇打断的贸易联系也逐渐被修复，世界经济大幅增长。截至 1920 年，国际贸易恢复到战前水平的 80%。因战争融资导致的货币扩张使得所有交战国的现金盈余不断累积，推动经济上扬。劳工短缺没有抑制经济的复苏。虽然 9 800 万男性在战争中丧生，但战争的死亡人数也许只对法国产生了严重的经济影响。战前的人口趋势让德国在战后反而出现了成年男性过多的局面。的确，战争和随后的革命拉高了工资成本；但由于 1919~1920 年的流动性十分充裕，这些问题很容易解决。正是这些潜在的力量使得人们对凡尔赛的灾难预言不以为然。

战争使得汉堡的大工厂拥有大量的流动性盈余，政府为加快经济复兴坚持采取赤字开支政策，导致流动性过剩加剧。在某些情况下，政府会直接投资，其中最突出的就是给航运业的赔偿金。仅在 1919 年 10 月和 11 月，汉堡的航运公司就申请了 1 800 万马克的政府资助，其中的 3/4 用来支付博隆福斯船厂的合同；到 1920 年 3 月，其申请的政府资助已达到 2 000 万马克，占全国总额的 1/3。政府公布的一组数据表明，截至 1920 年底，政府在战争时期向汉堡航运公司承诺的赔偿已经以不同形式兑现了 11.5 亿马克。帝国央行不断将政府赤字货币化，间接为整个经济提供了流动性。1919~1920 年，从名义价值来看，流通中的纸币量和股份制银行中的储蓄额都在上涨，年增长率约为 70%。货币市场十分宽松：尽管帝国央行的贴现率维持在 5%（见图 4.1），但市场利率却降到了 3%~3.5%。以汉堡–美洲公司为例。1913 年，该公司的流动资产——现金、银行存款、国库券、商业汇票以及其他证券——已经高达 5 440 万马克，约占资本总额的 15%。1918 年，这个数字是 1.641 亿马克；而到 1919 年则飙升至 5.056 亿马克，占资本总额的 57%。也就是说，尽管汉堡–美洲公司几乎失去了所有的船队，但它仍然是实力雄厚的潜在投资者。1917/1918 年度~1918/1919 年度，由于裁减了一半的员工，加上收回了上一份军事合同的款项，博隆福斯船厂的现金盈余也成功翻番。对这些公司来说，通过国内渠道获得投资并非全然不可行。此外，银行在战争结束时拥有大量流动基金，银行放贷同样也促进了 1919/1920 年度的投资增长。1919~1921 年，随着银行为新增存款寻找投资渠道，发放新的贷款，汉堡股份制银行的资产在名义价值上都有大幅增长。德国商业银行的放贷量在 1918~1920 年几乎翻了 4 番，"尽职尽责地"满足了客户的借贷需求。1920 年，博隆福斯船厂和德意志造船厂分别发行了价值 200 万马克和 300 万马克的公司债券（大多数都由公司的银行家们持有）。船运贷款银行尤为慷慨，在 1919 年向现有的船舶公司放贷 3 500 万马克，1920 年放贷 7 700 万马克。该银行规定的还款期为 12 年，这表明当时对通货膨胀普遍的乐观预期。

商人们很快意识到，从股市上融资也许更快捷。由于有可能获得资本收益和丰厚的红利，1919 年股市一恢复开盘就吸引了大量的储蓄资金，战争时期低迷的汉堡经济因为和平而重现活力。从 1919 年 4 月的最低点到 1920 年末，汉堡股份制公司的数量增长了 50%以上，而整个德意志增长了 25%。汉堡公司的净资产总额上升了 170%左右（从 7.63 亿马克升至 20.69 亿马克），全国的总额只增长了 75%。当时的人们注意到，“到处都有新公司冒出来，而旧公司的资本随着马克贬值也有相应幅度的增加”。仅 1921 年第一季度，就有 14 家新公司成立，总资本为 3 100 万马克；另有 24 有公司的净资本总计增长了 1.92 亿马克。一些大银行成为领军者：1920 年，德国商业银行（也就是航运贷款银行的先导）将其净资本从原有的 8 500 万马克扩大至 2 亿马克。同年，沃伯格在工业股发行中也发挥了关键作用，为 Stern-Sonneborn 石油公司和卡尔施泰特百货公司组织了大规模的股票发行。德意志造船厂的资本也增加了两倍。

所有这些现金来源都可以被开发成战后的融资渠道。但重要的是，商人们要对各种投资形式加以区分。在货币理论中，在通货膨胀形势下的投资是“真实价值”投资——从理论上来说就是对货币贬值作出理性应对。汉堡的例子告诉我们，商人们在作投资决策时考虑的因素只有预期贬值率，但对未来市场状况的评估往往更重要，至少在恶性通货膨胀发生前夕应该如此。汉堡–美洲公司在 1919~1920 年考虑了众多投资机会，包括航空运输（与通用电气公司共同投资）和褐煤生产（与沃伯格公司共同投资）。但是，既然汉堡航运业亟待发展，政府也有投资意愿，航运公司也就顺理成章地重新聚焦在其老本行上了。航运公司很难直接购买海外现存船舶，于是，德国造船厂的订单多了起来。截至 1919 年 4 月，来自汉堡航运公司的订单有 84 份。1920 年 7 月，博隆福斯船厂同时有 15 份订单，均来自汉堡航运公司；到当年年底，德意志造船厂接到了 28 份订单。德国在建船舶的总吨位在 1919 年下滑 40%后，1920 年又蹿升了 110%，总产量是 1918 年的近 4 倍（见图 1.2 和图 2.2）。

大量订单直接引发的一个问题是：造船厂是否应该投资建设新工厂。显然，德意志造船厂的那些创始人已经作出选择。7 月，1 000 万马克的资金到位，准备新建船厂。这个决定没有充分考虑到货币因素，仅仅是基于对成本和订单的预估。可见，制造企业和银行一样，都认为经济在未来几年会持续增长，而不是仅仅维持几个月。尽管卡尔·哈尼尔一再提醒，全球航运市场很快就会供过于求，德意志造船厂的管理层仍然坚持战争时期的观点——在战后至少5年内，市场对轻量级船舶的需求会始终维持较高水平。截至1921年5月，该船厂已投资近6 000万马克兴建工人宿舍和工厂。公司通过各种渠道融资——其母公司、银行、股市等，开始筹备长期扩建项目。尽管1919~1920年的金融形势稍有起色，但在现有的造船厂中，对未来如此乐观的少之又少。以博隆福斯船厂为例，公司认为其劳工成本过高，同时生产能力过剩，反而极大地增加了货币贬值补贴。

从很多方面来看，战争结束伊始，更理智的投资形式是通过现有公司的合并来提升集中化程度。公司掀起了收购和合并的浪潮。在通货膨胀时期，最为著名的案例就是西门子—莱茵—埃尔贝—舒克特联盟，这种纵向合并的集中方式会使企业臃肿庞大，缺乏灵活性。必须强调的是，这不是普遍适用的规律。对于那些易受影响的经济领域，纵向合并不失为一种选择，例如斯廷内斯等采矿和铸造业的企业主认为重工业前景堪忧，于是果断地向工程和运输企业投资。斯廷内斯希望在一些较为稳定的行业内进行收购，但这些行业却有着不同的运行规则。汉堡–美洲公司在战争期间已经完成了纵向收购，购买了地面交通公司和旅行公司的股份。到1919年底，该公司的目标是优化整合德国船运业。1920~1921年，斯廷内斯和古诺一直在争夺汉堡航线（尽管这些航线尚在规划阶段）的控制权，前者进行了纵向收购，而后者是横向收购。1920年1月，汉堡–美洲公司用3 000万马克收购了黎凡特航线，同时发行了500万马克的拥有多重表决权的优先股，意在为公司“制造良机，使公司和其他同行能够互相团结，扩大规模，相互支持，共同抵御外来企业的影响”。既然斯廷内斯购买了汉堡–美洲公司和韦尔曼航运公司的部分股份，这番话的意图则非常明确，就是要把斯廷内斯赶出监事会。随着德意志造船厂收购汉堡造船厂，造船业也在进行类似的优化整合。在银行业，德国商业银行单在1920年就收购了40多家小银行，其中包括位于马格德堡的中德信贷银行。

对汉堡经济前景的乐观主要是来自1919年和1920年汉堡贸易的迅速回升。当时人们认为货币贬值和商品过剩息息相关，因此，我们有必要用实证数据来分析，但要强调的是，这一时期可供参考的数据绝大多数都存在一些问题。从德国的统计数据来看，这一时期并没有大量的货物穿过“西方的漏洞”（也就是占领区的免税海关）。1920 年下半年和 1921 年上半年的数据不完整，之后的数据也屡遭质疑，其原因我们稍后探讨。除此之外，在以纸马克为单位的现有统计数据的基础上采用不同的价格平减指数，会得出截然不同的实际进出口贸易总额。例如，如果进出口数据都用德国批发物价指数扣除通货膨胀因素，就无法说明那一时期贸易量的大幅波动。如果只是根据战前的物价清单，把贸易量数据按 1913 年的币值来换算，偏差就会更大。利用现有的月度数据，我们可以得出 3 组不同的月贸易数据：一组以 1913 年的马克币值来表示，并简单地用批发物价指数扣除通货膨胀因素；另一组经过调整的数据可同时反映进口价格和出口价格的不同趋势；最后一组则是贸易量数据。

第一组数据中的年估值显示，在战时已经十分严重的贸易逆差在 1919 年进一步扩大，升至 41.3 亿金马克，约占国民生产净值的 12%；但在 1920 年又有所好转，基本保持平衡（见图 4.2）。月度数据能够更准确地反映出实际趋势：货币贸易逆差在 1919 年 7 月达到最高值，之后开始下降，直到 1920 年 3 月和 4 月出现贸易顺差（见图 4.3）。德国进口总额由 1919 年 3 月的 1.78 亿金马克飙升至 1919 年 7 月的 10 亿金马克，增长了 6 倍；但也许是由于对金马克开始征收关税，1919 年中期的激增趋势开始消退，到 1920 年 2 月，进口总额仅有 2 690 马克；而月度出口总额则在 1 500 万到 3 500 万金马克之间波动，直到 1920 年 7 月蹿升至 6 500 万金马克。然而，以金马克为单位的数据掩盖了通货膨胀时期进出口相对价格的波动。1919 年底到 1920 年初，和进口价格相比，出口价格的增速较慢，反映出马克贬值的速度超越了国内物价上涨的速度；因此，从“真实价值”来看，1919~1920 年度的贸易逆差并不大（见图 4.4）。这些差异用实际汇率来衡量最为合适（用名义汇率除以马克标价的商品价格和外币标价的商品价格之比，即得实际汇率），它可以反映德国商品的国际竞争力。比较这一差异和第三组贸易数据——贸易量，我们就能清楚地看出汇率、价格和商品贸易之间的关系（见图 4.6）。结果显示，1919 年，出口商品总量比进口商品总量多出 2 300 万吨，1920 年

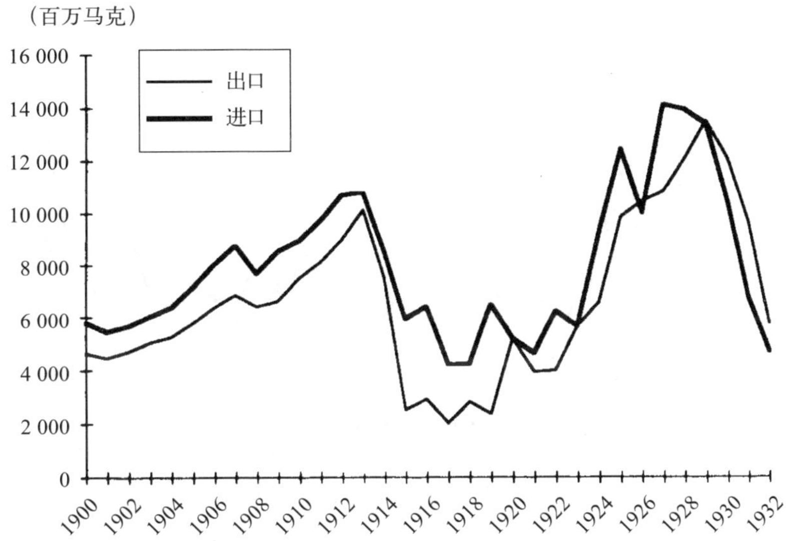

图 4.2 德国的贸易（1900~1932）

更是高达 4 900 万吨。甚至在汉堡这个历来进口量远大于出口量的城市，在 1919 年进口量急剧上升之后，二者之间的差距开始迅速缩小。考虑到德国进口的商品大多是体积较庞大的食品和原材料（1920 年约占进口量的 76%），而出口商品多（约为 84%）是体积较小的成品，这些数据就更令人吃惊了。由此可见，正如金融顾问们在凡尔赛所预言的那样，虚弱的德国马克的确导致德国商品以“低得离奇的价格”向外“倾销”。

大多数德国人都认为货币贬值会持续下去。很多人都和马克斯 · 沃伯格一样，期望彻底还清公司的外币债务，因为这些债务折合成马克必然有增无减。基于马克会持续贬值的预期，德意志造船厂乐观地认为会有不少来自国外航运公司的订单。也是出于同样的原因，一些纺织公司似乎也相信国外订单会接踵而至，只有少数人发出预警：“马克不是没有可能升值，一旦马克升值，情况就完全不同了。”但这声音显得如此单薄。1919 年，外汇管制被取消，悲观的德国人对马克“避之不及”，纷纷将其换成外币。艾茨贝格尔限制“资本外流”的提议遭到强烈反对，尽管监管委员会通过了“杜绝外汇投机”的决议，但这种现象已经相当普遍。1920 年，德意志造船厂向荷兰出售 4 艘船舶，并决定把 997 000 弗罗林的利润留在鹿特丹的银行

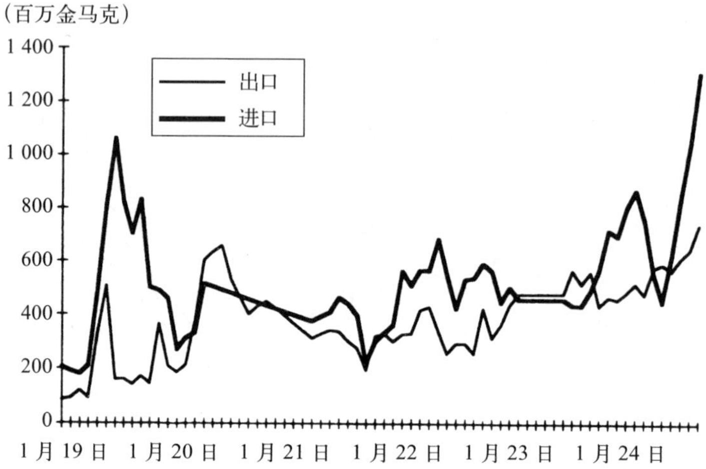

图 4.3　以 1913 年物价表示的德国贸易额（1919~1924）

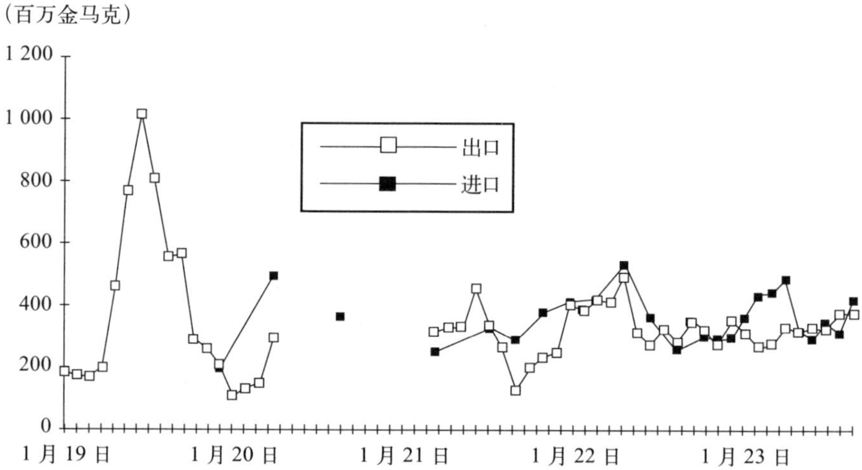

图 4.4　按 1913 年币值换算的德国贸易额（1919~1923）

账户内，不调拨回本国。对马克的悲观预期在德国国内则表现为货币需求下降：存款账户中的现金被转移到现金账户上，越来越多的人通过银行直接转账进行交易。这就解释了为什么 1919 年的货币增长率只有 49%，而通货膨胀率却高达 228%（见图 4.7）的原因。这种悲观情绪对外汇的影响尤为显著——外汇投机者们也有相同的预期：截至 1919 年底，美元兑马克的汇率比上年度上涨了 465%。正是因为货币贬值的速度超出了通货膨胀的速

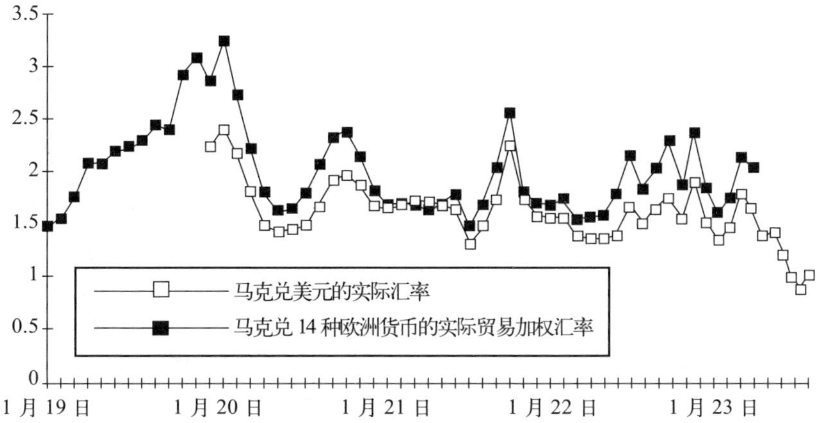

图 4.5　德国的实际汇率（1919~1923）

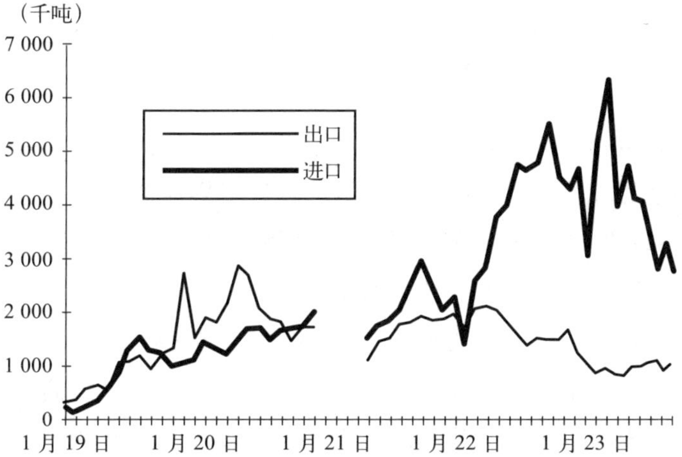

图 4.6　德国的贸易量（1919~1923）

度，德国出口商品的实际价格下降了 1/3，证明德国的确在向世界市场“倾销”商品。

但是，如果预期马克会持续贬值，那说明我们忽略了德国经济复苏的补偿作用。据估计，德国的国民生产净值在 1920 年增长了 10%，1921 年为 7%。虽然农业依然委靡不振，但工业产量却急速上扬：1920 年增长 46%，1921 年为 20%，一些行业（尤其是造船业和煤炭业）的增速更加惊人。在国外看来，强势增长和弱势汇率似乎是一个矛盾的结合体。

在某种程度上，德国 1919 年的大规模进口反而有一个意外收获——国

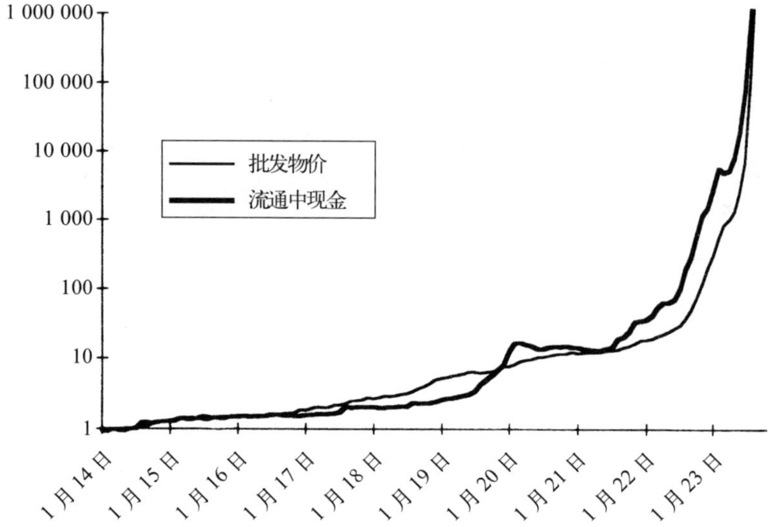

图 4.7　通货膨胀（1914~1923，1913 = 1）

外市场对马克重拾信心。由于出口利润极低，德国只能靠国外供应商给予的信用来支撑食品和原材料的进口。首先是美国供应商：根据美国的统计数据，1919~1921 年，德国从美国的进口高达 7.76 亿美元；德国对美国的贸易逆差从 1919 年的 2.46 亿金马克增至 1920 年的 9.32 亿金马克，到 1921 年则高达 12.26 亿金马克——几乎相当于德国官方数据中的贸易逆差总额（见图 4.8）。签署停战协议后，汉堡商业团体急忙与美国出口商接洽，不少美国公司对此也颇有兴趣。1920 年，汉堡的几家公司联合成立了一家控股公司——德国瓦伦信托股份公司，但此类试图为德国创造巨量进口信用的做法却惹恼了美国财政部。①1920 年 1 月，经过协商，德国成功地从荷兰政府那里获得了 2 亿弗罗林的信贷，但在德国庞大的贸易逆差面前，这无异于杯水车薪；甚至国际承兑银行（这个野心勃勃的集团是由沃伯格银行和一个由瑞士、美国、英国、荷兰和瑞典各国银行组成的财团联合创建的）也只能为粮食进口融资 900 万美元。

事实上，在 1919~1920 年度，填补德国大部分贸易赤字的不是大规模的

① 该公司要求国外供应商先交付原材料，等原材料被加工成成品并出口国外后，供应商才能拿到货款。

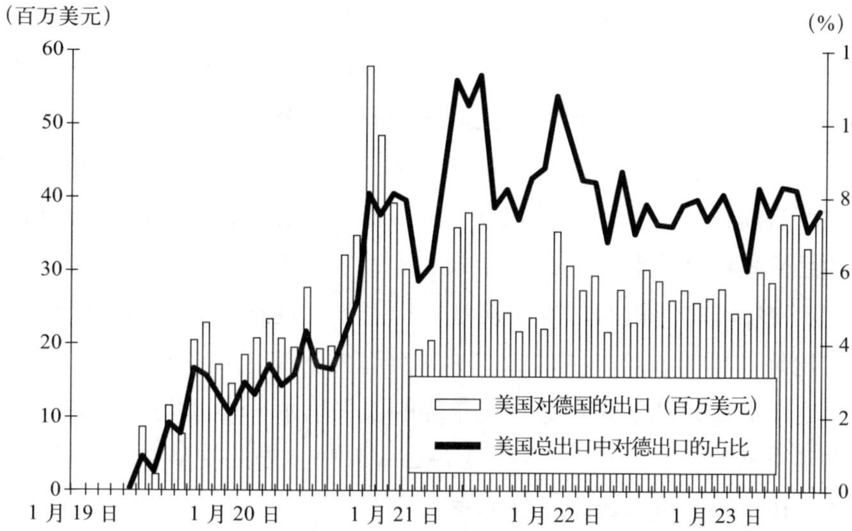

图 4.8 美国对德国的出口（1919~1923）

国际贷款，而是无数国外小投资者手中的纸马克。这种投资热潮在当时成了人们谈论的焦点。当本杰明 · 斯特朗在 1919 年 8 月访问欧洲时，阿姆斯特丹的银行家告诉他："比利时的每个服务员和木匠手中都有一些马克，穷一点的有德意志帝国银行的票据，那些更有钱的则把余额留在德国银行的账户中。斯堪的纳维亚地区也一样，更惊人的是……美国人买了上亿马克用来投资。"10 月，凯恩斯听到"目前国外持有的马克已高达 200 亿"的说法。"这种投机，"他在 3 个月后提到，"规模大得惊人，事实上是前所未有。"近期的研究也证实了上述说法。德国的外国游客和原占领区的人们明显都想持有德国马克，期待有一天能够反弹。宏观上，柏林七大银行中的外国存款从 1919 年的 137 亿升至 1921 年的 416 亿，几乎占到总存款的 1/3。1919 年 7 月到 1921 年 12 月，纽约市场上买入马克的金额共计达 6 000 万金马克。同期，以马克标价的债券成了投资热点，汉堡政府无限量发行利率为 4.5%的债券，仅在 1919 年就融资 4 860 万马克。德国股票也吸引了不少国外投资者（例如古根海姆家族在 1920 年 5 月通过沃伯格银行购买了 2 500 万马克德国通用电气公司的股票），德国的房地产也是一样。可以确定的是，1919~1923 年约有 130 亿金马克的净资本流入，其中流入净额最大的时期是 1919 年、1921 年和 1922 年上半年。

谈到德美经济的重整，最引人注目的也许就是汉堡–美洲公司和哈里曼公司之间的合作了，美国人究竟花了多少钱购买这家德国公司的股份仍然是个谜。在凡尔赛和谈时，德方曾经提出德国航运公司需要国外的参与，古诺对这个说法作了改动，提出美国的航运公司能够参与经营汉堡–美洲公司在战前的所有航线，并断言虽然汉堡–美洲公司目前没有船舶，但公司的历史积淀和经验足以让它和美国公司平起平坐。实际上，古诺是想让美国公司为汉堡–美洲公司提供船舶，从而恢复运行业务，直到它能够收回轮船，或新船舶被建好；作为回报，美国公司能够经营另一半汉堡–美洲公司在战前的航线。这个提议只是虚张声势；但年轻的埃夫里尔·哈里曼却被吸引了，并将公布了交易的初步方案。汉堡–美洲公司和哈里曼的交易在德国反响强烈，被视为“德国重返世界舞台”的标志。

和凯恩斯及其同时代的学者们一样，当这些投资随着通货膨胀变得一文不值的时候，历史学家往往会强调德国经济获得的净增益。然而，在短期内，这些资本流入起到了填补德国财政赤字、稳定德国货币和抑制通货膨胀的作用。1920 年 3 月，马克兑美元的汇率突然停止下跌，出现反弹，从 99.11 ∶ 1 升至 6 月份的 30.13 ∶ 1。在 3 月份的几个月后，前 8 个月的所有趋势都发生逆转：出口价格上升，德国商品价格和世界市场价格之间的差距急剧收缩。和德国其他地区一样，汉堡也为之一惊：沃伯格匆忙调整了银行的投资组合，承认自己“完全搞不懂这汇率的走势”，并把它归因为“一个异常强大的集团”在投机。蒙受损失的不仅是德国的悲观主义者，凯恩斯自己也投资失利，损失了个人的 13 125 英镑和朋友的 8 498 英镑，而他的投资正是基于他对“和约的经济后果”的预期。一段时期过后，他和沃伯格才明白究竟出了什么状况：

> 国外对马克的信心令人难以置信——完全超出了我们的想象。我们现在是靠几十年前的信用过活。外国人相信勤劳的日耳曼民族会从战争废墟中重新崛起。只有这个原因才能解释马克汇率的升高。

或者像凯恩斯在 1922 年 9 月所说的：

> 从城市街道上的犹太人……到西班牙和南美洲偏远城镇中的发廊小工……他们的看法不约而同……德意志是一个强大的国家，总有一天会再次起飞，那时马克也会升值，从而带来巨大的收益。看来银行家和女服务员都不了解历史和经济学。

“历史和经济学”告诉我们，马克很可能会进一步贬值，不论其经济“基本面”如何，事实的确印证了这个观点。但在短期内，那些忽略历史和经济学的人对马克的判断的确没错。如果有人在1920年时去过汉堡，他可能完全看不出凡尔赛会议后凯恩斯所预言的任何灾难。1920年5月，哈里·格拉夫·凯斯勒看到的景象让他惊叹不已：

> 在阿尔斯特湖上，来往的游船络绎不绝，一派生机勃勃的景象……人们在停船的地方出出进进，想找个地方坐下。家人们则在一起享用巧克力冰激凌和5马克一杯的红莓果汁。你会以为这里就是传说中的黄金国埃尔多拉多El Dorado。

5个月后，一位法国游客本以为这里会“一片死寂”，但令他意外的是，“港口、仓库、船坞和码头，随处可见一箱箱的货物和食品……工人们有条不紊地工作着，一切都井然有序……而且商店里几乎能买到世界各地的食品。人们看不出任何德国战败的迹象”。就像沃伯格曾经说过的，这是“极端矛盾的一年”，但所谓矛盾，不过是现实与他和凯恩斯预料的不同而已。贸易逆差并不意味着货币会以不可逆转的趋势持续贬值，而是到某个临界点就会暂停——如德国实现贸易顺差，或其赤字处于国外投资者愿意承受的水平。讽刺的是，正是实施了沃伯格呼吁的自由化政策后，经济形势开始趋于稳定。沃伯格的错误只是高估了德国损失的资产对于战后经济复苏的影响，并误认为美国通过官方贷款向德国提供的资本会稳定德国的形势。

和约的政治后果

汉堡利益集团称《凡尔赛和约》会对德国经济产生灾难性影响，但他们意外地发现经济形势非常平稳。他们反对和约的第二个理由是，由此产生的经济后果会把德国推向布尔什维克阵营，事实果真如此吗？1919 年实行通货膨胀政策后，革命时期的冲突从街上转移到了工作场所。随着解除封锁后就业率升高，1918 年 11 月~1919 年 7 月的政治权力斗争转移为对购买力的争夺，劳方对于通过集体谈判提高名义工资率从而应对通货膨胀信心十足。1920 年极左势力的影响减弱，也主要得益于劳方在这方面取得的成功。但另一方面，其他社会集团却未能获得相应的通货膨胀补偿，于是，1920 年极右势力抬头，这与凡尔赛的预测完全相反。

的确，与 1916 年中期和 1919 年中期的匮乏相比，对大多数德国人来说，签署《凡尔赛和约》后的两年内是一段繁荣时期。1920 年 2 月~1921 年 5 月，名义生活成本并未显著上升；房租也保持低水平，远远赶不上通货膨胀的速度。[①]尽管汉堡人口激增 19%——不仅是因为士兵复员和出生率回升，而且还有大量移民的涌入[②]；但是，失业率反而从 1919 年中期的最高点 24% 降到了 1920 年第一季度的近 7%。[③]实际工资和薪水在 1920 年 2 月时处于谷底，之后便急剧上升，并持续了全年，大约在 1921 年中期达到顶峰。[④]各项食品消费指数被战前的标准拉低，但在 1913~1921 年，糖、稻米、盐、可可尤其是烟草等的人均消费下降幅度，低于人均实际工资的下降幅度，这说明在通货膨胀的形势下，德国人开始增加消费。一些现有的公共健康指标在 1917~1918 年度达到低点，而后开始有所改善（婴儿死亡率则例外），1918 年的死亡率为 19.2‰，到 1921 年下降至 12‰，而结婚率和出生率则显著提升——这是战后的一个普遍现象，但也是出于对经济形势的预期相对乐观。

---

① 见图 3.5。

② 见图 1.3。1919~1925 年，德国外来移民占人口净增长的 72%，人口的自然增长仅占 28%。1919~1920 年，移居国外的德国人也相当少。

③ 整个德国的相关趋势参见图 3.1 和图 2.10。

④ 见图 2.11、图 2.12、图 3.6 和图 3.7。

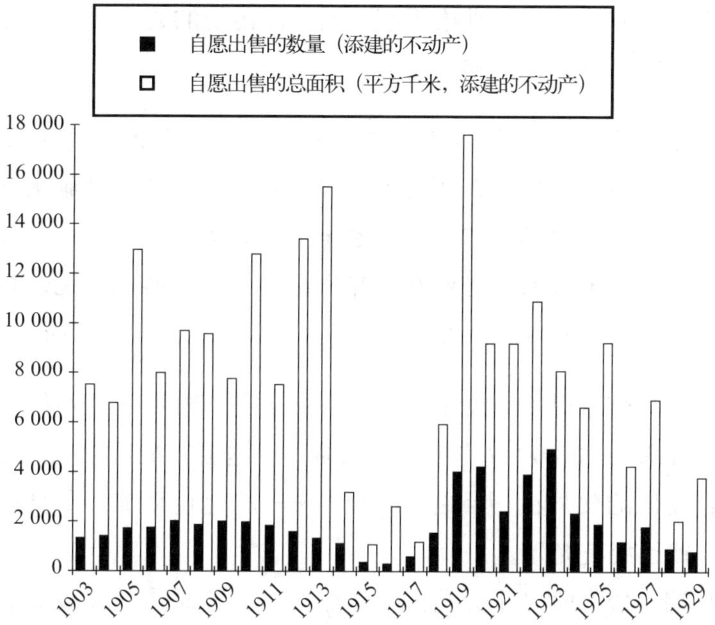

图 4.9　汉堡的房地产市场（1903~1929）

更多的人享受到了经济复苏带来的利益，这一点不同于以往德国社会的传统。对那些受过教育且有不动产的资产阶级来说，战争时期那种被剥夺的感觉尤其强烈，即使经济恢复之后也是如此。1919 年房产销售量异常走高，一方面反映出房产的实际投资回报率持续下跌，导致房东们急于脱手；另一方面在于要保持原有的消费习惯，中产阶级家庭已经不得不把固定资产变现（见图 4.9）。一位朋友曾建议弗朗茨 · 维特赫夫特不要卖掉他在吕特延塞那 123 公顷的地产，认为“地产在很多方面优于德国货币”，但维特赫夫特显然更需要现金。也正是在这一时期，德国人开始讨论资产阶级的“无产阶级化”——尤其是对于像法官等高级公务人员。在私营部门，公司开始抱怨那些美国领事口中的“19 岁的见习兵”，“他们在战前还没有工资，但参军一段时间后，很快就成了中尉，而后成了上校，拿着他们做梦也想不到的高薪水”。现在，他们开着“自己的公司，自己做业务，资本金很少，也没什么信用”，却跟这些公司在展开竞争。从 1920 年到通货膨胀结束，德国大学的学生人数也一直居高不下，这也可以看做是资产阶级的一种隐性失业，即在经济形势不明朗的情况下躲进象牙塔，而其他传统的资产阶级教育则不得不被牺牲。正如马克斯·沃伯格所言：

> 经过几十年才成长起来的各种期刊、学术团体、文化企业被遗弃了……儿女们接受的教育也大不如前，无法达到我们以前视为理所应当的那种水平。人们不得不卖掉豪宅和家族的房产。对于那些领取养老金的人、靠租金生活的人，以及所有依靠固定收入的人来说，贫困正在悄悄向他们逼近，看不到任何转机。

资产阶级甚至不得不减少旅游等娱乐的开支。珀西·施拉姆本打算用战争期间自己继承的 10 000 马克去巴西旅游，但这笔钱最后只能让他一个人去趟意大利；而他的父母在一个更近的地方——梅克伦堡旅行时更狼狈，行程还没结束，钱已经花光了。

这一时期，资产阶级十分拮据，但更严重的似乎是随着战后经济复苏而产生的价值观危机。对于珀西·施拉姆的叔叔来说，通过做空马克来获利简直是“无法接受的事情”。同样，经济统计数据显示消费在增长，享乐主义大行其道，这是那些恪守 19 世纪勤俭观念的人极度厌恶的。一位英国官员在 1919 年惊讶地发现，人们既“冷漠”又“亢奋”，这种矛盾状态让他们不顾一切地逃避现实，并且开始“疯狂地跳舞，或者终日沉湎于其他娱乐活动”。其他国外观察员本以为会见到“公民意识”崛起，可他们看到的却只有“道德的堕落”：

> 无所事事的女人做了妓女，男人则教唆别人犯罪，或自己走上犯罪的歧途。男人不再对家庭、工作和社会抱有责任感，整个社会正在经历一场劫难。

美国领事在 1920 年则看到了一种对传统价值观的蔑视：“在耶稣受难日可以举办舞会，同时在当天关闭电影院的禁令也被解除……这些禁令在社会主义城市屡见不鲜，但对这里的很多人来说却像是在禁欲，让他们苦恼。”连当时的舞会在一些人看来也透出末世论的悲哀：

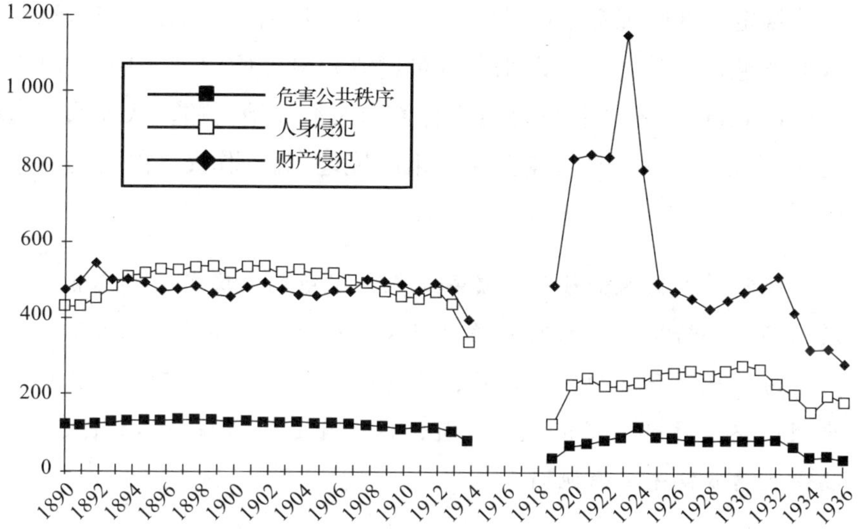

图 4.10　犯罪率（1890~1936，每 10 万公民）

我们很快就会沦为世界的乞丐和奴隶，
但那又有什么关系？
只要琴弦还能奏出声音，我们就会跳不停；
尽管熊熊火海深不见底，我们还是会继续；
蒙起双眼，我们就这样跳——
永远不停息。

这种享乐主义导致了全民的道德沉沦，也在很大程度上改变了人们的性观念，虽然魏玛时期这种声名狼藉的“情色浪潮”很难量化。①当然，犯罪率似乎也在上升。1919 年，汉堡的刑事案件比上年增长了 77%，1920 年仍然延续了这一趋势。从法院判决的统计数字来看，新增的犯罪活动主要集中在侵犯财产等罪行上：原因很明确，如果国家能够以通货膨胀的合法形式来侵占财富，那么个人行小恶时内心的罪恶感就会降低（见图 4.10）。1920 年 3 月，价值 600 000 马克的失业救济金被盗，这一事件“将时有发生的抢劫行为推向了极致”。此外，战争爆发后，很多经济管理条例相继出台，如针

① 汉堡的离婚率激增，在战前，每 1 万居民中只有 9 人离婚，但在 1920 年却升至 22.6 人；据保守派评论人士估计，妓女、同性恋和堕胎者也在增加。

对走私的规定，这些规定不但难以执行，同时还会滋生腐败，降低法律的威信。人们普遍认为战争爆发以来，官员腐败猖獗，1919 年 10 月，凯恩斯点明了当时的状况："每个和货物运输有关的人都开始受贿，从前的德国在这方面坚不可摧，现在已经快沦落到苏俄的境地了。"驻汉堡的美国领事也有同样的看法：

> 经常听到商人们谈论官员和工人，说他们丧失了荣誉感和正直的品质，而这些恰恰是战前所有的德国人引以为傲的品德。看看那些铁路工人、海关雇员和其他政府人员，你会以为自己是在墨西哥。从前没有人会想贿赂铁路部门或海关的人员，但现在，他们每人都有自己的价码，要做生意就得先买通他们。

就连资产阶级传统的社交礼仪似乎也受到了侵害。在汉堡市政厅广场，施拉姆的叔叔被一位粗暴的闹革命的水兵撞个满怀，他把这看做是对"商人荣誉"的侮辱。在私下约见梅尔希奥后，凯恩斯也讲述了他在德国代表团的居住地特里尔的类似遭遇：

> 他带着我穿过走廊，进了一间屋子。屋子另一头有三个年轻的德国人，一个在漫不经心地弹着钢琴，一个穿着衬衣的大块头用刺耳的男高音嘶吼着，另一个则懒散地瘫坐在桌子上。"不好意思，"梅尔希奥说道，"我们想开个私人会议，能不能让我们单独用一下？非常感谢！"结果这些人冲他大吼，问他知不知道这里全天只有这一个小时才能放音乐，还指着梅尔希奥的香烟，问他是不是忘了这里 5 点之前禁止吸烟。我们只好沿着走廊继续找。梅尔希奥耸了耸肩，说道："现在你知道革命时期的德国是什么样子了吧。这些人都是我的职员。"

在资产阶级社会的传统价值受到挑战的情况下，正是这种经历让中产阶级开始敌视魏玛共和国。1918 年 10 月开始的革命是一场资产阶级革命，受到包括梅尔希奥在内的众多自由派人士的支持。但是到了 1920 年初，这种政治自由化却显得得不偿失，它带来了更多的经济和政治问题。美国领事在 1920 年 2 月曾试探过工商界的态度，发现组建"强势政府"的呼声很高：

> 现行政府在形式上有很大缺陷，所有人都想发号施令，没人愿意服从，但德国要继续，必须由一个人统领政府，其他人服从，当然美国领事并不认为德皇是合适人选。他非常确信兴登堡会在接下来的选举中当选总统，在他看来，兴登堡、鲁登道夫和莱托-福尔贝克将组成最佳的政府班底。当有人提醒他这是一个纯粹的军事政府时，他的回答是德国正需要这样的政府……人们已经被教化成只能在这样的政府下才能生存。

汉堡的一位律师在日记里表现出对魏玛社会的强烈谴责，他认为资产阶级接受魏玛共和国是政治上不成熟的表现，与弗朗茨·维特赫夫特在一年前宣布抛弃威廉时期的非政治主义形成了鲜明对比：

> 汉堡市民失败了。他们不知道为自我保护必须要完成什么事，他们已经走到了尽头。他们缺乏工人阶级的牺牲精神……也没有共同目标。他们表现出一种政治上的不成熟；只有在他们有意识地把自己和无产阶级隔离开来时，才能考虑到未来。

这位律师也准确地预见到了实现目标的政治手段：

> 当精神力量被政治所钳制，无法发挥作用时，诉诸武力就成了一种自我防卫……但谁能唤醒沉睡中的资产阶级呢？谁能够让人清楚地意识到危险，甚至让最不切实际的人都能被恐惧惊醒，意识到拖延才是更大的罪恶？谁能够最终把汉堡市民凝聚在一起？谁才是那个沉着、智慧、果决的领路人？

这种对魏玛共和国的憎恶与民众对《凡尔赛和约》的愤怒密不可分，也与德国的战败息息相关。有人认为，对凡尔赛体系的厌恶成了魏玛共和国的“黏合剂”；但这种说法掩盖了深层次的分歧——一些人（如沃伯格及其同盟）准备接受德国当时的处境，面对现实，目的是通过经济手段修改和约；而另一些人则主张断然拒绝，不论后果如何。之前谈到过，1919 年夏天，沃伯格和维特赫夫特曾因他们在停战协议及和谈中扮演的角色而遭到攻击。在接下来的几个月，主张“履约”（即正式接受和约条件，面对现实，迈出修正和约的第一步）和主张正面对峙这两派之间的裂隙逐渐加深。德国要求引渡“战犯”，在汉堡掀起了“拒绝妥协”的浪潮，德国“与苏联结盟”对抗协约国的呼声再次高涨。一位商人曾毫不避讳地向美国领事保证，“终有一天，德国会向法国和波兰报仇”；而理查德·克罗格曼希望被协约国占领能够激发德国“找到像俾斯麦一样的领导人，把德国人民再度团结起来，带领他们成就伟业”。同样，极端民族主义的《汉堡观察》也在呼吁“一个能够让毫无防卫的德国脱离苦海的人”。“工人和失业人员频繁游行，民众也在示威，抗议和约条款”，当时的公共会议厅还因此多了不少额外收入，1920 年初期的公众情绪由此可见一斑。

反犹主义抬头也是一种信号，表明了资产阶级在政治上的极端化。在签订《凡尔赛和约》那段时期，汉堡的反犹主义尤其高涨，这绝非巧合。到 1920 年初，“德意志民族联盟”和“保卫防御联盟”等联合起来，组成了“德意志民族防卫联盟”，该组织的目标就是让犹太人“承受所有的不公正待遇”。极右势力的惯用伎俩并不复杂，他们的主要活动就是出版宣传册，发表露骨的反犹言论，如谴责沃伯格在“犹太人”和会上扮演的角色；抑或是大张旗鼓地抗议，如 1920 年 2 月让演员亚历山大·莫伊西被迫中断表演的那次示威。然而，反犹主义已经不再局限于小资产阶级，中学生、大学生、巴伦菲尔德志愿军成员等也卷入其中。汉堡的德国民族人民党的性质发生了改变。英国总领事发现“汉堡商人中有一股相当强大的德意志民族主义势力，其中不仅包括商人和富人阶层，还有裁缝、铁匠等小雇员和几个弃政从商的前官员”。在意识形态上，这种思想融合了“保卫防御联盟”的民族主义和 1919 年“国民俱乐部”的保守主义；而在现实层面，它意味着商界精英对反犹言论的默认和支持，例如德国民族人民党在汉堡市议会的代表亨宁森就曾针对莱奥·李普曼发表过这种言论。沃伯格曾向“联邦公民委员会”的发起人弗里德里希·冯·勒贝儿求助，希望能够镇压德国民族人民党内部的反犹主义，但却得到一个令人遗憾的答案：“如果明确打击反犹主义，会很容易激起反对声浪并造成内部分裂。”其他资产阶级党派也难免会受到反犹主义的影响。汉堡的德国人民党——这是商界代表最为集中的党派——准备公开拒绝反犹主义，但尽管如此，沃伯格还是无法说服施特雷泽曼在全国发表类似的声明，因为该党派在德国南部的分支有反犹主义倾向。甚至德国民主党也经历了相同的困境，尽管卡尔·彼德森在不断努力。

民众对魏玛共和国的不满，对《凡尔赛和约》的抵制和反犹主义的猖獗，种种因素让汉堡工商界首领几乎寸步难行。曾参与和谈的德国人民党成员不安地发现，就连自己的党派也在试图和“耻辱的和约”划清界限。马克斯·沃伯格等“心系国家的”犹太人也许会坚持认为，“在宣扬德意志民族身份的同时，也可以缔造与民族身份相匹配的国际资产阶级”；但即使沃伯格，也认为有必要把定居德国的犹太人和不受欢迎的犹太移民区分开来。一些非党派组织，如“汉堡人同盟”，试图以“保持德国资产阶级的统一”为名避开这些难题，他们希望抛弃“党派政治”，重拾“伟大的共同理想——打击极端主义、冲破阶级斗争的樊篱和弘扬国家理念”，但这些努力一无所获。和“国民俱乐部”或汉堡红十字会一样——甚至汉堡赛马俱乐部等“非政治”组织也不例外，“汉堡人同盟”发现，要“强调民族理想”就很难避开民族人民党所鼓吹的那种更极端也更容易引起纷争的政治。这种选择似乎很明显：魏玛共和国还是《凡尔赛和约》，二者只能选其一，有条件接受和约的空间不断缩小。

1920 年 3 月发生的事件加剧了意识形态的两极化。卡普政变不但增加了德国转向集权主义的可能性，同时也激发工人阶层采取了防御式攻击，摆在德国中产阶级面前的是一个艰难的抉择：要么支持变节的军官，要么选择激进的罢工者。对那些维持秩序的人来说，这场危机清楚地表明，前一年夏天对汉堡的军事占领并没有改善革命后汉堡的公共秩序。1919 年 12 月，在政治上较为温和的迈恩被参议院任命为“治安部队”的新首领，取代了原来的弗尔克，之后，关于应由谁来领导莱托–福尔贝克成立的“治安部队”，各种分歧层出不穷；其他防卫力量的具体职能也不明确，比如巴伦菲尔德志愿军和附近梅克伦堡州的各种业余志愿军。1920 年 3 月 13 日，卡普“政府”向汉堡下达指令，要求任命冯·门格斯为“治安部队”新首领，由驻扎在什未林的国防军提供支援；冯·旺根海姆这位参与卡普政变的官员试图通过逮捕迈恩来执行这一命令。到 3 月 16 日，一场内战似乎已经蓄势待发，汉堡参议员向多数社会民主党、德国民主党和独立社会民主党成员配发了数千支步枪，并匆忙召集地方志愿军与波罗的海的卡普叛军对抗；无数的学生放弃了学业，加入了“梅克伦堡的那些……忠诚度值得怀疑的军队”。第18国防军团将领列杰布尔公开违抗其在什未林的上级的旨意，宣誓支持汉堡参议院，混乱局势终于结束。到4月，恢复稳定后的政府与国防军达成和解协议，参议院想要起诉支持政变的军队，结果却不了了之。汉堡市政当局也有类似的混乱局面。参议院在德累斯顿宣誓效忠“旧”政府，但汉堡在柏林的代表阿尔布雷希特却主张与叛军达成妥协，对于究竟应该遵守来自什未林的指令，还是响应德累斯顿发出的罢工令（许多高官因此被停职），政府行政机构内部也存在分歧。在汉堡市议会中，德国民族人民党支持卡普，而多数社会民主党和德国民主党则对鲍尔忠心耿耿，参议院对独立社会民主党成员的武装（更不必说劳芬贝格等革命者的经历再次上演）心存芥蒂，这些因素都使得保持中立的人开始偏向德国人民党，即使参议院明确反对“极右反动势力”掌握政权。政变失败后，罢工和示威游行仍在继续，资产阶级更加担心左派会爆发“第二次革命”。船厂工人利用官方下发的罢工令督促雇主涨工资。失业人员在4月份爆发了激烈的示威游行；5月份罢工风波再起；6月，食品短缺引起了暴动和抢劫；10月，社会动荡再次升级。

在这种局势下，汉堡工商界自然不愿意与任何一方为伍。他们既不满于魏玛共和国的现状，又怀疑保守势力会发动政变，这完全合乎情理；他们的不作为与其说是能力不足，不如说是出于一种信念。当然，汉堡资产阶级内部有一些卡普的追随者。据沃伯格回忆，巴伦菲尔德志愿军（“其中有很多活跃的年轻人来自汉堡环境优越的家庭”）希望“立即加入卡普政变”，而“一些饱经世故的汉堡商人和学者……在刚听到卡普政变的消息时也为之一振，天真地以为这可以使问题得到解决”。但在1918~1919年度初期，工商界在政治和外交领域的发言人几乎没人希望发生政变。1919年8月，霍尔岑多夫表达了对反革命政变的鄙视，称这种想法“说明了保守派的不识时务”。他指出这场政变“纯粹是疯狂的举动。它只会为极左翼党派扫清障碍”。卡尔·梅尔希奥的看法也类似，但他同时也注意到了政变的国际意义：

无论是通过共产主义革命还是反动复辟，只要民主体系被颠覆，或是向专制和独裁政府靠近，德国就很难和处于支配地位的国家达成谅解。

在汉堡接到政变消息的当晚，沃伯格、梅尔希奥、古诺和卡尔·彼得森就举行会面，商议是否要“从汉堡向柏林派遣代表团，劝说卡普放弃这种疯狂的举动”。商会也在讨论是否召开紧急会议——荣誉商人大会；而汉堡人同盟则商议是否要发动防御式罢工，这场罢工原本是为了对抗左派发起的政变。然而，霍尔岑多夫和卡尔·菲尔斯滕贝格经过一番谈话后，从柏林发出了这样的建议：“静观其变……因为没人知道到底该前进还是后退。”这种不作为是出于谨慎，而不是对卡普政变的默认。1920 年 3 月 15 日到 18 日，约翰·福斯特·杜勒斯在柏林感受到了金融界和工商界的态度，并在报告中提到，“在我看来，那些大银行家在革命前支持君主制是拒绝变革，并对卡普政变严加谴责”。但 3 月 13 日和 14 日，沃伯格接到的消息是“卡普已经控制了德国军队”；他后来回忆道：“这次事件的影响非常恶劣。”博隆福斯船厂拒绝承认内部的罢工活动，从中也许可以看出其对卡普的支持；但考虑到经济因素，管理层完全有理由“明确强调：在任何情况下，政治都不应该被卷入工作场合”。“中央工作组”命令资方在反卡普罢工期间应继续给工人发工资，鲁道夫·布洛姆抱怨这会让雇员的罢工活动愈演愈烈，事实也的确如此。

布洛姆希望使船厂业务免受政治影响，这在某方面反映出 1919~1920 年汉堡工商界对于政治两极化的态度。无论是犹太人还是基督徒，自由派还是保守派，商人们对于热月政变的回应是不再直接参政。鲍尔及其继任者米勒劝说古诺担任财政部长（这件事可追溯至 2 月份），但古诺推辞了，其理由是“政府的运作被党派政治和议会体质以外的机构所影响”，而就在此前几个月，古诺还力劝梅尔希奥接受经济部国务秘书一职。古诺认为“议会中党派政治的现象相当普遍”，这会让“我这种极端保守人士”很难完成“让国家财政走上正轨的重任”。梅尔希奥也拒绝担任复兴部长。他们甚至开始逃避政党内部的活动。维特赫夫特再次拒绝成为德国人民党的候选人，并且不予解释；沃伯格也因为反犹主义高涨而退出候选人行列；而古诺拒绝代表德国人民党和“中央工作组”的双重压力，并且指出“船运公司和党派活动几乎是两个对立体”，相比之下，他更愿意用自己的影响力去促成资产阶级政党间的合作。同样，阿恩特 · 冯 · 霍尔岑多夫也谢绝加入德国民主党全国委员会，并提出他在柏林的角色要求他必须“加倍小心”，为“各种政党提供中间立场”：“我不得不尽量避免出风头，并且尽可能远离争端。”实业家阿尔贝特 · 弗格勒对于这种缄默态度十分讶异，他告诫鲁道夫 · 布洛姆：

> 要证明行业代表制（相对于民主代表制）可以保障公民拥有适当的选举权利，我们可以像往常一样，让协会秘书来负责直接由议会举行的活动。但要实现这一点，就要首先在政治议会中增加代表，从而说服国会支持这一改革。因此，我们别无他法，只有充分利用下次选举前的空档期，确保尽可能多地在各党派中选出实业家……尤其是德国民族人民党，该党派至今都没有表现出对工业界代表的支持。

但是，布洛姆决定以商业承诺为由远离政治，即使这是典型的“非政治策略”。马克斯 · 冯 · 申克尔和理查德 · 克罗格曼也不愿再大力支持德国民族人民党。1919 年后，绝大多数汉堡商人只是愿意在资金上给各党派一些支持。

卡普政变后，沃伯格表达了一个遥不可及的愿望，那就是极左翼和极右翼都将穷途末路，但 1920 年 6 月的那场选举彻底粉碎了他这个愿望。这场竞选堪称德国选举历史上最激烈的，甚至可以说是在一种暴力的氛围中进行的。驻汉堡的美国领事这样描述道：

> 人们都无法容忍不同意见，与美国选举中常见的“言语中伤”不同，在汉堡各种集会中，人们投掷的是棍棒和砖头……竞选工作者尽职尽责地把每寸空间都贴上广告，不留一丝空隙，就连百老汇剧院那些疯狂散发小广告的人看了也要甘拜下风。

竞选结果是两个极端阵营都有收获（见图 4.11）。挫败的沃伯格怒斥汉堡的德国民族人民党领袖卡尔 · 赫弗里希：

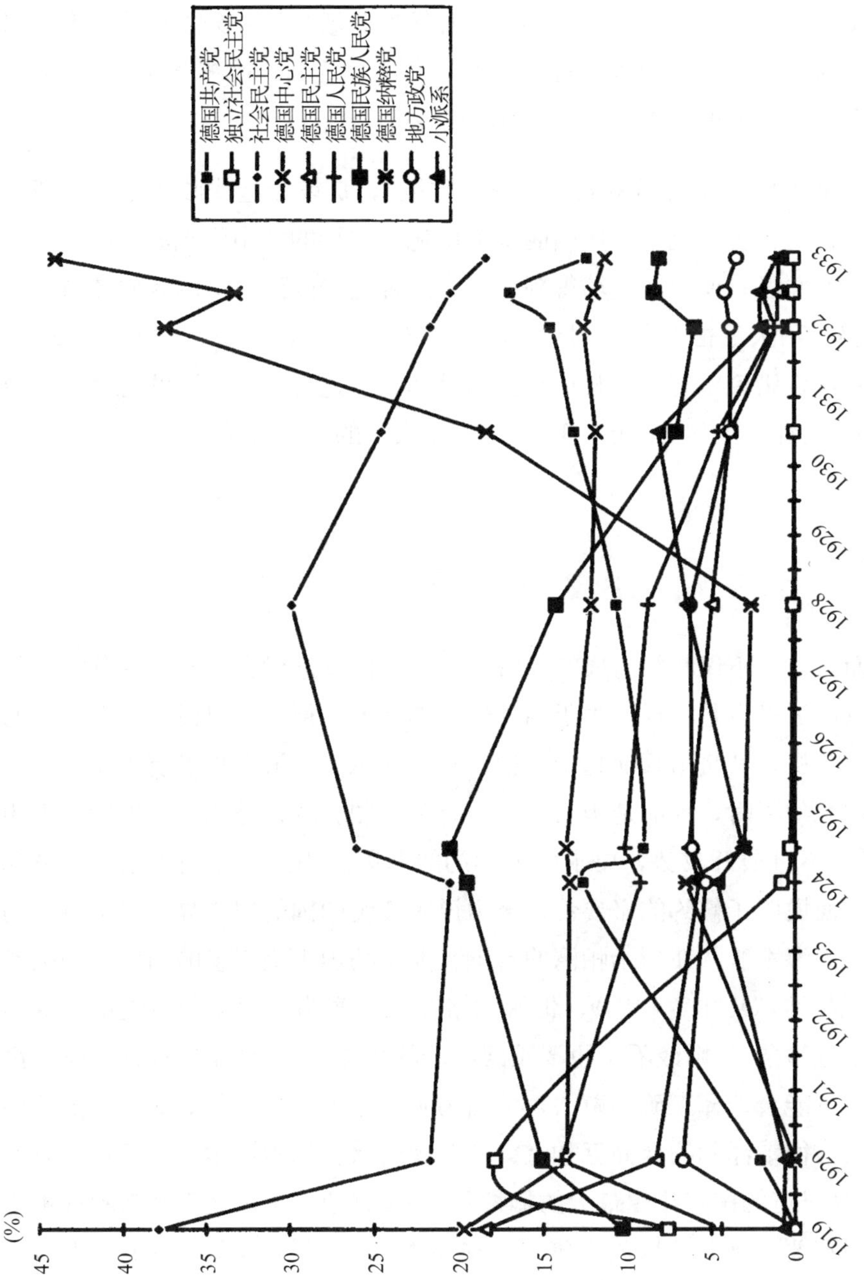

图 4.11　选举结果（1919~1933）

> 如果现在他大肆扩张民族人民党的权力，那议会将出现不可思议的变化……他本应该静候时机，或者是通过强调和极右势力的差异来巩固中间政党的力量……但（赫弗里希）却急功近利。赫弗里希–韦斯塔普有限公司……根本看不到自己的问题。

但如果沃伯格及其同事只是“静候时机”，那就会造成政治上的无所作为。梅尔希奥和古诺也不赞成内阁全部由他们支持的“中间党派”组成，但他们的态度并没有使中间立场得到巩固。这种逃避政治斗争的倾向流露出一种挫败感，和沃伯格在革命刚结束时的乐观态度截然相反。1920 年 12 月，沃伯格听说古诺希望有朝一日成为德国总理，对这种“傲慢”的想法，他冷冷地说道：“那还不如在汉堡–美洲公司。”失望的情绪表露无遗。

国际影响

总而言之，不仅和约造成的经济后果和德国专家们在凡尔赛的预测大不相同，政治后果也是一样。由于国外资本的涌入，德国非但没有出现长期的国际收支危机，其货币反而趋于平稳；布尔什维克的浪潮也没有出现，在资产阶级理想幻灭时，反而是极右翼分子有利可图。这也是为什么汉堡代表团在 1920 年不再展开攻势，要求修正和约的原因。当然，德国还是从经济和政治两方面说明了修约的必要性，努力说服英美两国的舆论界。但是英国为了报复德国海军舰队在斯卡帕湾的自沉，要求德国上交更多的商船；美国参议院拒绝批准《凡尔赛和约》，但沃伯格在凡尔赛力主国际社会提供贷款的前景也十分渺茫：“财政看来也要重蹈政治的覆辙。”美国采取拖延策略，虽然它最终可能会选择正确的做法，但因为时机已过，所以收效甚微。沃伯格和美国大使德雷泽尔的会面更加渲染了悲观情绪，德雷泽尔谴责沃伯格只想“让汇率最坚挺的国家作出最大的牺牲”，并警告他“美国老百姓对欧洲不感兴趣，现在要实现和美国的大笔金融交易很难”。当然也有一些美国人被说服了：约翰 · 福斯特 · 杜勒斯在访问德国时对修约的理由表示赞同。当德雷泽尔在7月份与马克斯·沃伯格会面时，他对后者“强烈的”悲观情绪备感震惊。值得一提的是，凯恩斯也对“目前的事态进展起不到任何作用”。

显然，汉堡利益集团对制定德国政策已经不再积极，1920年春，德国政府邀请沃伯格和梅尔希奥加入一个由22名经济专家组成的委员会，任务是代表德国重新起草一份赔款计划。在会议中，沃伯格决定不再赔款1 000亿金马克（理由则是他在1919年提出的前提条件并没有得到满足），梅尔希奥则主张根据经济指标每年支付10亿金马克的赔偿。经过漫长的讨论，委员会提出了一份名为《德国的赔偿能力》的报告，其中的赔款数额与劳合·乔治和米勒兰提出的数字相去甚远，于是德国政府不得不请经济学家莫里茨·博恩另起草一份方案。7月，德国和协约国在斯帕举行会议，在此前几周，德国提出了一个为期30年的赔款方案，每年支付赔款20亿金马克左右，但遭到了协约国的否决——这不足为奇，因为就在一个月前，协约国在布伦的讨论结果是赔款2 690亿金马克，分42年还清。

为说服奥托·魏登费尔德、卡尔·杜伊斯贝格和理查德·默顿签署备忘录，委员会不得不进行“频繁的讨论”，这是鲁尔工业区在战后首次彰显出自己的重要性，同时也表明汉堡利益集团的地位有所下降。不仅如此，魏登费尔德、斯廷内斯、埃瓦尔德·希尔格和西里西亚矿区的要人都应邀前往斯帕，向德国代表团提供建议。工业界之所以如此高姿态，原因十分简单：斯帕会议的主题是煤炭资源，而不是商业贸易或现金赔款，这也反映出欧洲煤炭资源在战后一度出现严重短缺。德国未能按照协约国的要求交付煤炭作为赔偿，于是，法国有了可乘之机，开始进一步蚕食德国的领土。一旦法国和英国就德国煤炭的价格达成一致，随之而来的问题就是：如果德国不接受协约国提出的每月赔偿200万吨煤矿的要求，鲁尔工业区就会被占领。斯廷内斯指出这些赔偿负担会使德国的失业人数增加200万，而法国占领鲁尔区的后果将是“德国出现布尔什维克浪潮，欧洲一片混乱”，相比之下，后者似乎更加严峻。这些都让梅尔希奥、拉特瑙和德恩堡感到惊慌。表面看来，斯廷内斯的建议和梅尔希奥当初说服凯恩斯时提出的赔款的后果颇为相似。但梅尔希奥当时只是为了警告协约国，而斯廷内斯提出“灾难政策”却似乎是严肃认真的，当时鲁尔仍然处在反卡普叛乱大罢工的余波当中。不仅如此，斯廷内斯之后露骨地发表反犹言论，指责梅尔希奥、拉特瑙、德恩堡和博恩等反对他的人在进行“种族投票”，并且有“异族心理”。斯廷内斯就是一个政治风向标，他这种略带拒绝主义和种族主义的言辞，反映出 1920 年时政治上的右倾风潮，就像在 1918 年秋季，他曾经为了迎合左倾的趋势而转向“集团主义”一样。

国际联盟于 1920 年秋在布鲁塞尔召开的国际金融会议以失败收场，随后，同样在布鲁塞尔举行的赔偿会议也未见成果，汉堡利益集团的愿望化为了泡影。阿姆斯特丹备忘录号召举行此类会议，以解决战后的货币和金融争端，与会代表也提出了五花八门的特殊方案。法国代表塞杜提出增加实物赔偿比例（即德国为法国重建免费提供实物），当然这并非不切实际；向国际信贷委员会提交的重建方案已经多如牛毛，沃伯格又乘机提出免税的国际“经济复兴”贷款计划。巴黎当局对此表示反对，柏林的工业界代表也奉行拖延策略，使得“塞杜计划”受阻；美国财政部也不支持任何国际贷款计划（担心战争债务赔偿会因此被忽略），甚至荷兰银行家特尔·默伦提出的妥协方案也未被采纳。剩下的只有无法弥补的鸿沟——英国、法国和比利时想从德国那里得到什么，而德国又愿意支付什么；此外，这些国家想从美国那里获得什么，美国又愿意放弃或出借什么。迫于焦急的劳合·乔治施加的压力，1921 年 1 月，协约国在巴黎通过了赔偿计划，要求德国第一年支付 20 亿金马克，以后逐年递增至 60 亿金马克，此外还要支付相当于德国出口 12%的赔偿，赔偿总额为 2 260 亿金马克。之后，梅尔希奥和古诺立即退出了德国代表团，回到柏林，并加入了专家“小组”以制定对策。西蒙斯则提出了一个反提案——赔款总额为 300 亿金马克，一部分通过贷款来偿还，另一部分赔偿金则在 25 年内逐年还清，甚至连劳合·乔治都认为这个方案很荒唐。于是，强加于德国的制裁如期而至，莱茵港被占领，《赔偿责任法》（向德国对英国的出口征收 50%的关税）被强制执行。为了避免鲁尔区被占领，西蒙斯求助于美国总统哈丁，并提出贴现值为 500 亿金马克的赔偿总额，结果仍然是一无所获。4 月 27 日，协约国提出总额为 1 320 亿金马克的赔偿方案，要求在当年 9 月之前交付第一笔赔款 10 亿金马克，如果柏林不接受，鲁尔区就会被占领。

沃伯格、梅尔希奥和古诺等人在1919年策划的修约方案注定会失败。汉堡利益集团之所以参与和平进程，一部分原因也是为了保护自身的经济利益。他们提出，德国主要资产被破坏不仅会给德国带来灾难性后果，也会严重扰乱世界经济。长期的国际收支危机会造成货币不断贬值，从而导致德国向海外倾销商品，社会局势会动荡不安，布尔什维克主义会向中欧蔓延。但这些预测并未成为现实，相反，在签订《凡尔赛和约》后，德国经济明显复苏，货币也因此保持稳定；反而是卡普和吕特维茨先发制人，企图实现资产阶级的集权统治。这些意外使汉堡利益集团的政治主张失去了依据，德国不得不扭转外交政策，国内政坛再度陷入沉寂。现在必须要回答的问题是，如果德国转变国内经济政策，并表现出它的实际赔款能力远远大于之前的承诺，那么德国是否能维持1920年那种“自然”的经济稳定状态？

第5章 相对稳定时期

要了解马克是否必然会崩溃，1920年3月至1921年5月这段时期至关重要。从1920年初开始，国际经济普遍衰退，随着贸易的恢复，在这一时期，欧洲告别了物资匮乏的时代；也是在这一时期，英美两国的货币和财政机构开始解决战争期间累积的债务问题，并通过提高税收和限制信贷来抑制通货膨胀。在1920~1921年度，两国都面临严重的通货紧缩，物价和生产暴跌，失业人数激增；这种趋势似乎也扩散到了它们的贸易伙伴国。德国的物价也停止上涨，到1920年7月，物价下降了20%左右，从3月的高峰跌至谷底，而后在战前水平的13到14倍之间摆动，这种状况一直持续到1921年7月。由此可见，英美通货紧缩造成了进口价格下降，马克汇率开始复苏，国内生产逐渐增加——我们在前一章曾提到这点。问题在于，“相对稳定”的局面是否可以通过某些措施得以维持？马克当然不可能恢复至战前水平，与英镑平价；但德国的生产下降4.8%、失业率高达11.3%（因为1920~1921年度英国采取的通货紧缩政策），这在政治上是无论如何都无法接受的。然而，为什么马克没有像当时一些经济学家预测的那样，马克兑美元汇率稳定在50~60，或是保持在战前水平的8%~10%？这种稳定局面自然不会导致英国式的经济衰退。

和大多数当时的德国观察员一样，格雷厄姆、弗里德里希和艾肯格林都认为，考虑到伦敦在1921年夏季强制德国执行赔偿方案，无论德国推行何种政策，通货膨胀必然会再度袭来。因此，1920~1921年度的暂时稳定只不过是靠外交手段营造的假象。然而，其他作者却侧重于强调国内经济政策的影响。一些人批判财政政策未能消除或减少政府赤字，用“难以置信”、“令人震惊”和“荒谬”等字眼来形容持续宽松的货币政策。不可否认，既然限制信贷显然会导致一定程度的经济衰退和失业，那么，如果一些历史学家也认为这种情况不尽如人意，他们必然面临着提出其他货币政策的巨大压力。费尔德曼主动承担这一责任，他认为问题的症结不是宽松的货币政策，而是德意志帝国银行乃至整个银行业都否认信贷体系对外币“热钱”的依赖，投机者希望马克汇率的回升能够让他们大赚一笔。如果银行家接受了希尔施给德国经济银行的提案，没有执意反对，那么，1921年5月，在名为“伦敦最后通牒”的赔款计划让国外投资者对马克的信心遭遇重挫之后，德国的信贷体系也许能够幸免于难。迈尔则强调了外汇管制的不足。维特对这些政策失误的责任问题作了探讨，他认为早期的魏玛政府事实上推行的是“某种反周期政策”，或者说是“福利经济”。政府实行“以保障民主为目标的统一的经济、社会和金融政策”，向工业提供补贴以稳定就业，建立先进的税收再分配机制，维持贸易和外汇管制，同时成立工会来提高工人的参与度，通过种种方式来“保障民主”。但是，在资本主义利益集团的阻挠下，“所有的政治领域几乎都有一些重要措施未见成效，进而造成了整个方案都不可行的假象”，在某种程度上，正是这些资本主义利益集团破坏了“统一”政策的基础。例如，艾茨贝格尔的税改方案在根本上完全可行，但在国会、帝国央行和经济利益集团等各方资产阶级势力的反对下，该计划的作用被大大削弱了，最终由于企业逃税而遭到“蓄意破坏”。

除了探讨工商界的阻挠带来的影响，本章还就政策的可行性提出了质疑。1919年7月到1921年5月间的经济政策非但不“统一”，而且混乱不堪：决策流程烦琐，政策脱离实际，威廉德国旧体系的弊端尚未根除，新问题又层出不穷。政府更迭频繁，原来的各大部长相继辞职。早在战前，中央对财政货币政策的管控就较弱，其根源在于德国的联邦体制、财政部的弱势，以及政府、国会和权力有限的帝国央行的相互牵制；战争爆发后，代表各经济利益“集团”的机构也加入了这场博弈，它们在分配物资和定价方面拥有相当大的权力。新政权对于这些问题的态度各不相同。支持社会主义和支持非社会主义的部长在经济管理理念上截然不同：一些人青睐商人们的自由化举措，另一些则赞成行政机构提出的方案。一些政界人士更关心扩大生产和就业，另一些则侧重于重新分配；一些主张公有制，另一些则重视贸易平衡。与此同时，政客们还要承受来自代表机构和利益集团的压力，这些组织都声称自己有权参与经济决策。无论遇到什么问题，他们的招数只有一个，就是设立新决策机构，但这些机构却又无法解决问题。1920 年，在“平等”原则的基础上，各种庞大臃肿的机构纷至沓来——联邦经济委员会、钢铁经济联盟、对外贸易委员会和第二个社会化委员会，这种趋势在 1920 年达到了顶峰。如果这些机构提出的决议立场鲜明，那就意味着没有兼顾平等。马克斯 · 沃伯格在 1920 年 10 月的一次演讲中总结了这些问题：

> 我们处在西方旧世界观和东方新世界观的中间地带，我们的使命是为新经济和新国家结构奠定基础……但今天试行议会制，明天尝试社会主义，同时利用税收杠杆阻碍资本化；任何人都不可能以这种方式富裕起来。

正是这种方式让许多个体，尤其是商人，开始向往“独裁统治”，从而结束这种“多重统治”结构的混乱局面。在纳粹主义的发展进程中，对魏玛共和国的这一批判至关重要，但并非每个批判者都会像卡尔 · 施米特后来那样赞成希特勒的对策，而且他在希特勒的支持者中还是阅历最丰富的人。1920 年 8 月，费伦巴赫内阁中来自人民党的各大部长指出：

> 议会体系对“积极的经济政策”构成了障碍，这对德国来说犹如当头一棒。正是这个体系导致了内部的政治角力。如果我们不改变现状，我们很可能会坠入无底深渊。……人们渴望的是行动、能量以及一位统帅。

尽管事态后来发生了变化，但这并不能否定上述观点的意义。对于马克斯·沃伯格、弗朗茨·维特赫夫特等商人来说，“独裁统治”仅仅是一种紧急措施，用于执行“必要的”金融改革；与蛊惑人心的强势“领袖”毫无关联，后者的政治概念已经逐步得到界定。1919 年 11 月，也就是通货膨胀呈现螺旋上涨趋势之时，维特赫夫特写道：“当前的问题是，能否找到一个有能力独裁的人担任财政部长，从而力挽狂澜。”沃伯格对此十分认同，例如，他提出财政部和央行之间有着不可调和的利益冲突，让货币稳定变成一种奢望。但讽刺的是，在那个时期，阻碍决策达成的恰恰是沃伯格和维特赫夫特自己设计的方案。成立经济委员会的初衷是用这个亲商业的机构来与民主议会和工人委员会相抗衡，它和议会体系共同代表“所有创造经济价值的阶层”的利益，而“至少以其目前的形式看来，这种议会体系并不适合所有的国家”。但是，无论是在地方还是在国家，经济委员会都是一把双刃剑，在赋予商业机构权力的同时，也令工会实力大增。马克斯·冯·申克尔对艾茨贝格尔财政改革的态度颇有讽刺意味：申克尔对墨索里尼恢复意大利的 9 小时工作制心生羡慕，但他却严词谴责这位“德国的税务独裁者”。事实上，如果艾茨贝格尔果真有独裁能力，那么维特提出的“统一政策”就不会受到既得利益者的破坏了。也就是说，要在魏玛共和国盘根错节的官僚体系中达成“统一政策”，那就需要借助独裁者的力量；有人抱怨“资本主义”利益集团在蓄意破坏，但这只是在重复对魏玛共和国早期体制的不满而已。我们必须明确区分两种备选经济政策，第一种从微观经济层面来看也许能实现持续稳定，而且不需要付出像 1923~1924 年的通货膨胀那么惨痛的代价；第二种则是在魏玛共和国体制下具有政治可行性的。前者我们可以构思出来，但后者却遥不可及。

财政赤字的窘境

上文提到，1919~1921 年，对商人最大的控诉就是他们颠覆了 1919 年艾茨贝格尔的财政改革计划，其目的则是为了逃避该项改革的核心——高昂的直接税。然而，艾茨贝尔格的失败也许是因为国会中某些利益集团的反对，也许是因为商人逃税，但有一点绝不能忽略，那就是财政制度中的决定性因素——财政预算。商人们固然不愿接受艾茨贝格尔的税收方案，但他们没有必要蓄意破坏，因为艾茨贝格尔及其同僚没有控制好财政预算，其计划自然会破产。居高不下的财政赤字，1920~1921 年的货币扩张，这些现象并非源自对高税收的抵制，而是因为那些为实现各种“社会”目标而成立的五花八门的行政机构，它们的支出更为庞大；把这些策略称为反周期政策无疑高估了决策者的经验。1919 年，战争给德国带来了高流动性，1920 年，境外资本大量涌入，在这些因素的作用下，德国经济有望得到发展；加之货币政策宽松，经济只会“过热”。换言之，这种政策只会让经济更容易受到通货膨胀的影响，反而降低了持久稳定的概率。

事实上，汉堡商人很早就料到高额税负会成为财政紧缩和稳定物价方案的一部分，认为拒付国家债务（“宣告国家破产”）绝不是经济衰退的途径。1919 年 3 月，霍尔岑多夫与席费尔商议财政问题，席费尔向他说明了自己的想法：

> 通过征用……财产，无论是直接征用还是无息的强制性公债，使物价得以稳定，并相应提高货币的购买力。霍尔岑多夫认为这样就能够改善财政状况，力挽狂澜，同时也不会造成国家破产。

霍尔岑多夫早期的预测——“大量扣押财产和征收高额的所得税”——得到了证实。面对巨额赔款的压力，征收重税似乎在所难免。沃伯格在凡尔赛提出赔款 1 000 亿金马克的计划时，他宣称自己也意识到：

> 从金钱的角度来说，提出如此之高的赔偿金额等于给我本人和我的家庭判了死刑，我们不但要缴纳房产税，而且高收入人群的所得税税率将高达 75%。此外还有遗产税，我们的子女将得不到任何有价值的遗产。那些自认为属于富裕阶层的人会感到这是致命一击，但我还是会坚持这个提案。

尽管赔款 1 000 亿金马克的反提案失败了，但沃伯格仍然坚持己见。在分析1920年初的那场货币危机时，他承认预算赤字是导致通过膨胀的重要因素，其影响不亚于国际收支逆差，并提倡通过以下措施来紧缩财政：最大限度增加税收；削减公共开支（尤其是失业救济金）；从源头处征收各类税款；公民不得推迟缴税；通过强制性公债来减少钞票发行量；修改《德意志帝国银行法》，免除其“必须发行短期国债”的义务。帝国银行在其1919年7月1日递交给政府的备忘录中也作出过类似的表示。当艾茨贝格尔在一周后宣布改革方案时，并没有引起轩然大波。改革旨在合并短期债务，实现预算平衡，其方式则是发行新的“保险费借款”，逐步征收房产税，将直接税款的大部分由地方移交给中央，加快提高所得税税率，增加营业税。

既然一切都在意料之中，为什么工商界代表要抨击艾茨贝格尔的改革方案呢？维特赫夫特预计到一半的企业资本将会流失；而商会也坚持认为，如果把关税也计算在内的话，一些经营收入的所得税率会达到100%。马克斯·冯·申克尔更是义愤填膺，谴责“这种可怕的税制简直是掠夺”，并把改革视为“对德国独立公民的背叛”。人们对这种批判已经见怪不惊，认为它是既得利益集团在变相索取。但是，这些批评不无道理，既然艾茨贝格尔信奉“一位好财政部长必然是最懂得社会化的部长”，那他在践行理念的过程中必然会大幅提高直接税。

国会已经通过了决议，对战争时期增加的个人财富和收入大量征税，价值375 000马克以上的房产须缴纳100%的房产税；价值10 000马克以上的则须缴纳“国家临时税”，税率由10%调高至65%；而收入在500 000马克以上的，国家所得税的税率预计最高可达60%。艾茨贝格尔还将营业税和土地增值税的税款转交给联邦政府，同时避免增加消费税，以安抚社会民主党人士。于是，在联邦政府的税收收入中，直接税的份额在1920~1921年度升至60%左右，到1921~1922年度增至75%，而在战前，这一比例只有14.5%（包括印花税）。不仅如此，尽管通过财政平衡机制，大部分移交给联邦政府的税收又回到了州政府手中，但是州政府和地方政府仍趋向于增加由它们直接控制的那部分税收。1920年，汉堡近一半的传统税收收入上交联邦政府，于是汉堡的财政代表团试图提高州政府可直接征收的房产税和营业税等，以此作为补偿。对比以往的直接税收水平，似乎财政“社会化”的趋势已经显现。

企业逃税被描绘成导致艾茨贝格尔改革失败的“元凶”，但这也反映出纳税人认为新增税负过重，从这个意义上说，逃税在某种程度上不可避免。除了税负过重，改革的第二个致命缺陷是缺少防止偷税漏税的措施。例如，国家临时税可以在25~47年里分期缴纳，且在1920年12月之后，税率只有5%。只要通货膨胀率维持在5%以上，推迟纳税的好处就不言自明。除此之外，与那些直接从工资中扣缴税款的纳税人不同，收入为非工资形式的人很容易延期缴纳国家所得税。这意味着在逐渐增加的税负当中，领取工资的人的纳税份额加大了。1921年中期，据沃伯格个人估计，仅“临时税”的避税金额就达到了10亿金马克；汉堡地区税务部门的统计也表明，富裕的纳税人的确在利用立法漏洞推迟交税。把失败归咎于资本主义的蓄意破坏显然是错误的。艾茨贝格尔提出了大规模的重新分配计划，再加上法律漏洞为延期缴税创造了条件，在这种形势下，逃税并不完全是荒唐举动。更完善的税收制度可以增加政府收入：正如韦伯所言，如果所得税收入没有被1921年中期之后再度袭来的通货膨胀所侵蚀，那么在1920年7月~1921年6月，实际的原始赤字（债务还本付息）将只有13.1亿金马克，而不是50多亿金马克。

赤字的居高不下最终导致通货膨胀，而引发赤字的核心因素不是逃税，也不是对新税制的不满，而是财政支出政策。尽管税收项目增加了，但1920~1921年度的预算赤字仍（在1920年12月）达到830亿马克，税收收入仅能负担1/3（即36%）的总支出，这一情形到1921年稍有改善（达到了44%）。1920年，公共支出占国民生产净值的比例与上一年持平（约为42%），在1921年只是略有下降（降至37%）。德国联邦的赤字在1919年占国民生产净值的18%左右，到1921年也仅下降到12%。当然，在某些时候，政府似乎可以实现收支平衡，但布雷夏尼扣除通货膨胀因素后的月度数据显示，实际开支在1920年6月、12月和1921年2月有大幅上涨，而且变化无常；而韦伯扣除通货膨胀因素后的季度数据也表明，政府开支在1920并和1921年的第二季度都有显著增加（见图5.1）。

为什么德国政府无法实现收支平衡？德国政府把原因归结为《凡尔赛和约》带来的赔款负担。在很多历史学家看来，德国政府在刻意隐瞒自己的

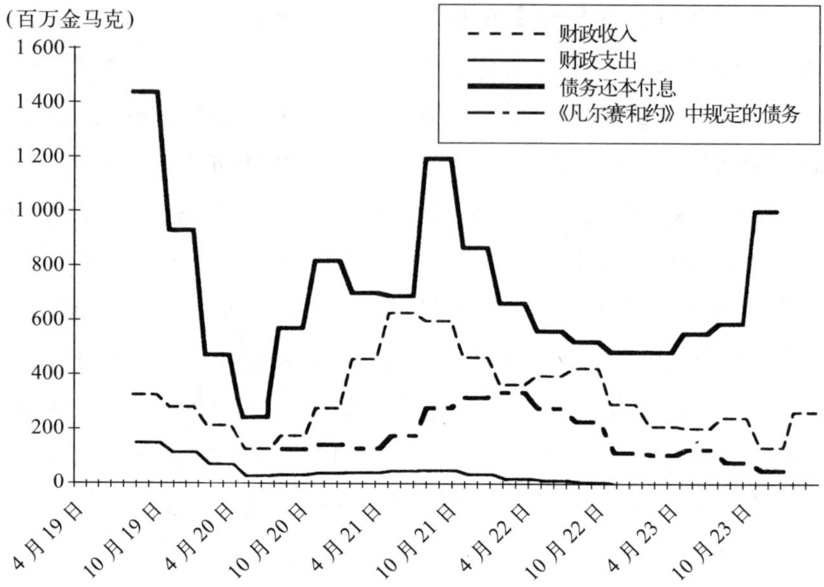

图 5.1　德国财政的真实月度数据（1919~1923）

实际赔款能力，但事实上，相对于税收收入，这笔赔款的确是相当沉重的负担。1920~1921 年的 3 组数据表明，与和约有关的赔款占国家税收收入的 50%~65%（见图 5.2 和图 5.3）。然而，在此期间，赔款金额占公共开支总额的比例不超过 15%。即使扣除赔款，当时德国的公共开支仍占国民生产净值的 33% 左右，而战前这一比例只有不到 18%。

赤字居高不下的真实原因是国内的“社会”政策，其中包括提高政府资助企业薪酬导致的开支增加（1920 年 3 月又增加了 39 亿马克）、对失业人员的救济（其中的一半由联邦政府承担）、住房建设补贴（1918~1920 年为 43.5 亿马克，1921 年为 37 亿马克），以及食品价格补贴（1920 年为 70 亿马克）。铁路和邮政系统的赤字则是最大的“漏洞”，1920 年它们的赤字总额为 180 亿马克，占联邦政府总支出的近 12%。战前，铁路系统由州政府运营，当时尚能维持一定的利润；但战后由联邦政府接管后变得入不敷出，其中一个原因是铁路部门斥巨资采购新机车，同时票价和运费率又过低。但正如卡尔 · 梅尔希奥向英国记者解释的那样，德国政府首要考虑的是维持就业水平，从而避免社会动荡。为了防止铁路部门 100 000 名冗赘人员失业后“采

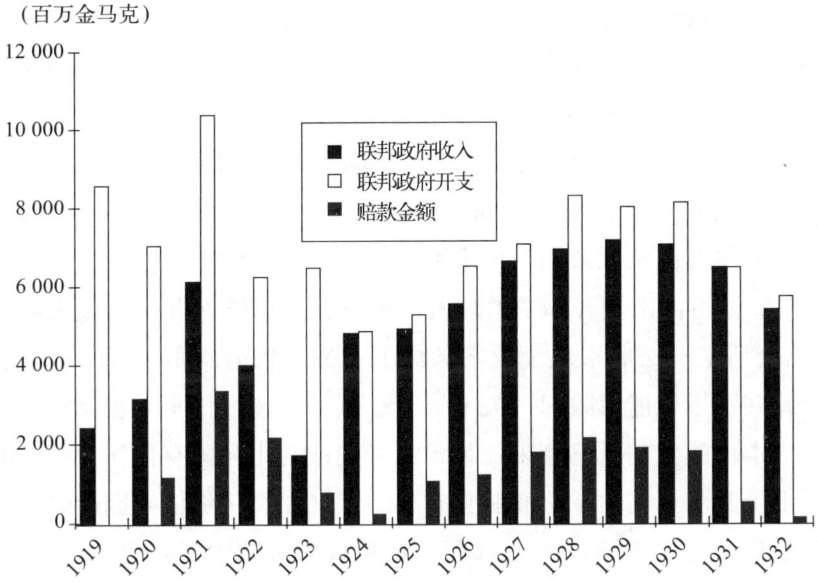

图 5.2　赔款和财政状况（1919~1932）

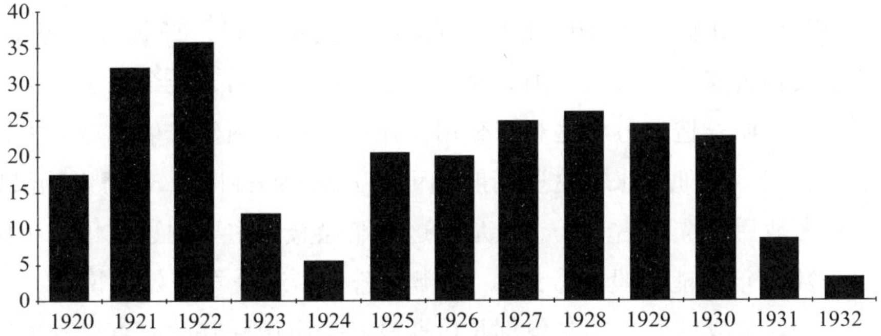

图 5.3　赔款在联邦政府支出中的占比（1920~1932）

取极端的政治立场”，背负赤字已成定局 。

德国政府还有一项支出，那就是给予商船队的补贴。根据《凡尔赛和约》第 297 条，德国的一部分私营船舶被移交给协约国，而政府补贴的形式就是向资产所有人提供赔偿金，用于重建商船。然而，赔偿金额可以由联邦政府自行决定，并非强制性的，因为德国公司的索赔和赔款委员会（成立于 1920 年 2 月）承认收到的金额之间存在差距。也就是说，能获得多少赔偿金取决于有关公司的谈判能力，其中的决定因素就是这笔赔偿金能在多大程度上创造就业，进而遏制工人阶级走向极端。因此，那些资产被没收的小企业得到的只是政府一时的忏悔，而船舶业却获得了实实在在的巨额赔偿金。这种优势在十一月革命期间变得十分明显。造船厂释放出裁员信号后，新政府除了给予船运公司应得的战时赔偿外，还同意增加赔偿。

《凡尔赛和约》使得德国商船数量大大减少，随后航运集团和政府举行谈判，充分体现出集团政治对国家财政的影响。和约上的墨迹还没有干，汉堡-美洲公司的古诺就开始游说政府，希望获得赔偿，并提出损失的商船价值40亿金马克——后来这个数字又翻了一番。航运公司十分清楚自己的处境，因此并不指望能够收回一大笔资金。事实上，古诺本人也承认，国会为了节约成本可能会用纸马克来支付，或者把社会化和国有化作为赔偿的前提条件。由于艾茨贝格尔承认商船具有战略意义和经济价值，因此船运公司较容易和财政部这个政府的核心部门达成协议。到1919年8月，政府同意预付10亿马克给船运公司，总赔偿额为90亿马克——这份慷慨的协议让霍尔岑多夫备受鼓舞，他热切盼望“被众人唾骂的艾茨贝格尔继续执掌财政部”。但是，和魏玛共和国初期所有的经济政策一样，部长可以提出议案，但其他机构也能予以否决。国会收到“赔偿议案”后，社会民主党又增加了一项条款，要求造船方将这笔资金用于在德国船厂新建船舶。这对古诺来说是一个打击，在他看来，这些新船舶可能无法很快到位，这将影响汉堡-美洲公司在战后率先抢占市场。于是，这笔赔偿金的主要用途成了“确保船厂在未来数十年内能为股东分红”。不出所料，船运公司开始游说另一个政府部门——新成立的复兴部，但部长格斯勒却提出由联邦政府直接管理船运业务，船运公司再次铩羽而归。

但是，战时的援助、革命时期的高成本补偿和现在的赔偿金都为德国船舶业在战后复兴提供了保障。在“赔偿议案”的推动下，德国启动了大型造船项目，截至1920年12月，德国造船厂的订单量达到了286万吨（484艘船舶），约为战前的1/3。这一项目最终将耗费联邦政府100亿~170亿马克——占1920年联邦税收总收入的1/5~1/3，其中约有30亿马克要在1920年11月之前支付。即便如此，船舶业的需求仍然没有得到满足，致使造船厂迟迟拿不到资助，抱怨连连。

补贴项目一旦启动，就很难再停下来。这种螺旋上升的趋势似乎无法阻挡，为了扭转这一趋势，新财政部长约瑟夫·维尔特提议在1920年末终止赔偿。维尔特向造船厂表示："联邦政府处境艰难，一直在通过不断印钞票来提供资金。这种做法必须停止了。"不难想象，政府食言让造船厂非常失望。1920年10月，由于缺少政府资助，德意志造船厂不得不变现一部分外汇资产（即为荷兰航运公司造船的收入）。12月，奥尔登堡–葡萄牙航运公司由于没有政府资助，取消了两个造船订单。汉堡伏尔铿船厂经理施塔尔一语道出了当前的形势：

> 如果国家没有宣告破产，那么印钞机就能一直运转，一切照旧。如果国家破产，那么造船厂就面临着空前的经济风险。如果资助项目被停，我们将寸步难行。

布洛姆也是忧心忡忡："目前的形势十分严峻……联邦政府准备宣告破产，而且想把私营产业一起拖下水。"马克斯·沃伯格提出了一个方案，他建议船运公司通过国内的"重建贷款"来融资，完成已经启动的项目。然而，无论是造船厂还是船运公司，都不愿增加负债——根据沃伯格的预测，新增的负债约为100亿~150亿马克。施塔尔用"恐怖"来形容这种局面，而且直接表明就业会因此受影响："我公司现有文职人员和体力劳动者共18 000人。一旦国家破产，我只会保留6 000名员工，不让公司过度负债。"相反，船运公司则建议联邦政府采取最后一招——印发货币，从而一次性向其支付一笔补偿金；它们还拒绝了联邦政府的提议，即在额外成本协议中的补偿金额上再增加10%。一轮飙价开始了。首先是古诺，他提出了150亿马克（包括已经支付的赔偿在内的总额）的赔偿，预计这笔钱能够让汉堡–美洲公司航运能力恢复到战前总吨位的1/3。造船厂的要价更高，达到了172.7亿马克，而且毫不意外地提出附加条款——90%的金额必须分给位于德国的造船厂。财政部长维尔特自然希望减轻赔偿负担，最终，双方经过妥协，于1921年2月达成了120亿马克的赔偿协议，条件是造船公司可以通过新成立的"造船信托银行"——由多个利益集团组成的财团——来使用这笔赔偿金，而政府应尽可能减少干预。这意味着造船公司实际上又能"额外"获得47亿马克。

航运公司也能从这份协议中获利。它们不再受政府监管的威胁，而且还一次性获得了一笔赔偿金，为长期重建奠定了基础。协议达成后，古诺的第一个动作就是宣布重建计划，即在5年之内让汉堡–美洲公司恢复到战前水平的1/3；同时将斯廷内斯逐出监事会。然而，造船厂却没这么乐观。布洛姆指出："我们只能指望联邦政府发行更多的纸币……我们不能再当鸵鸟了。目前的形势只能维持半年，灾难很快就会降临到我们身上。"当时的局面很难发生改观。对船舶业的赔偿清楚地说明联邦政府为什么在1920年无法实现财政的稳定。在1919年和1920年，船舶业得到联邦政府补贴120亿马克，它们大部分均为私营（不同于铁路系统），只是整个经济体的一个分支——这笔庞大的支出约占联邦政府支出的6%。如此大手笔，艾茨贝格尔通过税制改革增加的那些收入很快被消耗殆尽，联邦政府仍然赤字不断。

德国政府别无选择，只好继续实行可能会导致通货膨胀的财政政策。以汉堡为例，1920年，汉堡出现了1.1亿马克的财政赤字，但到了1921年就盈余10亿马克。联邦政府缺乏更快捷有效的渠道来征收所得税和其他直接税，也没有措施来相应地减少公共开支。要获得稳定，不需要完全消灭1920年联邦政府的财政赤字，只要不让赤字水平高达国民生产净值的16%即可。要让这一赤字减半，德国的税收要增加15亿金马克，开支也要相应减少，这在1920年经济相对繁荣时期并不会造成严重后果。可实际情况是一方面直接税负空前沉重，另一方面政府又慷慨解囊，提供巨额补贴，着实令人匪夷所思。艾茨贝格尔本人似乎对其中的矛盾毫无察觉。在公开场合，艾茨贝格尔宣称自己实行"社会化"的财政政策是为了"纠正战争带来的不公"。但在和霍尔岑多夫私下里会谈时，他提出财政部要雇用一些前官员，以确保这些补贴不是为了"让那些懒汉过得悠游自在"。这是"统一的政策"吗？我深表怀疑。

货币增长的势头

1920年2月，马克斯·沃伯格向《汉堡新闻》表示："目前，各国负责发行货币的银行似乎在展开一场竞赛，看谁发行的纸币最多。不幸的是，德

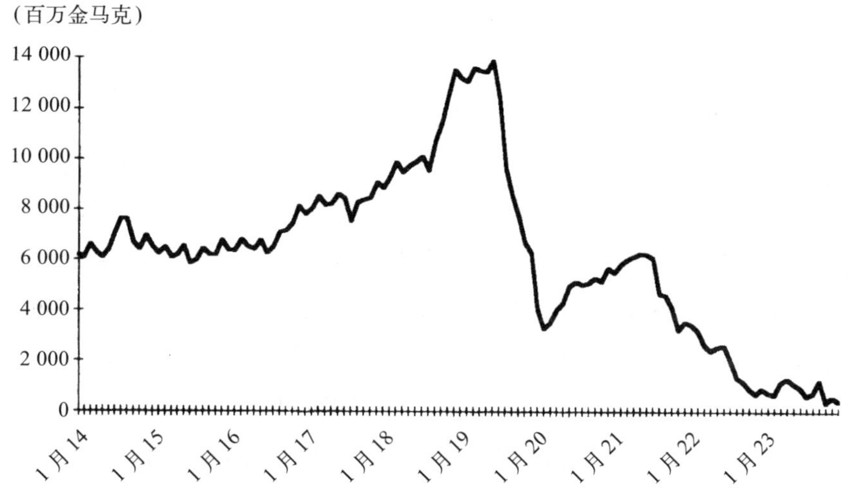

图 5.4 流通中货币的实际价值（1914~1923）

国遥遥领先。”乍看之下，德国之所以无法保持货币稳定，货币政策和财政政策要承担同等的责任。无论是狭义货币（流通中的货币）还是基础货币，1920 年的货币增长率（两种货币的增长率分别为 4.1%和 3.2%）比 1919 年（3.5%和 3.2%）和 1921 年（3.5%和 3.4%）都要高。由于 1920 年的物价相对稳定，因此实际货币增长率甚至更高（见图 0.5 和图 5.4）。德意志帝国银行以外的投资者持有的国库券也在不断增加（从 1920 年 3 月的 53.4%升至 1921 年 2 月的 66.8%），可见，政府赤字持续高企只是货币扩张的部分原因。资本市场流动性高，同时央行贴现率政策一成不变，直到 1922 年，市场利率一直维持在 3.5%左右，而贴现率则为 5%。

1919 年，德意志帝国银行甚至威胁要停止国库券贴现业务，但却从未考虑过收紧对私营业务的信贷。事实上，信贷收紧的迹象刚一显现，央行就开始维护企业资产的流动性：1920 年春，由于马克走强，货币信贷小幅趋紧，商业汇票贴现金额显著增加，3 月份时约占流通中的纸币总额的 3.1%，5 月份飙升至 9.0%。这解释了为什么银行“十分乐于”满足“不断高涨的银行信贷需求”，而在正常情况下，这种情况本应导致银根骤然紧缩。央行不仅反对艾茨贝格尔的计划——通过行政手段减少货币供应量（不管是提供贷款，还是提现或提供某种纸币的“付款证明”），而且还不遗余力地维持并增加帝国印刷所印发的纸币。

德意志帝国银行是不是别无选择呢？在 1921 年 5 月之前，弗里德里希就指出，帝国央行曾公开表示货币扩张和通货膨胀主要是国际收支逆差和和战争赔款造成的，但在给政府的机密建议中，央行却明确提到短期债务增加才是主要原因；两套说辞截然不同。然而，德国政府没有义务采纳央行的财政建议。因此，帝国银行唯一可利用的杠杆就是贴现率，以此来增加公众对政府债券的兴趣，同时吸引外资。但实际情况是，贴现率增加会让财政状况进一步恶化，却未必能够增加投资者的信心。另一方面，如果这是政府的期望，那政府可以采取另一种货币政策。在 1921 年 5 月之前，央行依然在实行以往的存款准备金率。德国的确尚未摆脱战时政策的影响，把小额贷款券等同于黄金储备，视国库券为商业票据，但到 1920 年末，贷款票据的总量较上一年下降了 12.5%；央行资产组合中的国库券仅增加了 163 亿马克；黄金储备几乎和 1913 年持平，仍然维持在 10.916 亿金马克的水平，约占流通中货币实际价值的 19%，而 1913 年时这一比例为 18%。换句话说，如果纸马克贬值到 5~10 个金芬尼的价值，那么理论上讲德国就可以在 1920 年实行货币改革，同时不会导致银根严重紧缩。经济学家理查德 · 霍伊泽尔在 1919 年 7 月就建议德国政府采取这一行动计划。

人们就这一计划展开了漫长的争辩，其中不乏反对意见。首先，如果正式宣布货币贬值，从理论上来看，那些有外币债务的公司或个人也许在很长一段时期内都等不到马克复苏了。其次，与此相反，现在因马克贬值而获益的出口商将会失去优势。1919 年 10 月，艾茨贝格尔指出，一旦德国马克表现稳定，德国的“出口就会受阻”；一年后费利克斯 · 多伊奇也表示赞成这一观点：

> 我们脆弱的货币是所有不幸当中唯一的安慰，让我们能够大量出口。如果货币很快对外升值，就像几个月前一样，出口就会完全停滞，工业会被彻底摧毁。

正是出于这个原因，1920 年 3~6 月，经济部大胆决定买入大量外汇来抑制马克升值。

政府之所以没有重视稳定货币体系，最重要的原因是害怕出现流动性危机或“信贷短缺”。1921 年上半年的破产案例大约是 1920 年同期的 2.5 倍，这似乎是一个最有力的证据。德意志造船厂并不是一个特殊案例。1920 年，德意志造船厂计划为其新船厂投资 4 810 万马克（合 320 万金马克），并且为融资而变得债台高筑（负债 1 290 万马克），其中包括向其母公司GHH公司借来的 1 000 万马克。1920 年初，马克对外升值导致出口收益下降，而汇率的稳定导致德国出现严重的现金流危机，为了解决这一问题，德意志造船厂只好向奥伯豪森借款 2 500 万马克，利率为 4.5%。德意志造船厂在 1921 年 4 月从“造船信托银行”那里贷到的 3 780 万马克几乎全部用来偿还GHH公司的债务了；由于政府推迟支付赔偿金，船厂只好“让供应商等一等”。当供应商罗伊施表示反对时，造船厂不得不向德累斯顿银行寻求帮助，而银行则乘机收取大笔佣金，来补偿其贷款的负实际利率造成的损失。这种现象在整个经济中相当普遍，促使政府必须进行干预，以缓解信贷危机。

事实上，早在 1919 年 9 月，经济部内部就传言会实行“信贷计划经济”。到 1920 年初，经济部提出了两种基本理念：一种是受默伦多夫的启发，用“集团主义”方式解决经济问题；另一种则体现出默伦多夫的继任者希尔施所强调的国家调控。前者计划成立强制性的信贷垄断组织来协调国内外信贷在特定经济领域中的分配，而希尔施则计划成立国有“经济银行”，根据“国民经济的需求”对“事关国民经济命脉的企业”进行信贷管理和分配。1920 年夏末，对于信贷危机的不满愈演愈烈，当时的经济部长肖尔茨于是采用了第二种理念。

尽管费尔德曼认为该计划的失败让德国错失“稳定局势”的机会，但真正从根本上助长了通货膨胀的却是“经济银行”。经济部长肖尔茨声称，“经济银行”将强制储蓄银行、转账机构和某些国外放贷者为实业提供信贷。然而，这些资金加在一起都达不到肖尔茨制定的 1 000 亿马克的目标，可见，这种做法的潜在目的是为了变相地保留战时的小额贷款机构体系，无须帝国央行就能够为经济注入流动性。1920 年 10 月，沃伯格和拉特瑙在霍尔岑多夫家中会面时展开的“激烈辩论”，就很好地说明了这一点：

拉特瑙认为德国还能继续承担通货膨胀的压力（即货币扩张），在他看来，马克绝对不会变得一文不值；相反，只要德国能维持生产，马克汇率总有一天会恢复到以前的水平。但沃伯格则十分悲观，认为我们的负债已经到达极限了。

拉特瑙在3个月后又重复了他的观点：

他不担心通货膨胀……如果英国之前爆发的那场规模空前的危机现在要降临到我们头上，我们应该做的是增加印钞机的工作量，增加货币供给，重建我们的国家。这种做法可以有效地抵御危机。增加货币供给会让我们陷入绝境的说法完全是谬论。

然而，沃伯格还是占了上风。沃伯格在汉堡商会向维尔特表达了自己的观点，批判成立经济银行的做法完全是“政治作秀”。“现在几乎所有手持现金的人都迫不及待地想把它变成实物资产或信用”，而这个时候说信贷短缺纯属无稽之谈。10月26日，在柏林召开的德国银行家大会上，沃伯格又发表了一番影响深远的演讲。他系统批判了经济银行和其他德国目前正在讨论的货币改革方案，并且在1921年12月肖尔茨访问汉堡时发表讲话，“反对经济国有化”。1921年1月和2月，沃伯格在对联邦经济委员会的陈词中发出了“致命一击”。他指出经济银行只不过是一个被美化了的“控股公司”，代表那些盲目的投资者为实业提供资金，但实际上，银行仅在1920年就已经为实业融资113亿马克，可见再成立一个经济银行纯属画蛇添足。真正的问题不是信贷短缺，而是流动性过剩；因为政府采取通货膨胀政策，德国结构性经济危机的严重程度实际上被掩盖了。他语带讽刺地向联邦经济委员会说道：“我从来没听说过哪个信用良好的公司会贷不到款……我们的央行在孜孜不倦地印钞票，有了这个救世主，无论你想申请多少贷款，统统不在话下（笑）。”他又说道：

只有当联邦的金融体系及货币体系变得稳固（仔细听），并且不再发生持续恶化的通货膨胀时，信贷危机才会开始出现……个人债务关系急剧增加，使得银行有义务帮助那些无力偿还的公司摆脱困境。因此，

> 我们现在面临着一场最严重的潜在的世界危机。（此时格奥尔格·伯恩哈德喊道：那就更好了！）就是这样……对我们来说，后果只会更加严重。①

沃伯格的言外之意非常明确：要么选择稳健的货币政策，要么继续推迟不可避免的危机的到来。经济部的提议只有一个目的，那就是“推迟最后审判来临的时刻”：

> 我并不认为仅靠提供信贷就能让公司累积资本。换句话说，为了让可怜的工人不被解雇，必须确保某些产业正常运转！但这样做无异于在温室里养花！如果没有勇气淘汰那些已经无法生存的产业，因而希望一切都正常运转，能不断累积资本，那我们就是在走向毁灭，而且将万劫不复。

沃伯格认为成立经济银行于事无补，因此，他又阻止了另一个增加货币供应量的计划。辩论双方提出的观点让我们了解到，在当时的形势下，有相当一批人反对稳定货币的政策。几乎没有哪位实业家或官员同意雅各布·戈尔德施密特的看法——“逃不掉的危机就应该让它尽快到来”；绝大多数人都与汉斯·克雷默一样，希望“竭尽全力避免灾难发生”。由于之前的货币改革，1920年初德国开始显现出稳定趋势，但决策者们非但没有巩固这种趋势，反而同意继续实行宽松的货币政策。德意志帝国银行已经在不惜一切代价确保市场中的流动性，这也是沃伯格反对经济银行的最有力的佐证。

混乱的对外贸易

在“相对稳定”时期，货币政策朝令夕改，而贸易政策完全是另一番景象。维塞尔和默伦多夫于1919年中期辞职后，基于马克快速贬值会大大刺激出口的观点，德国开始坚定地迈向贸易自由化。正如参与凡尔赛和谈的德

① 伯恩哈德，《财富》杂志的编辑，是经济银行计划早期的支持者之一。

国代表团所预言的那样，德国商品开始“涌入”国际市场，价格极其低廉；但与此同时，随着很多国家通过“西方的漏洞”进口德国商品，德国的贸易逆差也在急剧扩大。第四章探讨了这些发展趋势会带来哪些国际影响。本章我们要谈论的是这些趋势给德国国内带来的影响，以及这些趋势引起的反应。

总体而言，施密特的自由贸易政策会带来两种国内影响。首先，由于一些物品被出口到国外，导致德国国内出现了短缺。其次，该政策还造成一些进口物品的价格飙升。无论从哪方面来看，这都违背了社会民主党的意愿（降低普通消费者生活成本），对此，党内左翼势力严词谴责，称此举是在“贱卖”德国。鲁道夫 · 维塞尔之前的话似乎得到了印证，他自然率先批判起了“发饥荒财”和“自由市场带来的恶果”。而一些工业界的领军人竟然转投贸易管制的阵营，这让自由贸易的支持者始料未及。工业界“变脸”的诱因之一是德国工业帝国联盟的雅各布 · 赖歇特，在关于“拯救德国，摆脱货币危机”的一个颇有影响力的小册子中，赖谢特提出把出口管制和提高物价结合起来——这也是赖谢特和胡戈 · 斯廷内斯达成的妥协，前者极力推崇战时的中央贸易委员会制度，而后者热衷于缩小德国出口价格和国际市场价格之间的差距。电子技术产业也赞成实行贸易管制，其影响也同样重要。由此可见，在拉特瑙和德国通用电气公司的多伊奇看来，贸易管制能够增加他们在“直接”出口中的获益，把海外市场拓展融入工业企业的结构当中，从而摆脱对贸易中介的依赖。对自由贸易的抵触不只如此。甚至连一向友好的汉堡舆论也反对自由化政策。例如，《汉堡异闻报》表达了一种幻想破灭的普遍情绪，它指出：人们原以为“贱卖德国”会带来一些好处，结果却事与愿违；还称出口商不但以“极低的”价格卖出，而且并没有把海外利润调拨回国内。汉堡政府内部也反对取消管制，认为这样会导致人们变得“自私自利，唯利是图”。在这种情况下，“自由行动”的支持者越来越孤立无援。商会仍然坚称“只有增加出口量才能改善国际收支……为提振马克，政府唯一要做的就是确保出口更多的产品”。但这些观点在经济部已经得不到重视，因为希尔施越来越倾向于实行管制。由于那个“西方的漏洞”，汉堡已经蒙受了大量损失，因此，无论如何，汉堡利益集团很难否认适当的贸易管制的必要性。

贸易管制体系成型于1919年12月至1920年4月之间，它借鉴了默伦多夫延续战时许可证管理局的计划，但不同的是，管理局不再完全依靠自我约束，每个管理局中都设有两个委员会：一个为官方机构；另一个则基于劳资平等的流行理念，代表着相关的利益集团（例如从事初级生产、加工或贸易的群体）。这些委员会的第一个前提就是："原则上禁止进口"，只有"指定的原材料和半成品"除外；而除了几种指定的食品和原材料，出口是"基本上允许"的。除此之外，一些法令还规定了出口关税，对从德国和国际市场之间的价差中得到的利润征收关税——尽管财政部希望征收高额关税，但最终的税率却只有5%，属于最低水平，这部分税收用于补充德国的养老基金。这样一来，官僚机构更加臃肿。除了16个战时中央管理局，另外还有5个对外贸易管理局（分别管理化学品、木材、皮革、纸张和软木制品），以及3个管理分局，专门针对违反行业划分进行的交易；还有1个金属行业保护协会，1个联邦纺织经济管理局，等等，名目繁多，只要了解到国际贸易中出现了新领域，经济部就会成立相应的新机构。汉堡利益集团还仓促地成立了德国进出口贸易协会委员会，而出口贸易管理局要受该委员会的监管，这也是当局对汉堡利益集团作出的唯一让步。至1920年4月，德国已有42个此类管理机构；到了10月份则不少于56个，每天大约要处理30 000份贸易许可证申请。截至1921年1月，类似的机构已多达170个。

政府通过管理国际收支的方式来抑制通货膨胀，但讽刺的是，通过前一章提到的平衡力量，货币大幅贬值、廉价出口和高价进口等问题也得到了解决，而且两种方式几乎是同时见效。我们知道，马克兑美元的汇率在1920年2月跌入谷底，而后又意外反弹；德国的物价水平虽然有所下降，但没有马克兑美元汇率的下降幅度大，因而降低了德国的竞争优势。也就是说，就在那些官员对国内外的价差征税时，这个差距已经因马克升值而不存在了。令人困惑的是，在马克恢复稳定之前，德国出口利润就已经被抵消了，对外贸易管理局的征税对象并不存在。出口商们不是竭力提高物价（激怒了国外顾客），就是取消所有合同（惹恼了国内的供应商），于是，备感挫折的出口商们把不满统统归于经济部及其制定的"错误政策"。正如商会所说：

> 由于经济下滑和马克汇率升高，尤其是政府实行的出口政策和出口关税导致出口价格过高，德国的出口实际上已经渐渐停滞。

对外贸易管制问题引发了旷日持久的斗争，充分说明“多重治理”的经济决策体系到了1920年已经很难操作。正如汉堡商贸代表团所说的，在某种程度上，“决策过程成了经济和政治斗争中的权力较量”；然而，由于战场太过分散，参与斗争的势力又过多，很难果断地作出决策。联邦参议院中巴伐利亚和汉堡的代表都提交了反对出口关税的议案，但他们提出的替代措施却完全不匹配，前者主张建立关税和汇率的浮动调节机制，后者则提倡大幅削减统一税率。工业协会对出口关税的敌对情绪已经达到了顶点，斯廷内斯本人也表示不满；但与此同时，汉堡议会上提出的一些动议却指责工业界利用现有体制来损害小商贸企业的利益——斯廷内斯还被列为贸易管制的受益人。汉堡出口商协会试图把这种冲突描绘成工商界和日益壮大的魏玛“福利国家”的对抗，认为既然重要的是“赢回暂时失去的市场并加以保持”，那么就应该取消管制，“哪怕在极个别情况下，我们出口到国外的商品价格过低”：

> 毫无疑问，我们肩负的社会责任已经大到无法估量，但把出口工业和寡妇及儿童的福利连在一起未免有些牵强……同样，把一部分出口利润用于稳定国内物价水平的做法也有失妥当。

然而，不是所有工商利益集团都如此坚定。正如一位已经厌倦了斗争的社会民主党人士所说：“同一个行业，有人希望保留限制，有人希望突破限制；有人支持分配新物资，有人表示反对——无非都是出于个人利益。”维尔特、肖尔茨和赫尔梅斯等在新成立的费伦巴赫内阁中身居要职，1920年末，他们曾一度不愿实行贸易管制。然而，支持管制的社会主义者却发起保卫战，帮助新成立的联邦经济委员会摆脱困境。事实上，工商界发言人胡戈还来不及抨击经济委员会，他本人就被支持贸易管制的人赶出了“出口贸易管理局”。各部长迫于压力，同意削减出口关税。之后，贸易管理局试图自我监管——它开始坚持自己的主张，要求所有合同都以外币来结算。于是，1921年春之后贸易管制就与战争赔款联系在一起，一种奇怪的僵持局面出现了，形势变得错综复杂。成立贸易管理局的初衷本是为了解决德国被“贱卖”的问题，但问题已然消失，而管理局不但没有被撤销，反而雇用了更多官员，耗费了更多的公共资金。由此可见，混乱已经成了早期魏玛共和国经济政策的通病。

劳工运动与成本推动型通货膨胀

艾茨贝格尔的金融改革失利，稳健的货币政策也未见成效，对外贸易监管最终也是徒劳，这些失败的背后有一个共同点，那就是对社会动荡的极度恐惧。在“相对稳定”时期，联邦政府官员不愿意采取任何可能会增加失业或降低实际工资（也就是提高生活成本）的政策。一些政策原本可能巩固1920年初相对稳定的局面，但正是因为上述原因，这些政策被取消了。工会主义者保罗·翁布赖特说：“如果经济效益与社会利益相冲突，那么应该优先考虑社会利益。”实业家理查德·默顿指出，任何稳定货币的尝试“在当前的形势下都会造成难以想象的后果”。大多数历史学家都赞成这番分析。但是，对于紧缩政策会导致“第二次革命”的观点，我们应该重新评估。早期的魏玛政府视革命为洪水猛兽，即使这种威胁已经不复存在；晚期的魏玛政府则对通货膨胀心有余悸，尽管当时通货膨胀已经不再构成威胁。这两种情况都会促使政府采取不恰当的政策。

的确，1920年初的卡普政变碰巧发生在马克相对稳定的时期，德国劳工市场因此受到重创。工会举行大罢工，成功阻止了反革命政变，于是信心倍增，而且在某种程度上弥补了平民百姓和领导层之间因战争而导致的裂痕。在卡普政变的消息到达汉堡的几个小时内，当地的船厂和码头的工人仍然在罢工，大多数公共部门的雇员也加入了罢工阵营。到星期一，也就是3月15日，整个城市的经济（只有消防、煤气、水力和电力部门仍在运转）完全瘫痪。尽管工会第二天叫停了罢工运动，但罢工团体并没有全部立即回到原来岗位；虽然没有出现鲁尔地区的交战状态，但当政府试图收回配发的突击步枪时，局面一度失控，数次出现暴动。“腌肉暴动”后，汉堡局势相对稳定，而7个月后爆发的卡普政变无疑标志着民间激进主义的再度抬头。由于世界经济开始衰退，再加上德国失去了马克贬值带来的出口优势，德国的用工需求急剧降低，也正是在这个时期，激进思想又故态复萌。1919年上半年，德国的失业人数达到顶峰，约有75 000人（约占劳动人口的18%）；到1920年4月，失业人数直降到32 000人，但之后又增长了15%，并且整个夏季都维持在38 000人左右。汉堡约有9%的劳动人口失业，与英国同期的失业率不相上下；这个比例远高于德国其他城市，说明出口订单的减少对汉堡的影响尤为严重。在卡普政变后的紧张局势下，那些受到影响的群体很容易反应过激。愤怒的失业者掀起了汹涌的罢工浪潮，抢劫事件频频发生，当局不得不宣布汉堡进入紧急状态。

和1919年夏天的暴动相比，在这次暴动中，暴乱分子的政治构成并不明确。1920年，德国共产党和独立社会民主党在汉堡发起了一次大规模起义。1920年2月，共产党的革命领袖劳芬贝格退出德国共产党，成立了“德国共产主义工人党”，这是一个支持卡普的“国家布尔什维克”组织。大约在同一时期，在共产国际的支持下，恩斯特·台尔曼带领汉堡独立社会民主党与德国共产党联合起来，并在1920年11月完成了合并。在工作领域，一些人支持回归传统的工会组织，另一些人则支持工团主义，还成立了类似于“船员联盟”的对抗组织；此外，工人阶级内部，就业工人和失业人员之间也有各自的立场；这些分歧和党派分歧不谋而合。有暴乱分子曾经抢劫了一卡车的靴子，当他们被告知这些靴子是给伏尔铿船厂的工人时，他们的回答很干脆：“没工作的也得穿靴子。”尽管这些都是分裂和混乱的信号，但无论是联邦政府还是州政府，都夸大了社会骚乱的严重性，以至于在革命结束后仍然担心这些事件会导致政治动荡，这种恐惧在很大程度上决定了他们的经济政策。就像我们之前提到的，政府为扩大就业——尤其是在运输领域——投入了大笔补贴，而且还发放了大笔失业救济金。1920年11月，政府还颁布法令，禁止雇主随意撤销没有经济效益的部门，限制了雇主的权力。

政府还通过种种方式促进造船业的就业——进而大大提高了汉堡的整体

就业水平。[①]1920 年 10 月的数字表明，汉堡一些大船厂有近半数的工人之所以能被雇用，都是得益于政府和造船企业签订的赔偿协议。博隆福斯船厂的雇员在 1920 年仅有 5 371 人，之后其员工人数不断增加，1921 年 4~6 月已达到 9 800 人，而其中又有 3/4 的雇员都是重建合同的受益人。德意志造船厂在 1919 年 11 月仅有 1 163 名雇员，而到 1921 年 7 月却达到了 6 600 人。伏尔铿船厂也不例外，从 1919 年 11 月的 4 388 人升至 1921 年 4 月的 8 320 人。汉堡的总就业人数在 1920 年增加了 21%，在 1921 年增加了 8%，吸引了大批移民，到 1921 年底，失业率下降了 70%，失业人口只有 11 000 人。

这个政策增加了劳方的谈判筹码，给雇主带来了潜在的工资压力。1919 年末，通货膨胀急剧恶化，鲍尔内阁和费伦巴赫内阁显然都寄希望于通过物价管制来缓解这种工资压力。一个很明显的信号就是恢复战时的食品农业部，在 1919 年 12 月又强迫钢铁生产商加入钢铁经济联盟，并于 1920 年 11 月恢复了战时的物价管理局。这些举措都是为了增加物价管理机构中工人和消费者的代表人数，因为这些人往往反对物价的增加。但是，由于走私和黑市交易十分严重，其作用还不如战时的物价管制。甚至正是因为恢复管制，当国际社会在 1920~1921 年度出现通货紧缩时，汉堡的消费者并未感觉到自己有任何获益：批发物价并没有进口物价的下降幅度大，食品价格在 1920 年继续上涨。无论如何，仅凭物价管制并不能弥补 1919 年出现的实际工资下降。

已经有人意识到，政府创造就业的政策本身就可能导致通货膨胀。在与航运业进行赔偿谈判的初期，艾茨贝格尔建议制定相关法律，禁止把赔偿金用于增加工人工资。一位船厂的发言人指出，如果这笔资金来自联邦政府，那么，“要想限制不合理的工资要求”几乎是不可能的，“我们从工人那里听到的唯一的话就是‘联邦政府会支付一切费用’，他们开始无止境地要求涨工资”。船厂工人提出的要求显然与政府开支有关，他们很快就得出这样的结论：如果联邦政府足够关心他们，给他们提供工作机会，那就不会介意再

① 在重建计划的资助下，1920 年德国造船厂与其他公司签订了总计 14 亿马克的合同，其中汉萨同盟的公司所占比例高达约 46%。

多发一些工资。这点在 1920 年 4 月得到了一些证实，当时劳工部要求造船厂给工人涨薪 50%，鉴于物价下降意味着货币实际价值的增加，资方接受得“十分勉强”。

我们在第 3 章结尾处提到，德国的实际工资持续下降了一年，到 1919 年末，很多迹象表明资方正面临着工资压力。反卡普的罢工运动更加剧了这种压力，因为它一方面展现了罢工力量，另一方面还显示出政府会驳回资方的要求——在罢工津贴和涨薪问题上都是如此。工人取得的重大进展碰巧发生在船厂用工需求激增之时，可见工人斗争正在蓬勃发展。继 4 月份工人工资上涨之后，船厂电工也纷纷罢工，并且一直持续到 6 月份。5 月，船厂的文职人员也举行了罢工，博隆福斯船厂的劳资双方已经剑拔弩张。很快，整个汉堡的经济领域卷入了斗争的旋涡，“所有人都在罢工，”工人们议论道：“我们也应该加入。”9 月，金属工人、渔民和码头工人开始了罢工游行。10 月，造船工人发起了第二轮罢工，要求计件工资增长 30%。与造船工人一样，公共部门的雇员也很快意识到政府财政政策的宽松：1920 年 4 月，铁路和电车等国有运输部门工人的工资增加了 50%，而他们在 1920 年 8 月和 1921 年 1 月又进行罢工；邮政部门的工人据说“只在有心情干活的时候才干”。甚至从未采取过集体行动的部门也加入了这场涨薪潮。哈里 · 格拉夫 · 凯斯勒惊讶地发现，经济相对繁荣和劳工斗争加剧似乎密切相关：“现在是音乐家在罢工，几天前则是服务生在罢工。”甚至连船舶上的厨师也在成立自己的工会。

十一月革命后，集体谈判和仲裁体系得以创建，涨薪潮就是在这种形势下出现的。1918 年 11 月发布遣返令后，德国就已经有了进行集体谈判和仲裁的途径，但大规模的仲裁一年多以后才出现。到 1920 年，工会人数已创下新高（全国有 920 万）；除此之外，根据 1920 年 1 月出台的法律，工作委员会的权力非常明确——尽管这些权力较为有限，而且国家和地方当局也逐渐加强了对工资纠纷的干预。例如，德国劳工部曾介入了几次罢工运动，一次是 1920 年 5 月船厂文职人员的罢工，一次是 4 个月后的码头工人罢工，此外还有同年 10 月份装配工人发起的为期两个月的罢工。汉堡当局也出面协调，例如汉堡参议院赋予革命后的经济委员会仲裁职能，以解决 1920 年 8

月的铁路工人罢工问题。有趣的是，商贸代表团称该委员会的成立“是特意为了帮助工人度过转型期”。事实上，沃伯格和维特赫夫特的初衷是通过该委员会把革命时期的工人士兵苏维埃纳入汉堡各商会的集团体系，但现在的进展却完全偏离了这一目标。正如鲁道夫 · 布洛姆所言，现在的经济委员会支持给铁路工人加薪，加薪幅度几乎与工人们的要求一致，可见委员会与资方的利益是对立的。布洛姆严厉地谴责了仲裁原则：

> 如果仲裁机构不存在，可能还不会有那么多的罢工。那些要求加薪的人笃定仲裁机构会出面协调，这样至少他们的一部分要求能得到满足……仲裁机构并没有彻底修复裂痕，只是暂时解决了问题，而这些问题在下次爆发时会更加严重。

虽然其他行业的有些雇主并不赞同这个观点，但布洛姆的支持者显然占绝大多数。

透过实际工资的现有数据就能清楚地了解到其中的原因。生活成本在1920年冬出现了短暂的增加，尽管在这一时期实际工资稍有下滑，但在相对稳定时期，整体上无疑是上升趋势（见图5.5）。[①]在1919年大部分时期内，物价持续上涨，而工资却停滞不前；到了1920年，物价停滞，工资开始上涨。1920年3月~1921年5月，实际时薪增长了30%~130%，周薪增长了43%~97%，公共部门的月薪增长了103%~130%。这些都是在法律仲裁机制下劳工斗争的成果：继铁路工人获得加薪后，船厂工人也要求时薪增加25芬尼，而劳工部仲裁委员会很快就同意了这个要求。比较一下造船业的名义工资与钢铁价格的变化趋势，我们就能够明白“工资推动”的重要性了：1921年，钢铁价格实际降低了16%，工资却上涨了81%，而1919年和1920年的趋势完全相反，物价的增速远远高于工资（见图5.6）。因此，资方指责工资压力造成物价无法上涨并非没有根据：经济委员会提倡“先降低物价，再削减工资”，这种说法让鲁道夫 · 布洛姆极为不满，于是他痛斥资产阶级的软弱性。这些都清楚地说明了当时人们为什么控诉劳资双方共同推高了工

① 也可参见图.2.11、图2.12、图3.6和图3.7。

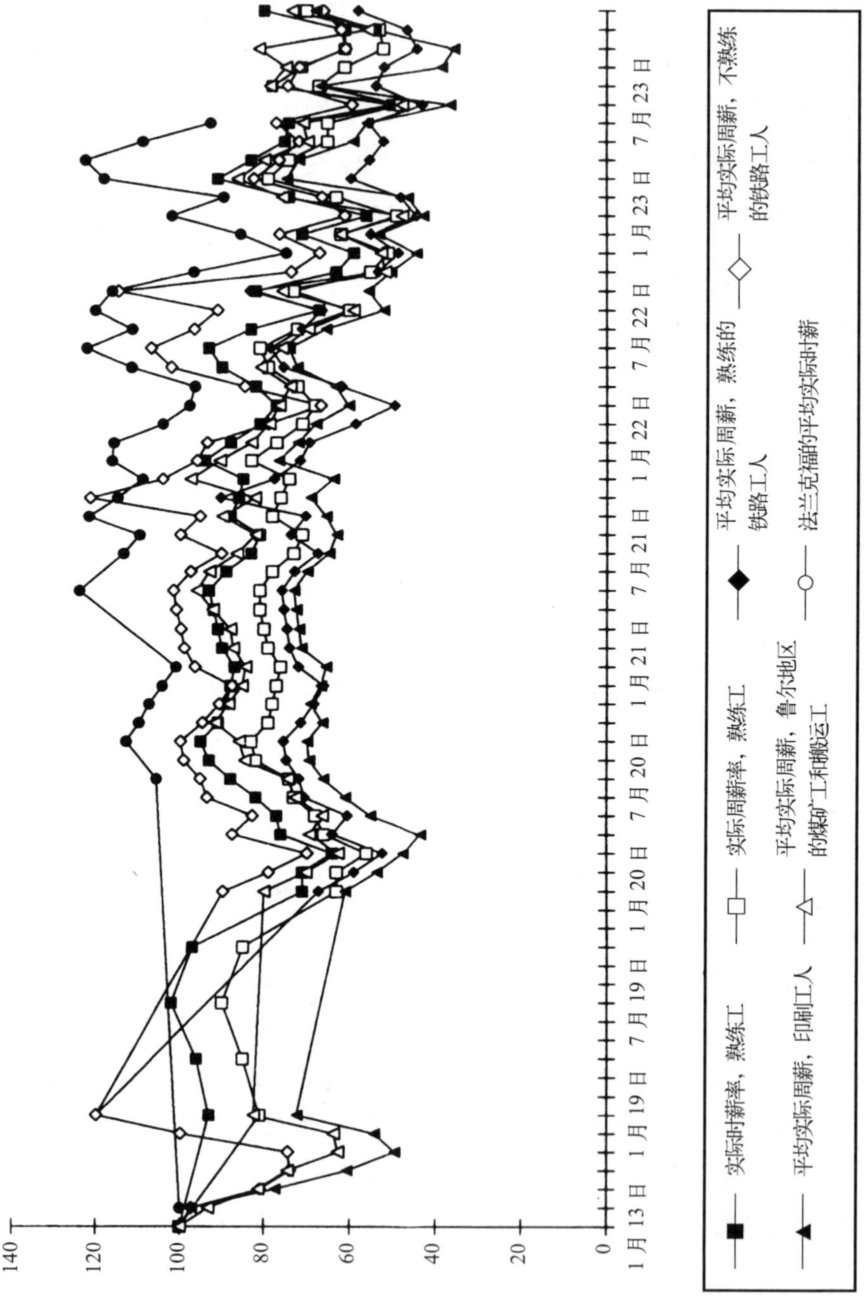

图 5.5　德国的实际工资（1913，1919~1923，1913 = 100）

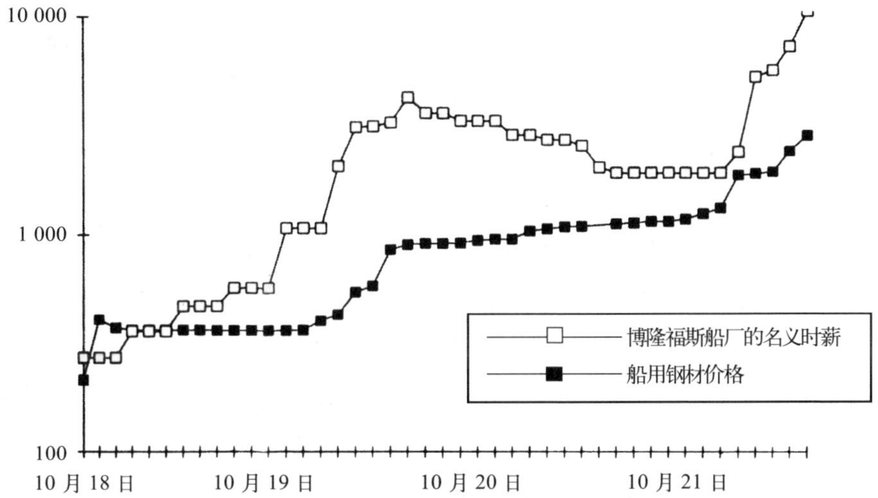

图 5.6　造船业的成本（1918~1922，1914 = 100）

资和物价，而现在大多数历史学家也同意这个说法。

另一个让布洛姆不满的是工人的低效率，但这并没有明确的证据。德国工业总产量在 1920 年和 1921 年有了显著提高：瓦根菲尔的指数表明 1920 年的工业产量增长了 45%，1921 年增长了 21%，远远高于同时期就业的增长率。[①] 但与战前的标准相比，生产效率依然低下，1920 年的煤炭产量甚至还有所下降。正如之前预计的那样，由于有了大笔政府补贴，造船业产量大幅提高：在 1920 年上升了 35%~60%，1921 年又增加了 50%~65%，甚至超过了 1913 年时的水平。船厂对德国钢材的消耗量从每月 6 000 吨（1920 年 1~3 月）升至 1921 年 4 月的 49 608 吨，达到了最高值。然而，汉堡船厂的总就业人数比 1913 年时增长了 35%，远比其产量要高。事实上，在新成立的德意志船厂，人均年产量在 1919 年约为 34 000 吨，但到 1921 年就直降到 13 000 吨，当然导致产量下降的除了低效率，还有其他因素。船厂现在面临的问题也可以说和利润有关。1919~1921 年，博隆福斯船厂的毛利润在名义价值上增加了 20%，工资水平则增加了 340%。随着订单日益增多，公司不得不大规模增加员工，同时支付巨额工资。纯粹从经济角度出发，这种做法是不可持续的——尤其是对于那些想

① 见图 2.4。

利用这段相对稳定时期进行新投资的公司，如德意志造船厂（或林登堡研究的那些南德的工程公司）。各公司不得不应对工资压力，或者像德意志造船厂一样，削减净利润和股东的分红；或者像博隆福斯船厂一样减少投资，甚至把折旧补偿降到最低限以下，以避免“实质性损失”。换言之，工资上涨是生产率降低和利润减损的诱因（后两个问题在1924年以后的一段时期内较为突出），这一点在相对稳定时期就已经显露出来。

工资上涨不仅造成了经济上的不可持续，还使政治陷入僵局。政府刺激就业和增加实际工资原本是为了抑制船厂工人等群体内部的极端主义，可这些政策却助长了工会和工作委员会内部的极端势力，激发了雇主的敌对情绪，加剧了劳资冲突。早在1920年6月，普鲁士的一位警官就向经济部报告过汉堡资方（其中包括博隆福斯船厂）为了摆脱暂时的稳定带来的压力，蓄意煽动劳资对抗情绪：

> 如果马克再度下跌，那工商界……就不会再遇到阻力了，即使是发生国内动乱（尤其是布尔什维克起义）才会出现期待的货币贬值，他们也不会抱怨。因此，工商界的一部分人并没有尽力避免劳资冲突；相反，某些商业团体还计划通过大量裁员来制造经济问题，促使货币贬值，以此来提高他们的经济地位。

上述说法也许有些夸张，但布洛姆却坦言希望双方进行最后的决战：

> 十一月革命之后，在汉堡，人们对于不要触怒多数社会民主党已经习以为常。人们似乎已经忘了，在选择“私有经济还是社会化”的问题上，汉堡并没有和多数社会民主党达成协议，和其他社会民主党也是一样。也许多数社会民主党在默默追逐自己的目标，但他们的态度却更加坚定了。在我看来，他们不可能妥协。那是一条无法逾越的鸿沟……人要适应环境，这条所谓的至理名言已经让我们蒙受了巨大的损失。战前的社会民主党会让自己去适应环境吗？没有，他们义无反顾地执著于自己的目标，也从不逃避冲突。遗憾的是，今天的汉堡资产阶级已经不再是这样了。

渴望对抗的情绪在11月终于表现了出来，当时德意志造船厂反对经济复兴部的决议取得了成功，并破坏了装配工人举行的罢工。4个月后，参议员斯塔布曼提议给博隆福斯船厂罢工的工程师“复活节礼物”，让他们重新工作，于是被博隆福斯嘲笑为“一个善良、杰出的蠢蛋”。布洛姆曾邀请兴登堡和鲁登道夫参加1921年2月“兴登堡”号的下水仪式，但这个举动也没能缓解码头区的对抗情绪，工人们甚至把商船上升起的黑、白、红三色旗都视为支持卡普的标志。

大对决很快就到来了；不管柏林的德国共产党领导层正在酝酿什么全国运动，汉堡的“三月行动”无疑代表了几个月来劳资矛盾的总爆发，当然，它也许并不像那位普鲁士警官在9个月前预测的那样，是资产阶级蓄意激发的一场危机。3月23日，德国共产党组织失业者在圣灵广场游行，他们向易北河岸边的栈桥和汉堡的主要船厂发起进攻，并成立了“行动委员会”，升起了红旗。伏尔铿船厂也出现了类似的事件，3天后，在位于盖斯特哈赫特的炸药厂也被攻击，但和下萨克森州相比，这些行动的规模并不大。“三月行动”很难称得上一场真正的革命威胁。一年前的卡普政变暴露出汉堡治安力量内部的分裂，而有组织的工人阶级则团结一致；但在1921年，工人阶级四分五裂，许多非共产党人反对“三月行动”；而德国警察队伍的残忍行径证明了丹纳的改革的确颇有成效。他们先是强行驱散了游行队伍，而后又迅速替船厂解围，除了逮捕大批游行者外，在双方交火时还杀害了近26名共产党人。1918年11月以来，资方一直在渴望这种正面交锋。之后，雇主解雇了数百名参与行动的工人，清除了船厂工作委员会中的20名激进分子，并且坚决反对继续由经济委员会进行仲裁。

资方只是取得了表面的胜利。一些结构性问题依然存在，如直接补贴、工会施加的加薪压力，以及一味偏袒劳工的仲裁决议。但“三月行动”的失败证明了德国当局在政治上是有更大的回旋余地的，只是在相对稳定时期他们没有意识到。从理论上来说，政府本可以采取更多的措施来削减财政赤字和改革货币体制；它本可以减少对贸易、物价和工资的干预，让它们“自然地”趋于稳定。之所以没有实行这些政策，其理由不外乎是害怕造成严重的社会动荡，继而导致新一轮的政治风波。但是，我们并不能确定与

1918~1919 年度的革命威胁相比，这次的威胁更加严重。由于害怕引发“第二次革命”，1920~1921 年，决策者们错过了执行更有效的财政政策和稳定货币的时机。

熊彼特认为，德国的战后经济“既不是社会主义，也不是资本主义”，他把这种状态称为“残缺的劳工主义”。在相对稳定时期，德国实行的政策互相矛盾，充分证明了熊彼特的观点。当然，在 1920~1921 年度，我们还是可以从“资本主义者的角度”来构想一个“合理的”魏玛共和国经济。如果能够更有效地征收新增的所得税和资本税，同时削减补贴和救济金，那么财政状况就能够稳定下来。如果把马克兑美元汇率维持在贬值状态，并制定更切合实际的贴现率，那么货币的稳定也可以实现。德国可以继续实行 1919 年下半年的自由贸易政策，随着出口价格增加和进口需求趋于平稳，贸易逆差也会逐渐缩小。上述政策综合起来，足以让扭曲的劳动力市场恢复秩序，而这种扭曲的市场会导致失业增加——虽然没有英国的失业严重，从而引发 1920~1921 年度的工资推动型通货膨胀。但是，套用布洛姆的悲观论调——“在当前形势下”，放任通货膨胀在实际操作上是最省力的办法。放弃财政紧缩计划，政府就能继续向造船业等提供补贴。让奥兰宁街的印钞厂不停运转，就能推迟拉特瑙等实业家惧怕的银根紧缩。让马克再度贬值，出口商就不会因为马克走强和贸易管制而受限。此外，在 1919 年之后，持续通货膨胀成了降低实际工资的最简便的方法。拉特瑙在 1920 年 10 月提出，“德国完全能够承受进一步的通货膨胀”，表面上的确如此。当然，也有一些人曾经表示反对，其中就包括马克斯 · 沃伯格，他们反对推迟那场必然会出现的信贷危机的到来。然而，就连沃伯格也觉察到重拾通货膨胀政策有其必要性。接下来我们就来讨论其中的原因。

PAPER
AND IRON

第6章

“履约”失败

“履约”的理由

在1920年3月~1921年5月这段“相对稳定”时期，马克斯·沃伯格从未明确支持重新实行扩张性的财政货币政策。然而，1920年10月，沃伯格在德国银行家会议上发表了重要演讲，他谨慎地强调了在某些情况下，回归通货膨胀在所难免。在这个紧要关头，与其他评论人士——尤其是拉特瑙——不同的是，沃伯格并没有把通货膨胀完全归咎于《凡尔赛和约》对德国国际收支的影响。他承认德国货币政策也是一个重要因素。然而，他坚持认为如果贸易持续逆差，那任何抑制通货膨胀的“金融—技术”政策都起不到作用，并一再强调汉堡工商界希望取消对贸易的种种限制：

> 我们必须抛弃目前的政策，即使这样会让我们的产品销往海外的价格过低。我们必须让全世界明白，不能一方面让一个国家承担巨额赔款，另一方面又剥夺了它支付赔款的途径……如果不修改目前的和约，

> 那么德国的货币必将彻底崩溃……我们必须悬崖勒马。

这并不是什么新观点。早在战争结束前，巴林就曾提议，德国可以利用其脆弱的货币体系，化被动为主动。沃伯格和梅尔希奥在凡尔赛时也曾发出预警，称马克的贬值可能会一发不可收拾，而且德国货物会大量涌向世界市场。尽管1920年初马克的复苏令他们感到尴尬，但从沃伯格1920年的演讲来看，他们并没有转变看法。两个月后，古诺在布鲁塞尔发表演讲，为了要求政府偿还一部分汉堡–美洲公司被征收的商船，古诺提出了类似的理由：

> 从前支撑国际收支平衡的因素现在改变了，由主动的付款变成了被动赔偿。于是德国……成了拙劣的买家，而那些汇率较高的国家则成了不良卖家……政治权力离不开经济事实。忽略了这些事实，那些自认为可以不被德国影响的国家，必然会受到德国的持续威胁。

总而言之，对于德国的修约派而言，货币贬值仍然是他们的秘密经济武器，因为它能够刺激德国出口：如果协约国能够被说服，认为和约是问题根源，那它就有可能被修正。正是基于这个打算（更不用说上一章提到的通货膨胀给国内经济带来的种种好处了），当协约国在1921年提出明确的赔偿要求时，沃伯格等人才放弃实施稳定政策。

根据伦敦最后通牒的要求，从1921年5月底开始，德国要偿还A债券和B债券的分期款和利息，总计500亿金马克，每年支付20亿金马克，以季度为期进行支付。最后通牒还明确规定从1921年11月起，德国每次支付的赔款应相当于德国出口额的26%。据估计，德国在1920年的出口约为50亿金马克，也就是说，德国每年要支付的赔款总额为30亿金马克。当德国出口额能把A债券和B债券还清后，就可以发行面值总额为820亿金马克的无息C债券了。凡尔赛会议上要求的200亿金马克的赔款还有120亿尚未偿还，这部分被默认为包括在总还款额内了，但属于比利时的赔款例外，因此，德国尚未支付的这部分赔款为1 250亿金马克。从名义价值来看，这显然少于协约国阵营某些人最初的预期（如坎利夫委员会提出的4 800亿金马克，或者是科尔茨提议的每年偿还80亿金马克）。不仅如此，C债券很可能不用发行，至少如果德国的贸易形势逐渐好转，这笔债券的实际价值就会大幅减少。从国民收入来看，每年的赔款给德国带来的负担并没有凯恩斯等人那时预计的那样严重，根据近期的统计，每年的赔款大约占国民收入的5%~10%。当然，这笔赔款远远超出20世纪80年代发展中国家的国际负债，更不用说西方国家对第三世界的援助金额了，但是低于法国在1872年支付的头期赔偿款——这一点尚有争议。

在德国连续支付赔款期间（1919~1932年），协约国收到的显然远远低于伦敦会议规定的1 250金马克。德国向协约国赔款，总值约为190亿金马克，这个数字较为合理，占这一时期德国国民收入的比例相对较小（2.4%）。很多文献都开始探讨这个问题：如果德国选择了这种方式，其支付的赔款是否应该更多？很多那个时期的法国观察家都认为，德国政客在“有计划地走向破产”，蓄意破坏具有经济可行性的赔款计划。

事实上，我们不应该低估德国最初所作的努力。在道威斯计划之前，德国已经赔付了至少80亿金马克（也许达到了130亿金马克），占国民收入的4%~7%。然而，德国之所以不依赖通货膨胀政策就无法继续这种赔付，其两个根本原因之一，即1921年要偿还的赔款给国家财政带来了无法承受的压力。我们知道，如果联邦政府能够削减开支，实行更高效的税收手段，那么联邦政府在“相对稳定”时期的赤字就会减少。但是，要让国家有足够的盈余来支付巨额赔款，而且周期如此漫长，政府就要采取过度从紧的政策，其严苛程度令人难以想象。在财政方面，根据《凡尔赛和约》中的赔偿要求，1920~1923年的赔偿预算就至少占联邦收入的一半，联邦政府总支出的20%，以及所有公共开支的10%。根据韦伯的统计，在1921年和1922年，联邦赤字的一大部分来自赔款（分别占68%和56%）；因此，正如艾肯格林所言，“战争赔款是通货膨胀的罪魁祸首”，因为无论历届魏玛政府如何提高税收和削减开支，都无法同时满足支付赔款和平衡预算这两个目标。要执行如此严苛的预算缩减计划，除非当权者能够像后来的某个政权一样，于1945~1953年在苏占区得到相同数量的赔款，或者得到一笔数目远远超过1940~1944年被占领的法国给纳粹德国的金额的赔款。相比之下，赔款委员会和担保委员会只能提出警告或实行有限的制裁，但这些方式反而减少了能够得到的赔款。

即使有人能够通过某种财政手段解释上述问题，但要支付赔款还有另一个障碍，那就是如何按照协约国的要求，把现金赔款兑换成黄金或外币。①一个最直接的方法就是德国能够取得国际收支顺差，鉴于《凡尔赛和约》对德国海外投资和船运业的影响，这一点应该很容易实现。但德国并没有出现贸易顺差。在魏玛共和国的历史上，有贸易顺差记录的只有5年（1920年、1926年和1930~1932年），其中顺差多于赔款的只有两年（1931年和1932年）。平均每年7亿金马克的赤字要转变成30亿金马克的盈余，德国的消费必须大幅收紧，或者出口量猛增，而前者会导致严重的国内分配问题，后者也会引发激烈的国际纠纷。当然，从理论上来说，如果能持续向德国提供国际贷款，就能让其在连续贸易逆差的情况下还能支付赔款，实际情况也大多如此。但是，这种做法没有可持续性。战争已经让德国负债累累，再加上美国国内的政治形势，使得德国无法获得政府担保贷款；赔款义务——无论是履行还是逃避——产生的经济和政治后果会让私人投资者信心受挫。另外，即使是在一个没有通货膨胀的真空世界，借钱还债的做法也无法持久，因为它会加重负债，使负债超过了它所能带来的收益。德国政府要说服国外投资者为其提供贷款变得越来越难，其主要原因就是德国政府未能执行伦敦会议制订的赔款计划，导致信用受损。

正如德国政府宣布的那样，1921年的赔款计划对德国来说的确难以承受。但这并不意味着德国政府可以不尽力支付赔款；或者像弗里德里希等人主张的那样，把“马克持续贬值”作为一种最有效的方式来“向全世界证明减少赔款负担的必要性”。本章探讨的核心问题不是单方面转移的可行与否，而是在1921年5月之后，德国政府采取的战略是否是说服协约国的最佳方式。事实上，利用货币贬值来要求修改赔偿计划本身就有问题；它牺牲了国外的

① 并非所有的赔款都要以这种方式来支付：根据和约中有关1920~1922年赔偿数额的规定，现金赔款只占1/4左右，以免征关税的形式支付的赔偿则占到了近45%。然而，尽管赔偿的方式不同，但对于国际收支的影响是一样的：现金赔偿无非是把赚来的外汇再交回去，而实物赔偿就相当于免费提供出口商品。在和约规定的各种赔偿中，不影响国际收支状况的只有缴纳占领费和交出被割让领土中的国家财产。

投资者，让德国获得了非法收益，无论是怎样的收益，如果想让其他国家明白这笔巨额赔款是一个不可能完成的任务，那么更好的方式也许是以更真诚的态度努力按要求支付赔款。

虽然沃伯格、梅尔希奥和古诺都拒绝了维尔特内阁的部长职位，但他们在制定最初的修约策略时发挥了关键作用。沃伯格在 1921 年 7 月的一次演讲中重申了德国的核心主张：

> 只有出现史无前例的贸易危机才能让经济形势符合我们的要求……用赔款计划把德国榨干会让这个国家和整个世界陷入难以想象的危机，到 8 月末，一切都将揭晓。由于外币升值和马克贬值，出口溢价可能会再次出现，德国经济会呈现虚假的繁荣，整个世界都将充斥着德国的货物……

一周后，在与维尔特、拉特瑙和英国大使达伯农共进晚餐时，梅尔希奥和古诺也表达了相同的看法，虽然他们认为结果不会像沃伯格预测的那样很快显现。在梅尔希奥看来，德国可以：

> 在前两三年，德国可以借助国外贷款或者继续发行银行票据。这一时期快结束时，其他国家将会明白要支付巨额赔款，德国就需要大量出口，而这些德国的出口商品会破坏英国和美国的贸易，这样，债权国就会主动向我们提出修改赔款计划。

英国银行家古迪纳夫、格伦菲尔和美国总统赫伯特 · 胡佛也接到了类似的预警，例如"德国经济生活的逐步瓦解"对国际社会的影响和"来自德国的低价竞争"等。据保罗 · 沃伯格描述，"马克每下跌一次，就有大量的国外订单涌入，于是对其他的工业国家构成了威胁"。到 1921 年末，汉堡商会和德国工业帝国联盟也表示了同样的观点。他们指出协约国只有"自己吃了亏，才知道它们的要求根本不可能实现"；英国和美国"数百万的失业者"都"对德国表示同情和理解，几乎所有的德国工厂都在拼命赚取外汇来还贷"。德意志帝国银行也坚定地认为"汇率下跌是一个诱因，它导致了世界经济危机，也就是英国和美国面临的生产停滞和失业问题"。1922 年 2 月，梅尔希奥在伦敦与英国财政大臣罗伯特·霍恩爵士会面时重复了这个说法，马克斯·沃伯格也曾在他那篇题为“德国的问题”的备忘录中表示赞同，在1922年秋访问美国时，他发现这篇文章在美国的商界领袖和政治家当中广为传阅。

当然，有一些英国人和美国人的确被说服了。凯恩斯无疑是其中之一。考虑到德国面临的财政难题，凯恩斯指出，“自有历史记载以来，一个处境如此艰难的民族，几乎没有哪个政府能从他们身上得到哪怕是一半的财政收入，即使是通过残酷的刑罚”。另外，德国增加出口也会直接威胁到接受赔偿的国家：

> 如果德国要实现大量出口贸易（巴黎和会的提案对此进行过深入分析），英国的一些主要产品就会被逐出国际市场……就在德国准备用低价打败我们的制造商时，劳合·乔治先生为了赢得大选，竟然不惜动用军队迫使德国投降，完全出乎我的意料。

和1919年不同的是，现在，凯恩斯不再是一个孤独的呐喊者。弗朗茨·维特赫夫特的一位英国友人引用雷金纳德·麦克纳的话说：“如果德国能连续6个月支付赔款，那英国和美国的失业问题会急剧恶化。”哈芬施泰因在1921年11月访问伦敦时感觉到英国的态度有所转变。在大西洋彼岸，赫伯特·胡佛指出，如果美国不“关注那些备受财政……问题困扰的国家，那么随着海外市场流失和失业人口增加，我们的损失可能是现在的数千倍”。但是，这些理由还不足以说服协约国政府同意德国的两个要求：延期履行债务和获得国际贷款。1921年末，维尔特首次提出延期两到三年支付赔款，结果只赢得了非常短暂的缓冲期。协约国在戛纳召开会议时，同意推迟1922年1月和2月的全部赔款，但坚决要求德国每10天交付3 000万金马克，不得间断。一些顽固的德国发言人越是坚持“国际收支平衡论”，协约国代表就越是强调问题在于德国宽松的财政和货币政策。1922年3月，协约国暂时同意了德国的要求，将1922年的现金赔偿降至7 200万金马克，但德国必须同意增加税收600亿纸马克；到5月，这份协议期限是否延长取决于德国能否消灭赤字。由于政府的金融信用受到质疑，德国获得国际贷款的概率也降低了。在热那亚会议上，德国财政代表团申请贷款40亿金马克，尽管当时一些英国代表表示支持，但由J·P·摩根组建的银行家委员会对德国的信用进行了调查，经过两个月的深思熟虑后，还是驳回了德国的请求。摩根委员会作出裁决，"只有在解决了赔款问题之后"，德国才有可能获得贷款，在拉特瑙看来，这也许是"伦敦发出最后通牒以来，德国政府的政策取得的最大进展"。然而，赔款的问题依然存在，不但赔款计划没有被修改，而且德国被制裁的可能性还增加了。1922 年 7 月，德国继续请求延期偿还，但因为缺少"有效担保"而被法国政府拒绝。1922 年 11 月 14 日，维尔特大胆请求延期 3 年偿还，彻底惹恼了法国政府。

当然，导致无法履约的因素可能是德国决策者无法掌控的。1921 年初，白里安在赔款问题上犹豫不决，随即就被法国国内的政治势力赶下了台，由普恩加莱取而代之，后者更愿意与德国进行对抗。劳合·乔治在热那亚会议上提议重建东欧，这个"宏图伟略"可能很难实现。最重要的是，如果美国在协约国内部的债务问题上态度坚决，那么在赔款问题上，德国找到突破口的可能性基本为零。然而，如果那些修约派的策略得当，这些因素就都不是问题。马克贬值会导致德国出口激增，使协约国经济受到威胁。德国本以为经济上的直接压力会超越其他的政治因素，迫使协约国的政客们因自身利益而减少赔款。但事实并非如此，为了说明原因，我们来分析一下履约对宏观经济造成的影响。

履约预期

要通过货币贬值来修改赔偿计划，一个前提是财政收支不平衡。为了展现德国无力按原计划支付赔款，就必须维持预算赤字；因为如果达到平衡，那就说明德国按伦敦计划履约的可能性增大了。维尔特本人就反对征收财产税（当时的宣传口号是"获取真实价值"）："所有的政策必须以废除伦敦最后通牒为目标，因此，如果此时开始征收财产税，其效果等于是在宣布德国遵守伦敦最后通牒有 80%的可能性。"因此，1921 年 5 月~1922 年 11 月，德国国内关于金融改革的辩论在某种程度上只是一场表演，连德国总理本人也没有为平衡预算付出真正的努力。无论是一开始的强制抵押所有不动产，还是后来的企业所得税资本化，这些“获取真实价值”的举措统统以失败告终。之所以采取这些措施，一方面是为了安抚赔款委员会；另一方面，对于国内反对回归通货膨胀的人士（尤其是经济部的官员），此举也是为了稳定他们的情绪，而“填补预算赤字”根本就不是真正的目的。根据德国外交部国务秘书费歇尔的描述，赔款委员会“希望德国进一步增加税收”，这无异于“希望德国经济彻底崩溃”，费歇尔的话反映了当时德国人的普遍情绪。甚至地方税务员都认识到，“为了德国人民的利益，我们不能课重税，然后任由协约国榨取我们的血汗”。值得一提的是，热那亚会议前夕，马克斯 · 沃伯格最大的担心就是协约国会强行对德国进行“金融管控”。

维尔特政府的确成功削减了实际月开支，1921 年夏季，政府的月开支处于最高点，有十几亿金马克，而在 1922 年大部分时期，开支缩减到了 4 000 万~5 000 万金马克。事实上，1922 年的公共开支总额占国民生产净值的 24%，是自战争前期以来的最低值。[①]然而，尽管政府出台了许多税收新政，但在 1921 年下半年，实际收入还是降低了，只是在 1922 年上半年才有所回升。由此可见，政府赤字在国民生产净值中的占比虽然在下降（从 1920 年的 16% 降至 1921 年的 12%，1922 年又降至 9%），但仍然超出了现代的标准。在戛纳会议上，协约国要求德国进行金融改革，而作为回应，德国“强行要求贷款”10 亿金马克，可以分期发放。然而，由于财政部把纸马克与黄金的兑换率定得过低，德国最终得到的贷款只有 5 000 万金马克。1922 年 11 月，当凯恩斯作为维尔特政府的外国专家委员会成员访问柏林时，他对德国政府的金融政策失望之极。在由凯恩斯签字的多数派报告和给哈芬施泰因的信中，凯恩斯严厉批评了德国政府的策略——“先考虑贸易平衡，想方设法获得贸易顺差，或者求助于国际贷款这个备选方案”。“如果有把握控制财政预算，”凯恩斯批评道，“那就必然有能力控制汇率。只要限制新增的货币供应量，德国完全没有理由出现贸易逆差。”

---

① 见图 0.4。这一部分得益于铁路部门减少了开支，同时降低了食品补贴。但是，德国政府给濒临破产的市政当局的拨款却有增无减。

没有大刀阔斧的财政改革，德国政府显然只能借外资来支付现金赔偿。然而，很少有投资者借钱给一个负债1 250亿金马克的政府。伦敦计划规定的第一笔分期赔款在8月31日到期，当时德国费尽周折才完成这笔10亿金马克的赔款。经过协商，荷兰和意大利有可能提供近3 000万金马克的短期贷款，但是德意志帝国银行（在1920年对马克进行调控期间积累下来的）外汇储备已经基本被掏空。为了支付第二期的赔款，哈芬施泰因又向英格兰银行求助，希望借到5 000万金马克，结果被婉拒。而德国工业协会提出，如果社会民主党放弃“获取真实价值”，那么它就可以从海外为联邦政府融资15亿金马克。德国工业协会的这个提议标志着国家和经济实体的关系发生了转换。随后，斯廷内斯等人提出铁路系统私有化，这种交换条件再次证明：通货膨胀让联邦政府信誉扫地、威信受损。在威斯巴登会议上，拉特瑙建议增加总赔偿中实物赔偿的比例，也就是直接移交货物，从而减少德国对硬通货的需求。在外交上，德国与法国的这种双边约定不但激怒了英国，而且没有减少短期内的赔款负担。①在经济上，原本真正的出口贸易成了单方面的赔偿，而法国从德国进口商品仍要缴纳关税。在财政上，除非工业界愿意放弃从一般出口中获得的高收益，接受金额较少的政府补贴，否则，拉特瑙的这个政策几乎没有任何好处——斯廷内斯之所以认为威斯巴登会议“糟糕透顶”，这也是原因之一。事实上，除非到1922年中期以后德国物价与国际市场价格的差距逐渐缩小（一般出口受限），而且德国政府按照“孔茨-贝梅尔曼斯协议”和“吉莱-鲁佩尔协议”完成了工业的“私有化”，否则政府的实物赔偿计划对工业界没有任何吸引力。

无论是通过填补政府赤字、购买外币，还是进行实物交付，总之，要支付赔偿，发行纸马克在所难免。关键问题在于，这种扩张的财政政策对汇率会造成什么影响，而汇率又会如何影响国际贸易。交付赔偿和马克贬值的关系错综复杂。长期来看，一国汇率取决于该国在国际经济上的相对竞争力，因为这一点决定了该国的贸易平衡状况（进而决定了它需要多少外币来支付

---

① 该协议规定实物赔偿的总额不超过70亿金马克，偿还期为5年，但对于1926到期的那部分赔款，每年以实物支付的赔款不得超过10亿金马克。

进口，以及其出口盈余能为本国带来多少外币）和资金流量（购买国内外资产）。然而，汇率在短期内可能会出现异常剧烈的波动，与竞争力的变化无关，而是由投资者瞬息万变的预期决定的。第一次世界大战结束后，浮动汇率体系尚不成熟，政局动荡不安，外汇投机商人数暴增，这些因素让汇率的变化更加难以捉摸。[①]因此，1921 年 5 月（62.30 ： 1）~11 月（262.96 ： 1），马克兑美元的汇率直线下跌，其中一个主要原因就是德国在抛售马克。德国按照伦敦计划艰难地完成了第一期赔款，此外还失去了上西里西亚，这让德国惊恐万分，而海外投资者的警觉程度显然不够高，他们依然持有马克，相信马克的汇率终究会回升。在马克斯 · 沃伯格看来，人们不必相信“几个权威团体的共谋。他们强行让货币贬值，目的就是证明德国已经濒临破产，而这根本是子虚乌有；他们还利用货币贬值强行出口，如果不是这样，根本就不会有这些出口贸易”。德国投机者开始自发地卖空德国马克，并且不需要协调，因为德国的确已经资不抵债。例如，保罗 · 罗伊施在 1921 年 12 月曾建议德意志造船厂不要卖出外币，原因是：

> 目前，没有证据证明马克的价格在未来能够回升并保持稳定……毫无疑问，我们在明年会需要更多的外汇来进口食品；此外，用实物代替金马克来支付赔偿有可能加剧通货膨胀，这势必会给马克汇率带来更负面的影响。

斯廷内斯谈道：“如今，几乎所有的商业活动都需要以外汇作为保障，否则就是投机行为”；早在 1921 年 4 月，汉堡商会也提出过类似的观点。虽然通过这种方式很难确切知道究竟有多少资金流出德国。但在这一时期肯定达到了数十亿金马克。[②]从伦敦外汇市场上马克的远期汇率和纽约外汇市场上马克的现汇价格来看，在国外投资者中，凯恩斯对马克的前景尤为悲观。

---

① 韦伯试图建立一个有关政府赤字和通货膨胀预期的相关模型，他认为“通货膨胀的诱因是政府赤字的累积和对政府赤字的预估。因此，通货膨胀预期取决于财政信号……而政治事件会影响政府收支平衡，因此是财政信号的一种”。

② 1922 年 8 月，《泰晤士报》估计德国的海外投资接近战前水平，但凯恩斯不以为然，认为它夸大了实际情况，他认为比较有可能的是 10 亿~30 亿金马克。

1921年11月~1922年2月，马克的贬值暂时停止了，这正是源于国外投资者的信心（得益于戛纳会议），就像黑暗中仅存的一盏烛光。

总之，除了那段短暂的平静时期，维尔特任德国总理期间，马克一直在大幅贬值。德国的贸易会因此受到什么影响呢？从理论上说，以1919年下半年为例，随着马克贬值，德国物价和国际市场价格之间会出现价差，因为马克价格在国外的贬值速度更快。于是，硬通货国家能够以极其低廉的价格购买德国商品，进而刺激了德国的出口。此外，货币贬值还会限制德国的进口，因为国外商品的纸马克标价会让德国进口商望而却步。在一段时期内，这种理论似乎的确行之有效。根据经济部的报告，"尽管马克下跌本身是一场灾难"，"但它无疑也是推动德国出口的因素之一"。由于马克的"廉价"，大量海外订单涌入汉堡的船厂，让这些船厂喜出望外。根据现有的出口统计数据，1921年5月~1922年5月，以金马克计价的月出口额增长了35%（出口量增长了83%）。[①]从年度数据来看，出口量增长了2/3，其中汉堡的出口更是突飞猛涨。据格雷厄姆分析，43类商品的出口也呈现上涨趋势。事实上，实际数字可能还要更多。协约国指责德国政府为了要求降低赔款，故意报低出口收入；而德国经济部也指责本国企业为了"将剩余利润留在国外"而报低出口销售额。此外，这一时期的走私现象也非常严重。

然而，上述情况并不代表事情的全貌。实际上，德国进口的增速超过了出口——这一点非常关键，因为要达到对协约国施加经济压力的目的，德国必须取得贸易顺差。年度数据预估结果表明，1921年的贸易逆差约为6 900万金马克，1922年则超过了2.2亿金马克，仅1920年稍有盈余。[②]月度数据的统计结果更加精确：1921年5~9月，德国贸易逆差扩大，1921年12月取得小幅盈余，随后在1922年7月，贸易逆差再次大幅攀升，创下3 480万金马克的最高值。[③]从贸易量的统计数据来看，1922年2月的贸易逆差更加严重，其他方面则大抵一致，在这一时期，半成品和成品占

① 见图4.3。

② 见附录中的表2。

③ 见图4.3

德国进口总量的比例升至1/3。[①]1922年，在出口效益最好的几种德国商品中——包括机动车、机械设备、电器、化学品、皮革制品、丝绸制品、纸张和木材等，只有机动车和木材超过了1913年时的出口量。相比之下，进口量超过了1913年的13种商品：除了食品和原材料外，还有一些钢铁制品（战前进口量的4倍）和棉花制品。贸易逆差的幅度可能超出了统计数据。尽管希尔施等人一直宣称数据低估了出口额、1922年的贸易逆差无关紧要，但是德国联邦统计办公室还是“一致”表示，“统计数据对德国贸易收支逆差的估计严重不足”。

值得一提的是，从名义价值来看，汇率跌幅最严重的几个时期（1919年下半年、1921年5~10月和1922年3~7月），贸易逆差也急剧攀升；而在马克趋于平稳的时期（1920年2月~1921年4月、1921年11月~1922年2月），贸易逆差也有所下降。这些趋势与履约策略建构者们预测的截然相反。[②]在一段时期内，德国原本能够用极其低廉的出口商品给其他协约国施加经济压力，但实际上却为它们提供了出口渠道，反而替协约国缓解了压力。在1921年5~9月和1922年3~4月，也就是用外交手段处理履约问题的关键时期，德国在美国出口中所占的份额接近12%，达到了顶峰。德国暂时取代英国，成为美国原材料最大的单一海外市场。1919~1923年，美国对德国的贸易顺差总额达到了近7 700万美元。1904~1913年，英国对德国的贸易持续逆差，但在1920~1923年，对德国的进出口贸易盈余达8 300万英镑，几乎相当于英国国民生产总值的0.5%。英国对德国的出口从1919年的2.3%升至1923年的2.3%。实际上，德国最成功的出口贸易是在一些软通货国家，包括地中海、斯堪的纳维亚半岛和远东地区的国家，但这些国家与德国的政治问题毫无关联。1920年，这些国家在德国出口中所占的比例高达37%，而在战前只有13.6%。1922年，英国、法国、比利时、意大利和美国的占比为26.3%，而在1913年是38.5%；但是在德国进口贸易中，这些国家的占比为44.8%，而1913年为35.3%。

---

① 见图4.6。

② 对比图3.4、图4.3、图4.6和图6.1。

正如弗里德里希所说，这些都是有利因素，有助于世界经济走出疲软状态，否则就有可能出现经济危机，但是对德国的修约派来说却是不利因素（弗里德里希忽略了这点）。据沃伯格等人预测，如果允许马克贬值，德国的出口就会成为有力武器，迫使协约国放弃伦敦计划。可结果却恰恰相反，德国的大量进口反而让协约国的经济市场更加繁荣。因此，德国没有履约是因为法国和美国的态度坚决，这种说法并不全面，因为通过施加经济压力迫使协约国改变态度正是德国的意图。关键的原因在于，德国实际上替协约国缓解了经济压力，这样一来，协约国完全没有必要修改伦敦计划。维尔特本人在 1922 年 10 月也意识到，"在这场减少赔款的斗争中，不论国外还是国内，没有人知道德国的对外贸易状况有多么严峻，德国人亲手扔掉了最有效的宣传工具"。

问题究竟出在哪里？鲍尔德斯顿认为，由于德国和她的夙敌之间一直存在敌意，因此，马克的贬值并不会带来多大的优势；而正如亨切尔所言，"一战"的中立国结存了大量的纸马克，它们迫切希望将其兑换成德国商品。另一种经济解释则指出，在名义价值上，马克对其他主要货币的汇率明显下降；在实际价值上——容许相对价格的波动——德国的竞争力并没有显著提升。[①]从 1919 年 7 月一直到马克汇率相对平稳这一时期，德国的国内价格和国际价格之间存在巨大的差距，相比之下，1921 年 5 月之后的差距微不足道，到 1922 年 2 月，则几乎可以忽略不计。导致这种局面的原因有两种：国际因素和国内因素。就前者而言，核心问题是国际经济普遍衰退，致使物价自 1919~1920 年度以来出现暴跌，尤其是英国和美国商品的价格。1920~1922 年，英国物价下跌 50%，美国则是 40%~45%。但是，国内因素也同样重要。从某个角度来说，1921 年和 1922 年（略逊一筹）堪称魏玛共和国经济上的"黄金时期"。据估计，当时国民生产净值的增长率分别为 7% 和 4% 左右；总之，1920~1922 年是魏玛共和国历史上经济增长最快的时期。[②]工业生产量在 1921 年提高了近 20%，1922 年提高了 8%，钢铁产量显著增加。造船业更

① 见图 4.5。

② 见图 2.3。

是迅猛发展[①]，德国造船厂的产量增幅甚至可能高达150%。[②]此外，一些企业显然是预计经济会持续扩张，因而斥巨资新建船厂。1913~1924年，这些造船企业的股本总额下降了10%左右，这一点已经广为人知。但是，从现有的一些不完整的数据来看，1920~1922年，由于战争造成马克严重贬值，为补偿这部分损失，德国付出了相当的努力。[③]例如德意志造船厂“不顾一切地”把“流动资产”带来的利润用于增加船厂的设备。该船厂1921年的总收入为1 460万马克，而1 450万马克都被用于投资“真实价值”，其中660万马克用于支付日益增加的劳动力成本。同样，在1922年4月，德意志造船厂又拟定了一个耗资6 880万马克的投资项目，预计会带来1.15亿马克的收入，但该计划的成本在后来却涨至1 360亿马克。购买德意志造船厂生产的船舶也可以看做是航运公司的一种投资。德国商船在战后已经所剩无几，而截至1924年，商船总量恢复了战前的54%，毫无争议地成为通货膨胀时期最成功的投资之一。汉堡–美洲公司在1921年3月也启动了重建计划，承诺在5年内恢复到战前水平的1/3。在实施该计划的第一年，汉堡–美洲公司采购了9艘旧船、27艘新船，还有43艘已经下了订单；第二年又采购旧船3艘、新船26艘，下订单14艘。1921年，汉堡–美洲公司采购船舶吨位共计14.3万注册吨，1922年为12万注册吨，计划在5年内完成的目标在两年内就实现了。进行投资的不只是船舶业。一些行业，尤其是煤炭开采业，提高了机械化程度；铁路系统也有大量投资。在通货膨胀时期（1919~1923年），德国平均每年新投入使用的机车为1 725辆，战前时期（1910~1913年）为956辆，而在稳定时期（1924~1925年）只有391辆。1921年采购的机车超过了2 000辆，铁路部门新建制造厂和修理厂的预算也达到了峰值。公路运输车辆在1921~1924年也增长了一倍多；德国的电话产量在战后5年内增加了60%，而在此之前的6年和之后的6年，增长率分别只有9%和36%。石砖和砂浆生产也不例外：在通货膨胀时期，整个德国新建住宅24万套，一些统计数据还表明，非住宅建筑存量也有所增加。表面看来，这些信号似乎

① 见图2.4和图2.5。

② 见图1.2。

③ 见图2.6。

证明至少有一些企业的表现符合货币需求理论的预测——通过投资“真实价值”来避险，而不是被迫持有那些不断贬值的现金和票据。甚至连马克斯·沃伯格也承认自己采取了同样的做法。

最后，为了证明履约时期德国经济的繁荣，最常被引用的就是就业数据。在1920年大部分时期，德国的平均就业率为3.8%，工会成员在总失业人数中的比例也大幅下降，从1921年2月的4.7%下降到1922年6月和7月的0.6%，只有在1922年1月和2月时稍有上升。①也就是说，当英国和美国在10%~15%的失业率中苦苦挣扎的时候，德国却实现了充分就业。作为德国进出口贸易的重要枢纽，汉堡在就业方面取得的成就尤为突出。在相对稳定时期，汉堡的失业人数经常在30 000到50 000之间徘徊，而到了1922年6月，失业人数仅有8 000人。②在履约时期，汉堡–美洲公司的劳动力从3 575人增至8 740人。博隆福斯船厂的劳动力也从1921年5月的9 675升至1923年初的11 113，增长了15%；而在同一时期，德意志造船厂的就业人数增长了25%以上（由5 301升至6 758）。③到1922年1月，劳工短缺现象愈加明显，尤其是在工程领域。正如英国驻汉堡总领事所说：“锅炉工、铜匠、锁匠……空缺的职位成百上千。”

然而，在很多核心层面上，这种繁荣只是假象，因此，通货膨胀有利于德国经济的说法并不成立。首先要强调的是，在1920年这一相对稳定时期，国民生产净值和工业产量的增长率分别是10%和46%，高于1921年和1922年，而且在1922年还出现了明显下滑。④其次，“用真实价值来避险”必然需要增加投资，这一点也值得商榷。之前谈及的大多数投资——无论是船舶业和铁路运输业，还是电信业和制造业——至少有一部分资金（甚至是全部）来自政府，而且缺乏经济合理性。⑤例如，铁路运输和电信服务在通货膨胀时期之所以损失惨重，一个重要的原因是，公共服务收取费用的实际价

① 见图2.1。

② 见图3.1。

③ 见图3.2。

④ 见图2.3和图2.4。

⑤ 这一点至关重要，但很多研究文献都忽略了。

值过低。在看到汉堡–美洲公司1923年6月公布的财务报表后，美国驻汉堡副领事一针见血地指出，该公司通过隐匿收入和资产价值的方式偷逃税款，为其投资项目提供了巨额资金。与此相对，在没有政府补贴的情况下，私营部门很少有企业的投资力度超过战前和相对稳定时期之后：1921~1923年，工业集团几乎无一例外地减少了投资，其中就包括克房伯公司、曼内斯曼公司、哈尼尔集团、西门子公司、奥格斯堡—纽伦堡机械厂、埃思林根机械厂和卡尔申克公司等。令人惊讶的是，1920年（也就是相对稳定时期），德意志造船厂投资4 810万马克建设工厂（相当于320万金马克，约为通货膨胀时期工厂实际增长总额的2/3），是当时最大的一笔实物投资。事实上，在通货膨胀加速上升的形势下，大多数企业并不想"通过真实价值来避险"。德意志造船厂的这种做法恰恰说明，通货膨胀加剧会造成企业放弃原有的投资计划：1922年，德意志造船厂在新工厂上的投资只有1 660万马克，而原本的投资计划是1.36亿马克——仅相当于40万金马克。当然，除了新增机械设备和建筑物等实际资产，很多例证都可以说明通货膨胀的危害性，其中还包括一些流动性更强的资产。随着投资者纷纷用现金购买现房，通货膨胀时期德国的房地产市场非常活跃。汉堡的房产市场却发生了奇怪的扭曲。一方面住房供给短缺，1922年有30 000人被列为无家可归者；但另一方面，租金管制使得房租的实际价值不断下降，在1921年6月只有战前的10%，到1922年12月更是降到了不足1%。在这种形势下（尤其是在1922年），许多房主必然会选择（或者说是不得不）把房产卖给投机商，因为即使短期收益少得可怜，这些炒房者也愿意购买。①股票市场更是异常活跃，公司接连发行新股和债券，虽然增值的速度赶不上生活成本的涨速，但它们毕竟在短期内带来了大量的名义资本收益，同时让投资者有机会以低价买进利润丰厚的公司的股票。1919~1923年，柏林证券交易市场共募集资金约41亿金马克。一些公司还进行外汇投资，其投资方式往往是把出口盈余留在伦敦或阿姆斯特丹的银行账户中。这也是之前提及的"资本外逃"的途径之一。

履约时期的"繁荣"还有另一个奇特之处，那就是德国人对于通货膨胀

---

① 见图4.9。

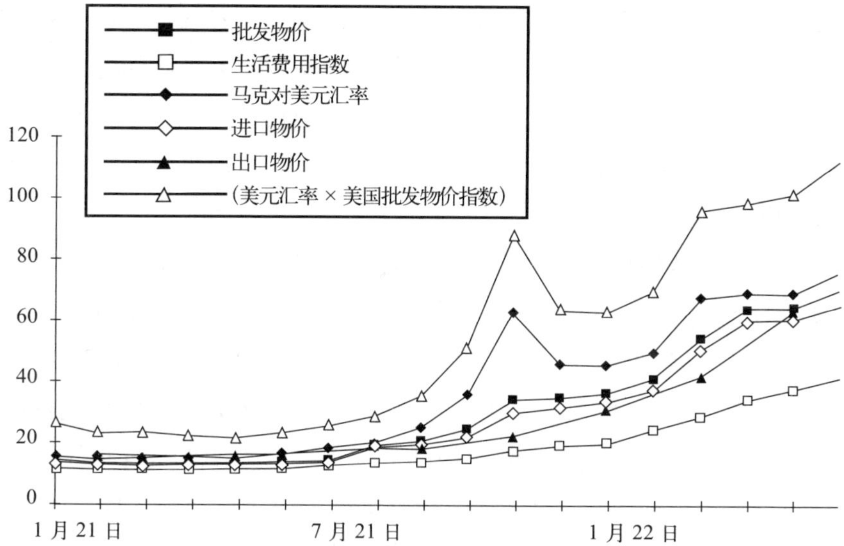

图 6.1 通货膨胀和履行赔偿（1921~1922）

的接受度越来越高，这也是导致贸易逆差加剧的一个重要原因。我们在第 3 章提到，1919 年 7 月~1920 年 3 月，马克汇率直线下跌，远远超过了国内物价下跌的幅度，而工资则陷于停滞状态。于是，国外买家以“大甩卖”的价格购买享有德国政府补贴的商品和劳动力，而政府的这一做法正是出于无知和对未来的不确定。但是，当马克在 1921 年 5 月再次下滑时，形势却完全不同了，因为生产商、批发商和零售商像在玩“黑彼得”游戏[①]一样，对他们来说，物价上涨就是“黑彼得”牌，让他们避犹不及。1921 年 11 月，斯廷内斯和西尔弗伯格提倡通过所谓的“煤炭条款”建立钢铁价格“半自动”调节机制，结果到 1922 年夏季，钢材价格每两周就要调整一次。对一些公司来说，这些措施还不够，它们还设法在合同中增加了一项“交付价”，令汉堡的造船厂恼怒不已。一些出口商还得与供应商周旋，这些供应商一见价格上涨，就“逃避履行合同义务”。处境最艰难的莫过于零售商了。他们付

① “黑彼得”游戏（Schwarzer Peter），一种纸牌游戏。玩家围成圆圈，依次从旁边的游戏者手里抽一张纸牌，只要手中的纸牌能和抽到的牌组成一对，就把这两张牌放在游戏者的中间，直到成对的纸牌都找到以后才结束。手里最后留有“黑彼得”牌的玩家就输掉了这场游戏，脸上会被抹上黑。——译者注

给批发商的是实际价格，但法律却不允许他们把“重置成本”包含在零售价格中。图 6.1 清楚地表明进口价格在上升——马克贬值推高了进口价格，几乎与批发价格和出口价格互相重叠，而生活费用指数（即零售价格）相对较低。这与图 3.4 描述的 1919~1920 年的情况完全不同，当时的进口价格与其他国内价格之间的差距十分明显。

工资的变化趋势也大致相同。虽然政府的限令让零售商和房产主无法维持其收入的实际价值，但工人却没有受到限制。1919 年 7 月~1920 年 3 月，雇员的实际工资降低了 50%~60%。然而，由于集体组织在 1920 年取得了很大进展，再加上汉堡劳工的要求不断增多，当 1921 年中期马克再度贬值时，立刻引发了要求加薪的浪潮。1921 年 7 月，汉堡工会要求普遍加薪，并呼吁经济委员会出面协调，虽然码头区的雇主们试图反对，但还是以失败告终。在 1921 年下半年和 1922 年初，加薪越来越频繁，劳资纠纷的仲裁机构由经济委员会变成劳工部以后，更是愈演愈烈；就像鲁道夫 · 布洛姆抱怨的那样，加薪要求成了“不证自明”的公理。在这一阶段，一个突出的现象就是文职人员开始变得激进。尤其是造船厂，在白领员工是否有权参加集体谈判的问题上，劳资双方相持不下，最终在劳工部的干预下，劳方再次取得胜利。公共部门的职工或公务员也提出了类似的要求。从真实价值来看，工资率在 1921 年 5 月~1922 年 12 月之间平均下降了 30%，也就是说，雇主不用面临自 1920 年以来不断累积的工资压力，还有能力充当“与人为善”的资本家。但是，随着名义工资不断上涨，实际工资的走势呈现出锯齿状，并没有像 1919 年下半年那样出现下跌的局面。①

此外，人们在行为上的转变也减弱了货币贬值带来的经济优势。首先是生产率的下降，虽然实际工资的降低也有可能增加就业，但是，前者与高就业水平更密切相关。1920~1922 年，采矿业的生产率只有 1913 年的 2/3，在整个 1890~1935 年都属于最低水平。其次则是消费行为的转变，我们姑且称其为穷人的消费高峰。1916~1919 年的各项消费指数都低于国民收入数据，体现出德国为了备战而挪用民生资源，把“黄油”变成了“枪炮”。然

① 见图 2.11、图 2.12、图 3.6 和图 3.7。

而，在1920~1922年的某个时期内，很多群体的实际工资都在下降，实际国民收入的增长率不到12%，但消费却急速攀升。啤酒的人均消费支出增长了35%，食糖增长了51%，烈性酒增长了184%。消费者协会还吸纳了大批新成员，1919~1922年，加入该协会的公民增加了近50%。总部位于汉堡的“生产合作社”也积极拓展业务，截至1921年，由它管理的商铺达到了267家（大多为面包房和肉店等），吸收成员125 000人。由于没有确切的国家统计数字，我们无法准确计算消费的增长占国民收入的比例。对此，阿尔弗雷德·兰斯伯格的评论是：“频繁参加娱乐活动，大量饮用酒精”并不能“代表消费水平的增加，只能反映出人们的沉沦和心态转变”。商人们对于是否大量投资“实物资产”犹豫不决，但面对日趋严重的通货膨胀，消费者的反应是大肆挥霍他们的现金，把存款变成现金，把现金变成商品，且速度越来越快。相关的事例不胜枚举。美国驻汉堡领事早在1921年11月就发现了当地“庞大的零售量”；到1922年7月，《汉堡通讯》报道了当时令人震惊的景象，“无论是购买生活必需品还是最昂贵的奢侈品，人人挥金如土，整个社会物欲横流”。文章继续描述道：“人们渴望终日享乐，歌舞升平，看到这些，你会怀疑德国人是否还愿意回到原来的稳定状态。”货币流通速度加快，储蓄账户的实际价值下降，透过这些迹象，我们会发现上述消费现象对于需求的影响。一个消费者如果想要尽快花光自己一周的薪水，他肯定不会去投资一台机械设备，由此可见，前面提到的消费方式显然更适合购买生活资料。统计数据表明，和生产资料产量相比，生活资料产量的增速更快；啤酒产量增长了33%，白兰地增长了53%，食糖增长了86%。[①]一位美国银行家甚至听说他曾经拜访过的一家克虏伯军工厂已经改行生产乳脂分离器了，这令他十分震惊。所有这些因素都再次说明，通货膨胀促进投资的论调不足为信。

在1921~1922年度，德国并没有取得贸易顺差，其背后的各种经济力量我们已经有所提及。一方面，国外资本纷纷流入看似繁荣的德国，寻求更大的利润，国外的物价和需求都受到了抑制。另一方面，随着货币贬值，德国

① 见图2.7。

国内的物价和工资出现前所未有的剧烈波动，生产率下降，越来越多的收入被用于购买非生产性的保值资产或消费品。长此以往，德国出口的竞争力会被侵蚀，并且进一步刺激进口增长。到1922年5月，德意志造船厂的订单被英国的公司抢走了，正如肖尔茨所说，这些英国公司在降低工资成本方面比德国船厂更成功；于是，德意志造船厂只好把原来的帆船销毁，用这些材料给汉堡生产垃圾桶。在针对1922年6~11月这段时期的报告中，德国经济部承认了履约策略的失败。在过去，“马克贬值的确能刺激国内的制造业……因为大量马克被用于投资实物资产会刺激国内需求，同时（国内价格和国际价格的）价差也是……一种出口溢价”。然而，

> 现在却大不一样了。马克价格下跌往往会成为一种制约因素，因为在资金不足的情况下，人们没有把仅剩的一点资本用来投资实物，而是把它们直接兑换成外币，以规避风险；另外，（马克的）内在价值随外在价值上下波动的速度过快，无法被持续利用。

“资金不足”这一点至关重要。毕竟没有资金支持，一切都无法维持。由于德意志帝国银行无法给经济注入充足的流动性，履约时期的“繁荣”局面也终将化为泡影。有三个因素导致德国在1922年中期出现信用危机。第一，由于德国为安抚赔款委员会采取了各种税改措施，再加上公共开支锐减，联邦政府的赤字规模出现收缩：流动负债的月增长幅度从1921年12月的7 000万金马克，降至1922年6月的1 000万金马克。[①]第二，国外投资者对马克升值的信心是德国仅存的一线希望，但现在，这点希望也破灭了。德国在热那亚会议上失利，拉特瑙被暗杀，为让法国同意延期履行债务而付出的种种努力也都是徒劳。国外投资者开始疯狂地抛售德国货币，马克的远期汇率溢价大幅回落，德国银行的外汇储备占存款总额的比例从35%下降到11%。最重要的是，之前描述的通货膨胀预期导致银根紧缩。在相对稳定时期，货币流通量的月增长率为2.7%，到1921年5月~1922年6月则升至6.3%；物价在前一时期有所下降（平均每月下跌0.7%），而现在却上涨

① 见图5.1。

了 13.8%。这些因素导致流通中货币的实际价值大幅缩水，从 62.5 亿金马克（对比 1914 年 6 月的 63.2 亿金马克）减至 20.2 亿金马克，缩水 2/3 以上。这种流动性压力表现在几个方面。一是流通速度加快：人们持有定期存款的比例不断下降。二是股份制银行的流动比率下降了 40%。三是随着银行将股份变现，私营部门愿意持有的国库券的比例从 64% 降到了 42%。

1922 年夏末，随着马克暴跌，德国的月通货膨胀率首次突破 50% 达到了恶性通货膨胀的临界点，“危机”到来了。汉堡的银行体系在重压之下终于崩溃了。博隆福斯船厂的工资账单总计 220 亿马克，但却被联合银行告知只能提供一半的现金。在接下来的一个月，伏尔铿船厂也陷入了同样的困境。8 月 18 日，汉堡各银行把一周的工作日调整为 3 天，以免已经不堪重负的直接转账系统彻底瘫痪。凯恩斯于 8 月末访问汉堡，当时与货币有关的一切活动都陷入了可怕的混乱当中：

> 商品的价格每个小时都在变。没人知道这周的工资到周末还能买到些什么。马克一文不值，但同时又严重短缺。一方面，商店不希望接收马克，一些商店不愿意出售任何商品，不断调高价格。另一方面，就在昨天，汉堡各银行的现金资产严重不足，于是德意志帝国银行建议他们不要兑付金额在 10 000 马克以上的支票……甚至连用于支付周工资的支票，几个最大的银行都无法兑付。

正如一位商人所言，在这种形势下不得不“放弃长远的计划，只能勉强度日”。用瓦尔特 · 道奇的话来说，此时的德国经济就像“给一个需要 60 马力的传输设备配了一个 20 马力的蒸汽发动机。结果因为我们挪不动这台发动机，只好让机器空转，直到报废为止”。1922 年 6 月~1923 年 2 月，汉堡失业人数量增加了两倍，临时工人数量激增①，这是德国自 1920 年初以来首次失业率上升。

1922 年夏季，德国的通货膨胀本来可以——也应该——以一场金融危机宣告结束。但实际情况却并非如此，其原因则是财政上的变化，尤其是货币

① 见图 2.10 和图 3.1。

政策的变化。在财政方面，政府不再制造降低赤字的假象，甚至在实际收入减少的情况下还略微增加了实际开支。政府还向一些企业提供财政援助，其中最臭名昭著的案例就是向船运公司再次支付 180 亿马克。自 1921 年确定最终的支付金额为 47 亿马克以来，"造船信托银行"已经支付了 25 亿马克。但船运公司却声称补贴不足会导致通货膨胀，并告诫政府如果不提供额外现金补贴，失业率就会大大增加。尽管该案已提交法院进行审议，但遭到了赔款委员会和国民议会的严厉批评。当然，船舶业只是个别案例。对整个德国经济来说，是德国中央银行提供了救援。自开始履行赔偿条约以来，中央银行的官方态度发生过两次转变：1921 年 5 月，暂时取消存款准备金和纸币发行量之间的关联，一年后又取得了不受联邦政府监管的合法地位。然而，大部分央行的政策并没有变化：哈芬施泰因规定央行只照常贴现国库券，并且拒绝把黄金储备作为"稳定贷款"的抵押。在 1922 年 8 月的流动性危机中，哈芬施泰因终于有机会利用法律赋予的自由大展拳脚了。面对即将来临的金融危机，央行开始大量贴现商业票据，这些票据在货币宽松时期几乎已经销声匿迹。1921 年 12 月，在德国央行的资产配置中，这些票据的价值只有 10 亿马克，而一年后飙升到 4 220 亿马克；或者说从不到流通纸币总量的 1% 蹿升至 1/3。此外，央行还允许战时贷款机构继续运营，放贷量在 1922 年伊始为 139 亿马克，而到了 12 月则高达 2 520 亿马克。央行同时还调高了贴现率，这在"一战"爆发以来尚属首次。从 7 月 28 日开始，贴现率每两周调整一次，从 5% 升到了 10%；然而，这只是在形式上向传统的银行业务靠拢。通货膨胀进入了一个新阶段，德国央行没有实行稳健的货币政策，公司票据大量贴现，从而超出了通货膨胀的预期。

德国当局的这种举措是否正确？我们知道，修正伦敦会议赔款方案的策略之所以失败，除了法国和美国态度强硬，也因为这个策略本身是个错误，它不但没能向美国和英国经济施压，反而释放了它们的压力。因此，我们完全有理由提出质疑，稳定德国经济的策略可能才是更有效的外交杠杆。增加税收、加大力度削减政府开支、"整顿"金融市场——这些都不足以帮助德国完成伦敦计划，但它们至少对德国经济起到了抑制作用，缩减了其庞大的进口规模，从而堵上了为履约而向大西洋国家提供的出口"通道"。1931 年发生的事件证明，世界经济的衰退和德国紧缩的财政货币政策最终导致赔款计划的失败。可是，这个结局不是早在10年前就有可能出现吗？

走向对峙

有人对上述观点表示反对，其理由依旧是通货膨胀泡沫一旦破裂，失业率就会升高，会引起社会恐慌，进而导致政治动乱。但通货膨胀也会引起动荡。“在来到这里之前我还没有意识到，”凯恩斯1922年8月在汉堡写道，“德国人已经到了精神崩溃的边缘。马克的暴跌让公众陷入一片恐慌……人们悲观绝望，信心被彻底摧毁……无论是右翼还是左派发起一场政变，柏林政府都很有可能会被推翻，这种忧虑笼罩着整个德国。”马克斯·沃伯格大约在同一时期描述了德国当时的情景：

> 德国分成了三类群体：一类在饱经磨难后走向没落，但仍保持着应有的尊严；一类是愤世嫉俗、肆意挥霍的投机商；还有一类在绝望中挣扎，出离愤怒的他们想要摧毁一切导致目前这种状况的政府和群体。

我们不能刻意淡化上述经济过程带来的社会影响，这点至关重要。充分就业时期的劳资纠纷也是1919年以来最为严重的，[①]但产业工人的境况相对较好。1922年，从教育程度高的中产精英到中低阶层，整个中产阶级都被贫困所困扰。在仔细分析了价格管制的影响后，汉堡领事对“（零售商）如何维持生计感到不可思议”。汉堡一位鱼贩言简意赅地诉说了他们的遭遇：“工人们联合起来对付我们，但我们中产阶级却没有联合起来对抗批发商。”那些被迫卖掉房产的业主也有同样的苦恼：“和工人们得势以后提出的诸多要求相比，从前的那些简直可以忽略不计。”专业人士也举步维艰：律师、医生和学者都遇到了空前严峻的考验。演员、作家和艺术家也遭遇了“脑力劳动者的困境”。

---

① 见图7.2。

局势的逆转在政治上最明显的表现就是各种鱼龙混杂的“资产阶级政党”，以及不断扩散的资产阶级政治组织。一些组织纯粹以经济利益为目标，另一些则效仿传统的民族主义协会，还有一些则走秘密阴谋组织的模式。尽管这些组织大多是公开从事人们熟悉的资产阶级政治活动，召开公共会议，出版宣传册，但也有少数组织从事秘密暴力活动，其中最臭名昭著的就是1921年8月艾茨贝格尔被暗杀的事件，10个月后拉特瑙也被暗杀。即使在汉堡就业最充分的时期，瓦内克爆破队也尤为猖獗，不断发起恐怖主义袭击。这种现象绝不仅仅是巧合。拉特瑙被暗杀后，警察和游行者也屡屡爆发激烈冲突。由此可见，那些以维护社会和政治安定为由支持1921~1922年度的通货膨胀政策的人完全错了。

各政党对履约的态度从一开始就模棱两可。维尔特政府中的一些人赞成修正赔款计划，并策划了具体的修正方案，对于德国人民党拒绝加入他们的阵营非常失望，但政府在赔款问题上没有取得突破性进展，这也证明了施特雷泽曼的谨慎不无道理。维尔特暗中希望赔款计划能够被修改，但表面上仍然不得不安抚协约国，从而导致在财政问题上要向社会民主党妥协。这种局面拖得越久——越是表现出履约的“诚意”——就越有可能采取对抗的立场，逃避履约责任。1921年5月，沃伯格和梅尔希奥督促德国人民党支持支持维尔特，希望组建“中间派联合内阁，排斥的右翼和左翼的沙文主义者”，卡尔·彼德森也对这个目标表示赞同。然而，沃伯格和梅尔希奥二人谢绝了维尔特的邀请，没有担任内阁部长，而自由党领导人却碍于其选民的反对无法担任。一系列国家问题引得群情激昂，局势进一步恶化。梅尔希奥本人也加入了组织，抗议所谓的“黑色耻辱”——法国从北非殖民地调集部队占领了莱茵兰。资产阶级的“爱国”情感还体现在商船上飘扬的帝国国旗上。1921年8月，阿尔斯特湖畔和商店里旧帝国的红白黑三色国旗还激起了街头暴力事件。10月，在上西里西亚是否仍归属于德国的问题上，尽管大多数国家投了赞成票，但国际联盟仍然要求将该地区割让给波兰，从而引爆了一系列事件。自1920年12月起，沃伯格和梅尔希奥就提出这一问题事关重大；事实上，他们认为必须履约的原因之一就是为了避免丧失上西里西亚。在他们看来，维尔特政府必须坚定地拒绝执行国联的决议；同时，他们强烈反对维尔特和拉特瑙组建新内阁。据财政部长赫尔梅斯描述，在这个紧要关头，斯廷内斯指出“经济上的诸多要求可以落实，但这种政治要求毫无商量的余地”。1921 年 10 月，沃伯格的态度也可以用同样的话来形容。拉特瑙曾对梅尔希奥表示，他和沃伯格早就批评过西蒙斯缺乏灵活性，如果之前主动提出数额较高的赔款，就不会有“伦敦最后通牒”，而西蒙斯的顽固现在可能会带来更严重的后果。

如果经过 1921 年 10 月的危机，德国还能继续坚持其履约策略，那是因为两个因素。首先，西方国家在经济上的让步最终让德国有机会得偿所愿。沃伯格在 1922 年 2 月提到：

> 3 年前，坎利夫要求一年赔偿 280 亿金马克；两年前，科尔茨的要求变成了一年赔偿 180 亿金马克；一年前，赔款委员会将这一数额改为 80 亿金马克左右；而伦敦计划又降到了约 40 亿，这个趋势显而易见。我们最终的履约目标——取消现金赔款——并非遥不可及。

直到 1921 年 12 月，沃伯格仍然像在寻找圣杯一样，孜孜不倦地四处筹借外资。其次，德国在东部似乎有可能扩大外交上的回旋余地，当然也是通过经济手段。汉堡利益集团有意通过与奥地利统一货币来实现“德奥合并”，当然，这个方案只是随便一提；另一个策略更为可行，即与继承国签订双边贸易协定；然而，最切实可行的机会似乎是与苏俄合作。随着苏俄内战为“新经济政策”扫清了障碍，不仅德国的工业界看到了那里的经济机会，汉堡的商业集团也有同样的想法。1921 年 4 月，汉堡-美洲公司成立了德苏运输公司（German-Russian Transport Co.，亦称“Derutra”），为苏联、德国和美国之间的贸易提供渠道，并最终于 1922 年 2 月签署了一项协议。德意志船厂与苏联签订合同，将 700 辆德国机车改装成适合苏联铁轨的机车，这份合同曾经轰动一时。博隆福斯船厂也恢复了战前与苏联的联系，取得了船舶修理合同。沃伯格希望重新与苏联展开金融合作。虽然德苏贸易给德国带来的经济效益微不足道——1924 年，在经过汉堡的进出口贸易中，与苏联的贸易只占总出口的 2.5% 左右和总进口的 1.9%。但是，德国希望这种贸易往来能够带来巨大的政治影响力。毫无疑问，汉堡商界和工业界在这点上达成了共识。在1920年2月的一次演讲中，梅尔希奥呼吁德国“必须比以往更密切关注东部的进展”：

> 不可否认，我们不能异想天开，希望在那里开辟新的殖民地。我们要充当朋友和顾问的角色，帮助在经济和技术上相对落后的东方国家，尤其是苏联……我们不是剥削，而是寻求合作……届时，德国和苏联也许会组成一个“战败国联盟”，当然，这个联盟没有侵犯他国的意图。

美国银行家乔治·麦克法登在1921年7月听到了费利克斯·多伊奇和马克斯·沃伯格的观点，二人的看法非常接近，在沃伯格的影响下，乔治深信“苏联对于德国在经济和政治上的解放至关重要，是德国的希望所在”。鉴于从1914年起德国通用电气公司就与汉堡有密切的经济往来，双方达成这一共识不足为奇。总之，“与苏联保持良好关系……能够降低来自西方的政治压力”（维尔特所言），这句话俨然已成为外交真理。

《拉帕洛条约》就是这种外交思想取得的成果。拉特瑙和苏联代表团在热那亚举行了“睡衣派对”，之后双方签署了这一条约。然而，梅尔希奥和古诺都公开表明自己与此毫无关联，沃伯格也表示强烈反对。这种分歧反映出汉堡和柏林在如何利用“苏联牌”上存在策略上的分歧。除了希望在外交上一招制胜，拉特瑙主要担心的是，一旦协约国和苏联率先就沙俄时期的债务和赔款问题达成协议（劳合·乔治已经多次提及），英国工业界就有可能先发制人，抑制德国工业。不同的是，汉堡希望德国把对苏联的经济影响力作为杠杆，争取让伦敦赔款计划得到修正，尤其诱使美国参与进来。由此可见，汉堡公司充当着苏联和美国之间的协调人，这个角色正是沃伯格早自1918年12月起就一直盼望的。例如，1920年6月，在与哈里曼进行谈判时，古诺抛下了一个诱饵——帮助美国进入东欧市场，而德苏运输公司自然愿意承担这个任务。同样，博隆福斯船厂也在设法促成苏俄与美国一家工程垄断企业Amstea的合作。这一举动有其政治用意，1921年沃伯格提出向美国借贷偿还赔款就是一种表现。为了获得贷款，沃伯格又把1919年时提出的理由重新搬了出来，提醒协约国如果德国没有贷款，经济会持续委靡，这种状况会蔓延到邻国：

> 苏联不但无法因为德国而稳定下来，反而会发现德国也是一个动乱的中心，虽然我不愿意谈论布尔什维克主义，但我猜想，两个一贫如洗的国家必然会因为同病相怜而建立友好关系。最终事态会演变为布尔什维克主义和资本主义的斗争。

在伦敦会议上，为了说服英国银行家提供资助，德国也是提出了同样的理由（“尽管我们的民族使命是保护西方世界，但却不得不走上与苏联结盟的道路”）；而古诺则声明他关注的是热那亚会议中德国作为苏联和美国之间的“精神桥梁”。沃伯格在1922年末访问美国时也对此大加渲染：

> 德国一直在防御布尔什维克主义。这个国家的自由人士和有建设性的人士都拥护西方的民主。但是，如果始终得不到回应，那么德国必然会在反动派或共产主义人士——抑或是这两股力量的共同作用下被带入东方世界。在这个融合的过程中，斯拉夫民族显然会发挥主导作用。

对此，英美人的态度非常明显，所以，沃伯格并不急于在热那亚会议上积极采取行动。尽管梅尔希奥听到有传言称苏联和协约国签订了协议，但沃伯格和古诺都建议静候时机：他们始终把赔款问题作为第一要务。在签订《拉帕洛条约》的前夜，梅尔希奥显然对苏联问题并不感兴趣，他更关心的是能否让阿姆斯特丹会议上由“货币、信贷和汇率委员会”签署的备忘录重新生效。拉特瑙终于在4月16日签订了协议，当得知协议的内容后，梅尔希奥惊讶不已。梅尔希奥对协约国和苏俄拟签署协议的内容费劲了心力，并向凯恩斯和意大利代表荣格寻求支持，但拉特瑙却让他的努力付诸东流，梅尔希奥为此大为光火。眼看《拉帕洛条约》就要危及到梅尔希奥和古诺与英国代表团取得的进展，为了保护他们努力建造的“通往西方世界的桥梁”，二人公开否认与这份条约有任何关系。沃伯格还称拉特瑙是一个“浑蛋”，拉特瑙本人当然也早有预料。沃伯格认为，苏俄并不会真正对德国提出赔偿要求，而且苏联从该协议中的受益比德国多，例如苏联在十月革命前对德国的负债也一并被免除。《拉帕洛条约》的签署不但阻碍了解决赔款问题的进程，而且还加强了法国国内“强硬派”的势力。

《拉帕洛条约》把那些“老问题”（凯恩斯语）又搬上了台面，直到今天，它在形式上的重要性仍然遮蔽了其现实意义。当然，它展示了德国有可能和苏联进行双边合作，而且这一点在未来20年内的作用不容小觑；但是，正如沃伯格所言，这份条约在短期内几乎无法给德国带来任何好处。但是，沃伯格本人提出的方案也同样于事无补。《拉帕洛条约》真正的意义也许在于它体现了德国外交官在履约问题上的挫败感。它只是一种姿态，营造出了一种意志自由的假象。事实上，德国与苏联的经济合作在政治上并没有多大作用；虽然沃伯格和梅尔希奥一直在利用和美国的关系，但作用也不大。

外交失利的代价无疑是巨大的。1921~1922年，德国外交政策的制定者是否在实现“民族”目标无关紧要，但是他们企图以经济手段达到修约目的，表面上还要安抚协约国，这些就足以激怒更极端的——或者说是不太现实的——民族主义者。战争结束后，4年已经过去了，除了在占领区，外部敌人的身影已经渐渐远去，而内部敌人的轮廓却越来越清晰。那些右翼中的煽动者和恐怖主义者没有提出任何可行的经济和外交政策，但却把各种愤怒的矛头指向个人，例如艾茨贝格尔代表投降，台尔曼代表革命，而拉特瑙代表履行赔款，他们甚至攻击一些和革命有关的建筑以示抗议。在汉堡，瓦内克爆破队袭击了奥斯多夫革命纪念碑、共产主义新闻机关的办公地点和台尔曼的宅邸。与此同时，德国人民防卫联盟又开始袭击一些活跃在公众视线内的犹太人，而拉特瑙就是重点对象。一些支持极端民族主义的学生组成了“俾斯麦联盟”，同时散布反共产主义言论和反犹言论；小资产阶级中还有少数反叛者组织成立了国家社会主义德国工人党这一边缘党派的汉堡分支。这些组织给汉堡带来了严重的威胁。首先，在1922年6月之前，警方监督政治会议的权力范围始终没有界定。其次，治安力量和一些非官方组织之间有千丝万缕的个人联系，这些组织包括Escherisch组织、Nachrichtenkopf Hamburg组织和Heimschutz Blankenese组织等。拉特瑙被暗杀后，一些亲共和人士举行集会，随着警察朝那些破坏俾斯麦纪念碑的示威者开火，最终，集会演变为流血事件。在这种形势下，几乎不可能按照新的法律规定，取缔那些在六七月份成立的右翼激进组织。这些组织只要换个名字就让人无力招架：“流浪人联盟”、“正直联盟”、巴尔杜尔青年教师协会、低地德语联盟、布吕希尔运动俱乐部等。

马克斯·沃伯格的对策同样收效甚微。自签订《凡尔赛和约》以来，沃伯格就意识到，必须为他构想的修约策略进行辩护，使其免遭右翼抨击。为此，他在汉堡成立了外交学会，由阿尔布雷希特·门德尔松-巴托尔迪管理，主要研究"一战"的起因和《凡尔赛和约》的合法性。但是，学术并不能抵抗反犹主义者的攻击。1921 年 5 月之后，这些反犹言论对沃伯格的影响越来越大，降低了他的公众形象。他不得不放弃去犹太教堂，在家中虔敬上帝。拉特瑙曾邀请他和梅尔希奥担任部长或大使，但都被二人谢绝了，理由是如果接受邀请，反犹主义者会把他们撕成碎片。事实证明，他们保持低调是正确的：在德国人民防卫联盟的犹太名人清单上，沃伯格就是其中之一，此外还有拉特瑙，以及差一点遇刺的马克西米利安·哈登。拉特瑙被暗杀后，警方建议沃伯格搬离住所，并为他安排了一位保镖；但沃伯格自认为隐退是最好的办法，于是他离开了德国，先后在荷兰（用了化名）和美国停留数月。德国国内动荡不安，各种"罢工、动乱、政变和食品短缺"恰恰是"最有力的证据，可以说服协约国相信……德国无法执行伦敦赔款计划"——身在纽约的保罗·沃伯格可以轻松地谈论这个问题，但对他的兄弟而言，结局很可能是付出身家性命。

反犹主义气焰愈加嚣张，但马克斯·沃伯格并没有逃避。就在拉特瑙遇刺身亡后，他立即表明自己对这一事件的态度：

> 在一些人身上，我们看到的只有赤贫和绝望，他们万念俱灰，对一切都感到不满，于是变成了亡命徒。正是绝望……滋生了这种行径。仇恨的思想侵害着我们的祖国，我们的家园不再有往日的宁静，成了宣扬伪教义的始作俑者。在这种情况下，当有人提出要拯救（一切）、改变（一切）、煽动（一切）的时候，自然有少数人会轻易被误导，由此可见，反犹主义的出现绝非偶然。当然，《凡尔赛和约》也是一个因素，但它是次要的，此外赫弗里希和激进成员的蛊惑也扭转了年轻人的思想。

为了释放压抑已久的情绪，沃伯格试图与莉莉·迪布瓦-雷蒙联手组织集体示威，抗议反犹太主义。沃伯格告诉莉莉，“危在旦夕的不是个人安全，而是如果现在不彻底改变，整个德国都有可能沦为热衷于杀戮的二流国家”。在起草抗议宣言时，他强调了反犹主义的“野蛮与残暴”，提醒人们警惕“内战思维”，并一一驳斥了反犹主义的谣言（犹太人“暗箭伤人”，利用通货膨胀大发横财，在战争中也没有作出贡献等）。但是，沃伯格这番辩论并没有产生多大影响。以海因里希、奥托·特劳恩和鲁道夫·布洛姆为代表的一些商人，仍然拒绝在全国哀悼日上为拉特瑙默哀，虽然他们的理由只是不愿意在工作场合谈论“政治”，但是这种中立的态度很可能会逐渐发展成反共和主义，甚至是反犹主义。

对峙时期的经济

随着向协约国施加经济压力的计划破产，以及国内政治局势岌岌可危，一场国际对峙已经在酝酿之中。拉特瑙也意识到了这一点，就在被刺的前夜，拉特瑙斥责斯廷内斯把德国带入了“与法国相撞的轨道”。尽管公开对抗能够宣泄一时的情绪，但无疑会令德国商业危机四伏，尤其是业务涉及鲁尔地区的商人，因为法国一旦进行制裁，最有可能先占领那里。既然如此，为什么仍然有众多商人赞成对峙呢？甚至在鲁尔地区被占领的前夜，德国新上任的总理就是一位商人？最根本的原因在于，只要有一线希望延长通货膨胀时期的泡沫，工商界就不会慎重思考稳定局势的问题。然而，工商界却刻意声明，如果商人能够接替政治家执行任务，那他们也许能克服外交上的难题。虽然在国际问题上，这种可能性微乎其微，但它却展现出履约时期德国各种力量对比的微妙变化。国家的财政在收缩，在货币领域，国家成了德意志帝国银行的主要客户，被商业机构所左右。相形之下，一些大集团却空前膨胀，工资和名义利润都屡创新高。可以想见，当恶性通货膨胀和外来侵略威胁到德国统一的时候，商人们的立场很可能是“经济优先于政治”。

维尔特政府内部很早就有人反对通过马克贬值来达到修约目的。在《伦敦协定》的催化下，德国出口和支付赔款变得密切相关，这也是沃伯格为什么担心财政部会提出强烈反对。但事实证明，最大的阻碍来自经济部，正如在1919年，经济部同样猛烈抨击了“贱卖”德国的策略。1922年3月，联邦进出口许可管理委员特伦德伦堡公开谴责“一些人的观点，那些人认为取消了价格管制，德国就能增加出口，进而迫使英国解决赔款问题”：

> 一些人采取冒进的出口政策，为修改赔款计划而向世界市场施加压力……违背了履约的政策，以德国目前的政治处境，很难承受这种激进的做法……国家物价和国际物价趋于一致带来的副作用不容小觑。我们将面临的问题是：在这种情况下，国家是否还有持续的收入来源？货币体系和国家财政是否会崩溃？

于是，特伦德伦堡和希尔施试图恢复对外贸易管制，以缓解货币贬值的影响。这个制度原本在1921年初有望被取消，但最终还是得以保留。到1922年，贸易管理局已经有员工4 000多人，每天审理50 000笔出口交易，涉及近1 000种产品。不仅如此，管理局对出口商征收罚款的权力增加了，还暂时取消了对进口商免征营业税的规定。最终，既然伦敦协定要求交付出口收入的25%作为赔款，经济部便有理由继续征收出口关税，要求所有出口商的外币收入也要开具发票。

对于不放弃贸易管制的做法，汉堡商界最先抗议，而后反对声浪很快传到了工业界。1922年上半年，商会发动了空前激烈的反经济部运动：弗朗茨·维特赫夫特和其他商会发言人抨击贸易管制机构不仅效率低下、严重危害德国经济，而且还滋生了腐败。诚然，在1922年5月之前，商会一直视工业协会为祸端，因为它们实际上操控着贸易管理局。但是，对于工业协会在“统制经济”中的角色，工业界也一度越来越不满，和工商界提出了同样的批判。不久，工商业之间恢复了友好关系。透过这个过程，我们清楚地看到了国家力量在经济领域的瓦解：就在经济部要求商会对其提出的腐败指控给予解释的时候，工商业却“私下”在贸易问题上达成谅解。这当然不是巧合。5月末，在德国工业帝国联盟召开的特别会议上，双方签署了谅解协议。它代表着工商业之间的争端基本得到解决，也意味着双方联合构建了一个商业政治平台。

为支撑这一平台，马克斯·沃伯格在演讲中公开宣布反对稳定措施（尤其是汇率管制），同时展示了公司应该如何巧妙利用技术手段对抗恶性通货膨胀，例如可以用金马克结算账目，利用远期汇率市场，同时避免恶意收购。鉴于沃伯格一直在争取延期赔款和国际贷款，但始终得不到回应，这次演讲成了对政府的公开挑战：

> 德意志帝国银行想要阻止通货膨胀，这和汉堡市市长告诉医院的病人不许生病没什么差别（笑）……只要法国还有机会入侵德国，我们就不能谈什么稳定货币……马克汇率不能突然回升，只能慢慢恢复（没错）……我们绝不能重蹈奥斯曼帝国的覆辙，我们也绝不接受任何形式的国家负债。

德国工业帝国联盟领导人后来的政策辩论揭示了这番演讲的重要性。在几轮唇枪舌剑之后，库尔特·佐尔格坦率地承认，“我们自己也不知道自己要什么”；而沃伯格确切地指出了所有商人都不愿接受的，那就是稳定——尤其是在赔款委员会的要求之下。也许，这种隐藏在消极抵抗背后的自负和鲁莽最令人震惊。比歇尔在汉堡会议不久后发表的评论体现出此时的德国商界越来越趾高气扬：“要找到解决方案，只能向世界一流的经济学者寻求帮助，而不是求助于负债国的……财政部长。”如果法国占领鲁尔，那些“经济学者”会怎么做？商界人士不置可否，他们嘲弄了一番目前的政治进展，将这个问题抛在一边。

一直以来，历史学家往往都在研究实业家们如何老谋深算，对于这种挑衅的态度究竟在多大程度上源自汉堡并无定论。事实上，正如佐尔格所言，工业界在当时已经失去了方向：比歇尔主张在外交上采取主动，斯廷内斯和西尔弗伯格建议与左派展开对决，罗伊施和杜伊斯贝格则采取中间立场。相比之下，汉堡商界的目的更为明确。德国工业帝国联盟会议结束后，为筹备汉堡交易会（“海外交易周”），整个汉萨同盟的商业团体都陷入一片忙乱。早在 1919 年，就有人偶尔提起过创办出口商品交易会，但因为方案尚不成熟而遭到拒绝。两年后，沃伯格、古诺、道奇和汉堡德累斯顿银行董事长安东·许贝把这个计划变成了现实，1922 年夏天，他们开始向政界人士和外交官发出邀请函。大约在同一时期，新的“海外俱乐部”成立了。然而，成立海外俱乐部和交易会的动机并不单纯。这种英国式的俱乐部表面上是为了招待来汉堡访问的商人，同时为经济研究筹集经费，但事实上却别有政治用意，从其开幕词中就可见一斑。沃伯格在他的致辞中（因为担心安全问题，所以由他人代为宣讲）呼吁终结商业和政治的分裂局面，不再区分“纯政治家”和“纯商人”：

> 长久以来，我们一直狭隘地认为贸易政策和政治是相互独立的单元。关税率稍有变动，那些受到影响的制造商就会愤怒不已，但他们对……高阶政治几乎一无所知。商人们看不清政治局势，而政治家们也忽略了经济问题，只有在发生战争时才意识到经济问题至关重要。

这一论调首次出现是在革命初期，并得到了维特赫夫特的支持：“在世界经济问题上，外交家和政治家现在该把主动权交给商人了。”与实业家不同，商界领导人的目标非常清晰：要求实施“新自由贸易”政策。沃伯格再次督促政府取消贸易管制，并重申他在德国工业帝国联盟会议上的观点：

> 除非《凡尔赛和约》施加的条件和财政预算能让我们的收入负担赔款，国际收支平衡保持稳定，否则，实行货币改革毫无作用。只要上述条件不成立……抑制通货膨胀就是徒劳，它相当于让一个已经溺水的人不要再喝水。

“商业人士”的活动即刻开展起来，由古诺向美国大使霍顿寻求帮助，弗里茨·沃伯格游说英国驻德使馆的商务专员特维尔，马克斯·沃伯格则赶赴荷兰与库恩雷波公司的奥托·卡恩会面，而古诺、梅尔希奥（和与古诺往来密切的魏登费尔德）负责督促艾伯特和赫尔梅斯给予官方的支持。

在商人们的积极努力下，“海外交易周”从8月17日起正式开始了。表面上看这是一场盛况空前的聚会，出席的要人包括总统艾伯特以及格勒纳和克斯特两位部长、多名外交官，还有众多国会代表，但它实际上是一次非正式的德国外交政策会议，凯恩斯则是这次会议的贵宾。很明显，汉堡利益集团希望这次私人会谈以探讨另一个国际贷款方案为主。然而，其他事情却让这个计划黯然失色。8 月 21 日，普恩加莱在巴勒迪克发表演讲，号召德国“兑现承诺”，而凯恩斯又在 8 月 26 日“海外交易周”的闭幕致辞中给予精彩回应。凯恩斯在汉堡受到极大的礼遇，与科布登在 1847 年访问汉堡时的情形十分类似。“正是他让所有讲英语的国家改变了对德国的态度”，古诺这样介绍凯恩斯，而后便是人们的鼓掌欢呼，让人不禁怀疑这掌声对他的发言内容有多大的影响。凯恩斯表达了他的愿望，“科学、行政和管理技能的时代就要来临了……不是在今年，而是在明年”，之后他又作出了关乎德国命运的预测：

> 虽然法国扬言要继续发动战争，但我认为……法国不会付诸行动……如果在一两年前，法国在内心确信的情况下可能会采取行动，但现在不会。法国人对于官方的赔款政策极度失望……他们心里明白，这种政策并不现实。出于种种原因，他们并不愿意承认这些事实，他们只是在虚张声势。他们完全了解，非法的武力行动会让法国在道德和情感上被孤立，进而摧毁他们的财政，对他们没有任何好处。普恩加莱先生……也许会发表犀利的演讲，但只能激起少数人的暴行，而且徒劳无益。他并不会采取大规模的行动。事实上，他的演讲不是行动的前奏，而是一种替代。他越是义正词严，行动的可能性就越低……德国人保持镇定就好，不必太过担心。

不仅如此，凯恩斯对通货膨胀让“德国人的生活变得支离破碎”这种说法也不以为然：

> 不要只看到资产负债表，要看到它的另一面……德国没有了内债的负担。截至目前，德国因为失去了国外投资者，对协约国的赔款也全部被免除。我不认为德国之前的赔款是自己支付的。外国投资者几乎负担了德国所有的债务，甚至更多。

凯恩斯的结论相当于认可了汉堡的提议——延期赔款、国际贷款和减轻赔款负担。但凯恩斯在私底下绝不会这么轻率。他认为“如果法国的确有政治计划（占领鲁尔地区等），这些让步根本不值一提：冲突在几个月内就会爆发"，因此，他不赞成用德意志帝国银行的储备来为将来支付赔款提供担保。在货币政策方面，凯恩斯的建议也考虑到了迫在眉睫的流动性危机。然而，对德国人影响最大的还是他的公开言论，因为这些话是他们想听到的。于是，汉堡向维尔特传达了这个信息：尽管让普恩加莱"亮底牌"。很快，维尔特先后邀请梅尔希奥和古诺担任外交部长，经过一阵大肆宣扬后，政商融合已经近在咫尺。

与普恩加莱进行对峙意味着和经济部也会有对抗。1922 年 7 月，马克汇率暴跌，希尔施建议制定提振马克的"综合体系"，先在国内推出"黄金贷款"，吸引德国人放弃手中的硬通货。汇率管制还禁止在国内交易中使用外币，比 2 月份刚恢复的管制措施严格了许多。此外，一些人再次提议干预外汇市场，甚至在纸马克之外创造某种硬通货（或"保值货币"）。在财政部和德意志帝国银行总裁哈芬施泰因的支持下，商界发言人对所有这些提议都表示反对。哈芬施泰因称黄金贷款这个提议"会给我们的经济、整个货币体系和政治局势带来极大的危害"；最终，这个方案被否决了。由于汇率管制惹来众多反对的声音，当局不得不附加诸多的豁免条件。反对人士甚至召开了联邦经济顾问委员会会议，由梅尔希奥提出反对的证据。梅尔希奥逐一否定了所有的稳定措施，称"黄金贷款"是"严重的美元投机行为"。失意的希尔施指责梅尔希奥，梅尔希奥立刻用路透的一句话予以回击："你比我敏锐，我比你正确。"这意味着希尔施别无选择，只能放弃积极的外汇管制政策。

目前的维尔特政府显然已经危在旦夕。但是，由谁来接替维尔特尚不明朗，尤其是社会民主党和德国人民党之间陷入了党派政治的僵局，不可能进行合作。事实上，直到现在，历史学家仍然不明白为什么是古诺——一个汉堡航运公司的总裁——成为维尔特的继任者。在关于古诺的大多数描述中，他充其量就像艾伯特"因为商标诱人"（古诺与美国一些要人有联系）而想要尝试的"大号雪茄"；是一个没有参加任何政党的总理，这也充分反映了魏玛共和国政党的衰败。但这种描写具有误导性。事实上，古诺显然很早就在为直接参政作准备。当然，他的确在 9 月份谢绝了外交部长的职位。"政治讨论和会议无法解决德国和法国之间的分歧"，这种做法纯属徒劳。他提出了另一个他认为更有效的途径，那就是"经济手段"；并且提出他"在美国和英国的一些私人关系”也许有助于打通渠道，进而“在即将到来的决定性赔款会议上”形成“真正的解决方案”。古诺当时之所以不愿担任外交部长，真正的原因是 “内阁的构成和时任总理”似乎“无法提供开展工作的平台”。在 9 月 6 日德国工业帝国联盟会议上，他进一步阐明了自己的立场，也就是我们现在所熟悉的“海外俱乐部”的论调：

> 内部的复苏取决于外部条件的恢复……我们的要求应该是经济和政治的互相独立……经济行动的自由不应该被政治所限。只要还依赖根本不懂经济的政府，我们就不可能指望经济会好转。

这番话清楚地表明古诺是在争取权力；一个月后，当他再度被邀请担任外交部长时，他的意图更加明显了。见“法郎也开始贬值”，古诺认为时机到了，此时德国可以提出“积极计划”了。然而，古诺仍然认为当时的内阁成员……不可能制定出合理的经济政策，（以社会主义者和天主教徒为主的）工会在经济问题上完全占据主导地位。于是，他“宣布在政府内部——包括经济部——达成统一战线之前，自己不会加入”。对艾伯特来说，要成立一个在经济政策上不被社会民主党控制的政府，这或多或少是个挑战，同时，它也证明了古诺的目标绝不仅仅是威廉大街上的外交部。当然，如果以沃伯格在美国取得的优势来判断，我们看不出古诺的野心究竟有多大。但是，驻柏林的美国大使可能会看得更清楚——德国正在朝一个亲商政府迈进。10 月 30 日，斯廷内斯确定地告诉古诺，维尔特已经“是穷途末路了”，并且暗示他已经向艾伯特推荐古诺成为接班人。古诺还让霍顿阅读了自己草拟的赔款计划提案，该提案意味着要对整个德国经济进行大刀阔斧的改革，包括取消 8 小时工作制，取消政府对“所有国内外商业贸易领域”的监管，“在关系国民经济命脉的工业领域”实施为期 5 年的罢工禁令，削减公共机构的所有权和人员，对“侵犯私有财产的罪行”进行“极为严厉的判罚”。仅仅 4 天后，霍顿就约见了古诺和他的美国同伴哈里曼，共同商议古诺担任总理的可能性。就在维尔特辞职后，社会民主党对德国人民党在斯廷内斯授意下提出的加入大联盟的条件表示反对，中央党也不愿支持阿登纳或施特格瓦尔德担任总理，时机已到，古诺准备登场了。

古诺的内阁人选毫无悬念。就连身在英国的凯恩斯都能看出“这个政府比维尔特的更加偏右，太过受制于工商业的影响”。古诺向艾伯特表明，他会组建一个“工党的内阁，以能够客观公正地管理商业事务为依据”，也相当于把参加工会组织的人排除在外了。11 月 16~22 日，尽管具体的部长提名一再被社会民主党否决，古诺仍然坚持不让社会主义人士参与政府管理。最终结果并非像沃伯格设想的那样全部来自工商界，但鉴于总理是船舶业巨头，经济部长是前莱茵钢铁厂总经理贝克尔，古诺内阁无疑比所有魏玛政府都更偏向于经济保守主义。

履约策略在外交上失利，恶性通货膨胀引发经济危机，资产阶级政党的对抗情绪加重，经济部试图重新实行经济管制——这些因素都推动了政治重组，而古诺的组阁无疑将其推向了顶峰。表面看，最直接的诱因是 1922 年夏季商业与工业利益集团恢复友好关系、在海外俱乐部成立时发表的商业政治言论，以及凯恩斯在“海外交易周”上的大胆建议；但究其根源，可以说政府与商业在战争期间和战后的不断融合才是真正的原因。古诺最初只是一个公务员，战时经济是他进入商界的契机，透过汉堡–美洲公司的政府代表霍尔岑多夫，他很早就与艾伯特建立了关系。从许多方面来看，古诺被任命为总理是商业集团与政府部门相互依存的必然结果。但是，正如沃伯格在表面上评价的那样，让经济承担政治的角色未免有些不合逻辑。1922 年的一系列事件都是在削弱政府的权力。不仅公共秩序开始失控，对经济的管制也降到了最低限度。与此同时，政府也没有提出合理的外交途径来解决履约问题，更不用说“接受普恩加莱的挑战”了。在这种局面下，新政府也已经无计可施，只能像以往的政府一样为自己辩解，并祈祷凯恩斯判断正确。随后的一系列事件表明，让古诺担任总理完全是在冒险。虽然古诺声称自己会秉持“客观公正”的态度，用“冷静与精明”的头脑来领导政府，但 1923 年的一系列灾难显然拆穿了他的谎言，同时揭示了商业政府背后的矛盾之处。

PAPER
AND IRON

第7章
解体与清算

商业政治的失败

1922年，提高“商人”在德国政府决策中的影响力的呼声高涨。既然一位商人已经成为总理，“商业政治”的理论就能得以落实了，但这个试验很难称得上成功。威廉·古诺执掌政府的那9个月是德意志联邦自成立以来形势最为严峻的时期，德国几乎要分崩离析。法国—比利时军队占领了鲁尔地区。为了资助民众进行“消极抵抗”，德国开始大量增发纸币，几乎达到了印钞厂的极限。之后，政府试图阻止马克币值暴跌，但不见成效，消极抵抗政策也宣告失败。更严重的是，政府对物价和工资的大幅调整日趋频繁，这意味着1921~1922年度就已出现的银根紧缩正在加速，从而导致事实上的稳定性危机——很久之后，政府才慎重地采取措施结束通货膨胀。在金融持续混乱的状况下，很多公司虽然没有公开宣告破产，但它们迫于流动性紧缺，不得不缩减生产和裁员。经济利润的缩水又导致政治上四分五裂。在巴伐利亚州，州政府的独立倾向越来越明显；在萨克森和图林根州，共产党的影响力不断扩大，而被占领的莱茵兰也有可能退出联邦。这些只是国家政策破产引起的地方政府最公开的反应。事实上，它产生的离心力非常强大，甚至连古诺本人的家乡汉堡都考虑在经济上脱离联邦政府。在辞职前两周，财政部长汉斯·阿尔贝特及实业家奥托·亨利希与古诺展开正面交锋，毫不留情地对古诺取得的“政绩”作了一番解析：

> 汉堡会再次进入为了食物而全面对抗的局面，联邦各地区为了维护其秩序会各自为战，而德意志联邦会变得支离破碎，这些都是我们不得不担心的。一个无法阻止货币暴跌的国家政府必然会失去威信，也终将消亡。

凯恩斯4年前曾引用列宁的话，指出放任货币泛滥是摧毁资本主义制度的最佳方式。恶性通货膨胀对国家政府的影响也是如此。

不幸的是，灾难发生时，当时的总理恰好是一个资本主义者，对于当时德国国内外的许多人来说，这件事有种不祥的预兆。古诺曾承诺成为总理后，他能够利用自己在商务上的国际关系解决赔款问题，而当他本人点燃的希望幻灭后，这种商务关系的性质起了变化。“政府和巨额融资密切相关”的说法不胫而走，对此，工会领导人早在2月份就曾发出过预警；7月，汉堡工会会员公开谈及政府是“由经济组织构成的”。《汉堡回声报》指出，“在德国工业股最近一轮上涨潮中，汉堡–美洲公司的表现最为亮眼”，并质疑道：“如果由拉特瑙执掌政府，而在此期间德国通用电气公司的股票飞涨，那么泛日耳曼社会的反应又会如何？” 社会民主党的经济顾问希尔弗丁和自由派记者格奥尔格·伯恩哈德也曾就德意志帝国银行和工业界的关系提出过类似的问题。共产党人士格奥尔格·格罗斯的态度更直接，在1923年4月出版的《Abrechnung folgt!》一书中，他把斯廷内斯描绘成傀儡艾伯特的操纵者，把消极抵抗政策描写为资本家的阴谋。不只左派持有这种观点。在古诺掌权前不久，一位汉堡的小商人曾写文章分析恶性通货膨胀出现的原因，充分体现了资本家阴谋论在当时的盛行：

> 矿业及相关产业的巨头、化工业和大银行等垄断集团把持着经济大权，因而拥有制定货币政策的权力。他们大量抛售马克。对他们来说，马克不再是一种支付的工具，而是对抗当前政权的政治武器。

在他看来，“大商业集团想获得政治权力”，而“美国商业巨头”希望贷款给德国，双方利益刚好一致。唯独法国阻挡了计划的实施；因此抛售马克是为了破坏法国的利益，因为马克一旦贬值，法郎可能也会紧随其后。英国大众媒体的解读与此类似：古诺只是“名义上的首脑”，真正手握实权的是斯廷内斯，或者是偶尔被提及的沃伯格。法国和美国的观察员的看法也完全相同。在史学著作中，类似的指控也屡见不鲜。

对于这些指控，古诺和沃伯格都极力反驳。古诺在 1922 年 12 月指出：“政府领导，工业界予以支持。没有所谓的授权，也没有所谓的强大到足以夺走政府主动权的工业权力中心。”沃伯格则否认“颠覆了维尔特政权”，或者“让古诺成为总理”：

> 我并不热衷于政治，无论是直接参政还是间接参政。我的活动仅限于商业领域，同时在有人向我咨询的时候，作为专家回答一些纯金融领域和技术领域的问题……柏林的那位先生经常听取我的意见，但他的行动总是和我的建议背道而驰。如果不是这样，世界局势会比现在好很多。研究哲学是我的主业。业余时间我是一个居家的人，一个银行家，仅此而已。

当然，并没有证据表明古诺为了汉堡–美洲公司和其他公司的利益而有意滥用职权。出任总理一职后，他尽职尽责地把联邦的利益的置于汉堡–美洲公司之上。而沃伯格自称没有政治影响力，这一点却很难与事实相符，例如他曾在 1923 年 7 月 2 日向古诺提交过一份名为“如果我是总理”的备忘录，其中既有对宏观政策的建议，也有具体的外汇管制措施，而这些显然与沃伯格的私人利益有关。在古诺政府时期，国家政府权力萎缩现象最为严重，而工商界的“否决权”却膨胀到了极点。古诺的反法政策需要商业团体牺牲现实利益才能奏效；但是，当他逐渐明白，私营部门的前同事们并不愿意作出让步时，古诺也没有能力强迫他们。商业政府的概念本身就自相矛盾。在1923年的危机期间，整个工商界都把自身利益置于国家利益之前；而要商人出身的总理去扭转这种局面，成功的可能性是最低的。

在新政府成立之初，凯恩斯热切地督促新政府“大声表达意见”，甚至承认自己“羡慕古诺的工作”，但是，作为一个建立在商业之上的政府，其弊端很快就显现出来了。古诺上任后的第一个月，各方对于最后的赔款提案和贷款方案争论不休，整整一个月就在一片混战当中过去了；由商人组成的非官方“内阁”敲定了最终方案，但却因为该方案太过荒谬而没有递交给巴黎当局。即使排除了党派纷争，制定政策的过程也不会变简单；资本家和政党领导人一样，很难达成统一。眼看外交上就要陷入绝境，沃伯格等人开始主动抽身。魏登费尔德和汉堡-美洲公司在美国的代表都察觉到，要让美国出面干预并且一锤定音（这也是让古诺获胜的那张王牌），机会十分渺茫；沃伯格则愤愤不平地指出，“出尔反尔的英国人”不可能积极提供帮助，在12月28日古诺请他前往柏林时，他也表现得十分犹豫。正是在这样的背景下，古诺于12月31日在汉堡证券交易所发表演说，向众人宣布会“以某些方法来指导联邦政府的谈判，它们源自荣誉商人的精神”。然而，事实却是这些方法并不适合当时的形势。1923年1月初，巴黎和会不可避免地陷入僵局，赔款委员会宣布德国未能按约定交付煤炭，此时的古诺似乎终于有机会一改往日沉着冷静的商人形象，发表慷慨激昂的爱国演说，仿佛回到了1914年。

然而，要摆脱商业政治内在的矛盾并不容易，正是古诺本人把商业政治理想化了。古诺建议对法国的占领采取“消极抵抗”，可这个新策略要奏效，不仅要具备1914年时的“精神”，还要在经济上作充足的准备。国家利益和私人利益的对抗性就在此时体现得淋漓尽致。大体说来，“消极抵抗”这个草率的政策可以分成4个部分。首先，为了尽可能加大法国占领鲁尔的代价，古诺下令当地煤矿进行罢工，这意味着政府要同时向雇主和工人提供补贴。其次，为保证国内其他地区的工业产量，德国不得不从英国进口煤炭来维持工业生产。再次，德国希望法国占领鲁尔将对法国的财政构成压力，从而导致法郎贬值。最后，古诺仍然寄希望于英国和美国，希望它们对普恩加莱政策的质疑能转化为有效的外交压力。但是，前两个目标无疑极大地增加了政府开支，除非实行紧缩的货币和财政政策，否则被削弱的将是德国马克，而不是法郎。除此之外，外交上的突破在短期内也很难实现。凯恩斯和霍顿也只是用几句话表示支持：德国要“坚持到底”、政府要“保持镇定”等。问题在于，持续的消极抵抗带来了极大的经济压力，而在这种情况下，德国很快就“到底”了；而且，霍尔岑多夫等人在伦敦访问时还发现，英国官方对德国的态度完全不像凯恩斯那样友好。随着政府为了延长消极抵抗而不断采取权宜之计，古诺与其原来的商业同盟之间的矛盾也在不断升级。

财政方面的冲突最为明显。消极抵抗造成开支增加，财政部在1~6月就支出了520万兆马克，可政府几乎没有给予任何补偿。在实际价值上，1923年的总公共支出比1922年增加了75%，1923年1~8月，联邦政府的月支出从4 .33亿金马克升至15亿金马克。但在7月，政府的收入直线下降，仅有7 000万金马克，政府借贷骤然激增，数额之大史无前例。1923年的总赤字约占国民生产净值的22%，创下了1918年以来的最高纪录。这一方面反映出通货膨胀加剧对实际价值的直接影响，另一方面也折射出 “税收道德观”在微观经济和政治层面的全面瓦解。 由于税法纷繁复杂，漏洞百出，使得当时社会逃税成风。与此同时，商人还对“纳税”的概念提出质疑。德国工业帝国联盟的一位发言人甚至提出“维持工业生产比减少赤字更重要”，营业税稍有增加就会招来汉堡商会的猛烈抨击。政府迫于商界压力甚至不得不减少一部分税收，同时也没有尽全力弥补通货膨胀对直接税收造成的影响。美国一位观察员这样评论道：“德国企业不交税……已经成了公开的事实。德国政府知道，媒体知道，商人们自己还引以为豪。”

我们已经了解到政治事件、金融政策和汇率之间的联系，很显然，现在的局势必然会导致史无前例的马克贬值。1922年12月~1923年2月，美元兑马克的汇率以3.6%的速率上涨。马克显然比法郎面临更大的压力。然而，当政府试图通过其他政策手段挽救局面时，却遭遇到商界更大的阻力。商业利益集团爆发了大规模的抗议，强烈反对用贸易管制来调节国际收支平衡。于是，政府可动用的只有货币政策了。我们已经知道，在1922年中期，哈芬施泰因为解决私营部门的流动性危机大量贴现商业汇票，中央银行的印钞

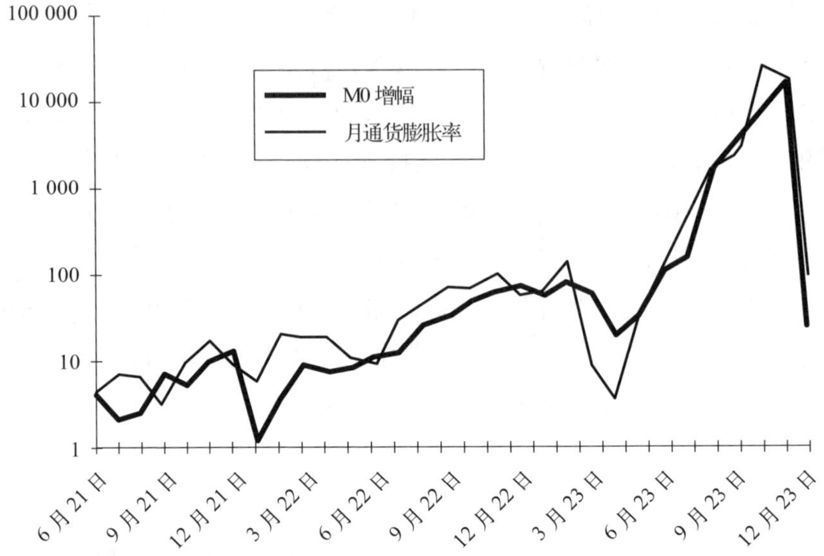

图 7.1　货币和物价的单月增幅（1921~1923）

厂开始夜以继日地运转，如果它生产的是商品而不是纸币，必然会取得令人震撼的成绩。1922 年 12 月之后，公共部门的借贷又加剧了货币洪流的泛滥。1922 年 7 月~1923 年 2 月，M0（流通中货币）的增长率从 12.4%暴增至 76.8%，而之前从未超过 20%（只是偶尔超过 10%；见图 7.1）。哈芬施泰因不得不改变货币政策。1923 年 1 月，贴现率从 10%提高到 12%，在 4 月份调高到 18%，增加信贷银行持有国库券的意愿，同时迫使银行限制放贷。这些政策起到了一定的作用：4 月货币增幅放缓至 19%。此外，古诺还说服哈芬施泰因动用中央银行的黄金、白银和外汇储备来干预外汇市场，干预力度空前加大。这种“支援行动”旨在利用马克币值被低估——德国央行储备达到 2.5 亿美元左右，化被动为主动。纸马克收益总计达 1.78 亿金马克，马克兑美元的汇率从 49 000 ∶ 1 升至 20 000 ∶ 1 左右，整个 3 月都维持在这一水平。不仅如此，为了“驱逐”外币，德国央行还决定发行高贴现率的以美元计价的三年期国库券，总价值为 5 000 万美元。

据一位德国官员表示，德国政府为马克提供支撑是为了展示德国具备“抵抗能力”，但由于消耗了巨量的央行储备，硬通货债务居高不下，“赔款能力”受到严重影响。然而，这个策略再次以失败告终，原因仍旧是政府和私营部门存在根本的利益冲突。甚至在恶性通货膨胀爆发前夕，一些公司已经开始从事外汇业务，建立外汇储备。在汉堡，德意志造船厂等公司自 1919 年以来就一直把出口盈余保留在境外账户中，而博隆福斯船厂等公司也不顾国家禁令（禁止在国内交易中使用外币），要求国内客户用英镑或美元来支付。随后，马克斯 · 沃伯格坚称自己不可能“让公司保留外汇储备，因为这样会间接毁掉我们自己的货币”，对于他的公司在 2 月份用马克兑换法郎的指控，沃伯格也断然予以否认；但是，他本人曾在 1 月份下令把公司持有的德国工业股兑换成外币。船运公司也开始把船舶作为抵押换取外汇，出口商则坚决保留出口的外汇收入。就连在日常消费中，德国人也逐渐开始携带外币。也就是说，政府和商人的目标互相对立，政府希望支撑马克渡过难关，而商人则希望尽可能减少手中的马克，这进一步刺激了民众的悲观情绪，对古诺获胜不抱希望。

商人不愿放弃外币，5 000 万美元的融资计划注定要失败。由于联邦政府信用严重受损，政府债券虽然在理论上有吸引力（预付利息），但结果还是彻底失败了，首次发行时的认购率只有 1/4 左右（合 1 260 万美元），截至 7 月底，未售出的债券仍有 1 500 万美元左右。汉堡的情况尤其艰难：在计划售出的 250 万美元中，沃伯格公司只能售出 40 万美元。德意志造船厂以“对公司现金储备要求过高”为由，只愿意认购 1 000 英镑。对此，沃伯格试图把问题归咎于债券发行的技术缺陷，而古诺则十分愤慨，开始谴责工商界——尤其是商业集团——令他感到失望。美元融资计划的失败刺激马克再次下跌，“支援行动”彻底失败，德国央行和政府勃然大怒，严词谴责斯廷内斯大量购入英镑，削弱了德国的货币。

这些因素决定了古诺的政策在外交上必然会失败。德国工商界逐渐意识到，马克很快就会全面崩溃，根本等不到取得任何外交进展。早在 1922 年 2 月，斯廷内斯就试图说服沃伯格，提出应该放弃“消极抵抗”，“与法国达成和解”。两个月后，保罗 · 罗伊施和梅尔希奥等人建议沃伯格根据寇松在 4 月 20 日的发言，重新向英国表态。然而，最终说服古诺打破外交僵局的是一位美国友人。在国际商会于罗马召开的会议上，银行家信托公司的弗雷

德 · 肯特发表演说，号召结束鲁尔危机，之后他来到柏林，德国当局相信他能够从中调解，让德法达成妥协。根据贝格曼和梅尔希奥起草的提案，德国提供总额为 300 亿金马克的赔偿，其中包括证券资产，还提出了我们最熟悉不过的贷款和延期偿付等条件。然而，古诺、贝克和罗森贝格等人却更青睐于另一个方案，赔款金额比之前在 1 月份的照会中提到的要少，实际价值只有一半左右，而且没有提及任何证券资产。不出所料，普恩加莱拒绝接受这个赔偿的方案，肯特也气愤地离开了德国。[①]在梅尔希奥和凯恩斯的督促下，古诺只好进行第二次尝试，采纳了英国的意见，但同样一无所获。凯恩斯先是咨询了英国新首相鲍德温以及麦克纳（凯恩斯错误地认为他会是下一任大臣），而后便前往柏林。新照会中并没有提及赔款总额，这是因为凯恩斯发挥了关键作用。然而，凯恩斯还是低估了德国此时的弱势：

> 不要再为自己受到的虐待而悲叹，德国应该坚信自己能够反抗到底，甚至应该表现出略带威胁的强硬态度。现在的宣传方式会让人以为德国马上就要彻底垮掉了。长远来看，强硬和骄傲比妥协和埋怨对舆论的影响力更大。

可是，这番激励斗志的言论忽略了一点，濒临崩溃并不是德国的策略，而是代表了德国目前真实的处境："反抗到底"并不现实。最终，德国拟定了一份提案，其中包括以财政收入作为担保，同时以私有财产作为抵押，比之前的照会改进了许多。但是，由于英国外交大臣拒绝回复，普恩加莱也拒绝谈判（除非德国停止消极抵抗），因此，危机并没有立刻缓解。与此同时，德国国内各联邦已经提前开始讨论赔款担保问题，德国工业帝国联盟和德意志农业联盟都公然提出，只有政府作出让步，它们才会予以合作。约翰 · 福斯特 · 杜勒斯作出了最后的努力（也是由沃伯格发起的），在柏林和布鲁塞尔当局之间进行调解，但由于罗森贝格坚持不放弃消极抵抗政策，调解再次失败。

---

① 肯特评论道："这些德国人张口闭口都是他们想干什么，不能做什么，绝对不会做什么……但是以这些人的智商和他们拯救德国的愿望，我根本无法理解他们怎么会那么愚蠢，竟然发出他们上周拟定的那种照会。"

罗森贝格心灰意冷，认为法国的不妥协是一道难以逾越的障碍：

> 他们清楚地知道，法国并不是要德国付清赔款……罗森贝格非常确信，即使他今天告诉普恩加莱德国新发现了一处金矿，他们马上就能造出1 320亿金马克，明天就能交付，普恩加莱仍然会说：今天是最后期限，你们违约了，因此我要占领你们的铁路，这样你们明天就没法交付。法国一心想要羞辱德国，摧毁德国，德国无论怎么做都会遭到拒绝。

事实上，失去理智的人是罗森贝格和古诺。虽说"德国不会忍受法国的羞辱"，而且"德国人宁愿选择牺牲，或者忍受20年的贫困"，但事实上，如果工商界依然不愿牺牲经济利益来支持鲁尔地区的斗争，德国的忍耐极限根本不能以年来计，而只能按天来计了。古诺呼吁采取措施"确保马克暂时不会全面崩溃"，对此，赫尔梅斯的回答十分直接："马克已经在全面崩溃了。"第二次照会的失败就是在发出预警，当时古诺采取了新政策来拯救马克（马克兑美元的汇率当时已经跌至100 000 ： 1）——由官方指定汇率，严格实行外汇管制。早在4月份就有传言称政府可能会实施该政策，虽然最终只是要求强化现有的银行监管体系。即便如此，那些当时严重依赖外汇的经济体还是强烈表示反对，尤其是汉堡银行业、船舶业和对外贸易领域；经济部当时提出的"外资国有化"引起了极大的社会恐慌，因为如此一来，德国公司的外币资产就会贬值，顾客用估值过高的纸马克就能向进口商付清货款。梅尔希奥和沃伯格连同柏林几大银行的代表共同表示反对，认为任何措施都无法抑制"泛滥成灾的投机"，固定汇率只能导致外汇黑市。然而，古诺向他从前的商界同事宣布，"德国民众的集体利益"要大于"这些储备资产"。很快，这个试验就以失败告终。由于公司裁员，进口中止——其中包括最关键的食品进口，古诺几乎被汉堡抗议声所湮没。在"统一牌价"政策实施一个多月以后，该政策于8月4日被取消。

毫无疑问，此时的德国经济和政治都陷入了严重的危机，必须立刻采取对策。古诺指出（让人联想到凯恩斯的《和平的经济后果》），"对于资本主义经济，一旦货币制度被消除，就会为布尔什维克提供可乘之机，导致无秩序状态”，于是，他最后一次“问那些大企业家是否愿意为挽救国家贡献一份力量”。他额外请求5 000万美元的外币贷款，将其作为紧急财政援助计划的一部分，可是这个举动却让商业政治的局势恶化到了极点。绝望的古诺甚至威胁要辞职，可银行家和实业家组成的非官方内阁对此不以为意，仍然镇定地讨论该开出怎样的合作条件。既对私人汽车征税，又要根据公司员工数量征税，这种做法是否合理？尤其是斯廷内斯，他似乎急切地排除一切和“战争获利者”有关的税收。弗格勒的疑问则是能否要求取消贸易管制。还有人提出“外汇赦免”。沃伯格也一度对一些过分的要求感到震惊，例如他曾“半开玩笑地”称弗格勒的提议“不道德”；但他本人也想拼命讨价还价，例如反对哈芬施泰因限制新黄金债券的发行量，在一次激烈的争辩中，他还批判了央行调高贴现率至30%的决定。

在这种形势下，所谓的“可享受贴现的”（指有资格接受贷款）政府令人大失所望，古诺的下台也只是个时间问题。自由党派和天主教媒体轮番展开舆论攻势，抨击政府和所谓的“古诺传奇”：

> 这个自称在美国有关系的人（发表了民族主义讲话），现在成了最受德国家庭主妇们欢迎的政治家……但是负责支柱产业的官员贝克博士，还有克勒克纳的女婿赫尔梅斯，他们加入内阁究竟有什么意义？如果实业家和银行家暗中阻挠贷款，我们还有必要依靠这个“不可靠的”政府吗？

对此，古诺及其顾问的回应是抱怨中央政府缺少对国内政治的控制权：

> 不幸的是，工业和银行业人士却弃他于不顾。他很遗憾自己身为总理却没有足够的权力，让他按自己的方式处理国内事务。在外交政策上，他迟早能实现自己的目标；但在国内政治上，联邦政府的影响力却少得可怜。普鲁士政府实行社会主义，巴伐利亚政府由极右翼势力控制，萨克森政府实行共产主义，图林根政府也是社会主义。联邦政府无疑很难推进。只有通过独裁才能改善目前的局面。

虽然古诺进一步声明这种补救措施“目前完全不可能”，但各地政府内部的独裁主义呼声日益高涨。在与古诺进行会谈时，梅尔希奥也抨击了“当前的联邦州自治问题，联邦拥有立法权，地方拥有行政权，在巴伐利亚、萨克森和普鲁士，联邦的计划要么被置之不理，要么在执行时出现严重偏差”。梅尔希奥提出的解决方案是将莱茵兰和威斯特伐利亚建成独立的联邦州，但这实际上相当于拆分普鲁士邦。

> 我清楚地知道，如果莱茵兰和鲁尔地区独立，汉诺威，也许还有东普鲁士——在古诺看来还包括上西里西亚——都会独立成联邦州，普鲁士会因此而解散，德国会向单一制国家过渡，也许旧巴伐利亚（不包括弗兰克尼亚和斯瓦比亚）还会退出联邦，甚至是整个巴伐利亚。但是我认为向单一制国家过渡……意味着德意志的统治力量将得到极大的加强。

同样，司法部长海因策也建议从根本上简化决策流程：

> 根据俾斯麦的帝国宪法，德意志只有两个权力机构——实行联邦制的联邦参议院和帝国议会，而现在的部长却要面对联邦内阁、联邦州政府及其民主机构“经济顾问委员会”，至少得经过8个机构。

沃伯格也在思考集权化的问题。1923年8月，他与斯廷内斯共同讨论“由财政部长等若干人全面行使权力”，成立“金融委员会”、“评议会”或“管理委员会”，成员包括（根据沃伯格的建议）德国总理、贝格曼、格拉夫·勒德恩（战时的财政国务秘书）和奥托·亨里希。如果是在机构失灵的相对稳定时期，类似的荒谬之举或许还可以被原谅。但是在1923年，这些行为却代表了一种不诚实的态度，在工商业面对引发政治危机的指控时为其推卸责任。与此同时，沃伯格还主张“货币供应的非政治化，从而使经济的运行能够不受制于目前的国家形式和掌权者”，同时“让工作、报酬和消费等方面的传统观念得以保存下来”。沃伯格建议成立独立的金融管理机构，该机构既不受黄金储备的限制，也不会被政府内在的通货膨胀倾向所影响，在某种程度上，这种提议和梅尔希奥建议拆分普鲁士一样，都具有超前性。然而，在1923年的德意志，这些观点更多真实地反映出工商界对国家权力机构的傲慢态度。沃伯格在 1923 年 11 月时曾写道："这种议会体系的形式根本不适用于困难时期。" 经济危机常常导致德国工商人士得出这种结论，而这并不是最后一次。

事实上，古诺政府幻想实行某种独裁统治恰恰源于政府的无能；正如霍顿在 1923 年 7 月 24 日提到的，"政府似乎缺乏主动性，软弱无力"。希尔弗丁对古诺政府的极权幻想给予了最有力的反驳：

> 每个部长都说：这件事和我没关系，是另一个部的事。财政政策和货币政策是财政部的事……外汇政策是经济部的事……工资谈判问题归劳工部管……财政部对政府企业没有发言权，因为铁路部长和邮政部长不允许财政部插手……除此之外，最严重的问题是，我们的内阁和德意志帝国银行之间也没有关联。

古诺的顾问团甚至也对他失去了耐心。在 7 月民主党召开的会议上，梅尔希奥、莫里茨·博恩、沙赫特以及德恩堡要求进行"货币改革"并创造新货币 Festmark，会议还起草了关于在税收、工资和储蓄领域使用该货币的决议。民主党—人民党—中间派组成的联合委员会通过了该决议，这相当于向古诺发出警告：他们准备夺权了。古诺公开指责这份提议"在当前的利益冲突之下无异于一颗炸弹"，并试图通过强硬的财政措施来预先制止这些党派采取行动，但这些措施来得太晚了。中间派宣布愿意与社会民主党组成大联合政府，此时的古诺已经别无选择，只好下台。

和 1932 年的布吕宁一样，古诺可以自我安慰，认为自己离成功只有几步之遥了。但事实证明，商人执政无疑会是一场灾难。这不仅因为古诺是一个失败的政治家——后来变成了一个有些不可理喻的怪人，更主要的是他试图创建的那种"无党派"、"无偏见"的政治因为各种矛盾而四分五裂。一方面，古诺高估了商业的国际影响力。事后看来，他拉拢英美经济利益集团参与解决赔款问题似乎是一个正确的方向，但并没有像他希望的那样很快取得突破性进展。而让古诺陷入困境的主要因素是他的消极抵抗策略，他原本希望借此削弱法国，然而，该策略的成功需要工商界在物质利益上作出巨大让步，但他对此却无能为力。私人利益屡屡压倒国家利益，导致必要的财政和货币政策无法被执行。于是，这个“可享受贴现的”政府要实行消极抵抗的民族主义政策只能通过发行纸币，可如此一来却事与愿违，不可避免地破坏了国家的统一性。

解体

古诺的下台不仅仅是柏林党派政治暗中操纵的结果。随着恶性通货膨胀达到顶点，德国爆发了严重的经济、社会和政治危机，在这些危机的刺激之下，各党派不得不立刻采取行动，不仅如此，商业利益集团也无法再任意“否决”稳定政策。到1923年8月末，流动性紧缺，生产、出口和就业都急剧下降，通货膨胀对经济几乎不再有任何正面影响。商人们抛弃了国家这艘沉船，却发现自己的产业也在下沉。此外，国家事实上采取了稳定政策，并由此引发了社会危机，使资本主义的经济秩序也受到威胁：古诺作为总理时无力阻止的分裂趋势几乎要颠覆了当时的政权。巴伐利亚政府公然违抗联邦政府，萨克森的共产主义力量日渐壮大，莱茵兰开始走向分裂主义，鲁尔地区的实业家开始单独与法国军队谈判——这些现象我们之前已经有所了解。这些只是解体过程中最突出的政治表现。恶性通货膨胀释放的分裂力量势不可当，即使当时并没有脱离德国的极端政治倾向与国际压力。

我们已经知道，德意志帝国银行在1922年末的信贷政策和对“鲁尔斗争”的资助都造成了货币供应量激增。然而，恶性通货膨胀中物价和汇率的走势与货币扩张并没有直接相关性。相反，正是因为货币供应的疲软，舆论对货币的悲观预期才使得物价没有无止境地飞涨。马克兑美元汇率频频暴跌，反映出人们预期德国货币会全面崩溃。但是流通中货币的增长率持续滞后。例如在1922年8月，马克兑美元汇率下跌了130%，批发物价指数上涨了91%，生活费用指数上涨了44%，而狭义货币供应量只增加了24%，导致货币贬值放缓，在9月份出现通货膨胀。1922年11月、1923年1月和1923年5月也出现了类似的情况。物价上涨的趋势每次都会被货币供应增加所抑制，甚至在1923年3月还逆势下降。直到1923年6月以后，货币供应增长率才与贬值率和通货膨胀率持平，甚至高于后两者，也就是说，此时实际货币供应量才开始频繁缩紧。

此外，尽管恶性通货膨胀期间实际工资呈下降趋势，名义工资的增加却愈加频繁，有时通货膨胀放缓会促使实际工资水平周期性地上扬，其中以1923年3月和8、9月之间最为明显。由于相关协议保证了指数化的延续和季度工资的预付，公共部门雇员的待遇有了改善。在私营部门，仲裁体制促使工资要求上涨。1922年12月，博隆福斯船厂的管理层必须满足上月加薪要求的60%~70%，同时统一奖金，进一步缩减了熟练工和非熟练工之间的工资差距。截至1923年6月，工资每周增加30%~40%已经成为一项规定，到7月份，劳工部要求增加到55%~70%。正如一位公司的谈判专员提到的，他们和其他北德的雇主们只好"听天由命"，甚至可以"平静地接受"加薪要求了。

工资和物价的增速远远超过了货币供应量，金融体系难以承受这一压力，于是在1922年夏季一度崩溃。随着汉堡资方的周薪账单不断飙涨，银行只好竭尽全力提供必需的现金。该体系最终崩溃似乎和固定汇率引起外汇需求被人为降低有关。到了8月，汉堡提供直接转账支付业务的银行不得不实行3天工作制，而且不接受50美元以下的交易；而博隆福斯船厂和汉堡-美洲公司则发现，用央行发行的纸钞已经不够支付全部的周工资账单。为了弥补现金缺口，汉堡一些主要银行宣布发行"紧急货币"，即面额为200万和500万马克的纸钞；汉堡-美洲公司则非法印发了6 000亿马克的公司"信用券"，并警告德国央行如果不能满足其需求，汉堡-美洲公司将不会对"事态的恶化"负责。在农村地区，地方当局也采取了同样的措施，而且在纸钞上那一长串的零后面还印着一些忧郁的隽语，彼此相得益彰："柔情的苦恼，甜蜜的希望；这就是我们的生活，这就是我们的生活。"据估计，在1923年8月，汉堡流通的货币约有70种，其中一些还是用陶瓷、铁、软木或皮革制成的。但是这些应急措施也满足不了需求。1923年末，德国国内使用的现金有各种各样的紧急货币（11亿金马克）和外币（20亿~30亿金马克），但即使把它们也包括在内，流通中的现金的实际价值仍然远远低于1914年。

在“鲁尔斗争”的混乱局势下，这种实际货币紧缩造成“通货紧缩危机”提前到来，而此时尚未实行任何货币改革。1923年的工业总产量下降了34%，采矿业自然是首当其冲（45%），造船业产量也下降了约1/3。所有投资指标都明显锐减。例如汉堡–美洲公司取消了所有的建造项目，集中储备外汇，同时用一文不值的纸马克还清债务。除此之外，尽管出口有所下降，但进口下降的幅度更大，所以从货币的实际价值来看，1923年几乎没有贸易赤字，可见事实上的通货紧缩已经出现。不久，就业情况也受到影响。从1922年中期到1923年末，全国工会成员的失业率从近2%增长到25%以上；虽然低于1932年的失业高峰，但1923年的失业人数中，临时工的比例大大增加，说明危机在初期的严重性已经无可比拟。汉堡失业率的增幅远低于全国水平：1922年6月~1923年12月，注册失业人数从8 000人的低点（约占劳动人口的2%）升至57 000人的最高点（约占13%），同时至少有10 000人是临时工。从生产数据中也可以看出，最先削减劳动力的是生产资本货物的产业。德意志造船厂在1923年3月开始裁员，截至10月，其劳工人数已经减少了50%以上。博隆福斯船厂的员工在1923年2月达到战后的一个高峰（11 113人），但之后就急剧缩减，到1923年10月仅剩了8 000多人。相比之下，小企业早在1922年就遭遇困境，据报道，当时有12%~15%的工匠都不得不关门歇业。

危机造成了新一轮的民众骚乱：失业率升高在1923年夏季引起的动荡不亚于一年前恶性通货膨胀初期的局势。起初，工人为摆脱岌岌可危的处境而频繁发动罢工，1923年汉堡共发生了88次罢工，参与的工人有100 000人。1923年8月，形势恶化到极点，博隆福斯船厂的工人首次要求发放固定货币工资。资方的闭厂停工在汉堡码头区激起了一阵非法罢工潮——这只是全德劳工行动的一部分，这种行动正是导致古诺下台的一个关键因素。然而，这种激烈的动乱非但不能彰显工人们的力量，反而体现出他们的地位在不断下降：通货紧缩的事实似乎损害了劳工的集体权力，减少了工会会员，并且侵蚀了劳工的谈判权（见图7.2）。德意志造船厂还坚持有条件复工，条件是解雇包括8名工作委员会成员在内的200名“问题员工”。此外，1923年的罢工还有一个特殊之处，那就是有组织罢工工人和“非法”罢工工人之

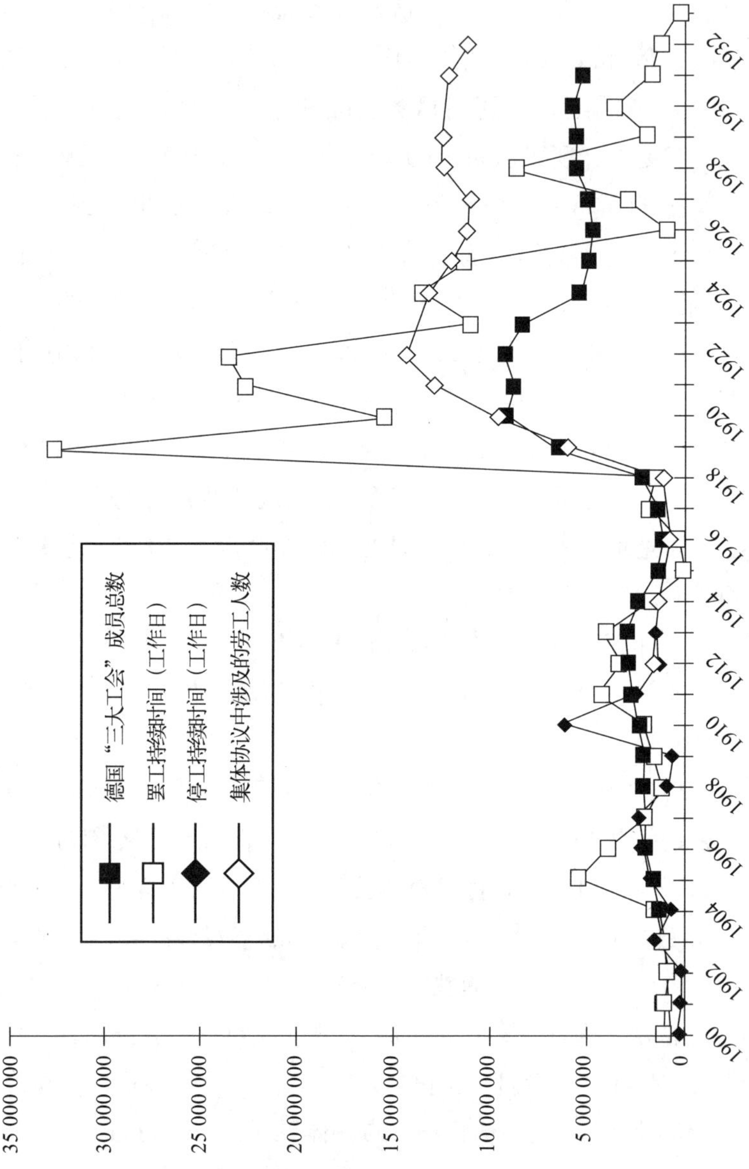

图 7.2　德国的劳资关系（1900~1933）

间的矛盾。侵犯财产的犯罪活动显著增加，这说明越来越多的人选择了非法的“自救”形式来奋力抵御经济风暴——1923年独有的社会疾病的若干征兆之一。集体主义的失败明显助长了德国共产党内部激进派的势力，从1922年4月起，其成员在18个月内从7 000人增至18 000人。该党派此时的正式纲领是与社会民主党组成“统一战线”，以建立左翼的联邦州政府，与10月份萨克森和图林根的联邦州政府类似，但是，中央政府压力也在不断增加，必须采取更高调的革命战略。汉堡的积极分子内斯特·台尔曼坚决主张起义，在其上级胡戈·乌尔班努力与社会民主党达成协议的情况下，他仍然在为起义作准备。之后，德国共产党力争把8月份的罢工行动升级为全国大罢工，期间与警方爆发了激烈冲突，当局为此还宣布了为期一周的紧急状态。

然而，极右势力也采取了类似的行动。和1921年的上西里西亚冲突一样，对于民族主义者和“俾斯麦联盟”、“钢盔党”等准军事组织来说，鲁尔危机提供了一个最佳的契机。他们的“爱国主义”示威游行不仅获得了民众的支持，国防军也把他们当做“非正式”部队，为其提供武器弹药。虽然汉堡当局试图禁止右翼势力示威游行，但它对国防军的行动却束手无策。反犹组织不顾1922年的种种禁令，仍在暗中活动。《响锤》和《民族观察员》等反犹主义期刊的诋毁让马克斯·沃伯格终于忍无可忍，对其提起了诉讼。然而，法院的判决并没有让诉讼当事人得到多少赔偿，反倒是被告得到了舆论的大力支持；汉堡的民族人民党（在召开全国会议之前）决定开除犹太人的党籍，给反犹主义者增加了几分体面。

随着危机的深化，观察员们也变得紧张不安，在他们看来，1923年10月的局势和5年前革命来临前夕时的状态很相似：1918年，造成社会动荡不安的因素是食品和其他必需品的匮乏，而1923年的问题则是没有健全的货币。这比1918年的危机更能暴露出联邦政府的失败。在1918年，各地区想要避开协约国的封锁几乎不太可能，但在1923年，联邦州却有机会进行自救。正如古诺的顾问所言，一个国家如果没法提供健全的货币，必然会丧失威信；这也就是为什么1923年出现了分裂趋势的原因。德国国家经济瘫痪——马克变得一文不值只是最明显的症状，为了克服其影响，各地方开始试图挑战联邦政府的权威。巴伐利亚或萨克森的计划基于对魏玛共和国政治体制的不满；莱茵兰和鲁尔等地则是因为占领这些地区的国家政府更为可靠，与他们可以达成有效的协议。相比之下，汉堡对于货币崩溃的反应仅仅是经济上的，和政治无关。就在汉堡一蹶不振、联邦几乎分崩离析的状况下，汉堡商界承担了重任，要创造一种可行的美元本位的货币，并成立中央银行来应对联邦分裂这场意外事件。莱茵兰也进行过类似的尝试，但不同的是，汉堡成功地创造出了这种货币。

这一权宜之计非常成功，因为它考虑到了汉堡企业迫切需要某种形式的"保值货币"。这比沃伯格等人在1922年中期宣传的"金马克计算法"（即在私人交易中使用美元平减指数）更有效。截至1923年3月，越来越多的人开始支持把金马克作为记账单位，类似于19世纪中期商业交易中使用的记账单位"结算马克"。但德国央行和一些银行业权威人士（包括沃伯格）都反对这种做法，认为引入新记账方式会给马克带来无可挽回的损失，从而过早地丧失了"廉价工资的优势"，导致极端严重的失业。沃伯格提出，在联邦财政改革实施之前，所有这些试图取代纸马克的行为都是在"利用联邦的危机来解放私营部门"，导致大规模的混乱、价格波动以及绝望的情绪，联邦濒临崩溃，一场革命已经蓄势待发。然而，银行家在努力对抗这种"主要趋势"（沃伯格也不得不承认）。随着货币危机愈演愈烈，工商企业开始自行实施改革。例如，瓦尔特·道奇曾发给古诺一份长长的备忘录，说明了为什么他的公司到1923年7月已经改用黄金（相当于用美元）记账。道奇还主张创造"新马克"，1新马克相当于10美分，他不仅强调了这样可以稳定政治局势，而且还提到了一个先例：

> 光是在汉堡，我们就能让30 000~40 000名激进的工人重返岗位，成为可信赖的公民。汉堡曾经创造了"结算马克"，在德国开了先河，我们现在应该为整个德国树立一个（类似的）典范。

自作主张改用美元记账的并不是只有道奇一个人。早在1923年4月，博隆福斯船厂就在研究为员工设立金马克"储蓄"账户是否具有可行性，其目的是为了减少对纸马克的需求，这样可以不用为了发周薪而四处搜寻纸马克。7 月初，博隆福斯建立了第一批账户。

到 1923 年 8 月初，汉堡商界公开探讨了“联邦分裂的可能性”，“让汉堡免受德国分裂和货币进一步崩溃的影响”已经成为当务之急。9 月 12 日，弗朗茨 · 维特赫夫特通知沃伯格、德国商业银行总裁林克以及“生产合作社”的代表，汉堡经济委员会支持成立某种形式的黄金期票银行，从而开启了汉堡发行纸币的可能性。在两天后召开的商会会议上，道奇对这个提议表示赞成；到 9 月 16 日，沃伯格虽然并不情愿，但还是派其员工施皮格尔贝格起草了该银行的规章制度。创造汉堡硬通货所需的巨额外汇储备显然不是问题，沃伯格本人已经成功地为汉堡–美洲公司和汉堡州筹得了大量的外币贷款（分别为 200 万美元和 100 万英镑）。然而，沃伯格和其他银行家还是心存疑虑。一开始，沃伯格规定所有汉堡银行都只能开设金马克计价的账户，而且不得正式发行纸币。不仅如此，虽然施皮格尔贝格的报告在 10 月 1 号就提交给了商会，但 3 周过去了，仍然没有出台任何具体措施。此时汉堡的经济已经岌岌可危，濒临崩溃。生活必需品的价格飞涨，失业救济金越来越无法维持基本生活，为了缩小差距，汉堡参议院已经全力以赴，在通货膨胀的不断侵蚀下，应急委员会的基金也所剩无几。虽然应急货币仍在持续发行，但由于缺少健全货币，越来越多的企业已经无法正常经营。直到公共秩序彻底紊乱，银行家们才不得不加快步伐，不再迟疑。

1923 年 10 月，汉堡爆发了大规模的共产党起义，但并没有严重威胁到汉堡当局。尽管柏林德共中央决定停止全国武装起义，但也许是不知情，也许是故意违抗，台尔曼和其同盟把汉堡码头区的新一轮罢工运动当成了起义的信号；由于缺乏战斗人员 和民众支持，他们没能战胜德共大本营巴姆贝克和席夫贝克外围的治安警察。对革命的恐惧常常被当做反对稳健货币政策的理由，但事实证明，这种恐惧被夸大了。这场起义只是一个有力的证据，证明汉堡该创造自己的货币了。正如《汉堡通讯》中提到的：

> 如果我们能成功地在 3 天内创造新货币，让人们能养家糊口，所有的政治问题自然会缓解……固守联邦货币体系对于联邦统一是最大的威胁。

就在警方恢复汉堡的秩序之前，梅尔希奥、施皮格尔贝格、克梅雷尔（代表北德银行）和许贝（代表德累斯顿银行）会见了汉堡市长迪斯特尔，对1923年“汉堡银行”的规章制度进行最后的修改，用沃伯格的话来说，是革命“迫使”他们成立了银行。该银行（正式成立于10月25日）与1914年的汉堡银行如出一辙，后者是为了应对战争引发的流动性危机，也同样是由汉堡现有的几大银行操控。从理论上来说，正如沃伯格声称的那样，该银行只会利用其300万美元的储备（成立之初存入的资金已有75万美元）为其103家创始公司提供储蓄和直接借记服务。但实际上，银行刚一成立，就开始发行以外汇作储备的“流通券”，实际上就是“金马克纸钞”，只是名称不同而已。得益于汉堡银行，到了10月底，包括汉堡政府在内的各大雇主基本都可以用金马克纸钞来支付雇员的部分工资。

汉堡货币不仅仅是社会动荡时期的应急措施。尽管该银行董事会一再宣称“流通券”只是“过渡时期的”临时策略，“人们期待的新联邦货币出现后它就会退出”，但这番话并非出自真心。一位评论家说：“在目前的形势下，有可能创建一种健全的汉堡货币，它以经济而非联邦州为基础，但要创建健全的联邦货币却根本不可行。”事实上，正如施皮格尔贝格所说，成立新银行的真实理由是：

> 巴伐利亚的独立运动，莱茵兰被强行割让，萨克森的共产主义政权，这些都是导致德意志联邦进一步分裂的风险；这种情况下就需要一个中央银行，大家都坚信汉堡必须未雨绸缪。

他们并没有夸大事态的严重性。10月份，汉堡对巴伐利亚的事件越来越警惕；希特勒—鲁登道夫在11月8日发动政变，尽管没有得到当地的支持，但沃伯格还是颇为担心，考虑在事态平息之前暂时离开汉堡，最终在亲友的劝说下，那一年就留在了纽约。沃伯格认为这次政变有些“卡普政变的味道”，不会持续太久，事实也证明了他的猜测，但是，它加深了人们对于联邦解体的恐惧。在这种形势下，汉堡银行发行的基于美元的银行券自然大受欢迎。很快，汉堡以外的地区对这种银行券的需求量大增；一位评论家感叹道：“也许汉堡货币会成为德国货币，甚至国际货币就像汉堡的直接转账系统（即结算马克）一样。”

汉堡商界的这一创举表明，他们仍然在极力维护德国的统一。在汉堡，最激进的政治变动也不过是鼓吹改革，而不是推翻联邦政体。然而，1923年的汉堡银行实际上有一些反国家的性质，这一点其创始者和拥护者都察觉到了。这个机构在很多方面都体现出独立主义和都会主义的色彩，让人联想到过去的那段时期，当时汉堡经济更独立于德国内陆，视野也更国际化。鲁尔危机和后来的恶性通货膨胀几乎摧毁了德国经济，内陆地区变得四分五裂，汉堡开始重新自谋生路，一切又回到了从前。总之，1923年汉堡发生的一系列事件再次证明，要维持联邦的统一，仅靠激发爱国热情是不够的。没有健全货币作为实际的经济纽带，联邦国家不可能长久。

通货膨胀的清算

1919~1923年通货膨胀危机的影响远远小于10年后的通货紧缩危机。原因很简单：前一种危机的牺牲品主要是既定的货币体系，而后一种却颠覆了整个政治体制。纸马克最终被国家马克取代，这种国家马克与战前发行的货币本质上相差无几，但是，在1933年，取代魏玛共和国体制的却是一种截然不同的政体。然而，虽然结果迥异，但这两种危机都同样严重，这一点我们不能忽略。政治体系陷入瘫痪的症状之一就是货币的崩溃，其重要性丝毫不亚于导致希特勒上台。这两种情况都需要根据《宪法》第48条行使总理权力，还需要通过《授权法案》，使执行人员不受制于议会党派和经济利益集团；此外，对于新政权的反对势力，都不得不用武力来镇压。

在很多当代学者看来，1923年11月德国推出的新货币——“地租马克”——是通货膨胀结束的转折点，也是“德国的救星”。这种看法有误导性。随着通货膨胀给经济带来的优势逐渐消失，创造新货币已是大势所趋；但如果不采取任何其他措施，那导致纸马克崩溃的力量又会卷土重来，让新货币重蹈覆辙。要防止这种情况出现，机构和政治体系就要发生大的变革，相当于所谓的“政权更迭”。第一，由于古诺政府软弱无力且缺乏信用，必须有一个政府取而代之，该政府要能够冲破利益集团的阻力，进行必要的货币和财政改革，这也是最重要的一点。第二，自 1914 年以来，面对私营部门和公共部门轮流提出的信贷需求，德意志帝国银行的反应就是不断地让货币贬值。因此，就算不取代帝国银行，对其进行改革也是必要的。第三，必须结束联邦财政收入和支出长期失衡的局面。这两方面的改革对整个经济都意义重大，在这种经济形势下，物价和工资的设立都基于持续通货膨胀的预期。第四，国际环境也需要变革，从而就赔款问题达成一些共识。这些目标都不可能轻而易举地很快实现。

自维尔特的联合政府垮台之后，议会体系就已经开始出现危机，而古诺在 8 月 12 日的辞职丝毫没有让危机得到缓解。施特雷泽曼的第一个大联合政府只持续了 6 周左右，期间国会很少召开会议，由于社会民主党国会党团拒绝支持《授权法案》，认为这样会破坏在工作时间方面取得的革命成果，最终，大联合政府垮台。施特雷泽曼的第二个内阁于 10 月 13 日通过了《授权法案》，并将国会会议推迟至 11 月 20 日，但会议再召开的 3 天后，社会民主党提出反对。从 9 月末至 11 月中期，建立军事独裁的可能性越来越大，1923 年的西班牙、1924 年的立陶宛和 1926 年的波兰也出现了一样的情形。9 月 27 日，德国宣布紧急状态令（起因是巴伐利亚政府任命古斯塔夫 · 冯 · 卡尔为巴伐利亚邦全权代表），授权陆军首领冯 · 泽克特和地区军官用一切手段阻止帝国分裂，这再度引起了猜测——也许是时候建立某种形式的独裁政权，也就是泽克特所说的“指导机构”了。事实上，如果不是因为泽克特本人的迟疑、国防军内部的分歧以及支持独裁的商人的争论，这种猜测就成为了现实。泽克特推翻了萨克森的“社会党—共产党联合政府”，但对挑战巴伐利亚冯 · 卡尔的势力仍然犹豫不决，因为后者有国防军统帅的支持。在泽克特没有行动的情况下，汉堡和慕尼黑的政变最终宣告失败，泽克特错失了时机。施特雷泽曼的第二个政府垮台了，这说明议会制政府依然行不通。最终，在总统艾伯特的劝说和各党派的推诿之下，中间派领导人马克斯组成了少数派政府，并获得了 12 月 12 日通过的《授权法案》的授权，该政府持续到次年 2 月 15 日。但是，这段时期的政局也不稳定，在 5 月 4 日的国会选举中，主要的反共和党派的支持率增加了一倍多。直到 1924 年

12 月选举之后，其支持率才下降了 6.1%~32.5%，政局才变得相对稳定。

稳定货币的措施同样缓慢谨慎。1923 年 8 月 18 日，哈芬施泰因通知新总理施特雷泽曼，至当年年底，央行将停止贴现政府的国库券，表面上取得了重大进展。随后，尽管央行进一步收紧了对私营部门的信贷，但当下带来的影响微乎其微，央行仍在不断印发纸币。事实上，施特雷泽曼推出的几项货币改革措施反而还让形势更加恶化，例如在 10 月 21 日恢复纸马克的固定汇率，后来以黄金计价的债券也被包括在内。一些经济部门已经在使用基于美元的货币，而这种人为调高纸马克汇率的做法导致这些部门出现了支付危机，因为以金马克标价的货币（如汉堡银行的纸币）被迫退出了流通领域。由于这些举措都没有成效，当局不得不尝试创造新货币这种更激进的策略。1923 年下半年，形形色色的货币改革方案层出不穷，但它们大致可以分为两类，一类主张继续把黄金作为储备，一类则提议创建其他形式的储备资产。财政部长希尔弗丁则支持前一种。然而，就在他举棋不定的时候，卡尔 · 赫弗里希采取了主动，提议创造一种基于国家资产（即资本税）抵押的新货币，并与黑麦价格挂钩。

约翰 · 劳曾发行过指券，但这种非金属本位货币的试验对之前提到的方案几乎没什么支持作用。而且，赫弗里希显然希望给农业和工业集团的盟友争取特权，作为抵押的收益，并成立由他们直接控制的“黑麦银行”。仅从这些方面我们就能理解当时对银行体系的那些质疑。沃伯格提出，这种货币会导致两种汇率并存——一种以美元结算，一种则是以纸马克结算，从而严重影响到从事国际贸易的公司。沃伯格的说法完全正确。汉堡的其他评论也指出，如果黑麦银行像从前的德意志帝国银行一样，对政府和私营部门的信贷过于宽松，那么这种货币很快就会重蹈覆辙。银行家建议发行更多与黄金（即美元）挂钩的债券——类似于 1923 年 8 月古诺政府发行的债券，但这个反提案的作用也只是差强人意。唯一切实可行的方案是希尔弗丁提出的金本位货币，事实上，施特雷泽曼内阁在 9 月 10 日就推行了这种货币，但迫于各方压力不得不彻底改变这一决定，而让影响力逐渐壮大的汉斯 · 路德对赫弗里希的计划加以修改，实施新的方案。

根据 10 月 15 日颁布的法令，新的地租马克与纸马克和金马克（相当于美元）同时挂钩，但不能用于国际贸易；而新的“地产抵押银行”则以抵押资产作为储备，向政府提供12亿地租马克以下的贷款。这个结果对赫弗里希及其同盟来说似乎是一场精神胜利。然而，直到一个月以后新货币才得以发行，而且数额极低，财政货币状况依然一片混乱。11月12日，亚尔马·沙赫特出任新设立的“货币委员”一职，为黑麦马克及地租马克的反对者开辟了道路。沙赫特坚信必须尽快用金本位货币代替地租马克，否则其他各州——尤其是莱茵兰——会纷纷效仿汉堡，发行本地的可兑换货币。于是，他首先确定了纸马克对美元的固定汇率，将其保持在4.2兆纸马克兑1美元的水平——和旧的金本位制度下的汇率相差1兆倍，为旧马克的转换奠定了基础。与此同时，德意志帝国银行宣布“应急货币”不再合法，同时“限定”纸马克贷款金额的上限。12月22日，第二条关键措施出台，政府决定任命沙赫特执掌德意志帝国银行，接替于11月20日去世的哈芬施泰因，这位直到生命的最后一刻依然坚决主张印发货币的前总裁。沙赫特立即筹备成立“德国黄金贴现银行”，在全德范围内推广汉堡银行的理念，为德意志帝国银行进行金本位制度改革打下了基础。事实上，前总理古诺早在1923年9月就已经制订了类似的计划。但是古诺缺少国际社会的支持，而这正是沙赫特成功的关键。伦敦的蒙塔古·诺曼①对1924年初沙赫特的到访非常热情，他向新成立的银行提供贷款500万英镑，视其为彰显英国金融实力的机会。两周后，当沙赫特来到巴黎时，道威斯委员会似乎对他的方案有些顾虑；但到了2月10日，委员会还是答应了沙赫特的请求。有了诺曼的贷款和近150家德国公司提供的500万英镑，4月7日，“黄金贴现银行”终于成立了。在保罗·沃伯格的努力下，美国人也提供了2 000万美元的贷款，与诺曼的资助数额相当。

在1924年第一季度，这种多中心货币机制促使货币供应量大幅增加，“黄金贴现银行”向有国际业务的德国公司提供了近1 400万英镑的贷款，而且这只是其中的一部分。德意志帝国银行、黑麦银行和其他货币发行银行提供的贷款总额从1923年末的6.09亿金马克上升到1924年末的20亿金马克，

① 蒙塔古·诺曼，时任英格兰银行总裁。——译者注

月增长率接近 50%，而贴现率为 10%。值得一提的是，汉堡银行理事会经过“漫长的讨论”，“认为不应该蓄意破坏联邦金券银行，但同样也不能坐等该银行的成立”，于是汉堡银行继续扩大发行纸币。从前的通货膨胀压力再度显现，1924 年 1~4 月，批发物价指数每月上升近 2%，非官方黑麦马克的汇率下降约 10%。于是，沙赫特于 4 月 7 日下令冻结信贷，货币市场才真正稳定下来。在接下来的 4 个月，货币供给稳定，短期利率攀升 45%；物价下降了 7%，外汇需求减弱，德意志帝国银行的黄金和外汇储备都翻了一番。在最后一波外汇投机中（这次是针对法郎），投机客们损失惨重，其中有许多来自汉堡。即便如此，沙赫特还是经过了几个月的论战才成功地让汉堡银行边缘化。在各项法律的保驾护航下，国际货币体系终于在 1924 年 8 月得以恢复，在汉堡银行发行纸币的高峰时期，总金额达到了 4 625 万金马克，直到 1924 年末，该银行发行纸币的职能才真正消失。

汉堡对国家货币改革的质疑不无道理。货币体系改革本身不足以保证稳定性，只有当限制信贷在公共部门和私营部门都显现成效时，人们才会树立起对新货币的信心。因此，在实现稳定的过程中，财政改革和货币改革同样重要。古诺政府在倒台前其实已经实施了一些重大改革；希尔弗丁只是落实了诸多改革措施，包括新增工厂工薪税，加快现有所得税和消费税的纳税。然而，只要继续资助“鲁尔斗争”，这些措施就很难实现预算平衡。一个多月后，情况发生了转变，希尔弗丁的继任者汉斯 · 路德进一步推进改革，他先后于 12 月 7 日和 19 日颁布了“第一号紧急税收令”和“第二号紧急税收令”，建立了以金马克为基础的征税体系。这些组合措施实行严格的所得税和增值税管理制度，堵上了不断扩大的税收“漏洞”，商人因此怨声载道，引发了激烈的抗议活动。在财政支出方面，政府计划通过减薪和裁减冗员来降低公共部门的支出，但却遭遇了更强大的阻力。根据 10 月 27 日的削减人员令，25% 的联邦政府雇员被裁，此举激起了强烈抗议，政府被指责违反公务员终身制度。联邦政府还缩减了对医疗保障体系的补贴，资助各州市镇政府缓解失业和支付公共部门工资的专款也被取消。被恶性通货膨胀彻底打乱的联邦和地方关系得到重新调整，调整的方向也基本符合艾茨贝格尔在 1919~1920 年的设想。联邦政府维持了统治地位，但根据和联邦达成的协议，各州及其下辖的市镇有了新的收入来源——出租房税，所得税税票中有相当一部分都来自这项税收（最初占 90%），同时还给予各州和市镇 20%的营业税收入。各州和市镇因此不得不进行一番整顿：在汉堡，由于财政支出减少，公共部门雇员人数缩减至 9 850 人，比起 1920 年中的高峰时期下降了 1/3。这些改革最终取得了显著的成果，大幅缩减了联邦政府的预算赤字，从实际价值来看，公共支出总额减少了 43 亿金马克，在国民生产净值中的占比从 47%降至 31%。

实现货币稳定的另一个关键因素是重新为纸马克资产估值。如果不重新估值，公共债务总值就只有 2 金芬尼，私人债务约为 1 金芬尼，对债务人来说无疑是巨大的获利。在 3 月份，政府就一直回避抵押贷款重新估价的问题，而路德则主张对“通货膨胀收益”征税，显然也是在逃避重新估价。但是，根据德国最高法院在 11 月份的裁决，这种“一马克等于一马克”的唯名论显然违反了民法中关于“公平与诚信”的规定。迫于施特雷泽曼和司法部长埃明格尔的压力，路德不得不同意在 2 月 14 日发布的“第三号紧急令”中规定 15%的重估标准，针对的是 1917 年后合同中的私人抵押贷款和债券，但却迟迟没有对政府债券的重估作出规定。直到 1925 年 7 月，经过一番激烈的辩论后，关于政府债券重估问题才有了明确的法律规定。抵押贷款和债券的债权人最终的获利稍高于路德最初的设想，但政府债券的持有者就没那么幸运了，尤其是 1920 年 7 月之前债券的持有人（占总数的 60%），他们充其量只收回了投资成本的 12.5%。其他资产重估后的价值也大大提升，例如储蓄账户资产、养老金和保单等，唯独银行账户资产仍然一文不值。这种做法在财政上极大地减轻了公共部门的债务负担，相比之下，公共开支的大幅缩减都显得微不足道。就其政治影响而言，由于不同利益集团承担的平衡预算的压力不同，因此，他们对重新估价制度的批判很难达成一致。一些债权人受德国民族人民党和特殊利益集团的鼓动，因没有获利而愤愤不平；而令商人们不满的则是高税收，他们自然不赞成调高重新估价的标准：至少在短期内，税收问题和重新估价问题是相互抵触的。

沙赫特和路德的货币和财政改革实现了自战后以来就一拖再拖的经济“政策改革”，但因为恶性通货膨胀导致的货币严重紧缩，这些改革也是零

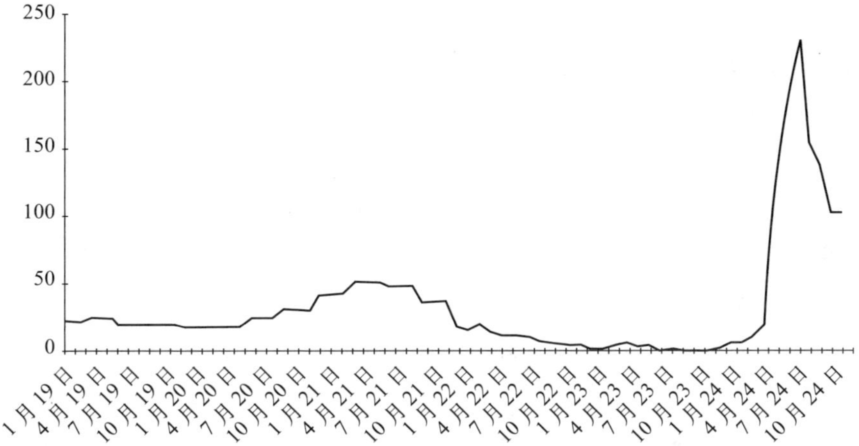

图 7.3　破产和破产在管的数量（1919~1924，月平均数量，1913 = 100）

零散散地进行着。破产与破产在管案例的数量在 1924 年 4~7 月达到了峰值（见图 7.3），从这些数据来看，沙赫特的银根紧缩政策是一个决定性因素。随着路德取消对造船业的重建补贴，造船业产量在 1924 年下降了 15%。然而，从很多方面来看，实施稳定策略对私营部门的影响并没有预期的那样严重。汉堡 1924 年的破产总数只比 1913 年稍有增长。同样，据国家数据显示，自恶性通货膨胀和鲁尔危机时期一度探底后，绝大多数工业部门的产量又开始回升；而失业率在 1923 年 12 月~1924 年 1 月达到顶峰后急剧回落。

很多雇主以为通过稳定策略可以恢复以往的劳资关系，把劳工取得的革命成就一笔勾销。但是，这种“彻底扭转局势”的希望未免过于乐观。在 1923 年，迫于资方的巨大压力，马克思政府终于在 11 月 17 日同意废除战后复员令中对工作时间的规定，并于 12 月 21 日允许“因为经济原因”而出现不符合 8 小时工作制的例外情况。这意味着劳资双方在战后形成的“工作同盟”宣告破裂。然而，10 月 30 日颁布的法令授权劳工部通过对劳资双方均有约束力的决议，劳工部预计到此举可能会引发激烈的工资争议，于是开始采取措施加强其影响力。总之，上述举措导致汉堡出现了劳资对抗的局面：工人们认为 8 小时工作制神圣不可侵犯，而雇主们“千方百计”反对具有约束力的工资仲裁体系。码头区爆发了长达 3 个月的罢工，令人联想到战前的船厂工人大罢工。直到 1924 年 5 月，双方才就延长工作时间和提高工资达成妥协。

1921~1922年，德国的发言人一直强调，如果德国没有稳定的国际环境，国内局势也不会稳定。1923~1924年发生的事件却否定了这个说法。另外，1924年在伦敦召开的国际会议最终达成了一份相对慷慨的协议，因此才确保了德国货币在那一年的稳定局面。这种稳定来之不易，同样，德国外交危机的终结也是一波三折。1923年的最后几个月，不同的利益集团各自为战，德国内部一片混乱：阿登纳和哈根与蒂拉尔一起商讨莱茵兰实现半自治的可能性；鲁尔地区煤矿主重新向"协约国内部工厂和矿山管理委员会"交付煤矿；而梅尔希奥则与英国代表在伦敦召开会议，希望能够获得给德国争取到稳定币值的贷款。1923年10月底是一个转折点，当时英国提议成立两个委员会来审查德国的情况，一个负责赔款问题，由美国预算局局长道威斯领导；另一个则由英国前财政大臣雷金纳德 · 麦克纳领导，负责调查德国外流资本的情况。德国放弃了不可持续的消极抵抗政策，轻松地促使法国接受了提议。当然，专家有可能会对德国作出严厉的裁决。直到1923年10月，马克斯 · 沃伯格仍然担心英国的目标是建立"一个公共债务管理机构，以此来长期压制我们"。事实上，美国曾试图对德意志帝国银行纸币发行部直接进行国际管制，但最终是蒙塔古 · 诺曼使其打消了这个念头；和国际联盟之前对奥地利的强行管制相比，国外最终对德国财政和货币政策的管制相对宽松。虽然德意志帝国银行的新理事会有半数是外国人，而且还有一位美国的赔款代理人来确保赔款转账不会危及汇率，但是，对德国货币政策的最大限制是要求改革后的德意志帝国银行有40%的储备都必须能兑换成黄金。同样，尽管有一些间接税收入专门用于支付赔款，此外还有160亿国家马克的铁路和工业公司的红利收入，但是，真正缓解财政负担的还是那8 000万金马克的贷款，奥地利在1922年时也得到过类似的贷款。最后，在前5年，德国每年的赔款从10亿金马克升至25亿金马克，相当于变相地延期履行债务。从很多方面来看，正是这种相对的"回旋余地"保障了货币的持续稳定。在政治上，激进的修约派也因此变得缓和。德国货币政策赢得了国际信誉。道威斯贷款大大减轻了稳定货币给公共部门和私营部门带来的痛苦，随后，国外贷款大量涌入（仅在1924年就达到了近29亿国家马克）。在20世纪20年代中期，像汉堡州政府一样，很多公共机构开始发放国际贷款，这让包括德意志造船厂在内的很多企业免于破产。

共和体制得以幸存，货币改革也完成了，政府实现了预算盈余，工资—物价的螺旋上涨也停止了，赔款问题得到了解决。单从这些简单的描述来看，魏玛共和国在1924年末的确稳定下来。然而，与其说“实现了稳定”，还不如说是“清偿完毕”。恶性通货膨胀导致利润不断缩水，再加上“政权更迭”，这些因素都强行遏制了德国经济的通货膨胀。最终，反对实行改革结束通货膨胀的是商业利益集团，尤其是当他们的同僚古诺在努力推行改革的时候，他们的抗议最为激烈。直到经济崩溃、帝国濒临瓦解的时候，行政机构才再次彰显了自己的权力。在为沙赫特担任德意志帝国银行总裁进行辩护时，莫里茨·博恩提出了一个重要观点：

> 他（沙赫特）没有偏袒任何一个特殊利益集团，即使是他本人所属的行业圈。我们不能因为一些人的反对而不任命沙赫特，相反，这恰恰是支持他的理由。德国工商界必须学会遵守，而不是发号施令。

事实上，在商业政府全面溃败后，德国已经别无选择。

通货膨胀结束了，各种债务也都清算完毕，或者说是自行消失。政权变革的时机已经到来。1924年国家行政机构恢复了对私人利益集团的管理，但这本身并不足以确保稳定的持续。完成清算并不意味着重新建立一个崭新的政权。人们并不认为它是一个新政权，也不会谈论什么“从零开始”，就像现代德国历史上第二次重大货币改革后人们谈论的那样。相反，通货膨胀造成经济、社会和政治等体系的严重紊乱，在纸马克早已退出流通领域后，这些遗留问题仍然困扰着共和国。下面我们就来看看这些遗留问题。

PAPER
AND IRON

第8章
通货膨胀的后遗症

1933年10月初，名为“赫米娅”和“杰西卡”的两艘小船从汉堡起航，驶向伦敦。船上装载了531个板条箱，里面分别有60 000本书和20 000张照片——这些都是在1929年逝世的阿比·沃伯格的全部私人藏书。就在几个月前，马克斯·沃伯格的内兄弟莫里茨·奥本海姆和他的妻子在法兰克福自杀；到1934年末，他的女儿雷娜特、未来的继承人西格蒙德、侄女英格丽德和表侄卡尔都将离开德国，前往英格兰。马克斯·沃伯格本人则被赶出了汉堡–美洲公司的监事会，继续忍受了4年的歧视，最终也告别了德国。然而，就在“赫米娅”和“杰西卡”起航前的20年，沃伯格还在和汉堡–美洲公司的其他董事共同庆祝“皇帝”号的下水，这艘巨型邮轮是由另一位汉萨同盟的企业家艾伯特·巴林建造，他也是一位犹太人。这些形势的逆转体现了汉萨同盟的资产阶级社会在1913~1933年经历的变化。如果说皇帝号的下水标志着第一次世界大战前夕北德资本主义社会的雄心壮志，那么沃伯格私人藏书的搬迁就象征着资产阶级文化的危机，这也是魏玛共和国失败的根源之一。当然，这两种情况不能简单地用“傲慢”和“宿命”来形容，事实上，我们要讲述的事件极其复杂，涉及到经济、社会、政治和外交之间千丝万缕的联系。但是，我们的核心论点已经非常明确。正是通货膨胀导致鼎盛时期的威廉王朝逐渐走向没落的魏玛共和国。

平衡

第 1 章谈到，1914 年之前的通货膨胀压力事实上从很多方面反映出德国经济的活力。然而，战争给这段黄金时期画上了句号。资本和货物的国际流动戛然而止，德国不得不把民用生产转为军事用途。由于协约国的军事行动和自身管理不善，德国企业的产量急剧萎缩；金本位制度下的货币发行上限被取消，政府赤字不断膨胀，通货膨胀也随之而来，只能采取强制措施才能抑制。这些因素对汉堡经济的破坏尤其严重。海上贸易彻底瘫痪，产生了灾难性的后果；海外资产——尤其是商船——几乎全部被吞噬；生产制造业遭到重创。在这种情况下，我们不难理解汉堡商人为什么盼望着贸易和投资能够在战后迅速恢复，而且一致支持取消贸易管制、实行浮动汇率、降低税收和利率，并提供补贴来刺激生产。

战争结束伊始，他们的期望似乎得到了满足。封锁一解除，贸易量就大幅攀升，公司利用负实际利率、实际工资和实际税负下降等有利因素，争相用流动资金进行投资。通货膨胀甚至看似对整个经济有正面影响。1920~1922 年，美国和英国发生经济衰退，而德国的经济却在增长，优势非常明显。但是，这些好处不但无法持久，而且远远不及通货膨胀的负面影响。

首先以出口为例。由于外国投机资金的大量涌入，马克在 1920 年春突然停止贬值；德国政府贸易管制和国际关税也进一步侵蚀了德国的出口优势。虽然 1921 年货币贬值仍在持续，但国际和国内物价的差距不可能像 1919 年时那样巨大，于是这种出口优势也不复存在。总的来说，德国在通货膨胀时期的贸易量远低于战前水平；一些人预测货币贬值会给德国出口带来收益，可事实却恰恰相反，德国进口量的增速最快。实际上，德国出口量和出口额在货币稳定后的增幅更大，1924~1929 年，出口的平均增长率为 15.5%（出口量为 32%），而进口增长率只有 7.6%。在通货膨胀时期，德国贸易的增速落后于世界贸易，但是在货币稳定后，增长明显加快——当然，无论是绝对贸易量，还是占国民收入的比重，抑或是占世界贸易的比重，德国贸易都没有恢复到1913年的水平。毫无疑问，这其中有很多非经济因素，例如，前交战国的市场对德国商品的抵制，以及20世纪20年代盛行的贸易保护主义。德国商人之前期待货币贬值来刺激出口，但它根本不足以克服这些障碍，而且相比之下，通货膨胀对进口的催化作用更大。稳定的货币则更有利于德国出口，1924年后，德国出口大幅增长——尽管从出口的单位价值来看，其竞争力似乎有所下降。

通货膨胀刺激"实物资产"投资的说法也经不起推敲。第一，投资的最高峰出现在相对稳定时期，而且通货膨胀导致的现金危机实际上制约了生产能力的扩张。第二，很多公司倾向于把流动资金兑换为证券或外汇，而不是投资建厂。第三，大多数投资的来源都是公共资金，既然公共部门的职能并不是利益最大化，那么也就很难证明实业家用投资"实物资产"来规避货币贬值的风险。第四，很多公司都用名义上的收益掩盖实际上的"严重亏损"，而这部分损失正是因为没有充分考虑到货币贬值因素而造成的。第五，事实上，实际工资在某段时期内出现上涨，而由于人员过剩，生产率几乎一直在下降，进一步降低了营利能力。第六，由于负实际利率会抑制储蓄，并且房租、取暖费和交通成本都因为国家的管制和补贴而维持在较低水平，因此，通货膨胀也同样刺激了消费，和其对投资的影响基本持平。第七，在一些体制落后的部门，对"实物资产"的投资往往会出现资金分配不当。

透过汉堡在通货膨胀后的股本总额状况，我们就会明白其中一些因素的重要性。即使我们把收购其他公司也看做一种投资，通货膨胀也很难提高集中化的程度。1925年，在10人以上的公司工作的雇员占劳动人口的比例（64%）只比1907年（57%）稍有上升；而员工在200人以上的公司的比例也只有小幅增长。在1924年，共有154家股份制公司在汉堡证券交易所挂牌上市，总股本为2.054亿国家马克；而在"一战"前夕共有182家公司，总股本为9.046亿国家马克，缩水77%。德国国家统计数据表明，整个经济体中的股本总额平均只减少了6.6%，而且绝大多数工业板块还有显著增长。虽然没有具体数据证明实物生产能力的状况，但大体情况也是如此。

唯一例外的是船舶业，它也常常被视为通货膨胀时期投资的经典案例。到 1924 年，德国商船队已经恢复到战前总吨位的 58%，而汉堡商船队大约恢复到了 1/3。然而，这不仅仅是私人投资的结果，公共补贴同样发挥了巨大的作用。1920~1923 年，船舶业通过各种赔偿方案从政府那里拿到了近 300 亿纸马克的赔偿。遗憾的是，我们只能估计一下这些赔偿款的实际价值。根据赔偿的大致日期排除了通货膨胀因素之后，赔款的总金额大约在 10 亿金马克左右，然而，根据赔偿方案建造的船舶总吨位只有 185 万吨，也就是说，纳税人为每吨船舶支付的金额是其市场价的 3 倍。由于分配的滞后，赔款的实际价值进一步被侵蚀，只剩下 3.8 亿金马克左右。从船运公司的角度来看，这笔资金补偿了一部分损失，汉堡–美洲公司船舶的总吨位在 3 年内就恢复了 1/3。对造船厂来说，政府相当于给他们提供了造船合同，否则订单将寥寥无几；1919~1923 年，这部分合同占德意志造船厂总产量的 1/4 左右，占博隆福斯船厂总产量的 2/3。然而，这些合同充其量也只能让造船厂在战后获得一点利润，不至于无法经营。博隆福斯船厂的实际净利润明显低于战时水平（100 万~200 万金马克），略低于货币稳定后那一时期的水平(50 万~100 万国家马克)；德意志造船厂则处于净亏损状态。不仅如此，因为没有把近 2 000 万金马克的“实质亏损”估算在内，博隆福斯船厂的利润显然只是一个“假象”。

绝大多数公司在 1924 年都公布了 “金马克期初余额”，让我们能够进一步了解通货膨胀时期的投资问题。当然，在通货膨胀时期，对厂房和存货的估价都应该打一些折扣，但通货膨胀还消除了大量的公司负债，这一点同样重要。一些投资者购买了博隆福斯船厂的信用债券，在 1921 年前为其融资近 835 万金马克，但这些投资者却损失了 565 万金马克。此外，在 1924 年 7 月，该船厂的总资产估值为 3 490 万德国马克，这说明至少自 1921~1922 年度以来，其资产价值一直被严重低估。和博隆福斯船厂不同，德意志造船厂在通货膨胀时期曾大量投资兴建厂房：从 1918 年一直到 1924 年 1 月公布“期初余额”，其厂房的实际价值增加了 500 万金马克，总资产为 1 643 万国家马克，而负债仅有 1 111 万国家马克。然而，遭受损失的还是船厂的债券持有人，他们的净损失达到 143 万金马克左右（相当于他们向该船厂提供的贷款总额的80%）。相比之下，两个船厂的股东则获得了相对丰厚的报酬。汉堡-美洲公司也不例外。虽然在1919~1923年，该公司新增船舶的总吨位约为300 000英吨①，但在通货膨胀末期，其商船队的总规模只有战前的30%左右，也就是说，公司船队的价值（战前价值的26%）和股票价值（战前价值的35%）也许并没有被严重低估。实际上，汉堡-美洲公司的账目在货币稳定之前最有创造力，而受害者是债券持有人：公司用贬值的马克偿还了6 950万马克的此类债务，债券持有人的净损失（包括利率）高达4 820万金马克（占70%）。

1924年以后的事件也有助于我们了解通货膨胀时期的投资。1924~1928年，汉堡船队数量急剧扩张（增加了97%），增速远大于1920~1924年（增加了38%），由此可见，即使不考虑政府的因素，在通货膨胀时期大力增加投资的做法是不可持续的。由此产生的另一个问题是：重建商船队有多少经济上的合理性？1914年后，欧洲以外的造船业蓬勃发展，在1919年，全球产能过剩的现象已经凸显，而德国的重建使问题进一步恶化。因此，整个重建项目代表了一种错误的资源分配方式，而政府提供补贴更是错上加错。船舶业只是力争恢复战前的水平，却没有借此机会进行技术革新。当然，这些也都是汉堡船舶业经历了20世纪20年代晚期的结构性问题后才总结出来的经验。即使在经济大萧条出现之前，船厂的产能利用率也只有38%~50%，抵达汉堡的货轮的装载率大约为60%~80%，而离港时的装载率只有40%~60%。据估计，德国造船业的产能在通货膨胀期间扩张了50%；但是，正如德意志造船厂在1924年12月的报告中提到的，仅博隆福斯船厂就几乎能满足全世界对德国建造的船舶的总需求，产能利用率始终低于50%。为了进行“合理化改革”，汉堡-美洲公司在1926年接管了德国-澳大利亚航线和Kosmos航运公司，1927年，德意志造船厂和Reiherstieg船厂合并。虽然英国大罢工促使航运公司的数量激增，导致船厂在1926年新增了大量订单，但这种趋势只维持了很短的时间。博隆福斯船厂就是一个典型：尽管拥有51公顷的船坞，12 500名雇员，但其总股本在1926~1928年却降

① 1英吨（长吨）等于1 016.047千克。——编者注

低了，而且平均净利润只勉强占到了总股本的5.5%。而利润高出很多的德意志造船厂则不得不依靠汉堡州政府的援助——为了推进该船厂和Reiherstieg船厂的合并，汉堡州政府赤字300万国家马克购买了Tollerort船厂。联邦政府为了创造就业，曾在1924年向船舶业提供的5 000万国家马克，事实上，如果没有这笔资助，在货币稳定时期，各大船厂很难生存下去。

由此可见，通货膨胀时期的投资非常有限，即使有，也是由政府资助，而且常常缺乏经济合理性。这也解释了为什么德国企业在1924年之后对新投资的热情有所减退。另一方面，汉堡–美洲公司、德意志造船厂和博隆福斯船厂等公司的投资项目还导致其债权人蒙受了损失，尤其是债券持有人。毫无疑问，这些损失导致在货币稳定后的一段时期内，德国资本市场表现疲软：据鲍尔德斯顿观察，高债券收益率反映出投资者在通货膨胀和重新估价时期的痛苦经历。此外，作为最大的债券持有机构，银行在通货膨胀时期严重受挫，在货币稳定后的那段时期，整个银行业的存款准备金率创下历史新低（1.5%~2.5%，战前为4%~4.5%，见图8.1）。相较于造船厂等工业垄断集团的贬值，汉堡主要股份制银行的资产缩水幅度更大，远远低于战前水平。舒巴克和泽内商业银行就是一个典型。在稳定时期的“金马克期初余额”中，该公司的资产维持在战前水平的25%左右；而实行股份制的联合银行也只是略高一点（29%），北德银行则稍有逊色（24%）。损失更惨重的是船舶抵押银行，该银行实收资本为123万纸马克，但其“期初余额”却只剩下15 000金马克。受影响最严重的莫过于汉堡的储蓄银行了，1924年这些银行的总存款只有战前水平的3.3%。相比之下，德国商业银行的表现略优于平均水平，其资本减少了近50%，而七“大”银行平均减少了57%。然而，即使是马克斯·沃伯格，也不能否认稳定货币带来的严重影响：虽然沃伯格银行的资产在1924年末回归到了健康的水平，约为战前水平的72%，但在关于公司上一年业绩的机密报告中，沃伯格承认由于信贷紧缩导致的商品投机，公司损失了大笔资金。银行业疲软的一个明显信号就是稳定货币时期员工数量的锐减。德国商业银行的工资名册在1923年时有26 000人，但到了1925年，只剩下7 000人，而雇员本来就少的沃伯格公司也从535人降到了358人。当然，和其他经济板块一样，银行业也进行了一些重组改革。北德银行

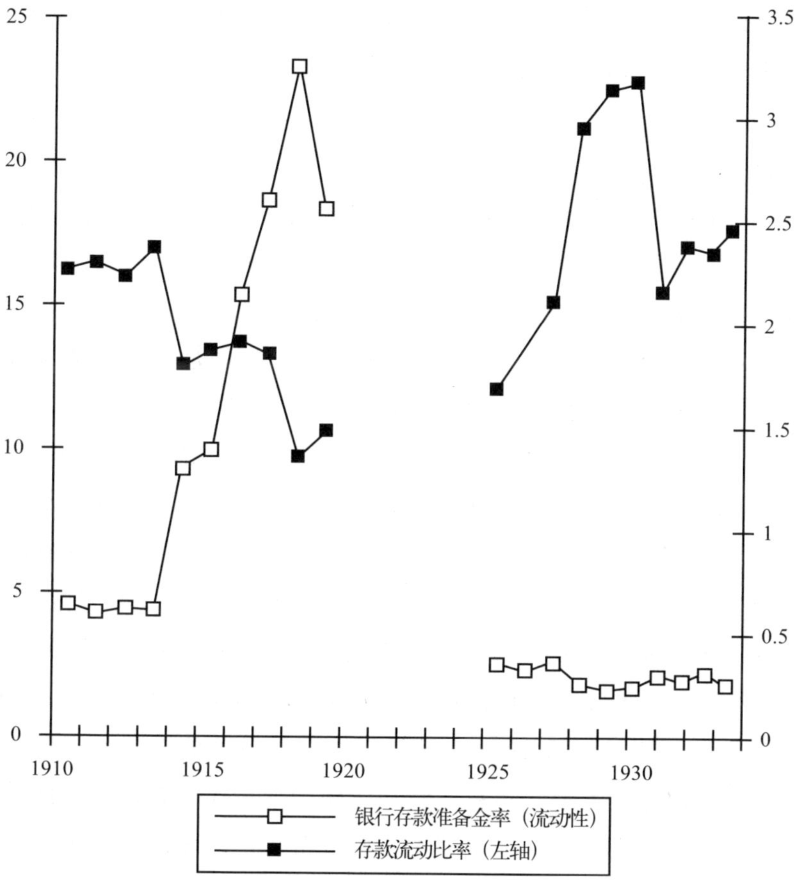

图 8.1　通货膨胀前后的银行流动性（1910~1934）

于 1929 年成为了贴现银行的一个分支机构，而同年，德国商业银行与中德信贷银行进行了合并。作为把美国投资输入德国的管道，沃伯格公司在继续巩固这一角色（该角色是在通货膨胀时期建立起来的）；同时，沃伯格公司还在中欧寻找新的机会，并在产业合并当中发挥了重要作用。但是，这些都不能弥补通货膨胀造成的破坏。整体说来，1924 年之后，整个德国的银行体系都变得“虚弱不堪”，缺乏活力，汉堡一些大银行也不例外。

总之，通货膨胀在经济方面无疑弊大于利——尤其造成了一些结构性问题，如错误投资和货币疲软，极大地破坏了资本市场。1920~1922 年虽然经济急速增长，但其代价却是稳定货币的需求被推迟，直到 1923~1924 年才出现，并演变成一场危机，而且整个经济也变得委靡不振。1925~1926 年的衰退体现出后通货膨胀时期经济稳定的脆弱性；在世界经济萧条尚未出现之时，德国经济在 1927~1928 年已经开始下滑。的确，只要出口持续看涨，汉堡就有喘息的机会；但是，随着 1930 年后贸易萎缩，该城市的商业经济终于被压垮。无数的商号破产，船舶不是闲置就是空驶；联邦政府向汉堡-美洲公司提供了 7 700 万国家马克的紧急援助，才使其免于破产。博隆福斯船厂不得不大量裁员，从 1929 年的 10 700 人减少到 1930 年的 4 879 人，在两年后甚至还不到 2 500 人。沃伯格银行的失败也许是其中最为惨痛的。在 1919~1923 年的货币过度扩张时期，该银行生存了下来，也挺过了稳定时期，甚至在 20 世纪 20 年代中期出现了短暂繁荣；然而，就在 1930 年 6 月~1931 年 6 月德国货币供应急剧收缩时，沃伯格银行却被彻底击垮了。显然，马克斯 · 沃伯格已经预料到会有一场危机，在 1930 年 10 月，他曾前往纽约向保罗 · 沃伯格寻求援助。但是，该银行已经无可挽回。1930 年的最后一周，储户纷纷向沃伯格银行挤兑提存，使其被迫支付了 80%的外汇和 50%的本币；而 5 个月后，奥地利信贷银行倒闭，成了压垮沃伯格银行的最后一根稻草。当詹姆斯 · 沃伯格于 1931 年 6 月抵达汉堡时，他发现该银行的累计赤字达到了 353 万美元，此外还有无数的坏账，甚至还向几近倒闭的卡尔施泰特百货公司提供了贷款。这个美国人开始责备自己的叔叔管理不善，打算让他自生自灭；但是，马克斯 · 沃伯格的兄弟费利克斯和保罗还是同意提供 900 万美元的贷款，并且承诺要拯救这个家族银行；为了让整个汉萨同盟的银行体系免于崩溃，联邦政府也资助了 3 000 万国家马克。然而，就在达纳特银行眼看即将破产之时，政府却拒绝采取任何措施——詹姆斯 · 沃伯格对此非常惊讶。7 月 13 日，达纳特银行倒闭了，整个德国银行业陷入危机；也许 6 月沃伯格银行的沉没已经标志着危机来临。

当然，我们也不应夸大通货膨胀和经济衰退的联系。1928 年后德国经济的崩溃有很多其他的重要原因，我们稍后会加以讨论。在战后，政府一再推迟稳定货币，而德国经济衰退尤其严重无疑和这一点有关。1897 年以来，德国商业已经习惯地认为，一定程度的通货膨胀是经济扩张的必然产物。除了在某些极其短暂的时期（1913~1914 年度的物价稳定时期，1924 年的货币改革时期），30 年来，德国的物价每年都有增长。即使在 1924~1929 年也不例外，当时的批发物价虽然停滞不前，但生活费用仍在以每年 3.3%的速度上涨。于是，在 1929~1933 年物价下跌的时候（批发物价平均每年下跌 11%），尽管德国企业在讨论合理化改革，但依然是毫无准备。即便已经面临通货紧缩的威胁，它们仍然维持着通货膨胀时期的思考模式，例如一些公司认为银行业危机会导致货币贬值，出口订单会随之增加。当然，正是经济大萧条最终让魏玛时期的集团资本主义信誉扫地，20 世纪 30 年代中期，国家的干预力度大大加强。德国经济大萧条之所以如此严重，结构性问题和银行的过度活跃是主要原因之一，它们也是通货膨胀带来的后遗症。

资产阶级社会的危机

通货膨胀给经济造成的损害大于短期内的收益，但在政治上是否也是弊大于利呢？常常有人提出，通货膨胀在根本上是各种社会力量的产物，是一种“通货膨胀共识”，也就是说，劳资双方——大企业和有组织的劳工——互相联合，把战争失败的成本转嫁到缺乏组织的其他社会集团身上。在通货膨胀接近尾声之时，凯恩斯也认为它“造成了中产阶级的贫困，而正是这些人给我们带来了很多美好的事物”；但同时又指出，这是为刺激就业应付出的代价，通货膨胀让工人阶级队伍进一步壮大。很多近期的学者也认同这一结论。

然而，对于通货膨胀的社会影响，这种阶级论调过于狭隘。我们不能忽视通货膨胀的背景条件，那就是 19 世纪 90 年代人口结构的急速转变。我们在第一章已经谈到，在战前的汉堡社会，人口出生率和死亡率呈现剧烈的波动，移民现象也非常普遍。但随着战争的到来，一些趋势突然逆转，另一些则被强化了。从前大批年轻人涌入汉堡来寻找工作机会，但现在却涌向战场，许多人一去不返。于是，出生率显著下降，而由于营养不良，死胎率、私生婴儿的死亡率和肺病死亡率都急速上升。尽管战争结束后大量移民涌入汉堡，出现了一阵结婚潮，但是导致这些现象的乐观预期非常短暂，在通货膨胀时期，公民的健康状况并没有显著改善，死亡率也没有明显下降。和威廉时期的德国相比，魏玛共和国的儿童数量较少，但可雇用的年轻男性所占比例更大（即在 20 世纪 20 年代成年的这批人，他们在战争时期还不够参军年龄），这个问题更为严重。在汉堡，16~60 岁的男性人口比例从 1907 年的 62.6%升至 1925 年的 69.3%。由此可见，战后经济要吸收的不仅是复员士兵，还包括他们的长子和弟弟。除了人口趋势的变化，我们还要注意要就业结构的长期变化。1907~1925 年，体力劳动者在劳动人口中的占比从 53%降到了 43%；而“自给自足”的个体（绝大多数是自主经营的小企业主）从 21%降至 16%。与此相对，白领工人在 1907 年的占比为 14%，而到 1925 年却升至近 32%。这一方面是因为阶级的分化，但也反映出汉堡服务业就业人群的扩大。也就是说，通货膨胀是在体力劳动者和自主经营者减少、文职人员逐渐增多的背景下出现的。

考虑到这些限制因素，战后经济很快实现充分就业无疑是巨大的成功。统计数据再次表明，在通货膨胀政策的驱动下，汉堡当时的就业情况的确好于那些很快稳定下来的国家。在战后，汉堡劳动人口的失业率最高只有 18%，直到 1922 年中期一直呈现下降趋势（偶尔会有间断），在 1922 年 6 月仅有 1.6%，降至战后的最低点。然而从 7 月份开始，失业率就开始升高，于 1923 年 12 月达到近 13%的最高点。随后在稳定时期又再度回落，1924~1925 年度趋于平稳，维持在 5%~6%。然而 1926 年，失业率急剧上升，绝对值逼近 1923 年时的峰值，而后在 1927 年、1928 年和 1929 年，失业水平明显高于通货膨胀时期，最终在 1930~1933 年飙升，带来了灾难性的后果。在 1933 年的失业高峰时期，注册失业人数达到了 176 000 人，占整个劳动人口的 38%。因此，从这些数据来看，和英国等国家较为谨慎的货币政策相比，1919~1922 年的通货膨胀政策的确对大多数人更有益处。但另一方面，这种方式也只是推迟了一场必然会来到的经济危机。当然，1923~1924 年度比 1931~1932 年度的失业水平要低，但是就工会成员在短期内的失业率而言，二者基本持平。不仅如此，正如之前讨论的，如果说通货膨胀从根本上削弱了德国经济，那么其中一个因素就是 1924~1932 年德国高于其他国家的失业率。

正如凯恩斯所言，战后就业虽然有所增长，但其代价却是收入和财富的重新分配。国民收入的统计数据显示，经历了战争和革命时期的贫穷后，人均实际收入在 1920~1922 年显著回升，但各个社会集团的境况略有差异。无论是在汉堡还是在其他地区，战争使得收入分配趋于平衡，某些产业的体力劳动者和其他社会集团之间的收入差距开始缩小——例如文职人员和公务员等，这些群体不习惯用集体行动的方式保障自己的实际收入。十一月革命更促使体力劳动者的名义工资直线上升，加速了这一趋势。这些成就很快被高失业率和高物价（起初是因为被持续封锁，后来则是因为马克贬值）所湮没，实际工资水平在 1920 年初跌入谷底。但是，劳工斗争从 1920 年初再度活跃起来，用工需求不断增加，白领阶层也逐渐倾向于采取集体行动，种种因素都增加了雇主的工资压力。政府财政政策和国家干预措施更是加剧了这种情况，1920 年 3 月~1921 年 5 月，绝大多数企业的实际工资有了显著提高，一些体力劳动者的工资率甚至超过了战前的水平。1921 年中期，通货膨胀再度袭来，此时工资上涨的趋势首次出现回落，但之后又有所反弹，因为工人很快就根据通货膨胀预期作出了调整。直到 1922 年 7 月爆发了恶性通货膨胀，这种涨薪压力才消失，1923 年 7~11 月，实际工资急剧下滑，但有证据表明，政府部门内部出现了对通货膨胀的过度补偿。随着稳定政策的实施，工资水平终于得到重新调整，而且远远低于战前水平，再次拉开了工资差距。

然而，实际工资上涨并不意味着生活水平提高。虽然汉堡的生活费用指数相对复杂，但实际工资数据的确漏洞百出，它没有充分估计到工作时间缩短和税收增加的影响，也没有涉及小商店主等个体经营者的收入情况，同时很多因素也没有被反映出来，例如食物匮乏、消费品的质量低劣、住房长期短缺——据一位当代学者称，在通货膨胀最严重的时期，汉堡有多达 36 000 人无家可归。但是，这些实际工资数据同样也没有把魏玛共和国初期社会福利的增加计算在内。虽然它们考虑到了房租和物价管制，但忽略了教育补贴和医疗经费的价值。但是，对比 1925 年和 1913 年的所得税数据，我们会看到通货膨胀似乎在推高工资的同时影响了其他形式的收入。在国家层面，虽然很难对相关数据进行比较，但整体来说工资水平趋于平稳。如果把通货膨

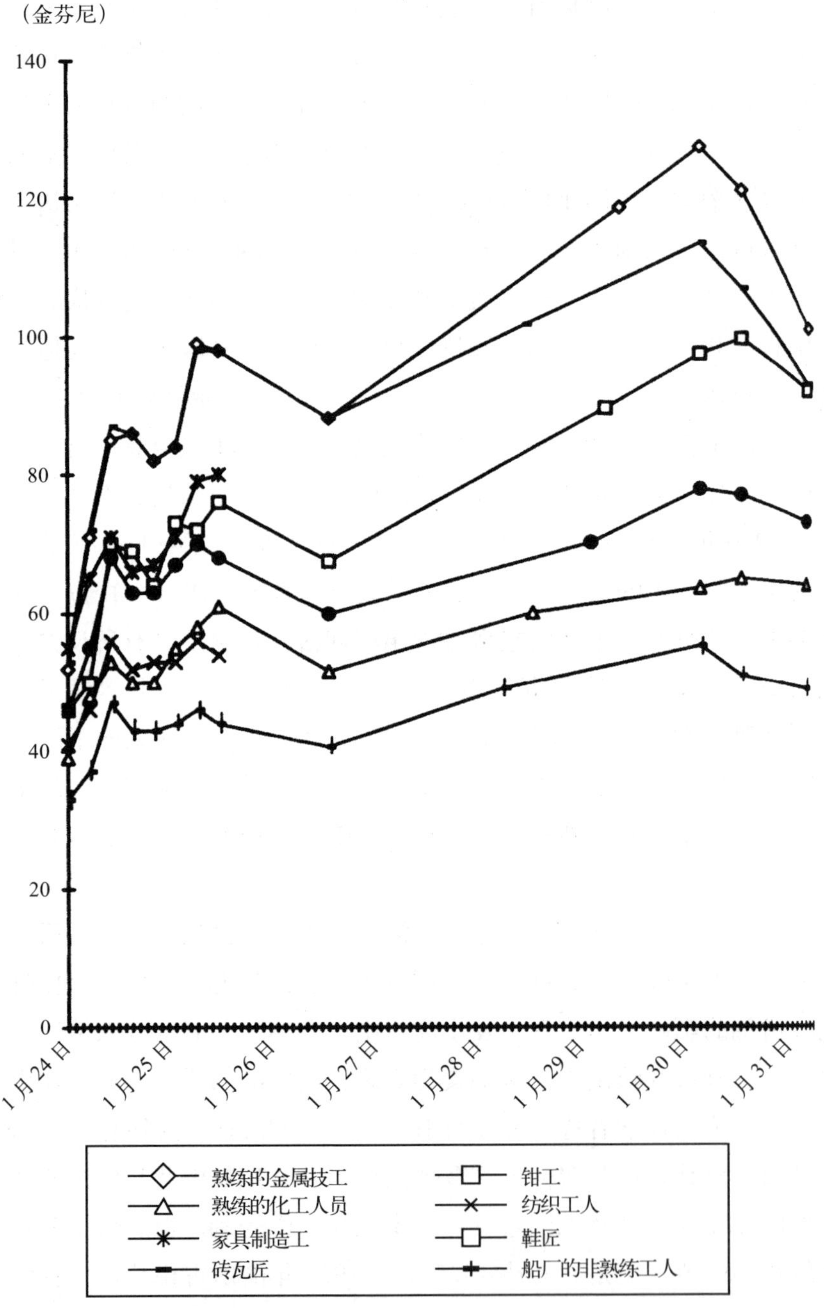

图 8.2　汉堡的实际时薪率（1924~1932）

胀也考虑在内，使税阶大致相等，汉堡的情况也基本相同：那些收入处在前两个税阶的人在 1925 年只有 22%，而到 1913 年这个比例是 49%。

收入的金字塔尖被削平了，对此，我们可以给予正面评价，认为平等总是一件好事。但这种看法值得商榷，理由有两点。其一，通货膨胀把收租人的收入转移给了工人，从而降低了储蓄能力，因此在某种程度上导致了后来德国货币和资本市场的疲软。其二，如果实际工资的增幅超过了生产力，那么后者就会受到侵蚀，降低整体经济的增长率。这个观点在 1924 年之后反复被提及，当时的实际工资过高促使“危机提前来临”，经济委靡不振，一场大衰退注定会到来。汉堡在通货膨胀后的表现证明了博尔夏特的论点。在货币恢复稳定后，工资涨幅立刻变缓。1924~1928 年，汉堡 11 种不同职业的名义周薪上涨了 80%~180%。实行货币改革的两年内，银行职员的月薪增加了 70%。当然，在工资上涨的同时，生活成本也再度攀升，1924~1928 年，汉堡生活成本的年均增长率为 5.3%；此外，领取固定工资的人缴纳的税收和保险也增加了（约占应得工资的 10%，而在战前仅占 6%）。在此基础上，从 1924 年中期到 1927 年，公共部门的收入有所降低，而后在经济大萧条时期基本保持稳定；相比之下，私营部门的实际工资则呈现明显上扬的趋势，仅在 1926~1927 年度稍有下滑，并在 1931 年达到最高值。举例来说，从 1924 年第一季度到 1931 年第一季度，6 种体力工作的实际时薪增加了 63%~145%；码头工人的实际日薪上涨了 59%，面包师的实际周薪上涨了 51%（见图 8.2）。然而，根据弗里德里希的统计，平均生产率的增幅约为 30%，落后于工资的涨幅，这也进一步证明了博尔夏特等人提出的“实际工资状况”的恶化。

那么，1923 年之前是否出现过类似的情况呢？由于缺乏可靠数据，我们很难证明名义工资的涨幅大于生产力，或者是侵蚀了利润。在没有可靠综合数据的情况下，我们无法肯定 1914~1924 年工资占国民收入的份额在逐步上升，因为在通货膨胀时期有可能下降，直到稳定时期才开始回升。然而，从上述数据中可以看出，实际工资增长的确让造船业的雇主陷入了困境，进而放弃了 1922 年的投资项目。因此，我们可以得出这样的结论：通货膨胀的加速让德国工人了解到，在进行工资谈判时要时刻关注物价的变动；同时工人们还成立了各种机构，帮助他们实现加薪的要求。鲍尔德斯顿指出，1924年之后实际工资的增长对于提高劳工的参与度来说是必要的，而且并没有降低德国出口的竞争力——也就是出口的利润率。但1920/21年度实际工资的增长也是如此吗？我们很难作这样的推断。

我们之所以质疑通货膨胀对收入分配的平衡作用，原因之一是它没有促成社会的稳定，而这一点也是鼓吹劳资双方达成通货膨胀“共识”的人最常用的理由。事实上，在通货膨胀时期，劳资冲突空前激烈。为了缓和1918年之后的革命情绪，商人和政治家开始促进就业，提高名义工资；但就业增加导致劳工斗争日趋频繁，在1919年和1920年初、1921年中、1922年末和1923年中，都曾出现过罢工潮。尽管劳资双方达成的协议让更多工人受惠，但是，在通货膨胀时期，因劳资纠纷而损失的工作日比1900~1933年的任何时候都多，在1921年和1922年超过了20个月。虽然国家努力保障船厂工人的就业，但换来的不是政治上的忠诚，而是频繁的“行动”和“起义”，汉堡在1921年3月和1923年10月的工人起义就是有力的证明。总之，在通货膨胀时期，公民收入更加平等，但经济和政治状况是否由此得到改善，我们很难给出肯定的答案。

除了缩小工资差距，通货膨胀还造成财富的大幅缩水和重新分配。德国的名义资本总值锐减：从1923年12月财产税的收入来看，汉堡的财富总值在10年间缩减了2/3以上，而且只有20 000人拥有的资本在10 000马克以上，人数减少了一半。然而，重新分配财富的规模却很难确定。和很多当代学者一样，凯恩斯认为德国“经历了一场最极端的财富重新分配，国家财富从多数人那里转移到少数人手中”，并谴责斯廷内斯是典型的“温文尔雅的强盗”，利用通货膨胀这个“绝佳的机会”大肆掠夺。但是，这个论点缺少统计数据的支持。相反，现有的数据恰恰表明，和收入一样，国家财富的金字塔尖也被削平了。1913~1923年，拥有500 000马克以上的纳税人的比例从1.5%降到了0.7%，其财富占可征税财富的份额也从1/3降到了1/5；而最低税阶（10 000~20 000马克）的税收收入却增加了。从储蓄银行的数字来看，损失惨重的似乎是小储蓄者，汉堡五大银行的总存款在1924年降至战前水平的3%，而且储蓄者的主体是公司职员和小企业主。但是，所谓的“损失”其实主要是因为恶性通货膨胀时期储户纷纷提现，储户的数量在1922年尚有909 000人，到1923年便锐减至40 000人。相比之下，作为精英阶层的房产主的情况更为明显。1919年和1920年的汉堡房地产市场异常活跃，这至少反映出房租管制严重影响到房东的利益，于是他们不得不出售房产（往往是卖给国外购房者或者行政机构）。与此同时，几乎没有业主利用恶性通货膨胀这个时机还清抵押贷款。地产所有者协会得出的结论似乎不可否认：在纯物质层面，业主在通货膨胀时期的处境尤其艰难。从收入分配的角度来看，我们当然可以把财富的重新分配视为社会的进步，但是其分配途径却是恶性通货膨胀，这种极端的方式会持续地损害资本市场，尤其是个人储蓄市场。我们不能说人们对金融中介机构彻底绝望了。广义货币供应量数据表明，在通货膨胀之后，储蓄量有所回升，但储蓄率仍然较低，就连弗里德里希也认为，20世纪20年代中期的投资减少和这一点有关。

总而言之，那些战前资本主义社会中处境最糟糕的人，也就是薪水微薄的非熟练工，他们在物质上成了通货膨胀的相对获益人。在实际价值方面，他们和非熟练工、文职人员和专家之间的收入差距缩小了。而如果提前稳定货币，他们也会提前失业——英国的情况就是这样。物质上损失最大的则是收租人和房东，无论是在内部还是与其他资产阶级集团（尤其是一些商人）相比，收入差距都在扩大。透过这个结果，我们自然会想到用阶级的观点来分析通货膨胀：在英国（和意大利），有产阶级联合起来对抗工人阶级，想要通过裁员把战争的成本转嫁的工人身上；和中欧大部分地区一样，在德国，革命政权为追求充分就业，牺牲了中产阶级的储蓄和收入，而实业家更倾向于安抚劳工，而不是保护股东和其他债权人的利益。但这种唯物论的分析只勉强说明了事情的一个方面。通货膨胀对阶级意识的影响是互相矛盾的：一方面鼓励体力劳动者罢工或剥夺中产阶级的储蓄，助长了阶级意识；另一方面又加强了社会流动性和反抗一切的个人主义，淡化了阶级意识。也就是说，通货膨胀很可能削弱了“客观存在的”社会集团的规模，威廉德国晚期的大阶级联盟变成了魏玛共和国中期大大小小的利益集团。但无论是哪种情况，仅凭收入和财富并不能解释社会意识的形成过程。要理解通货膨胀对德国城市社会的真实影响，我们不仅仅要看马克的币值，还要看到除此之外的价值观受到了什么影响。

第1章中提到，威廉时期的汉堡有一系列共有的价值观，构成了稳定的基础；经济上虽然奉行严苛的个人主义，但其他一些机构——如家庭、宗教团体、学校、志愿组织和法庭等的价值观起到了缓和作用。正是这些机构向人们灌输着资产阶级社会的道德体系：不仅仅是勤劳节俭、私有财产的神圣不可侵犯以及契约精神，还包括道德规范、虔诚孝敬、荣誉和个人修养。虽然我们很难区分究竟哪些是通货膨胀的影响，哪些是社会的变化趋势，但本书的一个核心论点是，通货膨胀削弱了支撑这些价值观的根基，从而让价值观本身发生了动摇。可见，对德国资产阶级来说，通货膨胀不仅是一场物质危机，也许更是一场精神危机。

举个简单的例子。大家族是19世纪资本主义社会的基本单位。早在1914年前，这种家庭文化就因为人口和社会的各种因素受到侵蚀，家庭规模开始萎缩，儿女们有了其他的教育机会，不再投身于家族企业。1914~1924年的各种动荡让这种变化进一步加剧。1910年，42.5%的德国家庭有5个以上的成员（包括父母在内）；10.1%的家庭——约140万——家庭成员超过8个。但到了1930年，有4个小孩以上的家庭只占19.1%，而2个小孩以下的家庭则从29.3%升至65.4%。新家庭模式不仅仅是人数减少。由于实行节育措施，再加上教育和就业机会增加，中产阶级女性出于经济需求，也从安逸的家庭中走了出去，有时甚至是被赶了出去。例如，汉堡就业市场上女性的比例从1907年的24.8%增加到1925年的29.9%；战前每20位女性中，只有1位出去工作，但现在这个比例是10∶1。以英格丽德·沃伯格为例，这个女孩接受的教育丝毫不亚于任何男性，她多样化的教育背景几乎无人能及：在汉堡上玛丽·亨克尔女校，在萨勒姆王宫中学跟随哈恩学习，在海德堡大学师从雅斯佩斯，在牛津大学师从以赛亚·贝尔林。此外，离婚率也在上升。与此相反，家族中的男性权力似乎受到了威胁，兄弟情谊也逐渐淡漠，而这些恰恰是19世纪文化的核心。德国社会进入了“核心家庭”时代，用弗洛伊德式的语言来说，这种家庭模式本质上是内向的、狭隘封闭的单位，充斥着和性欲有关的各种情结、代际冲突和同胞竞争。两性关系的混乱、“青年的颓废”、“善良风俗”的堕落——种种现象受到社会保守人士的猛烈批判，足以证明社会转型引发了一系列病症。不可否认，这些社会变化在战争爆发前就已经出现，而且在稳定时期后依然存在。但是，物质上的压力却加速了资产阶级传统大家族的衰落，施拉姆家族就是一个例证。正因为他们的父亲是一位参议员，施拉姆一家认为通货膨胀时期的经历是他们的耻辱：在战争期间排队购买食物，为能否违反物价管制、去黑市买东西而挣扎，为维持生计而收房客，外出度假时发现钱已经花光——这些只是当时资产阶级社会困境的一个缩影。

“家庭危机”只是资产阶级文化危机的一部分。在20世纪20年代，德国还遭遇了一场信仰危机。1910年汉堡有0.9%的人不属于任何教派；1925年这个数字超过了6%。不仅参加宗教仪式的人数在下降，宗教团体之间的界限也日渐模糊。犹太人和外族人的通婚增多；到20世纪20年代，至少一方是犹太人的婚姻有半数都是异教婚姻，只有66%的犹太教婚礼是按宗教仪式进行的：人们一度对阿比·沃伯格的婚礼感到震惊，但之后就习以为常了。虽然这些趋势并非进入通货膨胀时期之后才出现的，但通货膨胀确实动摇了教堂的经济基础，让它们不得不投资政府债券，进一步加速了这种变化趋势。传统教育也受到了通货膨胀的威胁。正如前面提到的，马克斯·沃伯格震惊地发现，无论是慈善团体的价值还是维系教育的各种费用，都遭到了通货膨胀的蚕食。1923年，私立学校纷纷倒闭，首当其冲的是文理中学的女校和女子中学。作为资产阶级社会的支柱，志愿者组织的资产也变得一文不值。最典型的案例就是德国妇女选举联盟，该组织在1912年曾就“通货膨胀”组织过一次颇有影响力的会议，但12年后，它自己的基金（也就是政府债券）仅值5马克14芬尼。甚至汉堡赛马俱乐部的资产也被彻底吞噬。爱国社团不得不把它们的“阿姆辛克会所”出租出去，这个社团是在启蒙运动时期社会行动主义的影响下诞生的，历史十分悠久。由于通货膨胀，贫困救助组织的资产蒸发了1.34亿，更不必说国家社会保险基金了。直到资产阶级的储蓄也受到影响，国家才表态要弥补这些损失，但行动上却没有兑现。最后，对法庭等核心机构来说，通货膨胀无异于一场浩劫。维系法庭职能的律师和法官变得穷困潦倒，由通货膨胀引发的各种民事和刑事案件如潮水般涌来，法院已经不堪重负。之前谈到，在通货膨胀的高峰时期，侵犯财产的案件翻了一番，但法院的办案效率却不断降低。不仅如此，在通货膨胀时期，由于民事法庭几乎一直在用“一马克等于一马克”的原则解决债务纠纷——变相地鼓励剥夺债权人的利益，因此变得声名狼藉。拉特瑙认为通货膨胀“对于维持德国经济和（避免）大面积失业至关重要”，虽然律师和德国民主党政治家卡尔·彼德森都同意这种说法，但他们坚称，“一马克等于一马克完全不切实际”，“法律给有尊严的商人贴上了投机者的标签”。

机构危机对资产阶级文化产生了深远的影响。19世纪，“资产阶级经历了一场沉默革命”，其依据是自由市场、私有财产神圣不可侵犯、法治精神以及建设公共领域等原则，然而，通货膨胀却吞噬了这场革命的成果。资产阶级社会提倡勤奋工作，但通货膨胀却打破了生产效率和报酬之间的关系，勤奋程度和收入高低无关。资产阶级社会强调节俭和简朴，但通货膨胀却剥夺了储蓄者的利益，让那些过度借债和过度消费的人获益。资产阶级社会结构以财产的所有权为基础，但通货膨胀却促使财富所有权被彻底打乱，债券和其他纸质资产变得一文不值。资产阶级社会民法典的精髓是契约责任，是平等和诚信；但通货膨胀彻底颠覆了这些原则，债务人用贬了值的马克来偿还债务。资产阶级社会坚持法治理念；但通货膨胀却引发了犯罪，同时让法庭不再有威信。除此之外，资产阶级社会渴望“安静和秩序”，而通货膨胀时期充斥着混乱和暴力。

资产阶级世界的传统价值观被颠覆，由此产生的心理创伤在很多现代文学艺术中都有体现。埃利亚斯·卡内蒂在1923年还是法兰克福的一名年轻学生，他这样回忆道：

> 把人们彻底击垮的不只是动乱，还有每天都会发生的爆炸性事件……那些最微不足道、最隐秘、最个人化的事件都有一个共同的原因：货币在疯狂贬值……我从前认为金钱是某种无聊乏味的东西……但现在我突然看到了它可怕的另一面，它就像一个挥舞着皮鞭的恶魔，鞭打着周围的一切，逼得人们无处藏身。

文化价值的确要以物质价值为载体，当货币崩溃时，知识分子和艺术家也陷入了困境。在人们的印象中，格奥尔格·格罗斯描绘了贪婪的投机商、顽固不化的军事主义者和瘦弱的战争孤儿，为革命而摇旗呐喊，但为了维持生计，却不得不依靠贵族格拉夫·凯斯勒的恩惠。奥托·迪克斯（一位用表现主义手法描绘暴力和性虐待的画家）用画笔“捕捉”德国在战后的道德沦丧，但他同时也不得不精打细算，应杜塞尔多夫画商的要求批量创作水彩画，因为这位画商告诉他，油画的成本太高。一些戏剧也以通货膨胀的腐蚀作用为主题，例如乔治·凯泽的Nebeneinander和梅林的《考夫曼·冯·贝尔林》（一位变成了百万富翁的加利西亚犹太人），此外还有弗里茨·朗的电影《赌徒马布斯博士》。弗里茨描绘拿金钱和性命做赌注的马布斯博士，用拟人化的手法表现了经济性贬值和道德沦丧之间的关联。表现这种危机的不只是现代主义者。阿比·沃伯格的精神崩溃也和危机密切相关，1914 年出现症状，1918 年病情恶化，而后持续了四年半，德国经济和政治恢复稳定后，他也康复了。1923 年后，阿比·沃伯格在他的作品中直接影射了这场刚好和他病情同步的经济动乱。在 1928 年的一次讲座中，他拿巴洛克艺术和通货膨胀作类比，在他看来，“痛苦是一种财富”，但这种从古老的艺术那里继承的财富却由于出版社的大量印刷而贬值，巴洛克艺术是一种文化上的“通货膨胀”。阿比本人感到自己会被非理性所控制，他的危机与 1914 年后困扰他的精神问题不无关联。卡尔·梅尔希奥在 1923 年 10 月曾经略带夸张地表示：

> 受过教育的中产阶层，这个德国最优秀的群体，终于被湮没了；国民也陷入了无助和绝望，由此产生的社会动乱和贫困让人们普遍处于精神崩溃的边缘……在德国，每 10 个人中就有八九个患上精神疾病。

毫无疑问，并非德国所有的资产阶级都被精神危机所困扰：曾经阅读过尼采和叔本华的马克斯·施拉姆就相对平静地度过了战争时期。同样，并非所有魏玛时期的艺术都是表现主义。但是，即使是文化程度不高的市民阶层，其内在价值观在这一时期也受到了威胁。此外，施拉姆一家的经历再次表明，通货膨胀不只是物质危机，也是一种精神折磨。“我能不能在黑市上买东西？”“我在 1914 年之前一直坚持的那些原则现在还成立吗？”露丝·施拉姆这样问她的哥哥。他们的叔叔阿尔弗雷德也在痛斥那些拿马克投机的人。地产所有者协在战前的感叹是“每个人都知道哪些是属于自己的”；而现在，正如达伯农勋爵听到的，人们“穷困潦倒”，与此同时，“奢侈浪费随处可见，一瓶香槟要 30 马克”。

显然，通货膨胀使得收入被平均分配，一些理论对此给予了正面评价，但它们无疑忽略了由此引发的文化危机的严重性。从“战时社会主义”到集体主义者的频繁革命，从 1920 年的集团主义到 1923 年反抗一切的运动——通货膨胀时期，德国大多数资产阶级在物质上已经不堪重负，但彻底把他们压垮的是精神和物质的双重危机。无论是经济上一蹶不振，还是固守战前的世界观，这些都让人痛苦不堪。在这个层面上，通货膨胀就是一场反资产阶级革命，就像倍倍尔预言的那样，“资产阶级世界的守护神已经远去”。危险的是，政治黑暗还会影响到后代。年长者反对革命，希望恢复传统的价值观，但他们的下一代却渐渐抛弃了这些传统，这种极不稳定的结合体正是价值观危机的产物。在这样的背景下，晚期的魏玛共和国有很多自相矛盾之处：许多人坚守资产阶级社会的价值观，但他们支持的政治运动却与这些价值观背道而驰。事实上在通货膨胀时期，从家庭到宗教团体，从志愿者组织到学校和法庭，传统资产阶级文化的支柱一一倒塌，这些文化也很难被修复。更有可能出现的情况是世俗观念继续转型：从等级社会转向单一社会，从志愿活动转向群众动员，从勤俭节约转向消费主义。通货膨胀之后，德国面临的挑战不是逆转这些现代主义潮流，而是加以过滤和引导，使其能被资产阶级社会所接受，这正是魏玛共和国没有做到的。

城市政体的“现代化”

这种政治失败可以避免吗？汉堡历史学家往往从连续性和稳定性的角度来诠释汉堡的政治发展，一味强调德意志帝国和魏玛共和国之间的联系；乌尔苏拉·比特纳的著作还强调了“社会—自由”共识在 20 世纪 20 年代初的发展情况。有观点指出，早在战前，汉堡的左翼自由主义者和社会民主改革派就在逐渐融和，战争更是加快了这一过程。虽然十一月革命阻碍了汉堡政体的民主化进程，但是，由于旧参议院和多数社会民主党达成了妥协，再加上通货膨胀引起的泡沫，革命被成功“遏制”。稳定时期过后，汉堡进入了一段黄金时期，“政治公正、社会活跃”，直到经济大萧条，布吕宁实行通货紧缩政策时才终结。与德国其他地区不同，汉堡的表现令人欣喜，实现了平稳过渡，而且局势稳定——这倒也符合汉萨同盟一贯特立独行的传统。可以说，即使魏玛共和国的体制在别处都行不通，至少在汉堡算得上成功。但是，这种看法夸大了社会—自由联盟的力量，也忽略了一些重要集团被排斥的状况，而这些集团在旧体制下会生活得更好。虽然人们倾向于把扭转局势的经济大萧条和布吕宁政策视为意外事件，但事实上，魏玛时期的汉堡是一个建立在纸币和票据上的城市，本身就不稳固。

19世纪的政治转型始于90年代，码头区出现了“汉堡特有的”劳资关系体系，政府难以驾驭；由于通货膨胀，汉堡议会选举权的民主进程十分缓慢；城市行政机构的官僚化日益严重。1892年的霍乱肆虐和1896年的大罢工让情况更加恶化，但它们的破坏力都不及第一次世界大战。物资匮乏和技能退化削弱了劳资双方的力量，当局不得不依靠物价管制和军事警察来维持社会秩序；1918年11月的哗变彻底颠覆了社会秩序，旧秩序被革命所瓦解。当然，汉堡商业集团迅速稳住了局势，他们向新政府提供财政援助，并且让工会代表进入经济委员会。1919年参议院重组时虽然吸纳了多数社会民主党，但这并不一定象征着妥协。恰恰相反，城市社会秩序不断恶化：1919年聚尔岑暴动，1920年卡普暴动，1921年共产主义者发起“行动”，1922年中右翼分子发动叛乱，1923年10月共产主义者开始“起义”。令人震惊的是，政治风向左右摇摆，变化不定。1919年、1921年和1923年，工人阶级在街头抗议物资匮乏和失业问题；在1920年和1922年，资产阶级为宣泄对战后政权的不满而发生叛乱。参加的人数只有几千人，有时甚至更少。虽然惧怕暴动的人曾严重警告叛乱分子，但实际上，这些挑战没有构成太大的威胁。然而，它们却暴露了新政权的根本缺陷：社会—自由联盟由两个阶级组成，但它们的内部本身就缺乏统一性。

早在战前，汉堡资产阶级对工会、合作社和社会民主党等工人阶级组织的态度就各不相同。在汉堡商界，布洛姆兄弟等大资本家自行其是，试图压制自由工会，但最终还是失败了。与此相对，拥有法律背景的自由人士卡尔·彼德森则采取了更包容的方式，他基本赞成社会民主党的改革理念，即国家应统一提供医疗保健、教育和住房。战争爆发后，由于当局实行物价和房租管制，工人阶级的实际工资得到补贴，与此同时，公务员和垃圾回收员的工资差距不断缩小，商店主和业主们也越来越不满。这些政策如果实现了维持社会和谐的目的，也许人们还可以继续容忍。但是，它们不但没有安抚工人阶级，反而让其中的一些人更加激进，尤其是那些缺少固定工作的年轻人，他们开始自发地进行更激烈的抗议。总而言之，社会—自由联盟不但触怒了主要的中产阶级集团，也没有满足所有工人阶级的意愿。

通货膨胀之后，情况有所改观。稳定时期过后，社会民主党、德国民主党和德国人民党组成联合政府，由马克斯·施拉姆担任领导，于 1925 年 3 月~1931 年 9 月执政，在之后的 4 年内，他们的支持率不断提高，从 53% 升至 62%。然而，这大大低估了 1914~1924 年留给人们的创伤，同时也高估了后通货膨胀时期政府在政治经济方面的正确性。事实上，联合政府往往不堪一击。汉堡的民主党反商业，而且对 1918 年前的爱国主义十分警惕；人民党亲商业，政治上则由“黑、白、红”三大派系构成；而社会民主党的成员主要是一些上了年纪的工会职能人员。在实际操作上，施拉姆唯一能做的就是继续坚持“非政治”策略，把行政和政治区分开来，用卡尔·彼德森的话所说，就是让市政政策多于国家政策。有人认为这是在变相地鼓励保守主义，纵容威廉德国时期的公务员阻挠新社会民主党参议员的革命。但是，多数社会民主党要求的扩大社会福利和城市基础设施等项目依然照常进行。汉堡新增了两个社会福利局、一个养老院、一个青年旅舍、一家公立医院、一家精神病院、一家游泳馆、一个自来水厂、一所大学、40 所中学，以及 58 000 套住房，此外城市的轨道交通也全部实现电子化。除此之外，基础教育也全部免费。在整个德国，汉堡的最低收入补助属于最高水平，垃圾收集系统也实现了机械化——这些都是 20 世纪 20 年代汉堡在建设福利社会方面取得的惊人成就。一位工会职员激动地说：“仅从这个城市的建筑中就能看到汉堡人的民主意识。”不幸的是，这些超出了汉堡政府的财力。

1924/1925 年度~1929/1930 年度，政府雇员增加了 20%，接近 50 000

人；总支出增加了一倍多，从2 400万国家马克涨至5 083万国家马克。三个最大的预算项目分别是住房、教育和社会保障，占一般支出的45%。1924/1925年度~1930/1931年度，汉堡州仅在住房建设上就投入了2 980万国家马克。由于近30%的一般财政收入都来自所得税、财产税和营业税，因此，如果增加支出意味着税收也随之增加的话，中产阶级显然会难以忍受这个新政权。但是，和其他市政当局一样，汉堡州政府沿用了通货膨胀之前的做法，通过贷款来为大部分支出项目融资。由于通货膨胀，购买了汉堡政府债券的国外投资人已经损失惨重，但是在1923年，为贷到美元或英镑，州政府提出了丰厚的利率，再度吸引了投资者的目光。在参议员卡尔·科恩的指导下（金融顾问莱奥·李普曼的建议被驳回），1926年，汉堡政府发行了第二轮利率为6%的公债：在伦敦经施罗德投资公司以93.5%的折扣率发行了200万英镑的债券，在纽约通过库恩勒伯公司以91.75%的折扣率发行了1 000万美元的债券，共募集资金7 000万国家马克。然而，这笔资金依然不够，到1931年，汉堡的海外短期债务已经达到了1.2亿国家马克。两年后，在对汉堡州3.89亿马克的总负债进行分析时，发现其中有30%都是短期债务。弗里茨·舒马赫在鹅市为财政代表团而建的大楼也许象征着稳定，但经济上来看，它就是一座用纸牌搭起的建筑。1931年8月，当国外债权人拒绝展期400 000美元的债券时，这座建筑轰然倒塌。

1928年10月，为期14周的船厂大罢工让社会民主党—民主党—人民党组成的联合政府疲于应对；但为了获得联邦政府的财政援助，联合政府还必须大幅削减公共开支，这种压力足以摧毁联邦政府。1929/1930年度~1932/1933年度，在失业率已经高企的背景下，汉堡州政府的总支出又被削减了30%。这对社会民主党来说无异于自掘坟墓：到1932年，汉堡地区有41%的工会会员失业，近2/3有工会组织的金属业工人失业，工会人数锐减，社会民主党几乎全军覆没。民主党也是一败涂地，汉堡大多数党派都反对国家领导层支持布吕宁，而且只是勉强同意与准军事机构德国青年团合并。大联盟中唯一剩下的就是较年轻的人民党了，1925年以来，该党派之所以能继续作出承诺，主要原因是似乎没有其他令人满意的选择。1931年3月，人民党参与了“市民阶层批判马克思主义”的“超党派”会议，一个新的选择出现了。

对于魏玛联合政府中的左派来说，其他选择并不存在。虽然德国共产党暂时恢复了1927年的“联合阵线”，号召成立“工人参议院”，但这个提议并不可靠；1928年，共产国际第六次代表大会采取了反社会民主党的立场，这让德国共产党也走上了毁灭之路。虽然它获得了失业工人的选票，但它的竞选计划无法吸引中产阶级选民。不可否认，中产阶级自身也迷失了方向，资产阶级政治出现严重分化。例如，很多商人（如博隆福斯船厂的卡尔·戈特弗里德·格克）不再支持共和国，开始与民族人民党结盟。1926年11月，手工业者和城市地产所有者等利益集团则临时加入了“经济党”，以便区别于人民党所代表的大资本家利益集团。此外还有许多外围组织，其中包括各种半军事组织，如“钢盔团”和“防卫军”；还包括一些民族团体，如“保卫防御联盟”；此外还包括德国民族自由党和德国国家社会主义工人党[①]。事实证明，这些零零散散的党派很难凝聚成一个统一的右翼阵营。1924年形成的种族“集团”设法把各个反犹集团和泛日耳曼同盟、德国国家商业雇员协会联合了起来，并在1924年5月的选举中胜出，但维持的时间很短；退伍军协会和半军事集团在1928年组成的联合阵线也是同样的命运。1929年前，很难想象一个来自南部德国的党派会实现统一右翼阵营这个遥不可及的目标，当时该党派在汉堡区充其量只有几百人。

纳粹党汉堡区重建于1925年，之后一直到1929年这段时期，该党派可以说毫无前途。领导人是一些好斗的狂热分子，如约瑟夫·克兰特和他的继任者阿尔贝特·克雷布斯（曾经是一位教师和不入流的文人）。在1925年的汉堡，纳粹党只有135名党员，3年后也仅仅增加到了600人；在1927年汉堡市议会选举中，纳粹党只获得了1.5%的选票，虽然在1928年增加到了2.8%，但其影响力可以忽略不计。然而，之后却发生了质的飞跃。党员数量在1929年6月超过了1 000人，1930年9月达到了近2 000人，到1933年7月扩大到近15 000人。1929年6月~1932年10月，半军事组织“冲锋队”的人数更是增长了10倍。在1930年9月的国会选举中，纳粹党在汉堡区的

① 德国国家社会主义工人党，即纳粹党。——译者注

支持率蹿升至19%，在一年后的汉堡市议会选举中支持率为26%，1932年4月超过了31%，1932年7月的第一轮国会选举中更是达到了34%的最高点。当然，从国家标准来看，汉堡还不足以成为纳粹党的根据地。但是，纳粹党已经严重威胁到执政党联盟的地位。

“究竟是谁在为希特勒投票？”就汉堡而言，这个问题很难回答。汉密尔顿从社会学角度对汉堡的各个选区进行了粗略的总结，他发现在1930年和1932年的关键选举中，纳粹党在汉堡“大资产阶级”中的支持率极高。在罗森巴姆选区获得的选票高于其他选区的平均水平，从而反映出纳粹党在不太发达的西部选区更有影响力。和纳粹党的其他据点——如霍恩菲尔德、艾尔贝克、圣格奥尔格和埃姆斯布特一样，罗森巴姆也是一个以小资产阶级为主的区域。很多小企业主和手工业者都加入了纳粹党，使得该党派中自主经营者的代表比例极高。然而，比例更高的则是职员（1930年占到了42%）和公务员（7%）。纳粹党胜出不是因为成功动员了中产阶级，而是因为它默默地渗透到了已有的中产阶级利益集团和行业协会中，也就是1932年明确提出的“与中下层同步”策略。1928~1933年，汉堡的职员、警察、医生、律师和学生都加入了民族社会主义的分支组织。汉堡开创了一种“分行业动员”的体系，还进一步设立了针对妇女和青年的分支组织。事实上，纳粹党成功地争取到了青年的支持，这一点可以说是它在1930年异军突起的最重要的一个因素。

但是，正如法尔特等人在其著作中提到的，在社会学层面上，把纳粹主义和中产阶级联系起来有一定的局限性，事实上，纳粹主义的社会影响力更加广泛。纳粹党的成功就在于它没有把自身定义为中产阶级政党，而是一个“民族党派”。事实上，克兰特和克雷布斯等人自认为是市民阶层，是纳粹党内更倾向于社会主义的派系，但他们为争取工人阶级选票而在汉堡发起的宣传活动屡屡失败。而纳粹党拉拢工人的言论吸引了很多海员以及手工业和公共运输业的体力劳动者，1925~1933年，纳粹党内工人成员的比例从21%增加到了26%，取得了不小的突破。工人阶级和中产阶级在纳粹党中的人数基本持平，其他德国政党都没有做到这一点。此外，纳粹党利用民众对传统政治中社会—经济分离的厌恶情绪，承诺把德国社会凝聚成一个“民族联盟”，正是这一点打动了中产阶级。路易丝·索尔米茨是汉堡的一位教师，也是前官员的妻子，她的日记就是一个很好的例子：在描述1932年4月希特勒在汉堡举行的集会时，她不仅提到了现场的“秩序井然”以及他们使用的技术手段（飞机、扩音器、电影摄像机等），还描述了希特勒在演讲中精心策划的蛊惑言论：

> 主旨：党派应该是一个民族的灵魂。他审视了国家的“体系”（“这个国家还剩下什么是没有被毁灭的”）……但是，他没有个人攻击，也没有任何承诺，无论是空泛的还是具体的……他用震撼人心的信念征服了无数人！在他们眼中，希特勒是援助者、救世主，是那个救他们于水火之中的人；他拯救了普鲁士的王子、学者、教士、农民、工人、失业者，让他们摆脱了党派的纷争，回归到一个民族之中。

两个月之后，她再次提到这种情绪：

> 无论是绝望的人，还是致力于缩减对邻国的赔款的人——虽然他们别有用心——都狂热地追捧希特勒一伙人，就像他们希望从左派、右派或其他派那里得到些什么一样。不同的是，无论是资产阶级、农民，还是王公贵族、知识分子，只要他们在思想和感情上还是德国人，就都会支持希特勒。这是一场全民运动。

很多基于马克思理论的文献把希特勒的发迹归结于“垄断资本家”的支持，但讽刺的是，对纳粹渗透最有抵抗力的中产阶级集团也许就是经济精英阶层了。虽然有一两位无足轻重的商人在1932年前资助并加入了纳粹党，但这却很难说服汉堡商界——尽管纳粹党一再强调自己不是一个“社会主义大于民族主义”的党派，也不会处心积虑、“千方百计地攫取”。该党派还禁止克鲁布斯和许特曼等激进分子发言；积极为汉堡-美洲公司等大企业输送反社会主义劳工；强调希特勒对马克思主义者的批判论调——例如他在1926年讨论1919年国民俱乐部时的讲话，还有3年后年赫斯来访时希特勒的发言；此外还提出了一些大衰退时期的经济政策。一些人也许把希特勒看做可以利用的政治搭档：古诺这位失败的前总理就曾经有过这样的念头，想把希特勒作为他续写政治生涯的跳板；甚至连西格蒙德·沃伯格都感受到这场运动“充满了力量，这种可贵的力量只属于德意志人，充分体现了他们对社会和经济强烈的责任感”。但许多中产阶级的观察员仍然十分警醒，他们注意到希特勒在宣传造势时仍然不放弃激进言论；经常出现反犹主义的无耻行径；对共产主义者采取武力对抗的政策，这种暴力倾向在 1932 年 7 月 17 日达到了高潮，当天阿尔托纳地区的街头暴力造成 18 人死亡。这些行径也许能够煽动一些小资产阶级选民和成员——例如失业的手工业者和加入冲锋队的职员；但是却引起了“有价值的资产阶级团体”的反感，路易丝·索尔米茨就是一个代表，到 1932 年 12 月，纳粹党在她看来“越来越前途渺茫”。“纳粹分子想要把所有降低工资的雇主都赶出他们的队伍。”她在 1932 年 9 月感叹道，“雇主还能成为纳粹党员吗？”正是这种担心导致纳粹党在 1932 年的第二轮国会选举中支持率下降。

然而，这些只是保留态度，并不足以激发人们采取行动反对纳粹党：阿比·沃伯格试图劝说福音教会和天主教会与犹太教团体携手，共同谴责反犹主义，但得到的回应只是几句不冷不热的说教，“与政治无关”：“无论男女，只要是在他们能发挥影响力的范围内，都应该坚持不懈地宣传他们的信仰。”纳粹分子故意毁坏了伦策尔路上的公墓，但却没有受到任何指控。汉堡商界感到纳粹党很有可能会参与政治，于是开始盘算着如何利用这个机会，同时维护自身利益 。从这方面来说，对于 1932/1933 年和 1918/1919 年发生的两次剧变，汉堡商界的反应没有太大变化。商人、银行家和实业家立刻开始与革命的领导人接洽，尽可能确保汉堡能维持经济自由。1918 年率先出面的是马克斯·沃伯格和弗朗茨·维特赫夫特，1932 年则是船舶业继承人卡尔·文森特·克罗格曼，以及埃米尔·黑尔费里希、库尔特·乌尔曼和埃尔温·默克（Erwin Merck），弗朗茨·维特赫夫特也包括在内。对克罗格曼来说，1932 年 11 月的政治环境可以分成两类：一类是支持“刺刀下的独裁统治，也就是反动势力”，另一类是支持希特勒的“右翼反革命”势力。鉴于后者影响力更广，他们的当务之急就是告诉纳粹分子：“要用社会主义的方式管理经济是不可能的，不管是什么形式的社会主义。”正如博隆福斯船厂经理格克所说：

> 除了高涨的民族主义热情——这点我们自叹不如，除了我们共有的强烈的民族意志，这一点也是民族社会主义的同仁们必须要明白的。他们会从我们身上学到这一点。

克罗格曼、乌尔曼、黑尔费里希、默克和维特赫夫特联合南部德国的商界人士威廉·开普勒，试图引导希特勒在经济上支持海外贸易和殖民地，1932年末，他们公开要求希特勒担任联邦总理。

和1919年一样，在无法抵抗革命压力时，妥协派设法保住了汉堡经济和政体的形式。在1931年9月的汉堡市议会选举中，纳粹党获得了43个席位（7个月后增加到51个），虽然社会—自由联盟并没有下台，但却成了少数派执政；而在国家层面，民主党人只能通过非民主的方式对抗纳粹主义。随着1933年1月希特勒当选"民族阵线"政府的总理，一切似乎陷入僵局。首先，中产阶级选民相信保守力量能够牵制希特勒。路易丝·索尔米茨兴奋地把新内阁描绘成一个联合体，"以纳粹主义者为主导，与民族阵线进行协商，还有非政治的钢盔党，以及副总理巴本"。2月6日晚汉堡举行的火炬游行生动地诠释了新内阁的性质，"20 000名褐衫队员"打头阵，身着灰衣的钢盔党员演奏着普鲁士军队进行曲紧随其后，还有一些戴着"学生联邦"徽章的青年学生。从1813年的德意志解放战争到1914年的第一次世界大战，再到1933年希特勒上台，历史进程因为党卫军的出现而复杂化了。其次，纳粹党得势后，根据2月28日颁布的"保护人民和国家法令"，纳粹党徒要求对左翼党派进行镇压，之后开始同时向联邦和地方施加压力，最终导致参议院被解散。一些社会民主党和执政党参议员同意逮捕75名共产党人——尤其是在"国会纵火案"之后，但他们不愿下令取缔社民党自己的党刊《汉堡回声报》，于是在3月3日~4日宣布辞职。然而，即使发生了这样的事件，汉堡商界还是坚信各党派可以达成协议，在人民党参议员保罗·杜沙波鲁赫的领导下，汉堡组建了新的"右翼"参议院。然而，根据柏林的指示，长官考夫曼要求任命汉堡冲锋队分队长阿尔弗雷德·里希特为汉堡警察局局长，同时纳粹警察在汉堡市政厅升起了纳粹旗帜，这些行为都明确透露出一种革命情绪。几天后，新参议院也被解散了。汉堡商界仍在试图达成妥协。杜沙波鲁赫老调重弹，抗议“汉堡的自主权被干涉”，他辞职后，在由纳粹控制的汉堡参议院中，亲纳粹的“旧家族”代表卡尔·克罗格曼就任汉堡市长。

很显然，克罗格曼及其同僚是希望复制1919年的成功经验，在经济问题上进行游说，并组建城市政治联盟，从而遏制左派政党的革命。但是，他们的希望落空了。事实上，和1918年的革命分子相比，纳粹主义者的野心更大，也更加不择手段。不仅如此，1933年的经济、社会和政治秩序远远落后于14年前；而且，当时制约十一月革命的种种国际因素几乎完全消失了。作为克罗格曼的前辈及同僚，马克斯·沃伯格满足于新政府的成立，于是不再给予过多关注；但卡尔·梅尔希奥很清楚地意识到，目前的民族社会主义分子比1918年的社会民主党人更危险。早在1932年8月，梅尔希奥在写给阿姆斯特丹的代理人的信中表示：

> 我现在更担心的不是经济问题，而是社会道德，近来发生的事件让我感到，德国走上了一条最危险的道路……一些人相当于犯了《刑法》中规定的谋杀罪，可是德国第一大党的领导人却宣布要坚定地团结那些人。这就是我们现在最严重的问题，和经济与严格意义上的政治无关。

到1933年2月，路易丝·索尔米茨也认识到自己和其他保守派的妥协带来的精神折磨：“黑白红联合阵营代表责任，代表可靠的公民，代表道德风俗，代表对个体、私有财产和自由企业的保护，它不会用民众作试验，也不会使用武力——但是在希特勒的恐怖阴影下，这个阵营显得那么渺小。”显然，希特勒不代表任何资本主义的价值观；如果一个联邦政府完全抛弃了这些价值观，处心积虑要在国内外扩张联邦权力，那么各州的政权会必然会被削弱，难以为继。

从通货膨胀到通货紧缩

在1933年之前，德意志联邦曾经尝试过扩大中央集权和国际影响力。

在19世纪七八十年代，当时的联邦权力极为有限，这也是“以自我为中心”的汉堡可以接受它的原因。但是到了20世纪二三十年代，汉堡的政治动向无疑更容易受到联邦的影响。1914年之后虽然出现了中央集权，但其程度不应被夸大。事实上，在20世纪30年代之前，联邦政府缺乏对各州市镇政府以及私营经济部门的控制。这也是本书的主要论点之一。不管结构性通货膨胀理论多么有价值，这种政治弊端才是导致通货膨胀的主要原因，它造成财政政策的过度宽松，同时货币供应量过剩。这种内在缺陷必然会导致国际收支的不稳定。

虽然德国在19世纪70年代创立了单一的财政货币体系，但联邦政府的财力从一开始就不足以支撑它所承担的政治责任。尽管在1914年前通过各种政治手段进行财政改革，但联邦政府依然只能拿到总公共收入的1/3，而且绝大多数都是间接税，持有的公共贷款的份额也很少。与此同时，中央政府对货币政策的控制处处受限。德意志帝国银行对急剧膨胀的银行体系缺乏有效的调控；此外，德国实行金本位制意味着联邦的货币政策会受到国际资本流动的制约，必须与英格兰银行和法兰西银行联合起来，才能发挥自身的影响力。1890年以后的历任政府都在设法提高德国的国际威信和声望，但也许是因为国内政治的缺陷，德国始终无法像其竞争对手那样，把国民生产总值的一大部分用于扩张军事实力。正因如此，阿尔伯特·巴林和马克斯·沃伯格逐渐意识到，德国注定无法挑战英国的海上霸权，也不可能逼迫法国在殖民地问题上让步。民主党国会设法在总税收收入中得到更多的份额，或调高政府借贷的利率，用于增加军费开支，但此举却引发了激烈的国内冲突。国际危机导致德国资本严重外流，而保护性关税也没能降低德国对海外进口商品的依赖。

德国走上战争之路也和这些弊端有关；之所以选择和苏联进行军事对峙，至少有一部分原因是联邦政府在财政上陷入了僵局，很难在长期的军备竞赛中占上风。但即使是面临战争的压力，联邦依然没能实现有效的重组。相反，在战争的催化作用下，柏林当局不切实际地提出了计划经济的理念，但是中央始终无法有效地控制这场战争行动。在供应方面，联邦政府委托私营的工业利益集团来分配军事合同和原材料，而这些私营部门最关注的并不是产量，而是利益最大化。更糟糕的是，由于货币和财政政策的缺陷，政府对需求失去了控制。公共支出占国民生产净值的比重从 18%暴增至 77%，但一般税收收入只能负担 14%的联邦支出。这意味着战争结束时，德国的长期债务是原来的 20 倍，而短期债务则超过了 500 亿马克。这又会进一步刺激货币供应（见图 8.3）。只有通过物价管制才能把年通货膨胀率控制在 20%~30%，但此举并不能立刻见效，而且有失公平，民众对帝国的政体越来越不满。在这种形势下，德国获胜的概率微乎其微。随着英国卷入战争，德国外在的脆弱性暴露无遗，对外贸易一蹶不振，海外资产所剩无几。令人困惑的是，为什么德国政府无法削减开支？为什么德国在它还有谈判优势的时候不通过和谈来达成协议？即使是经济至上的汉堡，也没有就和解达成共识。德国对很多方面估计不足，例如资金的缺乏，战败的后果，国内危机的影响等，最终导致了灾难性的后果。商人们反对继续实行和平时期的经济管制，除了最基本的立宪改革，其他改革一律抵制，还天真地认为由于马克的弱势和德国在东西方之间的战略地位，"外国对德国的憎恶情绪"很快就能缓和下来。

于是，在德国军事统帅承认战败时，一场风暴迅速席卷了德国，引起了轩然大波。以马克斯 · 沃伯格为代表的一部分商人倾向于支持和谈和国内改革。然而，由于美国拒绝和巴登亲王的自由派政府谈判，英国的经济战仍在持续，德国已经不可能平稳过渡到议会制政府了。于是，德国急忙采取临时措施，避免帝国既定的政治体系被革命彻底推翻。汉堡商界迅速行动起来，领导层由温和的社会主义者组成，找到了临时的解决方案。尽管国家和地方政府在宪政改革上作出让步，但由于经济环境恶劣，1919 年中期的社会治安还是屡次出现危机。在这种情况下，德国不得不放弃战时提出的计划——由国家管制的"过渡经济"，开始为赤字融资，为创造就业不惜一切代价。

和谈的过程也比预先设想的更加艰难。一部分是为了自身经济利益，一部分是为了向国内展示自己的政治影响力，沃伯格、梅尔希奥、维特赫夫特和古诺前往凡尔赛，并提出了较为温和的赔偿方案，以为能获得大规模的国际贷款，同时收回德国在战争中损失的资产。然而，这个提议没有被采纳，于是他们有了不祥的预感：德国会面临沉重的赔款负担，其结果要么是财政过度紧缩——重复“俄国的命运”；要么是马克崩溃，德国商品涌向海外市场。初看之下，这个观点的确构思精巧，甚至迷惑了凯恩斯，让他成为了德国在西方最热心的宣传员。《凡尔赛和约》签订后，马克的确出现了短暂的贬值，德国出口商品极其廉价，德国也一度面临被“布尔什维克主义浪潮”湮没的危险。但是，到 1920 年 3 月，两种预言全部被推翻了。由于投资者预测德国会复苏，马克币值稳定了下来；魏玛共和国也没有被布尔什维克政权所代替，反而是保守派发动了政变。

1919 年，德国继续实行通货膨胀的财政和货币政策，这种做法在遣返士兵的紧急状态下的确有些作用，但这种政策并非“挽救德国民主”的必要途径。事实上，由于很多不必要的错误政策，德国在 1920 年初丧失了很多稳定经济的良机。虽然艾茨贝格尔的财政改革在方向上大致正确，但当通货膨胀再次袭来时，他没有充分估计到新税收会受到的影响，对财政支出也缺乏控制。虽然 1920 年有机会进行货币改革，但是由于过于担心货币稳定带来的后果，德国不得不继续实行宽松的货币政策，贴现率低，同时让马克持续贬值。随着资本的流入，德国的国际收支已经开始趋于平衡，但由于政府决定强制实施贸易管制，并征收财产税，反而阻碍了德国的出口。最后，虽然在自我调节机制下，实际工资在 1919 年持续下滑，但政府的刺激就业、干预劳资纠纷等措施却导致工资压力不断上升。在这种种因素的作用下，德国在 1921~1922 年度又出现了通货膨胀。但这并非不可避免，如果能够削减预算赤字、正式让货币贬值，同时采取更自由的贸易和工资政策，德国就能降低发生恶性通货膨胀的风险，而且不会引发第二次革命。

同样，德国本可以采取一些更有效的方式说服协约国修改和约。协约国在 1921 年提出的赔款数额的确过于庞大，德国仅靠税收和出口盈余根本无力支付。但是，沃伯格和其他人也犯了大错。他们故意让货币贬值，以为这样是证明德国无法履行伦敦计划的最佳方式。事实上，这种通过经济手段修改和约的策略反而让赔款计划存在的时间更长。在 1919 年，由于德国的财政赤字和纸马克汇率下跌，德国产业一开始很容易获得出口优势；但这个过程不可能一直重复出现。1920 年，英美物价下跌，而德国物价和工资大幅调整，于是，德国非但没有取得贸易顺差，反而在 1921~1922 年度出现了空前庞大的贸易赤字。德国的“履约”其实是一种以货币贬值推动修约的策略，它不但没有增加英美两国的经济压力，反而起到了缓解的作用，而德国才是真正的受害者。另外，早一点稳定币值也许更符合德国的利益。即便平衡预算并不能让协约国作出让步，但如果德国不刻意采取通货膨胀政策，那么其进口会减少，自然会对协约国经济构成压力。

1920 年，卡普政变导致政治的两极化，在这种形势下，汉堡商人似乎想退出政治舞台。然而，到了 1922 年，这种想法转变了。国家对劳工的偏袒令商人们难以忍受；流动性危机随时会爆发，令商人们忧心忡忡，在这种形势下，古诺等人逐渐希望变更国内政权。与此同时，在履约问题上，德国的外交策略屡屡失败，激化了德国的对抗情绪，当凯恩斯在“汉堡交易周”上提出让普恩加莱亮底牌时，现场的商人们一片沸腾，将对抗情绪推向了巅峰。也许正是这个不恰当的建议促使古诺接受了总理一职。然而，他坚持内阁应由商业顾问组成，独立于各党派和工会，这反映出国内也有对峙情绪。

1922 年晚期，人们对商业政府的理念充满信心。但最终结果表明，古诺政权彻底失败了。到 1923 年，国家和私营企业的冲突不断加深，前者致力于解决鲁尔危机，而后者依然不愿提供资金支持。于是，在缺乏资助的情况下，古诺所有的“消极抵抗”计划都被他自己的同僚挫败了，商人们反对高税收，破坏对马克的救助计划，拒绝购买以美元标价的国库券，反对加强汇率管制，最终，马克变得一文不值。不仅如此，无论是孤立法国，还是让美国改变想法，古诺的这些希望都不切实际，正如在 1918~1919 年，无论是肯特、凯恩斯还是杜勒斯，都没能说服德国政府，让其明白德国没有任何谈判优势一样。这场灾难让德国政治四分五裂——这种情况在拿破仑战争以来没有出现过，在左翼和右翼极端势力的夹击之下，各州、市镇和公司不得不自谋生路，创造自己的货币。

在这个意义上，1919~1923 年的严重政治危机丝毫不亚于 10 年后的通货紧缩，甚至危害更大，因为德意志的统一性已岌岌可危。但在 1923~1924 年，通过行使总统权力，执行《授权法案》和“紧急法令”，德国实现了经济“体制变革”，维持了原有的议会制、联邦制和集团制。然而，就在 10 年后，经济体制的变更却发生在国家政体被彻底重组的大背景下，原有的制度被废除，代之以“领袖原则”，建立单一制国家，实行指令性经济。很多历史学家由此得出一个简单的结论：和通货膨胀政策相比，通货紧缩政策对共和国的政治危害更大。这个提法忽略了一点：1924 年的货币稳定之所以无法维持，1928~1932 年的经济大萧条之所以如此严重，原因就在于通货膨胀的后遗症。

当然，在某种程度上，魏玛共和国晚期的问题也可以归咎于宪法和党派政治的缺陷。也有人提出劳工团体和工商业团体未能给经济稳定提供必需的支撑——还有人为了哪一方的责任更大而争论不休，而它们是构成集团“体制”的基础。这些问题仅仅是表象，深层次的问题在于政治—经济体制的弊端，这种弊端可以追溯至 1924 年以前。路德的财政改革看似稳定了局势，但事实上并没有根治公共部门大肆挥霍的顽疾。沙赫特的货币改革也没能创造一个强有力的中央银行，从而在根本上解决国内经济和国际收支平衡两种需求之间的矛盾。最终，虽然“道威斯计划”并不是解决赔款问题的长久之计，但它带来的国外资本却成了整个德国经济的基础。

1924 年之后的财政问题在很多方面只是 5 年前那些问题的延续。1924 年之后，联邦政府的财政大权得到巩固，联邦州和市镇的财政收入要依靠联邦政府，后者在总财政支出中所占的比重由 37% 增至 42%。虽然路德的紧急法令暂时维持了中央对财政支出的控制，但是，随着议会和联邦程序回归正轨，这个问题再次浮出水面。1924 年之后，各级政府的财政支出又开始缓慢上升。一部分支出是地方当局的基础设施投资，然而，公共部门的工资支出也有上涨的趋势；此外，也许是因为政府债券被重新估值，偿债成本也在增加。更突出的是，社会福利开支普遍增加：据估计，1925~1932 年，这项支出的占比从 57% 升到了 68%，而战前只有 37%。开支的增加远远超过了整体经济的增长：公共支出总额占国民生产净值的比重在 1925 年约为 25%，在 1931~1932 年增至最高点，为 37%。财政收入的增长相对滞后。1925~1932 年，公共部门赤字在国民生产净值的 1.6% 到 3.2% 之间波动。结果联邦债务从 1924 年的 27 亿国家马克飙升至 6 年后的 113 亿国家马克，此时德国的公共债务总额已经超过了国民生产净值的 40%。地方行政机构的贷款也在增加。诚然，和战前或通货膨胀时期相比，此时政府部门的贷款规模相对较

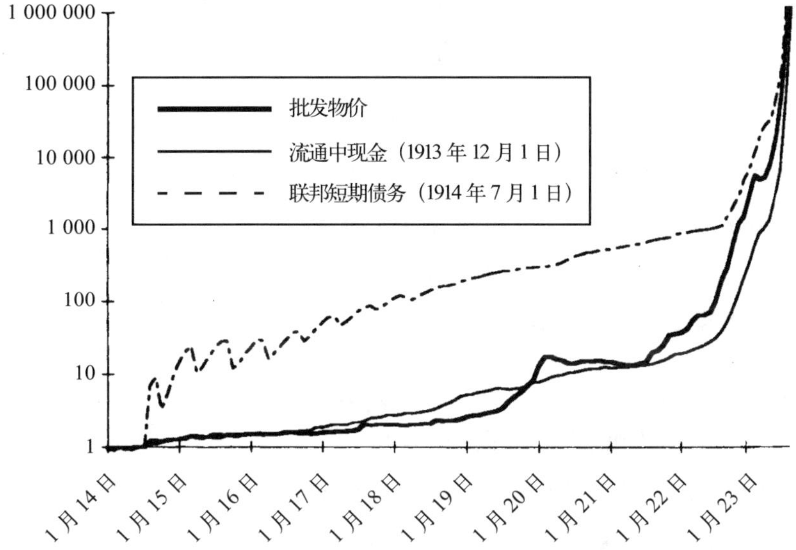

图 8.3　财政性通货膨胀（1914~1923）

小。但是，考虑到公共债券市场极端脆弱——在 20 世纪 20 年代末，政府不得不用高收益率来吸引投资者——这个负担确实过于沉重。由于通货膨胀在人们心中留下了阴影，政府不得不发行低价格、高收益的公债来吸引投资者。

在通货膨胀时期，那些没人认购的政府债券由德意志帝国银行来贴现。然而，1924 年德国中央银行法改革之后，这种方式被废除了。这使德国只能再次依靠国外投资人来渡过难关了。据粗鲁统计，1924~1930 年，流入德国的净资本总额为 174 亿国家马克——在 1924 年、1925 年、1927 年和 1928 年均占到了国民生产净值的 4.5%，其中有相当一部分都是地方行政机构的长期和短期贷款。这种情况和 1919~1922 年的国外投资如出一辙，显然，德国因此取得了一些重要的优势，让观察员对其前景作出过于乐观的评估。经济开始复兴，赔款数额也大大降低，支付赔款变得相对容易了一些：1924~1933 年，德国支付的赔款不到 111 亿国家马克，充其量只占年均国民生产净值的 2%。然而，1924~1932 年，这些贷款的利息就高达 50 亿金马克，进一步影响到国际收支平衡。德国国内消费没有大幅缩减，但长期来看，德国出口的增幅不足以支付赔款并清偿债务。例如，美国一位观察员在1924年曾经犀利地指出“道威斯计划”的“两面性”：

> 为了给货币发行提供黄金储备，德国必须获得2 000万美元的贷款；但在后续操作中，除了满足上述需求，德国完全可以用这笔资金来进行实物赔偿。最终，协约国每年能拿到25亿金马克的赔偿，但由德国纳税人支付的不到12.5亿金马克。虽然德国必须平衡预算；但现在，就算不能马上实现也无关紧要……

或者正如本杰明·斯特朗预测的那样：“如果对价格（包括工资）的调整失败了，一切努力就都白费了，德国的出口形势将发生逆转。”除了在经济萧条的1926年，1924~1929年，德国每年都会出现贸易逆差，在1924年、1925年和1927年更是达到了国民生产净值的3.5%。

毫无疑问，资本流入本身也是一个问题。在沙赫特看来，它很可能会导致通货膨胀再度袭来，同时侵蚀德国的竞争力。另外，德国央行实行固定汇率和严格的最低存款准备金率，缺少合理的公开市场操作制度；而随着黄金储备和等值黄金储备的增加（从1924年末的4 .67亿国家马克增至3年后的28.38亿国家马克），整个银行体系的外汇储备也在增加，这样一来，德国央行很难阻止货币扩张。1924~1927年，流通中货币的年均增长率为13.7%，而广义货币（M3）的年均增长率为18%，直到1930年，通货膨胀才趋于温和，平均通货膨胀率约为3%左右。虽然沙赫特极力限制地方政府的国际借贷，但结果并不让人满意，地方政府只是把长期贷款改为短期贷款。如何在这种形势下制定货币政策的确是个难题，这一点在1926~1927年度就已经初步显现，当时央行为刺激国内投资下调贴现率，结果却导致了资本外流，直到利率再次升高后才开始回流。但高利率又会使国内情况恶化。到1928年，这种进退两难的局势越来越难以突破：要刺激低迷的投资，就要下调利率，但是要避免资金外流，就要保持利率水平。如图8.4所示，1927年的贴现率是5%，到1929年中调高到7.5%，而流通中货币的增长率从10%降为0。这意味着实际利率在持续上升，经济衰退加剧已成必然趋势。

不仅如此，国际收支状况也严重制约了财政政策的制定。在经济衰退时期，财政收入必然会下降，而开支却在增加（尤其是要提供失业救济金）——这也的确是必要的“稳定剂”。到1928年，联邦的赤字规模已经达到14亿国家马克，这是德国政府根本无力承受的。原因有两个：一是德国只能仰赖国外资金来填补赤字；二是德国尚有巨额的赔款，已经负债累累。很多事件都凸显了这两个因素的重要性，例如希尔弗丁在国内融资失败，转而向二级市场寻求国际投资，此外，在赔款代理人S·帕克·吉尔伯特的煽动下，赔款问题于1928年9月重新被提上国际日程。杨格委员会的决议给赔款问题画上了句号：虽然它再次确定了“最终”赔款总额（1 210亿德国马克），并且再次规定可以延期赔款，但更主要的原因是，该计划要求德国每年赔款20亿金马克（在实际价值上有所增加），而向德国提供的贷款只有12.6亿国家马克；此外，2/3的赔款要由联邦直接转移给债权国。这一消息在德国国内引起了轩然大波，政局更加动荡，加剧了资本的外流。

可以说，所有这些因素必然会导致某种财政和货币危机。然而，通货紧缩的程度是无法预先设定的。米勒政府没能通过小幅提高税收（用于失业保险）的方案，但他的继任者布吕宁却采取了更极端的削减开支和增加赋税的政策。布吕宁政府的做法是出于两点考虑。第一，布吕宁似乎认为通货紧缩政策有利于推进宪政变革，进而限制工会和国会的权力。第二则是外交政策上的原因，他试图利用国内的经济危机来实现修改赔款计划的目的，和1919年与1921~1922年的两任政府的策略如出一辙。区别只是在于，之前的政府相信马克的贬值能够迫使协约国改变立场，而布吕宁、库尔提乌斯和魏茨泽克等外交部官员则认为严格的通货紧缩政策会迫使协约国取消赔款。布吕宁在他的回忆录中明确提到了这一点：德国要“利用世界危机的契机，向其他大国施压……我们能够把经济危机变成我们的武器”。时任经济部长汉斯·波斯的提法更直接，他指出德国政策的目标应该是：

> 1. 采取更保守的措施，尽可能维持贸易顺差，积极偿还债务并控制失业……
>
> 2. 采取积极行动，避免欧洲各国结盟后德国被孤立。

基于这些目标，德国采取了一系列贸易行动，例如提议成立德国—奥地利关税同盟，以及建议与其他多瑙河流域国家订立新贸易条约，同时大幅降低出口价格，“让债权国的贸易状况严重恶化”。与此同时，要让债权国逐渐意识到，“纳粹主义或布尔什维克军变”很可能会导致德国违约——正如凡尔赛会议上德国代表特意对“布尔什维克主义的危险”发出预警一样。最重要的是，随着1931年6月5日紧急法令的颁布，德国宣布“继续赔款不仅会彻底压垮德国经济，还会让全球经济陷入一场灾难”——在措辞上与1919年和1921年的宣言别无二致。即使美国在6月20日已经提议将所有的赔款和债务延期一年，德国仍然坚持上述政策。随着德国资本的大量外流和奥地利银行业危机蔓延至柏林，法国建议向德国提供20亿国家马克的贷款，但德国政府拒绝了，仍然坚持通过中止协议“彻底取消”赔款，经过漫长的准备时期，德国终于等来了1932年6~7月的洛桑会议。

1919~1923年，德国试图利用马克贬值达到修约目的，结果以失败告终，而且引发了国内的经济灾难。10年之后，德国政府又企图用通货紧缩来实现同样的目标，虽然这次接近成功，但国内的损失却更加惨痛。必须强调的是，这并不是传统意义上“纯粹”的财政和货币政策。虽然政府增加了税收，削减了公务员薪俸，但由于各级政府都要为农业和持续的赤字提供补贴，公共部门仍然需要贷款。1929~1932年，从名义价值来看，总公共支出被削减了近30%，但总赤字仍接近3%。同样，在银行业危机时期，货币政策也不再受到1924年的德国中央银行法的限制。由于资本外流，1931年德国中央银行的储备减少了50%，但这并不会直接导致货币供应量的收缩。德意志帝国银行增加了对商业汇票的贴现，央行储备损失了40%：现金比率降至24%；截至1932年末，央行贴现率已从最高点15%跌至4%，但这些举措都没有缓解通货紧缩的压力。失业救济成本飙升，公共开支居高不下，而那些本来可以带来更多经济效益的基础设施投资被大幅削减。尽管在1931年下半年，流通中货币有所增加，但由于央行仍在以其他方式限制信贷，广义货币供应量仍然在收缩，物价持续下跌。1929年1月~1933年1月，批发物价平均每年下跌11%（见图8.4）。在国际方面，德国在1929年后的3年内进口下降了65%，出口下降了57%，贸易顺差的目标倒是实现了，但是这些政策却摧毁了国家的生产。实际国民生产净值在1930年下跌了4.6%，1931

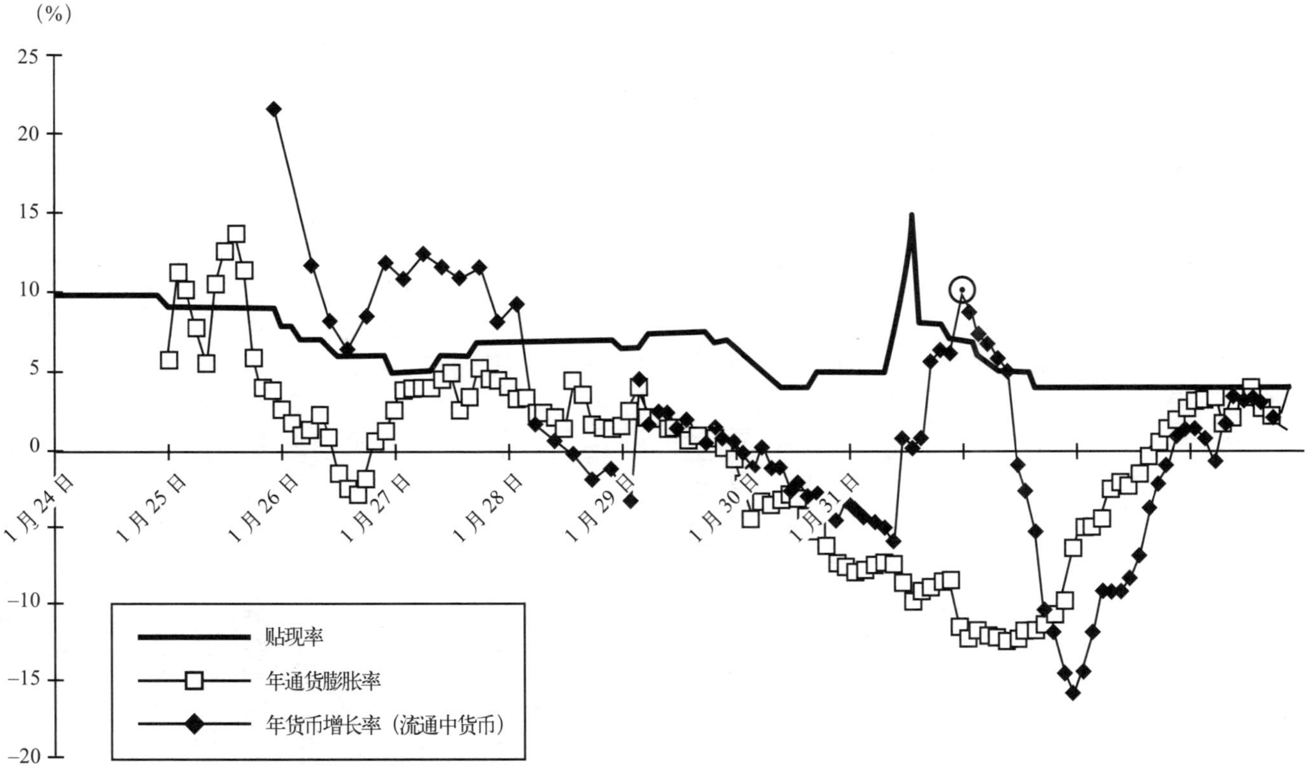

图 8.4　货币和通货膨胀（1924~1934）

年下跌10.9%，1932年下跌了4.9%；工业产量分别下降了12.4%、19.7%和14.4%。之所以出现如此严重的下滑，一个尤为重要的原因是由财政紧缩导致地方行政机构的资本支出锐减。失业率蹿升到1923年以来的最高点，而后继续飙升，并在1932年登顶，失业人数超过了工会成员的45%。

就1920~1922年这段时期而言，如果德国在当时采取了其他政策，其后果或许就不会像1930~1932年的经济灾难那样严重。为此，一些史学家还提出了几项可能的替代政策。例如，德国可以接受国外贷款，不管这些贷款有什么附加条件；德国可以让国家马克实现浮动汇率；为创造就业，德国可以增加政府贷款（或削减农业补贴），或者通过银行体系（也就是另外创造货币）来融资。但是，这些“选择”忽略了两个问题。首先，在当时的情况下，即便是最激进的方案也回天乏术，经济状况很难得到改善。其次，受当时国内外环境的制约，这些方案很难实行。最重要的是，当时人们认为，只要进行赤字融资或者货币贬值，恶性通货膨胀很快就会再度袭来。从理论上来说，德国政府在1933年前可以暂时中止支付赔款，实行国家马克的浮动汇率制，增加公共开支并且印发货币——和10年前采取同样的措施。然而，1922~1923年度的这些措施导致了恶性通货膨胀。在忧虑情绪的笼罩下，政策上稍有风吹草动，资本外逃就会加剧，于是不得不又紧缩货币和财政政策。也就是说，由于之前的通货膨胀危机，德国在后来的危机中几乎丧失了回旋余地。

当然，1933年1月之后的事件表明，政府如果能够突破上述限制——尤其是控制资本外流和避免过度信贷，那该政府就可以采取刺激经济的政策，同时也不会激发恶性通货膨胀。问题就在于，1933年前的政府没有合法权利做这些事情。通货紧缩危机的政治背景几乎和10年前的通货膨胀危机一模一样。施特雷泽曼大联合政府倒台，艾伯特希望马克斯就任总理，并根据“授权法案”发布紧急令，之后泽克特未能实现军事独裁，最终在1924年举行国会选举。这些事件只是一些小闹剧，真正的悲剧在后面——米勒大联合政府垮台后，兴登堡任命布吕宁为总理，并援引《宪法》第48条，颁布紧急令，巴本失败后，施莱歇尔想要操纵政局，最终导致了1932年的国会选举。不仅如此，这两次危机都重复了同样的模式：政客们希望摆脱议会政府，并通过操控经济危机来达到外交目的。最终，在减少赔款方面，比起古诺和维尔特，布吕宁更成功地利用了德国的经济危机向外界施压，离目标更近了一步。但是，最终在国外取得的胜利却给国内带来了巨大的负面影响。1922~1923 年度的修约计划失败后，古诺的继任者不得不努力修复四分五裂的魏玛共和国，但 10 年后，这种成功却让布吕宁的继任者瓦解了共和国。虽然布吕宁越来越依赖兴登堡利用总统权力颁布的法令，兴登堡也逐渐大权独揽，而经济和军事精英集团则是幕后的操纵者，但这些都不是核心的问题。1923~1924 年，艾伯特的统治也呈现出相同的趋势。最核心的问题其实是 1930 年 9 月的选举结果——纳粹党的选票增加了 8 倍，达到了 640 万张；1932 年 7 月，纳粹党成为国会第一大党，得票率为 37.4%。从这些结果来看，希特勒没有立刻执掌大权简直令人不可思议。矛盾的是，在某种程度上，阻止希特勒上台的正是那个不太民主的兴登堡。

德国选民意识到，如果政治上没有其他人选，就不可能实现经济上的转换。然而，为什么获胜的不是其他更保守、更集权的候选人呢？当然，保守势力内部曾多次讨论过，需要一个独裁政府来实现德意志的改革。无论是卡尔 · 施米特等政治理论家，还是汉斯 · 路德等政客，抑或是保罗 · 罗伊施等实业家，他们都觉察到了魏玛共和国的弊病，也认为一个更集权的政府或许能够解决这些问题。在 20 世纪 20 年代，汉堡商人也抱着同样的观点——尤其是沃伯格、古诺和维特赫夫特，他们极力主张消除魏玛共和国的多元统治和集团主义等弊端。通货膨胀后，在沙赫特批判公共部门铺张浪费、反对过度依赖国际信贷时，沃伯格是忠实的支持者；维特赫夫特则在 1928 年加入了路德的“复兴联盟”。沃伯格还与工商界共同批判了布吕宁在 1931 年后期实行的通货紧缩政策。然而，巴本和施莱歇尔的失败表明，如果不能通过选举获得授权，这些想法就不可能得到广泛的落实，也就不可能奏效。布吕宁后来意识到：“在正常时期，我们本可以联合保守的中产阶级，组成强大的保守集团，但无论在政治上还是在经济上，通货膨胀把这批人彻底打败了。无产阶级的意识形态成了主流。”这也是为什么商人们和魏玛共和国的其他保守集团一样，虽然不情愿，但又别无选择，只好接受希特勒的统治的原因。正如特纳和尼比所言，工商界根本不愿意看到希特勒上台，担心他会加强国家对经济的控制，实施不符合工商业集团利益的政策。但是，无论在汉堡还是在整个德国，对于政治危机，工商界历来都表现出一种适应性。1933 年 1 月，希特勒被任命为右翼联合政府的总理时，几乎没有人提出抗议。他们没有其他可靠的选择，正如 1918~1919 年时他们只能接受社会民主党一样。然而，希特勒却有其他的计划，只有少数商人意识到这个计划有多极端，多危险。

1931 年 7 月，在中止德国外债的谈判结束后，卡尔 · 梅尔希奥这样写道：

> 要维护资本主义体系，我们必须严格遵守一些基本原则，但我们刚才经历的一切却是对这些原则的践踏。这是我第一次拒绝履行本人自愿订立的合同，因为我的国家不允许我履行。如此违背原则，资本主义体系将难以生存下去。对原则的背离还会继续，整个体系也会随之坍塌。

梅尔希奥的老朋友凯恩斯仍然对拯救资本主义体系抱有希望。1932 年 1 月，凯恩斯旧地重游，再次来到汉堡发表演讲，他建议德国跟随英国一起脱离金本位制。但是，凯恩斯也不得不承认，“贵国当局之所以目前无法作出这个决定，是因为害怕再次出现恶性通货膨胀，有这种担心很正常”。问题出现了。事实上，梅尔希奥当时描述的德国资本主义体系的瓦解早在十几年前就出现了。1923 年，马克斯 · 沃伯格这样写道：

> 在经济生活上，我相信旧的资本主义和个人主义原则……但是，如果我们要忍受国家每一次的官方掠夺，那我们永远也无法战胜布尔什维克主义……

当然，沃伯格指的是德国的财产作为战后赔款被没收。而德国财政和货币政策引发的通货膨胀吞噬了大量资产，这同样也是一种“官方掠夺”。正是这一点使得德国的资本主义体系开始瓦解。正是通货膨胀引起的一系列问题最终导致了经济大萧条，在这个意义上，经济大萧条是一个终点。

后记

PAPER AND IRON

希特勒的膨胀

对通货膨胀的恐惧使得德国在1933年之前没有采取极端的反周期政策。在1931年和1932年，希特勒曾多次被指责鼓吹通货膨胀政策，例如在总统选举中，布吕宁曾利用人们对通货膨胀的恐惧来打击希特勒；奥夫豪泽和斯特格瓦尔德等工会领袖则控诉希特勒以“第二次通货膨胀”为诱饵，借机拉拢大资本家。然而，这一切并没能阻止他上台，其中一个原因就是希特勒早已营造出一种反对通货膨胀的形象。早在1922年，他就公开谴责“共和国软弱无能，散尽钱财供养那些吃闲饭的官员”；国家社会主义工人党在竞选宣传中也多次指出，通货膨胀是魏玛共和国在经济上无能的表现。让希特勒的反对者大为意外的是，纳粹分子一再承诺他们掌权后会稳定物价。沙赫特于1933年3月就任经济部长后，立即通过广播宣布“未来货币政策的目标仍然是稳定币值，这个方向绝不会改变”；5天后，希特勒在国会会议上也明确支持这一观点。在整个20世纪30年代，一直到第二次世界大战爆发，纳粹政权反复宣传的一个论调就是反对“货币试验”。例如希特勒在1939年时声称，中央银行的任务是“确保工资和物价的绝对稳定”，国家马克将成为“世界上最稳定的货币”。1939年1月，时任中央银行副总裁鲁道夫·布林克曼宣称：“我们发誓，这种用通货膨胀来欺诈德国人民的事情绝对不会在我们身上发生。”更不可思议的是，从物价指数来看，他们的确兑现了承诺。1933~1939年，生活费用指数仅仅增加了7%，而批发物价的年均涨幅仅有1.2%，在“二战”期间升至2%。最终，德国的战败和各占领当局实施的政策引发德国的第二次恶性通货膨胀，到1946~1947年，德国货币彻底崩溃。

纯粹从财政和货币政策来看，纳粹德国时期的通货膨胀率本应该更高，但事实却并非如此，这就需要我们来加以解释。1933~1939年，总公共开支增长了近100%；1939~1943年，又继续增加了140%。根据1933年通过的“授权法”，国家仅能通过税收来负担一部分开支的增加（1933~1937年约为56%，“二战”期间则为33%~48%），于是在1933~1937年，公共债务总额增长了24%，在随后的7年中增长了近10倍。到“二战”结束后，德国财政已经不堪重负：总开支相当于国民生产总值的73%，负债总额约占国民生产总值的250%——与1917~1918年的数字大致相当。到战争结束时，相当一部分外债都是短期债务，比重大约为57%左右，这一点与“一战”后的情形类似。各种货币指数也表现出类似的通货膨胀的特征。德国颁布的5条法令取消了中央银行对于政府贷款的限制（最终央行的独立地位也被取消），为第二次由国家主导的货币扩张提供了便利。1932年12月~1938年，流通中货币供应量增长了90%，6年后这个数字又扩大了7倍。在威廉德国和魏玛共和国时期，这些政策都导致了通货膨胀，只是生产在短期内稍有增加。然而，在希特勒的统治下，不但通货膨胀率低，而且生产在持续增长：1932~1938年，国民生产总值的实际价值年均增长9.8%，工业产量的年均增幅更是高达13%；1939~1943年，国民生产总值上升了16%。这究竟是如何做到的？

答案就在于希特勒从根本上改变了德国的政治经济，从而消除了导致从前那些问题的三个制约因素——集团组织的权力、财政和货币政策的软弱无力，以及国际收支状况带来的外部限制。当然，自经济大萧条以来，希特勒就开始削弱经济集团以及各州、市、镇的力量，将经济纳入贸易和外汇管制的轨道。正是希特勒建立“一体化”国家的愿望——一种独裁的野心，才让这些变革得以完成，而且镇压了所有的反对意见。

就集团权力而言。大动乱集团和经济组织的自主性不断被削弱，尤其是在颁布“四年计划”之后，希特勒公然限制私营部门的自主权利。到20世纪30年代中期，货币市场、资本市场，甚至连定价机制都要受到国家的干预。虽然一些垄断集团在形式上依然是私人所有，由私人来经营，但它们的自由逐渐被剥夺，并且一直被一个客户所操控，那就是国家。更极端的是，国家还取消了工会工人的自主权，废除了自由贸易联盟，并且通过“劳工委托人”来直接控制集体谈判。这样做的结果就是，劳资双方都不可能像1933年前发生分配纠纷时那样，可以与国家相抗衡（劳资双方也无力对抗）。的确，这些干涉一定程度上已触及人们的忍耐极限，然而1933年，未分配利润占国民收入的0.5%，到1939年，这一比重增至4.9%；同时工人则享受到充分就业的好处，有数据表明，工人的实际工资也提高了。不过国家在投资和资本市场总额中所占的比重增加了，这标志着在经济力量对比格局中，国家拥有绝对优势。同样，工资和消费占国民收入的比例下降，从而反映出工人阶级崛起带来的负面影响。此外，纳粹政权还扩大了布吕宁在1931年提出的“物价专员”的职权，成功地控制了物价，这一举措也是集权化体现。“我会确保物价保持稳定，”希特勒宣布，“我的冲锋队会完成这个使命。”1940年11月颁布的法令规定：“提高物价等同于经济叛国罪。”正如德国央行副总裁库尔特·朗格在1943年6月提到的：“集权国家不会有通货膨胀。”

就这样，希特勒吸取了“一战”时期的经验，堵上了政策的漏洞，而正是这些漏洞导致了1914年后经济干预措施的失败。然而，如果纳粹政府没有进行财政改革，仅靠这些措施也不能控制通货膨胀。希特勒的确实现了他的目标：创造“一个中央权力强大的德意志”。军备和基础设施开支激增，凸显了纳粹时期经济复苏的部分原因，即大肆削减社会开支并增加赋税，而20世纪20年代的统治者很难执行这些措施。1933年，国防开支占国民生产总值的比例为1.2%~3.3%，到1938年则蹿升至15.2%~18.1%，但总公共开支的占比仅仅比35%稍有增加。地方政府的财政紧缩一定程度上缓解了联邦开支和债务膨胀带来的压力。1932~1938 年，联邦的支出增长了 3 倍多，但市镇政府的开支却降低了 8%，州政府则降低了 21%。各州市镇的贷款也明显减少。当然，在希特勒上台之前，这些趋势就已经显现了，例如布吕宁政府多次通过紧急法令避开国会，1932 年巴本在普鲁士发动政变。但是，真正促成实质性转变的还是希特勒。当然，我们不能高估希特勒作为“联邦改革家”的作用。正如梅尔廷·布罗萨特、汉斯·莫姆森等人所言，“希特勒帝国”中各机构和利益集团盘根错节，相互对立，导致了混乱不堪的“多元统治”体系。但是从经济角度来看，纳粹的多元统治与魏玛时期的“超级多元主义”有根本差别：无论希特勒政府的行政管理有多混乱，但财政权的分散程度极低。

希特勒还加速了经济上的自给自足：对贸易和资本流动实行严格管制，从而消除了国际收支状况带来的限制因素。同样，这个转变也出现在希特勒上台之前。20 世纪 20 年代初，当时的政府就恢复了关税；逐渐转向双边贸易；同时在银行业危机之后实行外汇管制。1934 年 8 月，沙赫特成为经济部长后，在“新计划”中巩固了这些措施，但他仍然持有传统观点，认为大规模贸易逆差会造成经济无法持续，所以，当军备扩张即将激发国际收支危机时，沙赫特立即指出这样会引起新一轮通货膨胀，但该反对被希特勒驳回，于是沙赫特不得不受制于戈林。

沙赫特不是唯一担心通货膨胀会卷土重来的人。1936 年，普鲁士的财政部长就提出“通货膨胀已经来临”，两年后，德国央行也提出了类似的警告（“目前，虽然没有明显迹象，但通货膨胀已经出现”），并且在 1939 年 1 月递给希特勒的著名备忘录中谴责政府的“财政支出政策会引起通货膨胀”。沙赫特下台后，瓦尔特·丰克接任经济部长，到 1942 年，就连这位更温顺的经济部长也不得不承认，“购买力在持续上升，货币供应在膨胀，形势非常严峻”。戈林曾经大言不惭地说，腓特烈大帝“在财政问题上也是一位坚定的通货膨胀主义者”，但是到 1938 年 11 月，戈林也害怕了，消费品产量下降，公共债务增加，这些都标志着“通货膨胀的开始，也预示着最后的结果”。事实上，正是因为政策制定者没有忽略通货膨胀的危险，纳粹的经济政策才能在没有战争的情况下维持这么久，本质上与东欧社会主义国家在

1945 年之后采取的政策类似。政府的巨额开支本来可以保障生产和就业，抑制货币供应过剩导致的通货膨胀效应。就像在东欧一样，物价也可能是劳工生产力和资本效率的破坏因素，但这些因素不可能马上颠覆一个政权。汉堡的例子告诉我们，一个政权能否合法地存在下去，不能完全依靠繁荣经济。一些商界发言人分别对纳粹的贸易管制以及"国家干预经济"提出了质疑，这些人包括汉堡市长卡尔·克罗格曼、博隆福斯船厂的卡尔·戈特弗里德·格克等。也有人对纳粹的外交政策不满，认为它没有延续威廉德国时期的殖民主义。然而，总体来说，商界在积极地与这个时代的"新精神"保持一致。此外，尽管冲锋队曾经强行占领了工会大楼，但一些工会领导人仍在努力适应新政权，最终，希望还是落空了。虽然汉堡工人阶级有时会表现出对抗情绪（例如 1935 年，在工资削减问题上，汉堡经济部长和劳工委托人各执己见，互不相让），但这并不能说明工人阶级反对纳粹政权。在纳粹统治时期，汉堡人的日常生活也许不能说是安然自在，但是，当希特勒和格贝尔访问汉堡时，他们却发现自己在当地颇受欢迎，虽然说民众不太喜欢汉堡当地的纳粹领导人——党部头目考夫曼（后来是地方长官）和党卫队分队长里希特 （后来是警察局局长），但这根本无损大局。1933 年，汉堡市议会被解散，取而代之的是"国务委员会"，希特勒和格贝尔在汉堡的权力得以确立，而汉堡市长的职位形同虚设。不仅如此，汉堡的新闻机构在"一体化"运动中被取缔，警察、公务员、司法人员和教师队伍遭到"肃清"，根除了民众提出反对意见的可能性。此外，他们还招兵买马，以满足不断膨胀的纳粹官僚机构，为一己私利而表现忠诚已经成了当时的社会风气。1933 年 1 月以后，寻找这类工作的人络绎不绝，以至于连纳粹党名字的首字母（NSDAP）都被人们赋予了新的含义——"好吧，是想找工作吗？"（"Na Suchst Du Auch ein Pöstchen?"）对一些观察员来说，这一切让他们的幻想彻底破灭。路易丝·索尔米茨在日记中写道："可悲的是，希特勒政权没有让德国的局势有任何改观。"如果有人提出更直接的批判，他可能会被恐吓、逮捕、拘留，甚至是被杀害。

振兴经济和政治"一体化"本身并不是希特勒的目标，而是他实现目标的手段。他的第一个目标就是发动战争，让德国称霸欧洲。那么。1939 年爆发的战争在多大程度上符合希特勒的设想呢？这个问题历史学家们已经争论了很久。当然，希特勒在1939年（和1938年占领捷克斯洛伐克一样）的计划是，先对较弱的东部邻国发动短期战争，同时通过外交让西方国家保持中立；但是希特勒并没有放弃备战计划，大约在1943年，德国与西方大国展开对峙。如果希特勒的唯一目标就是扩张领土，称霸欧洲大陆，那么他赢得战争不是完全没有可能。不论其经济和行政效率有多低下，第三帝国的实力已经远远超过了昔日的威廉德国，在1939~1941年，它轻而易举地取得了军事胜利；1942年1月之后，它进行了大规模的军事动员。不仅如此，纳粹在占领区的政策还带来了实际净收入，这笔收入在1943年达到了最高点，相当于当年德国总收入的38.4%；甚至还有7 500万名国外劳工应征加入德国军队。当然，当时的纳粹德国有一些来自国内阵营的压力，以汉堡为例：码头区局势动荡，苏联战俘暴动，1943年8月遭到猛烈轰炸后士气低落，甚至一些亲美的青少年（即汉堡摇摆乐青年团）也让当权者心神不宁。但是，纳粹的宣传工作和恐怖统治此时发挥了作用，国内的分化并没有1917年和1918年时那样严重，不足以破坏德国的军事行动。即使到了1944年，面对英国皇家空军轰炸后的一片废墟，汉堡的建筑师康斯坦蒂·古乔已经开始规划汉堡的重建方案：修建几栋摩天大厦，作为党部的办公楼；还要建一座宏伟的大桥，横跨易北河，"新汉堡的易北河广场"将成为"北部德国的中心，也将是整个德国通向世界的港口"，德国会以凡尔赛宫为模板，建起一座"庄严雄伟的标志性建筑"。

更可怕的是，希特勒的终极目标——在中欧和东欧进行种族"清洗"——也有不少人响应。人们通常以为汉堡作为一个传统都会城市，必然会对纳粹的种族政策深恶痛绝。这样的观点具有误导性。毫无疑问，反犹主义对民族社会主义有重要影响。我们知道，20世纪20年代，纳粹分子在宣传时常常恶意攻击马克斯·沃伯格等犹太名人；在1930年和1932年这两个重要的选举年中还蓄意破坏犹太人的财产。据一位观众描述，在1933年2月的火炬游行中，"有人高喊'犹太人去死'，叫嚣着要用犹太人的血染红自己的刀"。一些犹太人的工商业遭到攻击，并且在1933年4月爆发了抵制运动。虽然那种血腥残暴的事件并没有立刻发生，但是一场反犹排犹的狂潮却立刻席卷了德国，犹太人无法参加任何政治、社会和经济活动。克罗格曼出任汉堡市长数天后，马克斯·沃伯格和莱奥·李普曼被逐出了财政代表团，沃伯格也不得不辞去他在德国央行的职位。31 名犹太律师和法官失去了工作。起初，一些公司只是免除了犹太商人在监事会的职位（例如沃伯格公司和汉堡-美洲公司），然而在 1935 年 12 月，一些百货商场经理因“异族通婚”的罪名而遭到审判，随后纳粹便出台了新政策，将犹太人的公司“雅利安化”；到 1938 年 6 月，沃伯格也在众人的劝说之下，将家族的银行委托给鲁道夫·布林克曼和保罗·维尔茨两位非犹太人。对沃伯格来说，他一方面渴望帮助同胞移居国外，但从个人情感上又不愿离开德国，左右为难。沃伯格利用他和沙赫特的私人关系，以及他在“德国犹太人全国代表处”的职位，将其资产转移到了巴勒斯坦等地，当时这种行为被严令禁止；直到 1938 年“水晶之夜”事件爆发后，沃伯格和他躲过一劫的兄弟弗朗茨才被迫永远离开了汉堡。虽然弗朗茨·沃伯格在 1938 年 12 月被盖世太保逮捕时，巴龙·贝伦贝格-戈斯勒家族曾将他保释出狱，但在反犹浪潮中，非犹太人提供的帮助少之又少。在贯彻纳粹的种族和社会政策方面，汉堡几乎堪称“典范”。吉卜赛人和乞丐都被赶出了这个城市，共产主义者的“温床”被彻底摧毁。在战争期间，900 名波兰战俘因为和汉堡的妇女发生关系被处死。从 1941 年开始，犹太人从汉堡被驱逐到了罗兹、明斯克和里加等地。然而，最骇人的事件还在后面。正如克里斯托弗·布朗宁所描述的，汉堡警察局的“储备警察大队”——由 500 名来自工人和中低阶层的“平民”构成——在波兰占领区执行了“终结计划”。1942 年 7 月~1943 年 11 月，他们枪杀了近 38 000 名犹太人，还有 45 000 人被送进死亡集中营。

不难看出，希特勒的军事目标和种族政策其实互相矛盾。后者在很多方面都削弱了战争行动的效率：德国和波兰经济丧失了大量的熟练工和人力资源，激发了德国在苏联占领区中的非俄罗斯人的敌对情绪，浪费大量资源只为了屠杀手无寸铁的百姓。希特勒拯救德国“计划”最终失败了，它的失败不仅仅是因为这种内部矛盾。尽管纳粹政权危机四伏，效率低下，但是，我们不能仅仅把它的失败视为一种必然：当时的德国已经快要攻陷苏联了，只有最全面的军事打击和军事占领才能击垮德国。最终，美国强大的经济实力加上苏联惊人的军事动员能力起了决定性作用，正是美国和苏联的这些优势给了德国致命打击。然而，即便如此，他们还是认为有必要“重新教育”德国人，使他们“非纳粹化”，于是德国被分区占领，最终分裂。

故事的最后，让我们来看看1944~1947年德国的第二次恶性通货膨胀。为什么和“一战”后的德国相比，联邦德国能更快地从战后危机中走出来？从表面上来看，两次战争后，德国面临的问题很相似，甚至后者更加严重。“二战”后，德国用3年完成了货币改革，而不是5年，但当时经济被破坏的程度比“一战”后的绝大部分时期都要严重：生产下滑幅度更大，恶性通货膨胀也来得更快。有人认为是马歇尔计划、货币改革和解除管制成就了德国在1948年后的经济“奇迹”，但这种观点太过简单化了。马歇尔计划提供的援助有限（相对于1920~1921年美国的私有资本大量涌入），而且在很多方面，当时的货币改革和资产重估的相关法律与1924年的差别不大。然而，无论是雄厚的资本积累还是劳动力充足，完全从宏观层面解释德国在战后的复苏会让我们忽略技术层面的重要性，比如说两次大战后采取的稳定政策有本质差异。第一，在1948~1949年度的关键时期，政府财政由盈余变成赤字，政府部门没有采取通货膨胀的措施，而是开始刺激储蓄。第二，德国联邦银行比之前的德意志帝国银行拥有了更大的权限，不仅可以利用贴现率进行调控，还可以进行公开市场操作，规定最低存款准备金率。这些手段确保了1948~1949年度的信贷扩张能够得到控制。第三，在国际收支问题上，德国采取了与之前截然不同的政策：面对居高不下的贸易逆差，当局没有取消外汇管制，而是决定德国货币从1949年9月起正式贬值。第四，执行这些政策的行政机构不需要完全实行民主制度，所以，即使它们大批裁员，导致了失业率升高，其执行政策的能力依然高于魏玛政府。基于这些原因，与之前的魏玛政府相比，德国在“二战”后的稳定政策更有效。事实上，德国在1920年就应该采取类似的对策。

当然，这些成绩在某种程度上也要归功于英美占领军，他们不仅在细节问题上发挥了影响力（尤其是美国在确立德国新央行权限问题上起了重要作用），而且英美的占领和“冷战”创造了一种稳定甚至是僵化的世界格局，让新的联邦共和国得以重建。早在德国尚未出现战败迹象之前，被逐出德国的马克斯·沃伯格就曾经预料到了这些趋势——这也体现了他特有的乐观主义。1940 年 10 月，沃伯格在写给托马斯·拉蒙特的备忘录中预测（两人初次相见是在 20 多年前的凡尔赛会议上），比起两次大战间隔期的国际联盟，现在由美国主导的国际联盟会有更广泛的影响力。沃伯格还承认，有必要“把私营企业和系统的计划经济结合起来”。更令人惊讶的是。他还强调了稳定的国际货币体系的重要性，因为“没有健全的货币机制，就不可能建立新的世界秩序”。两人在 1942 年 4 月又讨论了这些观点，而且还达成了一个颇有预见性的“战后公约”：

（1）向濒临饥荒的欧洲地区——包括德国——提供食物。

（2）解除德国的武装力量，也许会为德国配备警察，这种情况可能会维持几年。

（3）由美国来开拓世界贸易，而且尽可能实现贸易自由化。

（4）向欧洲各国提供黄金以稳定其货币，使其能够参与国际贸易，同时把它们变成美国的优质客户。

沃伯格从自己的经历中吸取了教训：战后德国要稳定，必须要有稳定的货币。

为什么在 20 世纪 20 年代初没有意识到呢？为什么要经历了两次恶性通货膨胀之后，德国人——甚至包括沃伯格这样的银行家——才明白财政和货币稳定的好处呢？本书想要告诉读者的是，单从经济层面来看，德国的第一次恶性通货膨胀是无法避免的。但是，在 1920~1921 年，本应该有人呼吁政府采取 20 多年后的那些政策，但是，他们却被其他的选择蒙蔽了。他们把通货膨胀视为德国复兴的催化剂，还想通过这种方式来遏制革命，甚至破坏《凡尔赛和约》。可是事实证明，他们的如意算盘打错了。通货膨胀非但没有促使协约国对和约作出重大改动，反而削弱了德国经济，从根本上摧毁了德国的政治体系。但不得不提的是，在 1920 年，要保证德国财政货币体系的长期稳定，即使是最有远见的经济自由派也很难做到。当时的相关行政机构虽然进行了结构改革，但改革的力度远远不够。事实上，对于德意志帝国的通货膨胀倾向，就连希特勒也只能是压制，无法根除。正因如此，历史学家不能轻易地把魏玛时期的经济混乱归咎于某个个人或集团。这场通货膨胀始于19世纪80年代威廉德国时期的经济泡沫，期间仅有一次长时间的中断，而后一直持续到1947年，而究其根源，德意志帝国的性质才是真正的“祸端”——这个国家的财政货币体系根本无法满足其领导人和人民的抱负或野心。铁血、黄金、煤炭和黑麦——这些都彰显了德意志帝国的强大。然而，帝国的根本缺陷在哪里呢？答案无疑和“纸”有关。

附　录

PAPER AND IRON

表 1　魏玛共和国的财政

	1 国民生产净值	2 联邦财政收入	3 联邦财政支出	4 赔款	5 赔款在联邦财政支出中的占比 (%)	6 联邦赤字	7 联邦赤字占国民生产净值的比例 (%)	8 总财政支出	9 总公共支出占国民生产净值的比例 (%)
1919	34 200	2 496	8 643			–6 054	–17.7	14 600	42.7
1920	37 700	3 171	7 098	1 236	17.4	–6 092	–16.2	16 000	42.4
1921	40 400	6 237	10 395	3 369	32.4	–4 939	–12.2	14 800	36.6
1922	42 100	4 032	6 240	2 226	35.7	–3 953	–9.4	10 100	24.0
1923	37 900	1 785	6 543	801	12.2	–8 431	–22.2	17 900	47.2
1924	44 500	4 869	4 894	281	5.7	–25	–0.1	13 600	30.6
1925	67 346	4 958	5 321	1 080	20.3	–363	–0.5	16 731	24.8
1926	65 472	5 633	6 561	1 310	20.0	–928	–1.4	20 520	31.3
1927	80 466	6 697	7 154	1 779	24.9	–457	–0.6	22 513	28.0
1928	83 964	6 992	8 375	2 178	26.0	–1 383	–1.6	25 271	30.1
1929	79 491	7 215	8 042	1 965	24.4	–827	–1.0	25 685	32.3
1930	71 862	7 098	8 163	1 879	23.0	–1 065	–1.5	25 526	35.5
1931	58 484	6 059	6 548	651	8.6	–489	–0.8	21 779	37.2
1932	50 782	5 448	5 819	183	3.1	–371	–0.7	18 817	37.0

注：第 1、2、3、4、6 和 8 列数据的单位是百万金马克（1919~1923）或国家马克（1924~1932）。

表2　国际收支状况（1919~1932）

	1 国民生产净值	2 贸易差额	3 贸易差额占国民生产净值的比例(%)	4 服务贸易差额	5 净利息支付	6 赔款	7 赔款占国民生产净值的比例(%)	8 净黄金贸易差额	9 净资本流动	10 净资本流动占国民生产净值的比例(%)
1919	34 200	–4 131	–12.0	160	0	–435	–1.3	300	4 106	12.0
1920	37 700	3	0.0	160	0	–1 236	–3.3	300	773	2.1
1921	40 400	–692	–1.7	160	0	–3 369	–8.3	300	3 601	8.9
1922	42 100	–2 230	–5.3	160	0	–2 226	–5.3	300	3 996	9.5
1923	37 900	–5	0.0	160	0	–801	–2.1	300	346	0.9
1919~1923	*192 300*	*–7 055*	*–3.7*	*800*	*0*	*–8 067*	*–4.2*	*1 500*	*12 822*	*6.7*
1924	50 220	–1 816	–3.6	274	159	–281	–0.6	–1 255	2 919	5.8
1925	67 346	–2 444	–3.6	462	–6	–1 057	–1.6	–90	3 135	4.7
1926	65 472	793	1.2	532	–173	–1 191	–1.8	–568	607	0.9
1927	80 466	–2 960	–3.7	645	–345	–1 584	–2.0	452	3 792	4.7
1928	83 964	–1 311	–1.6	672	–563	–1 990	–2.4	–931	4 123	4.9
1929	79 491	–44	–0.1	712	–800	–2 337	–2.9	165	2 304	2.9
1930	71 862	1 558	2.2	538	–1 000	–1 706	–2.4	120	490	0.7
1931	58 484	2 778	4.8	450	–1 200	–988	–1.7	1 653	–2 693	–4.6
1932	50 782	1 052	2.1	265	–900	–160	–0.3	256	–513	–1.0
1923~1932	*608 087*	*–2 394*	*–0.4*	*4 276*	*–4 987*	*–11 013*	*–1.8*	*–198*	*14 164*	*2.3*

注：第1、2、4、5、6、8和9列数据的单位是百万金马克（1919~1923）或国家马克（1924~1932）。

贸易统计数字是根据《Monatliche Nachweise》中不完整的月度数据估算的。

赔款统计数字是条约中规定的总支出，包括占领费用和实物赔偿。这可能夸大了赔款给国际收支平衡带来的负担。资本流动统计数字也是估值。